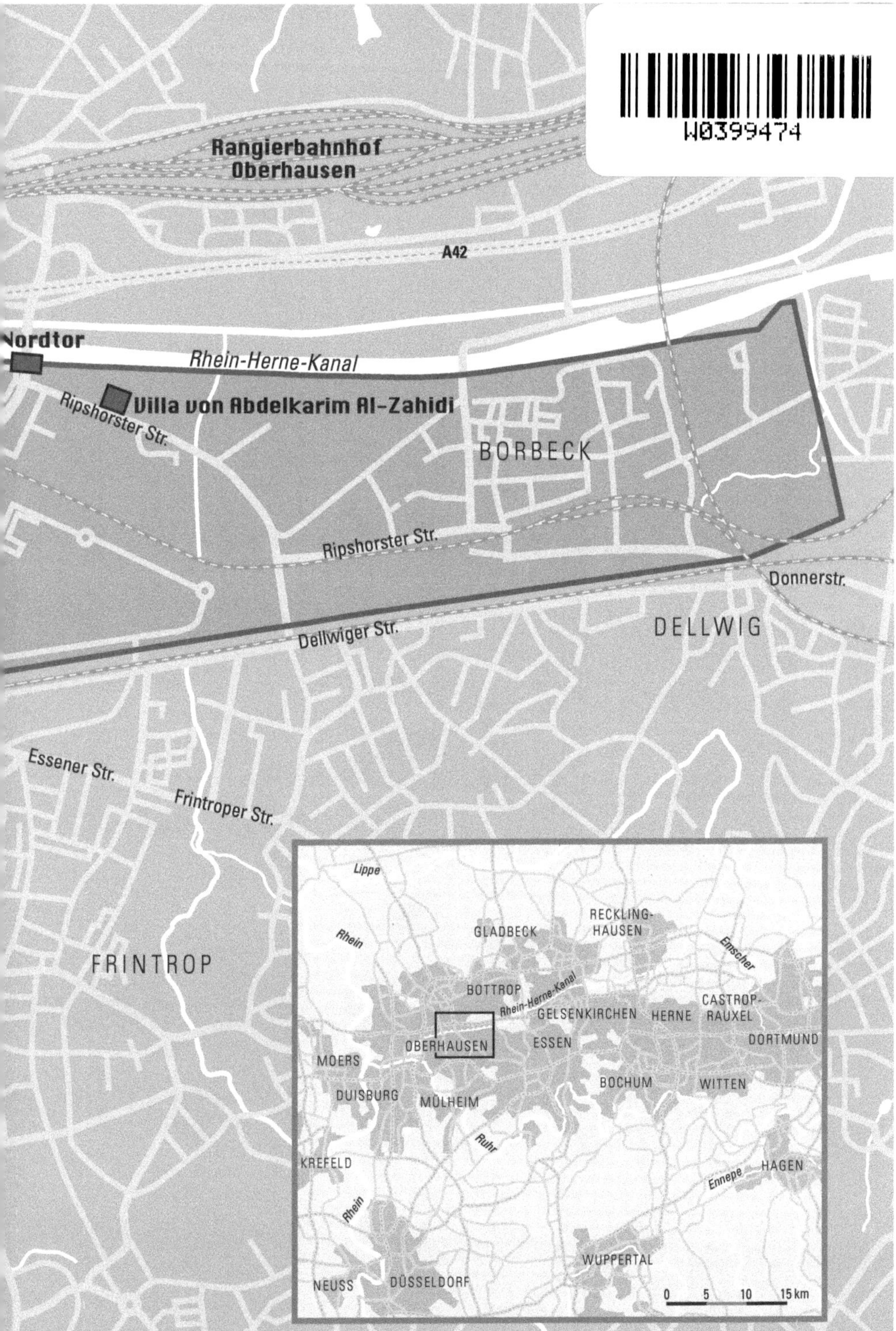
Rangierbahnhof Oberhausen
A42
Nordtor
Rhein-Herne-Kanal
Villa von Abdelkarim Al-Zahidi
Ripshorster Str.
BORBECK
Ripshorster Str.
Donnerstr.
DELLWIG
Dellwiger Str.
Essener Str.
Frintroper Str.
FRINTROP
Lippe
Rhein
GLADBECK
RECKLING-HAUSEN
Emscher
BOTTROP
Rhein-Herne-Kanal
GELSENKIRCHEN
HERNE
CASTROP-RAUXEL
DORTMUND
OBERHAUSEN
ESSEN
MOERS
DUISBURG
MÜLHEIM
BOCHUM
WITTEN
Ruhr
KREFELD
Ennepe
HAGEN
Rhein
WUPPERTAL
NEUSS
DÜSSELDORF
0 5 10 15 km

Burkhard Benecken
Clan-Land

Burkhard Benecken

CLAN-LAND

Roman

BEN
VE
NTO

FSC
www.fsc.org
MIX
Papier aus verantwortungsvollen Quellen
FSC® C014496

Disclaimer: Dieses Buch dient der Unterhaltung, aber auch der öffentlichen Kritik und der Diskussion von für die Öffentlichkeit und Gesellschaft wichtigen Themen. Tatsächlich existierende Personen und Firmen wurden weitgehend verändert und/oder frei erfunden, Geschehnisse teilweise erdacht und anderen und/oder fiktiven Personen zugeordnet. Verbleibende Übereinstimmungen mit etwaigen realen Personen wären somit rein zufällig und sind nicht gewollt, bzw. sollen nicht deren tatsächliche Handlungen und/oder Eigenschaften widerspiegeln.

1. Auflage 2020

Medieninhaber, Verleger und Herausgeber:
Red Bull Media House GmbH
Oberst-Lepperdinger-Straße 11–15
5071 Wals bei Salzburg, Österreich

Satz: MEDIA DESIGN: RIZNER.AT
Gesetzt aus der Minion Pro, Gotham
Umschlaggestaltung: zero-media.net, München
Karte im Vor- und Nachsatz: © Peter Palm, Berlin
Umschlagmotiv: 2013 © Sergey Alimov / gettyimages
Printed by GGP Media GmbH in Germany

ISBN: 978-3-7109-0111-9

Für Ananda

Mein Kopf dröhnt. Nein, es dröhnt um mich herum, ein dumpfes Brummen, es frisst sich in mein Hirn, benebelt all meine Sinne. Es ist kaum auszuhalten, was ist das? Eine Maschine? Oder ein Generator?

Finsternis überall, es ist stockdunkel. Warum liege ich auf dem Boden? Denk nach, Mann, Schritt für Schritt. Du warst im Ministerium, dann die Nachricht, dass die Limousine bereitsteht. Der Termin in Nürnberg, die Rede auf dem Marktplatz ... ja, genau. Noch ein Telefonat. Aufgelegt, Sakko geschnappt und runter in die Tiefgarage. Nicht auf die anderen geachtet, eingestiegen. Dann nichts mehr.

Sind wir je am Flughafen angekommen? Der Innenraum der Limousine ist das Letzte, woran ich mich erinnern kann. Und an den Bodyguard, der mir gegenübersitzt ... Das war nicht Peter ...

Dieses Dröhnen, ich kann nicht denken. Wo bin ich hier?

Ob ich mich aufrichten kann? Shit. Ein Stechen in meiner Schulter, der Schmerz betäubt den halben Arm. Was ist das? Und was ist mit meinen Händen los? Warum bin ich gefesselt, verdammte Scheiße?

Schreien ... Ich habe keine Stimme mehr. Aus meinem Hals kommt nur ein Krächzen, zumindest fühlt es sich so an.

Alles dreht sich, wird immer schneller. Mir wird übel. Ich muss mich ausruhen, zu Kräften kommen ...

Ausruhen ... zu Kräften ... Ausruh...

Kapitel 1

Freitag, 14. Oktober 2044, 17.50 Uhr, Düsseldorf

Die tief stehende Sonne tauchte alles in goldenes Spätsommerlicht. Es war die perfekte Kulisse für das Spektakel, das sich auf der Düsseldorfer Rheinterrasse abspielte. Es mussten um die dreihundert Menschen sein, die durch die Salons und über die Terrasse flanierten, einer wichtiger, reicher oder lauter als der andere.

Man war sich des Privilegs bewusst, hier sein zu dürfen. Immer wieder reckten einige die Hälse, ihre Handys im Anschlag, emsig nach dem Star des Abends spähend. Doch Lorenz van Bergen hatte sich nach nur ein paar Selfies in den Gelben Salon geflüchtet. Abgeschirmt von zwei Bodyguards, stand er an einem der raumhohen Fenster und beobachtete das Treiben auf der Terrasse. Dieser Tage konnte er fast nicht mehr ohne Personenschutz raus, und der Rummel um seine Person begann ihm auf die Nerven zu gehen.

Die Sicherheitsmänner waren gut trainiert: Kaum drehte sich Lorenz um und schickte einen suchenden Blick durch den Raum, winkte einer von draußen einen Kellner herein, der mit gesenktem Kopf ein mit Champagner beladenes Tablett hochhielt. Chinesische Etikette. Natürlich. Der neue Besitzer der Rheinterrasse war Mister Quin, ein mysteriöser Pekinger Unternehmer, der bereits halb Frankfurt aufgekauft hatte und nun seinen Shoppingtrip in Düsseldorf fortsetzte. Lorenz nahm ein Glas, nickte freundlich – »Sei immer nett zum Personal, das bringt Extrapunkte!«, hatte seine PR-Beraterin ihm eingebläut – und drehte sich wieder zum Fenster. Der Kellner zog sich ein paar Meter zurück und verharrte dort wie eine Statue, den Blick unverwandt auf den Ehrengast gerichtet.

Gedankenverloren starrte Lorenz auf den Fluss, der mit majestätischer Gelassenheit vorbeifloss. Die letzten Sonnenstrahlen tanzten auf dem Wasser. Der Rhein brachte ihn immer zur Ruhe. Das Summen der Gäste wirkte leiser, selbst die Sprechchöre der Demonstranten vor dem Eingang klangen weniger bedrohlich.

In diesen Tagen gab es kaum eine gesellschaftliche Veranstaltung, bei der nicht demonstriert wurde. Die Rechtsnationalen regierten seit ein paar Jahren allein und erfolgreich. Die anderen Parteien duckten sich unter der Macht. Einzig die Lenin-lebt-Partei, kurz LLP, die sich seit ihrem überraschenden Aufschwung Mitte der Zwanzigerjahre noch im Bundestag hielt, protestierte gegen die Maßnahmen der Regierung. Mangels Redezeit und Medienecho hatten die Abgeordneten ihren politischen Aktivismus aber weitgehend auf die Straße verlagert, unterstützt von den immer selben paar Tausend Getreuen, die von einer Demo zur nächsten zogen und eine Relevanz suggerierten, die die LLP längst nicht mehr besaß.

Von Weitem waren Sirenen zu hören, die Demo würde wohl bald aufgelöst werden. Die Polizei griff inzwischen schnell und hart durch, statt wie früher abzuwarten, bis die ersten Brandsätze flogen. Gerade heute besaß das Ganze allerdings eine besondere Brisanz. Seit am frühen Nachmittag die Nachricht veröffentlicht worden war, dass der Bundesinnenminister verschwunden sei, wirkte die Stimmung noch gereizter. Hermann Hackner war nicht wie geplant zu seinem Flug nach Nürnberg erschienen, wo er eine Rede halten wollte. Seither schien er wie vom Erdboden verschluckt. Die Nachrichten überschlugen sich, von der Regierung war bislang allerdings nur ein formales Dementi gekommen, dort wollte man sich offensichtlich noch zu keiner Stellungnahme hinreißen lassen.

Lorenz beschäftigte sich nicht viel mit Politik. Solange es seinen Job nicht betraf, kümmerte es ihn nicht, was die Regierung anstellte. Aber ihm war die Bedeutung der Nachricht klar. Ein verschwundener Bundesminister ließ bei der Bevölkerung unangenehme Erinnerungen wach werden. Die linksextremistischen Anschläge der selbst ernannten »Neuen RAF« in den Dreißigerjahren waren allen noch gegenwärtig. Mehrere Abgeordnete der inzwischen allein regierenden rechtsnationalen Zero-Tolerance-Partei, kurz ZTP, waren ihnen damals zum Opfer gefallen – Märtyrer, die den Aufstieg der Partei jedoch nur beschleunigt hatten. Ein verschwundener Politiker ließ die Alarmglocken schrillen: Was, wenn die RAF 2.0, wie die Extremisten allgemein genannt wurden, wieder zugeschlagen hatte?

Jahrelang war Ruhe gewesen. Die Schlüsselfiguren der RAF 2.0 waren damals ausgeforscht und weggesperrt worden. Ihnen drohte inzwischen sogar die Todesstrafe, die seit ihrer Wiedereinführung 2039 rückwirkend auf verurteilte Strafgefangene angewandt werden konnte.

Die Zero-Tolerance-Partei stellte inzwischen bereits zum zweiten Mal die absolute Mehrheit im Bundestag und konnte somit ohne große Gegenwehr durchregieren. Sie fuhr eine harte Law-and-Order-Politik gegen jede Gruppe, die ihrem Bild vom »ordentlichen Deutschen« nicht entsprach – Linke, Anarchisten, Globalisten, Migranten im Allgemeinen, mit Ausnahme der Chinesen, und ganz besonders Muslime. Wer in keine dieser Kategorien fiel, konnte es sich im rechtsnationalen Deutschland gut einrichten. Lorenz hatte bisher nur profitiert: Mit der Justizreform von 2039 hatte sein Aufstieg begonnen. Von ihm aus konnten sie also gerne die Demonstranten vor dem Gebäude abknallen. Die Sprechchöre nervten ihn ohnehin.

Er war gereizt. In zweieinhalb Stunden begann die Show. Er war nur deshalb auf der Gala erschienen, weil Carolina die Schirmherrin war. Und als ihr treu ergebener Ehemann würde er mit ihr noch eine Runde drehen müssen, bevor er abhauen durfte.

Lorenz gönnte sich ausnahmsweise einen zweiten Schluck, bevor er das Glas von sich weghielt. Der Kellner verstand, eilte herbei und nahm ihm das Glas ab. Lorenz bedankte sich wieder mit einem Nicken und überlegte, wo er wohl seine Frau finden würde.

»Ah, Lorenz, da ist er ja!«, dröhnte ein Bariton durch den Raum, der sich langsam zu füllen begann, es hatte sich wohl herumgesprochen, dass der große Lorenz van Bergen im Gelben Salon stand. Lorenz schloss für eine Sekunde die Augen, dann sah er sich um. Ein riesenhafter, älterer Mann pflügte durch die Menge, eine in grüne Pailletten gekleidete Frau im Schlepptau. Lorenz erkannte ihn, Hans-Peter Irgendwas, einer der größten Sponsoren der Show. Die Bodyguards stellten sich ihm in den Weg, doch Lorenz sagte: »Ist o. k., ich kenne ihn«, und ging dem Paar höflich entgegen.

»Alter Schwede, gut siehst du aus!«, rief der Mann, als wären sie alte Freunde, und knallte Lorenz die Hand auf die Schulter.

»Hans-Peter, nett, dich zu sehen«, sagte Lorenz mit täuschend echtem Lächeln. Er begrüßte die Dame mit einem formvollendeten Handkuss, woraufhin sie beglückt kicherte, und noch bevor die beiden Männer einander die Hände geschüttelt hatten, ergoss sich ein Wortschwall über Lorenz.

»Ich bin ja so ein Fan!«, rief sie. »So ein toller Auftritt neulich. Wie Sie den Staatsanwalt zerlegt haben. Mein Mann und ich« – sie zeigte auf den Riesen –, »wir haben die Luft angehalten. Die-Luft-an-ge-hal-ten! So spannend! Wie Sie plötzlich diesen Zeugen aus dem Hut gezaubert haben, der diesen, diesen … Wie hieß doch gleich der Angeklagte?« Hilfe suchend wandte sie sich an ihren Mann.

»Hassan Khan«, half Lorenz bereitwillig aus.

»Genau, Hasankan. Und der Nachname? Na, egal. Jedenfalls: Wie der Zeuge diesen Hasankan voll-kom-men entlastet hat. Damit hat nun wirklich keiner gerechnet. Ich hatte ja« – sie beugte sich vor und zischelte vertraulich –, »also ich hatte ja zuerst gedacht, er war's. Kann man mir ja nicht verdenken, oder? Diese Leute sind ja alle Berufsverbrecher, nicht wahr? Werden von klein auf dazu trainiert, da in Neu-Essen, nicht?« Sie rümpfte die Nase. »Dass da keiner mal reingeht und aufräumt. Man muss heutzutage ja schon beinahe um sein Leben fürchten.« Sie war immer näher gerückt und klopfte nun mit einer Hand die Silben auf Lorenz' Brust nach: »Um-sein-Le-ben!« Ihr Gesichtsausdruck wechselte von Ekel zu Staunen. »Und dann ergreifen Sie das Wort – und plötzlich bricht die ganze Anklage wie ein Kartenhaus in sich zusammen. Da ist es mir wie Schuppen von den Augen gefallen: Der junge Mann ist unschuldig! Ganz klar! Ich habe natürlich für Freispruch gestimmt!« Die Dame zwinkerte. »Ganz ehrlich, ich habe auch schon ein paarmal so abgestimmt, obwohl ich sicher war, dass Ihr Mandant schuldig ist. Aber Sie sind mir halt so sympathisch. Ich habe das für Sie getan.« Sie stach ihren Zeigefinger in Lorenz' Brust. »Für-Sie.«

Lorenz lächelte angestrengt und sandte einen eindringlichen Blick in Richtung des Ehemannes. Der hob bedauernd die Schultern.

»Jedenfalls, ich muss Ihnen sagen«, zwitscherte die Dame weiter, »ich bin ja so gespannt auf heute. Der Trailer war vielleicht aufregend, das sag ich Ihnen! So ein beliebter Unternehmer, dieser Daniel DuPont. Der, ein Vergewaltiger? Hat der denn so was nötig bei seinem Vermögen? Die müssen sich ihm alle ja ohnehin an den Hals schmeißen!« Sie rückte wieder vertraulich näher. »Sie als Verteidiger sind sicher von seiner Unschuld überzeugt. Und das bin ich auch, das bin ich auch! Ach, ich bin ja schon so gespannt.«

Lorenz setzte ein charmant-verständnisvolles Grinsen auf, schüttelte der Dame beide Hände, worauf diese vor Glück in Ohnmacht zu fallen drohte. Ihr Mann übergab sie einem herannahenden Kellner, der ihr ein Glas Champagner überreichte. Daran klammerte sie sich nun, während sie ihren Blick triumphierend durch den Saal schweifen ließ, ob ja alle gesehen hatten, wie sie mit dem berühmten Strafverteidiger Lorenz van Bergen plauderte.

Der verabschiedete sich mit einer knappen Verbeugung, »Entschuldigt mich bitte, ich muss nach meiner Frau sehen«, und schlenderte zurück auf die Terrasse. Die kühler werdende Luft trug Fetzen der Sprechchöre von der Demo herüber. »Nazis raus! Hoch! Die! Internationale! So-li-da-ri-tät!«

Lorenz zuckte geringschätzend die Achseln. Er konnte nicht verstehen, was sich die Protestierenden erwarteten. Dass die Gäste der Gala an Ort und Stelle der Lenin-lebt-Partei beitraten?

Die LLP war allerdings erstaunlich langlebig, das musste Lorenz ihr lassen. Sie hatte nach dem Erstarken der Rechtsnationalen zwei Legislaturperioden als Juniorpartner der Zero-Tolerance-Partei mitregiert, um »das Schlimmste zu verhindern«, wie die Abgeordneten immer betont hatten. Das Ergebnis war gewesen, dass andere linke Kräfte sie als Verräter beschimpft und zum Widerstand aufgerufen hatten.

Lorenz erinnerte sich gut an die »Chaostage«, wie diese Zeit ab 2033 rückblickend genannt wurde. Den Anschlägen auf Regierungsmitglieder der ZTP waren organisierte Überfälle auf die Kleingemeinden der Nationalen in Brandenburg gefolgt, die Kämpfe hatten sich bis in die Städte fortgepflanzt und zu bürgerkriegsähnlichen Zuständen geführt. Jeder erinnerte sich noch an die Straßenschlachten zwischen Rechten und Migrantengruppen, an die geplünderten Einkaufszentren, an die toten Teenager und erschütternden Szenen bei den Begräbnissen.

Jede Demo rief die Erinnerungen von Neuem wach, und selbst Lorenz, der sich als ziemlich dickfellig bezeichnete, musste sich anstrengen, um die unweigerlich aufsteigenden Bilder der Chaostage wegzuschieben. Er schüttelte den Kopf. Er konnte sich damit jetzt nicht beschäftigen. Er suchte mit den Augen die Menge ab. Wo zur Hölle war Carolina?

Veranstaltungen dieser Art widerten ihn nur noch an. Er war am liebsten in seiner Kanzlei oder in der Arena. Er genoss seine Auftritte in der *Justice Union*, der größten Gerichtsshow des Landes, deren unumstrittener Star er war, Lorenz van Bergen, »der clevere, knallharte Beau mit dem charmanten Funkeln in den stahlblauen Augen«, wie ihn eine Reporterin mal genannt hatte. Er liebte das Ringen um die Gunst des Publikums, den Applaus, den Sieg. Doch das Drumherum – die Fans, die Fernsehkameras und die Beliebtheits-Rankings – interessierte ihn mit jedem Tag weniger. Wie schnell Berühmtheit ihren Wert verliert, wenn man sie erst hat, überlegte Lorenz. Vor ein paar Jahren noch hätte er alles dafür gegeben, Ehrengast einer Gala zu sein, von Fans belagert, von Düsseldorfer Rotariern umschwärmt. Jetzt konnte er es nicht erwarten, endlich wegzukommen.

Er überlegte gerade, ob er Carolina einfach anrufen sollte, als eine ihm wohlbekannte Gestalt sich durch die Menge auf ihn zuschob: ein hochgewachsener, alter Mann mit zerzaustem Haar, weißem Bart und Nickelbrille. Professor Richard Schmidt. Der hatte ihm noch gefehlt.

»Sie sind offensichtlich sehr erfreut, mich zu sehen«, sagte der alte Herr jovial. Er genoss sichtlich Lorenz' Irritation und machte keinerlei Anstalten, wieder abzuziehen.

»Professor«, sagte Lorenz nur. »Es überrascht mich, Sie auf so einer Veranstaltung zu sehen.«

»Sie werden es nicht glauben«, sagte der Professor, »es gibt noch Menschen, die Wert auf die Anwesenheit echter Rechtsanwälte legen!«

Jetzt ging das schon wieder los. Professor Schmidt war fast achtzig Jahre alt, sein Verstand jedoch immer noch so scharf wie seine legendäre Zunge. Lorenz hatte bei ihm Anfang der Dreißigerjahre studiert, genau zu der Zeit, als das Jurastudium reformiert wurde. Schmidt war seine Frustration über das sich wandelnde Rechts- und Justizverständnis damals schon deutlich anzumerken, doch beharrlich hatte er an seinen Vorlesungen festgehalten, die sich mit Gesetzestexten und traditioneller Rechtsprechung beschäftigt hatten, statt mit PR, Marketing und neuerem Rechtsverständnis. Der Professor hatte große Stücke auf Lorenz gehalten, ihn gefördert. Doch als dann auch noch die Justizreform und die damit verbundene Abschaffung des alten Gerichtswesens kam, war es zwischen beiden zum Zerwürfnis gekommen.

»Alles bereit für den heutigen Prozess?«, fragte der Professor scheinbar teilnahmsvoll. »Maskenbildner, Garderobiere, Lichttechnik? Einen Blick ins Gesetzbuch müssen Sie zum Glück nicht werfen. Um Rechtsprechung geht es ja nicht.«

Lorenz musterte ihn kühl. Professor Schmidt trug auf Partys stets die gleiche Art Tweedanzug, unabhängig vom Dresscode der Veranstaltung, dazu eine schreiend grüne Krawatte, deren Geschichte van Bergen gerne einmal gehört hätte.

»Sagen Sie, Professor, hat man solche Krawatten im vorigen Jahrhundert wirklich getragen?«

»Nicht ablenken, junger Mann«, erwiderte der alte Herr. »Es gab eine Zeit, in der es vollkommen gleichgültig war, was ein Rechtsanwalt trug. Es kam einzig auf seine Fähigkeiten als Jurist an. Zu meiner Zeit«, sagte er und hob mahnend den Zeigefinger, »musste man noch richtig *studieren* und ein jahrelanges Referendariat absolvieren, bevor man im Gerichtssaal nach vorne durfte. Für Sie reichten ein paar Semester Jura, ein Schauspielkurs und PR-Training.« Er beäugte Lorenz missmutig. »Sie hätten ein großartiger Jurist werden können, van Bergen. Wirklich ein Jammer.«

Professor Schmidt kannte im Grunde nur ein Thema: die gute alte Zeit, als er noch ein hochdekorierter Strafrechtsprofessor an der Uni Heidelberg gewesen war und in den führenden Medien des Landes Recht und Ordnung erklärt hatte. Damals, als es noch »echte« Richter gab, wie er stets betonte, keine Gerichtsshows mit Moderatoren und Publikumsabstimmung statt eines gewissenhaft begründeten Urteils. Schmidt war eine Legende, trotz seines kauzigen Äußeren und seiner stets offen ausgesprochenen Kritik am Justizreformgesetz. Bis zum vergangenen Jahr hatte er noch eine viel beachtete Kolumne in der *Neuen Weltzeit* gehabt, der letzten gedruckten Wochenzeitung des Landes. Jetzt brachte Professor Schmidt seine Sicht der Dinge nur noch auf Partys und Empfängen unter die Leute.

Tabletts mit Fingerfood wurden vorbeigetragen. Lorenz nahm sich ein rauchendes Häppchen mit Algengelee. Der Professor musterte es stirnrunzelnd. »Dieses moderne Zeug ist unerträglich«, sagte er in Richtung des Häppchens, das Lorenz sich daraufhin betont genüsslich auf der Zunge zergehen ließ. »Ich hätte gern ein gutes altes Lachsbrötchen.«

»Aber Herr Professor, Sie werden doch nicht etwa heimlich Tiere essen?«

»Ich muss Sie enttäuschen, junger Mann. Sie werden mich bei keinem Gesetzesbruch ertappen. Aber man wird ja wohl noch von der alten Zeit träumen dürfen ...«

Van Bergen seufzte betont laut. »Professor, ich bitte Sie, die gute alte Zeit war nicht besser.«

Aber der Alte war bei seinem Lieblingsthema angekommen und geriet in Fahrt. »Im Gegensatz zu diesem jungen Mann da«, wandte er sich an ein paar Umstehende, die interessiert lauschten, »habe ich noch eine echte, vollwertige Juristenausbildung genossen. Der da nennt sich Strafverteidiger, dabei ist er nur ein Popstar, bei dem das Aussehen mehr zählt als das Können.«

»Nun, Herr Professor, wenn Sie sehen wollen, wie ich mein Können für meinen Mandanten einsetze«, unterbrach ihn van Bergen gelangweilt, »dann loggen Sie sich doch um Viertel nach acht ein. Vielleicht können Sie noch was lernen.«

»Ich denke nicht daran, Ihnen beim Dilettieren zuzusehen und diesem Kommerzsender dafür auch noch Geld in den Rachen zu schieben!«, rief der Professor empört. Van Bergen grinste. Er wusste, dass der Professor heimlich die Show sah. »Aber«, sagte der Professor und wurde plötzlich sehr ruhig. »Ich möchte Sie um etwas bitten.« Nanu? Das waren ganz neue Töne. »Ich habe den Trailer zur heutigen Show gesehen«, fuhr der Alte fort.

»Sie schauen also doch rein?«, parierte Lorenz spöttisch, doch der Alte ließ sich nicht beirren.

»Mir macht das Ganze Sorgen. Ein Vergewaltigungsprozess ist ohnehin sehr schwierig für die Beteiligten. Vor Publikum wird die Sache zur Tortur. Müssen Sie gleich drei der mutmaßlichen Opfer in den Zeugenstand rufen?«

»Das müssen Sie die Staatsanwältin fragen, sie hat die drei hinbestellt. Ich verteidige den Angeklagten, wie Sie hoffentlich wissen.«

»Sie müssen wohl immer der Schlaue sein.« Der Professor klang plötzlich müde. »Ich möchte Ihnen nur vor Augen führen, was geschehen wird, wenn diese Verhandlung so verläuft, wie ich befürchte.«

»Da bin ich aber neugierig.«

»Ist Ihnen schon aufgefallen, dass die Zahl der Anzeigen wegen Vergewaltigung deutlich zurückgegangen ist?«

»Ja, es spricht für einen Abschreckungseffekt, den unsere Show auf Täter hat.«

»Blödsinn«, schnauzte der Professor. »Plappern Sie doch nicht alles nach, was der Justizminister von sich gibt. Sie wissen so gut wie ich, dass das Gegenteil der Fall ist! Niemand will sich wie ein Zirkusaffe in der Arena vorführen lassen, noch dazu, wenn Leute wie Sie die Zeuginnen auseinandernehmen. Was glauben Sie, wie viele Straftaten gar nicht mehr gemeldet werden, weil die Opfer nicht live im Fernsehen zerlegt werden wollen?«

Er hatte einen wunden Punkt getroffen. Tatsächlich wurde es immer schwieriger, Vergewaltigungsfälle in die Arena zu bringen. Die Opfer erlitten Nervenzusammenbrüche, und im Falle eines Freispruchs – van Bergen hatte selbst ein paar erwirkt – wurden sie zum Gespött des ganzen Landes. Eine Zeugin hatte sich im Vorjahr sogar vom Dach des Justizministeriums gestürzt. Van Bergen hatte danach eine Imagekampagne fahren müssen, um seine Umfragewerte bei jungen Frauen wieder hochzutreiben. In der *Justice Union* wurden seitdem bei derartigen Fällen nur noch Moderatorinnen eingesetzt. Auch an diesem Abend würde eine Frau als »Ms Judge« auf dem Richterthron sitzen und die Show moderieren.

»Ich bin Strafverteidiger«, sagte Lorenz betont gelangweilt. »Ich bin meinem Mandanten verpflichtet, nicht den Zeuginnen. Sie werden mir doch nicht erklären wollen, dass ein Angeklagter kein Recht auf angemessene Verteidigung mehr hat?«

»Natürlich nicht, es ist ein Eckpfeiler unseres Justizsystems – des Systems, wie es mal war, jedenfalls«, verbesserte sich der Professor selbst. »Aber ich möchte Sie bitten, Ihren Einfluss darauf zu verwenden, dass dies der letzte Prozess seiner Art in der *Justice Union* ist.«

»Sind Sie wahnsinnig? Solche Fälle haben die höchsten Quoten.«

»Eben drum, Lorenz.«

»Sehr schmeichelhaft außerdem, dass Sie glauben, ich hätte Einfluss auf die Auswahl der Prozesse.«

»Sie haben mehr Einfluss, als Sie vielleicht meinen«, sagte der Professor kryptisch.

Lorenz atmete durch. »Hören Sie, ich habe einen anstrengenden Abend vor mir. Wenn Sie also sonst nichts zu sagen haben ...« Er zog eine Visitenchipkarte aus seiner Sakkotasche. Darauf stand eingraviert: »Lorenz van Bergen, Strafverteidiger« und eine Frankfurter Adresse. »Wenn Sie wollen, kommen Sie mich doch mal in meiner Kanzlei besuchen. Da redet es sich besser.«

Der Professor nahm die Karte und sagte: »Das mache ich doch glatt! Wollen mal sehen, wie so ein grüner Junge arbeitet.«

»Also bitte«, mischte sich nun einer der Partygäste ein, die atemlos gelauscht hatten. »Herr van Bergen ist der erfolgreichste Strafverteidiger Deutschlands, das können Sie wohl nicht leugnen?«

»Danke, mein Lieber«, beschwichtigte Lorenz. »Wissen Sie, in den Zeiten, in denen der Professor noch aktiv war, da war unser Rechtssystem noch nicht von Zuwendungen aus der Privatwirtschaft abhängig. Da konnte ein Professor gemütlich ein bisschen unterrichten und verdiente trotzdem sehr gut ...«

»Sie brauchen mich nicht über die Aushöhlung des Rechtsstaates durch Personalkürzungen und falsche Einsparungen belehren«, brauste der Professor auf. »Das war die ganzen Zwanzigerjahre hindurch mein Hauptkritikpunkt in der ...«

Prompt beging der Gast den Fehler, mit dem Professor darüber diskutieren zu wollen. »Wann wurde Ihrer Meinung nach denn der *Point of no Return* erreicht, der eine Neuaufsetzung des deutschen Rechtssystems nötig gemacht hatte?«

»Das ist es ja«, echauffierte sich der Professor jetzt. »Es wäre überhaupt nicht nötig gewesen. Versteht denn das keiner? Wir hatten das beste aller Justizsysteme. Statt Personal zu kürzen und alles kaputtzusparen, hätte man ins Justizsystem investieren müssen. Natürlich konnte der Apparat so nicht funktionieren. Und ein paar Schlaumeier und die Presse meinten noch dazu, alles schlechtreden zu müssen. Und kaum hatte die ZTP die absolute Mehrheit, haben sie alles umgekippt, und niemand hat Widerstand geleistet …«

Lorenz grinste und entfernte sich vorsichtig. Die beiden Bodyguards schlossen flüssig auf. Den Professor war er los, er hatte ein neues Opfer gefunden: Ein wahres Donnerwetter ging nun auf den Gast nieder, der in tödlicher Verlegenheit grinste, während die anderen Gäste das Schauspiel belustigt beobachteten.

Die Bodyguards lotsten van Bergen durch die Menge, die sich respektvoll und unter viel Getuschel teilte. Lorenz entdeckte Carolina in der Nähe einer der Bars und steuerte in ihre Richtung. Aus der Ferne konnte er noch Fetzen des Ausbruchs des Professors vernehmen: »Privatisierung der Strafprozesse – der blanke Wahnsinn!« – »Gerichtsverhandlungen als Live-Show im Netz, das Volk als Juroren!« – » Was ist mit dem Persönlichkeitsrecht, was mit dem Schutz von Zeugen, was …«

Van Bergen blendete das Gezeter aus und betrachtete zufrieden seine Frau. Carolina sah phänomenal aus in ihrem schlichten kleinen Schwarzen, den hohen Pumps und ihrem brünetten, glänzenden Haar, das ihr offen über die linke Schulter fiel. Ihr einziger Schmuck war ein riesiger Diamantring, den sie mit eleganten Handbewegungen aufblitzen ließ. In ihrem betont schlichten Outfit stach sie umso mehr heraus aus den bunten Gestalten ringsum, ein Abbild von Geschmack und guter Herkunft. Zumal der Ring, so viel konnte man erkennen, mehr gekostet hatte als der Schmuck der umstehenden Damen zusammen.

»Tamara wartet beim Quadroport«, sagte sie. »Aber wir müssen noch eine Runde drehen.«

»Muss das sein?«, lamentierte Lorenz zwischen zusammengebissenen Zähnen. »Ich bin so schrecklich gelangweilt.«

»Der neue Besitzer der Rheinterrasse ist da.«

Van Bergen riss die Augen auf. »Mister Quin ist hier?«

Carolina lächelte, hakte ihren Mann unter und lotste ihn in die richtige Richtung. »Wir müssen nur im Vorbeigehen grüßen, das reicht völlig.«

Lorenz nickte. Beide hielten kurz an, um für eine Schar Fotografen zu posieren, gingen weiter, blieben dann vor einer Gruppe Chinesen stehen und verbeugten sich höflich.

»Welcher war Quin?«, fragte Lorenz, als sie weitergingen.

Carolina zuckte die Achseln. »Der Große, der aussieht wie ein Nachtclubbesitzer.« Sie blickten beide noch einmal zurück. »Wir sollten uns um ihn bemühen«, sagte Carolina etwas leiser direkt in Lorenz' Ohr. »Er geht beim Kanzler ein und aus, er kriegt, was er will. Bald gehört ihm ganz Düsseldorf.«

»Ganz Düsseldorf? Ganz Deutschland!«, flüsterte Lorenz sarkastisch. »Du wirst sehen, die Chinesen sind bald die neuen Herren im Land.«

»Umso besser sollten wir uns mit ihnen stellen«, meinte Carolina trocken, und beide setzten ihr Siegerlächeln auf.

Sie hatten die Party hinter sich gelassen und gingen in Richtung Quadroport, der nur wenige Meter weiter angelegt worden war. Dort wartete schon eine junge Frau Ende zwanzig, die ihnen nun mit wippendem Pferdeschwanz und entschlossenem Blick entgegenkam.

»Tamara, alles klar?«, fragte Lorenz seine Assistentin zur Begrüßung.

Sie nickte beiden knapp zu. »Guten Abend, Frau van Bergen. Lorenz, wir müssen.«

Er küsste seine Frau zum Abschied auf die Wange. »Der Quadro holt dich nach der Gala ab und fliegt dich nach Hause, ja?«

Carolina nickte, und Lorenz eilte mit seiner Assistentin zu seinem Quadrokopter, der bereits mit sich drehenden Propellern wartete. Ein Stück weiter stand ein weiterer Quadro, riesig und ganz in Gold gehalten. Auf den Seiten prangten chinesische Schriftzeichen.

Tamara bemerkte Lorenz' bewundernden Blick. »Der gehört Mister Quin«, sagte sie. »So einen kaufen wir, wenn deine Show international wird.« Sie stiegen ein und schnallten sich an. »Okay, Lorenz«, kommandierte sie dann, »gehen wir die Punkte für heute durch.«

Van Bergen nickte folgsam und beugte sich über die Unterlagen, die sie ihm reichte. Der Quadrokopter erhob sich mit einem feinen Brummen in die Lüfte und flog ein Stück über den Rhein, der glitzernd in der Abendsonne lag. Doch van Bergen war in Gedanken bereits im Justizpalast und sah nicht mehr hinaus.

Kapitel 2

Freitag, 14. Oktober 2044, 18.55 Uhr, Dortmund

Auf dem Dach des Dortmunder Justizpalastes warteten bereits drei Kamerateams und eine Schar Fotografen.

»Wie die Aasgeier«, sagte Tamara verächtlich.

»Wir sind aber kein Aas«, bemerkte Lorenz kühl. »Das ist Teil des Spiels, und wer ein Spiel gewinnen will, der muss seine Spielfiguren richtig setzen. Die da draußen« – er tippte mit dem Finger an die Scheibe des Quadrokopters, der mit einem leichten Ruck aufsetzte – »sind auch meine Figuren. Sitzt die Krawatte?«

»Warte«, sagte Tamara, holte ein Tuch aus ihrer Tasche und polierte den silbernen Jaguar auf dem Revers ihres Chefs. Dann richtete sie seine Krawatte. Lorenz rückte ungeduldig auf seinem Sitz herum, während die Tür von außen geöffnet wurde. »Fertig«, sagte Tamara, er sprang behände hinaus, knipste sein Gewinnerlächeln an und steuerte durch Wind und Lärm des noch laufenden Quadrokopters auf die wartende Meute zu. Tamara schloss mit grimmigem Gesichtsausdruck dicht hinter ihm auf.

Das Bild verfehlte seine Wirkung nicht, die Fotografen begannen zu schreien:

»Hierher, Herr van Bergen!«

»Einmal zu mir schauen, bitte ...«

Der Trailer für die Show hatte für großes Aufsehen gesorgt. Ein Vergewaltigungsprozess gegen einen der bekanntesten Geschäftsmänner Deutschlands – das war schon was. Lorenz drosselte sein Tempo gerade so weit, dass es noch dynamisch wirkte, er aber beim Sprechen nicht aus der Puste kam. Er hatte die passende

Schrittgeschwindigkeit eigens mit seinem Schauspielcoach geübt und war in diesem Moment dankbar für dessen Liebe zum Detail.

Die Reporterin seines Senders kam angelaufen, sie bekam traditionell das erste Statement. »Und hier kommt der Star des Abends«, rief sie atemlos in ihr Mikro, während ein Kameramann sie einkreiste. »Herr van Bergen, gleich drei Zeuginnen sagen heute gegen Ihren Mandanten aus. Wie wollen Sie einen Mann verteidigen, dem so schreckliche Taten vorgeworfen werden?«

»Wie immer«, sagte Lorenz, »mit akribischer Vorbereitung und guten Nerven.«

»Wie sehen Sie Ihre Chancen …?«, fragte die Reporterin weiter, doch Lorenz unterbrach sie sofort.

»Ich bin Strafverteidiger«, sagte er, »ich denke nicht in Chancen.« Er schritt nun etwas weiter aus, sodass die Frau in ihren hohen Absätzen neben ihm her trippeln musste – was ihn umso souveräner wirken ließ. »Das ist kein Glücksspiel, sondern ein Gerichtsprozess«, fuhr er fort. »Ich glaube an unser Rechtssystem. Und …« Er drehte sich direkt zur Kamera des Senders. »Ich glaube an die Gerechtigkeit.«

Ein anderer Reporter rief: »Herr van Bergen, Sie tragen in jeder Show diese silberne Anstecknadel in Form eines Jaguars, was hat es damit auf sich?«

Endlich hatte es einer bemerkt. »Das ist Platin«, sagte Lorenz. »Ein Symbol für meine Arbeit, mein Streben als Rechtsanwalt.« Er blieb stehen, und sofort bildeten die Reporterteams einen Halbkreis um ihn. »Der Jaguar pirscht sich lautlos an«, deklamierte Lorenz betont leise, sodass alle sich zu ihm beugen mussten. »Er lauert seiner Beute auf. Dann ein Sprung, er reißt sie zu Boden und tötet sie mit einem einzigen Biss. Keine langwierigen Kämpfe, er macht im wahrsten Sinn des Wortes kurzen Prozess.« Die Reporter hingen blöde lächelnd an seinen Lippen. Ein gutes Zeichen. »Wussten Sie, dass das Gebiss eines Jaguars selbst Krokodilhaut und den Panzer einer Schildkröte durchbeißen kann? Genau so beiße ich mich durch jede zweifelhafte Zeugenaussage.«

»Und wie der Jaguar seiner Beute auflauert«, hakte die erste Reporterin ein, »so lauern Sie auf Fehler der Gegner?« Er nickte grimmig. »Lorenz van Bergen, der Jaguar unter den Anwälten«, hauchte sie ehrfürchtig.

»Das haben jetzt Sie gesagt«, antwortete Lorenz betont bescheiden und beglückwünschte sich innerlich. Das war perfekt gelaufen. Ab jetzt würde man ihn in den Medien nur noch »den Jaguar« nennen.

Er ging weiter. Tamara hatte die Medienmeute umrundet und wartete beim Backstage-Eingang auf ihn. Sie tippte auf ihr Handy und rollte die Augen.

»Ich danke Ihnen für Ihr Interesse«, sagte Lorenz. »Jetzt entschuldigen Sie mich aber bitte, ich muss zu meinem Mandanten.« Er zwinkerte in eine der Kameras, ignorierte weitere Rufe – »Aber was sagen Sie zu …« – »Eine Frage noch, Herr van Bergen …« – und folgte Tamara in den Gang, der zum Aufzug führte.

Drinnen lehnte er sich für einige Sekunden gegen die geschlossene Tür und atmete tief durch. Er spürte, wie sein Herz zu rasen begann. Es war immer hier, an derselben Stelle, dass ihn vor den Shows eine große Nervosität überkam, beinahe schon Panik. Es war stets, als ob etwas in ihm davonlaufen wollte. Tamara kannte das Phänomen. »Alles gut, Lorenz«, sagte sie und trat näher. »Du wirst das hinbekommen. Mach deine Übung. Einatmen, und …« Folgsam fixierte Lorenz einen Punkt an der Wand und hielt die Luft an. Fünf Sekunden, zehn, fünfzehn … Dann ließ er die Luft langsam ausströmen. Tamara trat heran und massierte ihm kurz den Nacken. Er spürte, wie sich sein Herzschlag beruhigte.

Seine demonstrative Coolness war die meiste Zeit nicht gespielt: Lorenz van Bergen besaß ein Selbstvertrauen, das mitunter in Selbstherrlichkeit zu kippen drohte, wie seine Mutter gerne warnend anmerkte. Aber der Prozess heute war wichtig. Auf Vergewaltigung stand die Todesstrafe. Wenn es ihm gelingen würde, seinen Mandanten davor zu bewahren, würde das seinen Marktwert verdoppeln. Tamara hatte auf dem Flug die aktuellen Zahlen präsentiert: Drei Millionen Zuschauer hatten allein heute am Tag der Show Einzeltickets für den Prozess gekauft, dazu kamen die elf Millionen aus dem Vorverkauf und zehn Millionen Abonnenten. Clips von der Show würden im Netz rauf und runter laufen. Das ganze Land würde diesen Prozess miterleben.

Das Sendeformat *Justice Union* war der bisher größte Erfolg der Zero-Tolerance-Partei. Sobald sie die Alleinregierung gestellt hatte, war die ZTP gewissermaßen mit der Abrissbirne in den ächzenden, über die Jahrzehnte kaputtgesparten Justizapparat gefahren und hatte 2039 ein völlig neues System errichtet. Richter und Gefängnisse wurden abgeschafft, die Rechtsprechung stark vereinfacht. Staatsanwaltschaft und Verteidigung präsentierten ihre Argumente, anschließend wurde das Urteil gefällt – nicht mehr von einem Richter im Namen des Volkes, sondern »von der höchsten Instanz, die wir kennen, dem Volk selbst«, wie der Justizminister bei der Präsentation der Justizreform vollmundig erklärt hatte.

Kleinere Prozesse fanden vor Live-Publikum an den alten Amts- und Landgerichten statt, die Zuschauer im Saal stimmten ab, hier wurden schuldig gesprochene Angeklagte zu Geldstrafen verurteilt oder in eines der Recycling- und Resozialisierungszentren verbannt, in denen Deutschlands Müll sortiert und wiederaufbereitet wurde. Bei schweren Straftaten gab es nur noch zwei Urteilssprüche: Freispruch oder Todesstrafe. Die spektakulärsten der schweren Fälle wurden dabei jede Woche im Live-Stream verhandelt – in der *Justice Union*. Die Show war gewissermaßen der Werbeträger für die Justizreform. Jedes Bundesland hatte seine eigene Justizarena. Der Internetsender *Streamnet 24/7* hatte sich die Übertragungsrechte gesichert und ein Bezahlsystem eingeführt, das den Beteiligten Milliardengewinne sicherte. Die Regierung kassierte natürlich mit. Mit Teilen der Einnahmen wurde das deutsche Umweltsystem finanziert – die besten Verfahren, die fortschrittlichsten Methoden wurden angewandt. Und das Personal kostete fast nichts, denn statt teurer Roboter wurden einfach Strafgefangene eingesetzt, die sich einen Platz in der Gesellschaft wiedererwerben konnten, indem sie deren Müll sortierte.

Das System stieß in der Bevölkerung mehrheitlich auf Zustimmung. Selbst im Ausland wurde die Justizreform positiv bewertet, und das bestärkte die Regierung in ihrem Slogan: »Der Schutz der Heimat geht vor«.

Dass die Regierung vornehmlich Migranten und andere Minderheiten aufs Korn nahm, war den Leuten nur recht. Für ein Gefühl von Sicherheit, Recht und Ordnung nahmen die Deutschen – der Schwierigkeiten und Unruhen vergangener Jahrzehnte müde – gerne ein System in Kauf, in dem Bürgerrechte untergraben wurden. Man konnte sich das Ganze ja schönreden. War der Einsatz der Häftlinge zum Wohle des Volkes nicht echte Resozialisierung, im Gegensatz zu den sinnlosen Haftstrafen in Gefängnissen, die noch dazu teuer in der Erhaltung waren? Trugen die Häftlinge nicht dazu bei, Deutschland seinen Platz als Umweltschutznation Nummer eins und der Bevölkerung ein gutes Gewissen zu sichern? Und war es nicht wunderbar, dass nun Gerichtsprozesse öffentlich abgehalten wurden und das Volk selbst bestimmen durfte, ob ein Angeklagter schuldig oder unschuldig war?

Dass man dabei auch noch eine bombastische Show serviert bekam, war das Sahnehäubchen. Und der größte Showprofi war Lorenz van Bergen, Strafverteidiger der Herzen und Posterboy der Nation.

Im Fahrstuhl ging Lorenz noch einmal seinen Plan durch, Schritt für Schritt und mit jedem Stockwerk, das der Fahrstuhl tiefer sank, wurde er ruhiger. Das war sein Revier. Seine Welt. Nichts konnte ihn hier mehr aus der Fassung bringen. Er war der Jaguar.

Im dritten Untergeschoss stieg er aus, während Tamara wieder nach oben fuhr, um sein Outfit für den Prozess vorzubereiten. Lorenz war nicht oft in den Katakomben. Die meisten Angeklagten warteten zu Hause in elektronischen Fußfesseln auf ihren Prozess. U-Haft wurde nur noch bei einer Mordanklage, bei Kindesmissbrauch, Vergewaltigung und Terrorismus verhängt – dafür gab es in den jeweiligen Justizarenen eigene Zellen.

Der Dortmunder Justizpalast war auf dem Gelände der alten Westfalenhalle errichtet worden, eine bombastische Arena mit der spektakulärsten Lichtshow Deutschlands und Platz für bis zu fünfundzwanzigtausend Zuschauer. In den Untergeschossen darunter befand sich ein Netz aus Zellen und Vernehmungsräumen. Diese Katakomben waren mit allem möglichen technischen Schnickschnack ausgestattet, optisch jedoch völlig heruntergekommen. Das kam beim Publikum besser an. Vor einer verdreckten Eisentür hielt Lorenz an. Ein älterer Wachmann stand davor und grüßte ihn ehrerbietig.

»Guten Abend, Herr van Bergen.«

»Ich grüße Sie, Ben, wie geht es Ihrer Frau?«

»Keine Besserung in Sicht«, sagte der Ältere und hob die Schultern.

Lorenz klopfte ihm auf den Rücken und schenkte ihm ein ermutigendes Lächeln.

»Sie haben heute einen großen Fall vor sich, was?«, fragte der Wachmann.

»Sieht so aus, ja.«

»Eigentlich ist das ja nicht erlaubt, während der Dienstzeit …« Der Wachmann sah sich um und zog dann ein altmodisches Handy mit Touchscreen halb aus der Hosentasche. »Aber ich werde mir die Show natürlich ansehen. Ich muss doch wissen, wie Sie die Nummer heute knacken. Ganz harte Nuss, ne?«

»Wenn Sie zuschauen, Ben, kann gar nichts schiefgehen«, sagte Lorenz. »Sie wissen doch, Sie sind mein Glücksbringer.«

Der Wachmann richtete sich stolz lächelnd auf. »Dann will ich Sie mal nicht länger aufhalten«, sagte er, legte seinen Daumen auf einen kleinen, fast unsichtbaren Scanner, die Eisentür ging mit einem Klicken auf. »Ich drücke Ihnen beide Daumen, Herr van Bergen.«

»Danke, mein Freund.«

Lorenz ging mit ruhigem Schritt durch die große Tür und orientierte sich im Halbdunkel. Es war kalt hier unten. Dunkler Moder breitete sich auf den unverputzten Mauern aus, auf dem Boden standen Wasserpfützen. Es stank nach Urin. Für die Protagonisten der *Justice Union* gab es jeden erdenklichen Luxus. Für die Angeklagten gab es das Kontrastprogramm, das Publikum stand da drauf. Lorenz fand das kindisch, aber die ganze Show appellierte schließlich an das Kind im Zuschauer, und so verkniff er sich jeden öffentlichen Kommentar.

Das Geräusch ferngesteuerter Kameras verfolgte ihn auf seinem Weg. Er ging ruhigen Schrittes weiter, man wusste nicht, welche Einstellung in der Zusammenfassung landete, hier war er jederzeit im Show-Modus. Nicht, dass es ihn störte. Lorenz van Bergen war Vollprofi – fleißig, detailversessen, fokussiert. Deshalb, das wusste er, war er zum bekanntesten Verteidiger der *Justice Union* aufgestiegen. Sein gutes Aussehen, sein Verstand und sein Charme, den er je nach Bedarf an- und ausknipsen konnte, waren nicht konkurrenzlos. Konkurrenzlos war nur seine Disziplin.

Er konnte sich nicht erinnern, dass es je anders gewesen war. Schon als kleiner Junge hatte er sich an jede Aufgabe mit einer Verbissenheit gemacht, die anderen Kindern seines Alters fehlte. Er ahnte, dass es mit seinem Vater zu tun haben musste, der ihn nur beachtete, wenn er Leistung erbrachte, doch Lorenz wollte sich nicht in Psychoanalyse ergehen. Es war, wie es war, und es brachte ihm zudem Erfolg. Also wozu groß darüber nachdenken?

Am anderen Ende des Ganges versperrte ihm eine weitere Eisentür den Weg. Er trat drei Mal mit der Fußspitze dagegen. In der Mitte der Tür erschien eine Art Bildschirm. »Ausweis!«, ertönte eine schnarrende Stimme. Wortlos hob er seine Visitenchipkarte vor den Screen, wartete ein paar Sekunden und hörte ein mehrfaches Klicken, das den Öffnungsmechanismus begleitete. Erstes Schloss – klick, zweites Schloss – klickklick, drittes Schloss – klack. »Kommen Sie rein, Herr van Bergen«, erklang die Stimme erneut. Lorenz nickte den drei Wachleuten zu, die hinter der Tür standen. »Folgen Sie uns.« Zwei der Männer gingen voraus, einen langen Flur entlang, auf dessen beiden Seiten eiserne, nummerierte Zellentüren lagen. »Heißer Fall heute, ne?«, sagte der eine launig. Lorenz nickte nur.

Der Fall DuPont hatte in den letzten Monaten zahllose Schlagzeilen produziert. Daniel DuPont war der Inhaber der größten europäischen Drogeriekette, ein Vorzeigeunternehmer, Medienliebling und großzügiger Unterstützer der Armen und Schwachen. Gerne erzählte der mittlerweile Sechzigjährige in den Talkshows, dass er große Teile seines Vermögens an Bedürftige spendete. Und wie sehr er sich wünschte, andere Unternehmer würden es ihm gleichtun, es würde ihnen einen inneren Frieden verschaffen, so wie ihm.

Für viele war DuPont ein Volksheld, ein Robin Hood von oben, geradlinig, korrekt und großherzig. DuPont war klug genug, sich nie über heikle politische Themen auszulassen, und so bot er kaum Angriffsfläche. Ihm ging es um Obdachlosigkeit und Tierschutz und um Steuernachlass für Arme. Das war gut fürs Image und noch besser fürs Geschäft. »Die Welt beim Einkaufen ein Stück besser machen«, lautete der Slogan, und die Leute strömten in seine Drogerien. Alle Produkte waren frei von fossilen Substanzen, biologisch abbaubar und garantiert ohne klinische Tierversuche hergestellt. Wer dort einkaufte, hatte ein sauberes Gewissen. Die gesalzenen Preise nahmen die Käufer hin, schließlich sorgten sie dadurch ja für glückliche Tiere und gerettete Existenzen.

Daniel DuPont hatte bis vor einem halben Jahr zu den beliebtesten Deutschen gehört. Doch dann kam die Skandalmeldung: »Mitarbeiterinnen klagen an: ›DuPont hat uns vergewaltigt!‹« Die Medien hatten sich auf den Fall gestürzt, und nur Stunden nach der ersten Schlagzeile war Daniel DuPont in Lorenz van Bergens Kanzlei erschienen und ausgerechnet dort verhaftet worden.

Der Fall war ein Knaller: Gleich drei Mitarbeiterinnen der Drogeriekette hatten Anzeige erstattet. Daniel DuPont, so die Anklage, habe die jungen Frauen sexuell ausgebeutet und schrecklich zugerichtet.

Vor einer Zelle mit der Nummer elf blieben die Wachmänner stehen. Der eine zog seine Waffe, der andere kommandierte: »Ihren Scan bitte.« Van Bergen schaute folgsam in einen Irisscanner und hörte, wie die ferngesteuerten Kameras heranzoomten. Den Scanner hatte der Regisseur verlangt, wegen der dramatischen Bilder. Eine unnötige Maßnahme, denn die Sicherheitsleute bestimmten ohnehin, wer reindurfte, und hatten Schießbefehl, sollte einer der Angeklagten einen Fluchtversuch wagen.

Ein Surren ertönte, die Tür sprang auf. »Viel Spaß!«, rief der eine Wachmann und »Viel Erfolg heute Abend!« der andere. Lorenz nickte, betrat die Zelle und sah zu, wie die Tür sich wieder schloss. Dann drehte er sich zu seinem Mandanten um.

Daniel DuPont saß auf dem schmalen Bett seiner Zelle und wirkte wie das heulende Elend. Sein graues Haar war zerzaust, dunkle Augenringe hoben sich dramatisch von einem blassen Gesicht ab. Sein Hemd war zerknittert, der oberste Knopf offen, eine schlecht gebundene Krawatte baumelte vor seiner Brust. Als Lorenz hereinkam, hob DuPont den Blick. Er sah aus, als habe er die ganze Nacht geweint. Mit rot geränderten, trüben Augen blickte er seinem Verteidiger entgegen.

Lorenz nickte anerkennend in Richtung einer Visagistin, die gerade ihre Sachen zusammenpackte. »Gut gemacht, Karen. Ich hoffe, Sie verraten mir irgendwann, wie Sie die Augen so gut hinbekommen.«

Die Visagistin lächelte geheimnisvoll. »Berufsgeheimnis«, sagte sie und warf ihm einen heißen Blick zu, den Lorenz jedoch ignorierte. Die Visagistin stöckelte enttäuscht hinaus.

»Sehe ich schön scheiße aus?«, fragte Daniel DuPont. Seine Stimme klang kalt und ungerührt.

»Beeindruckend«, sagte Lorenz und sah sich um. Er hatte für seinen Mandanten VIP-Arrest herausgehandelt. Für zweitausend Euro täglich war aus der Zelle eine richtige Suite mit anschließendem Bad geworden. Eine Sitzgruppe, ein weicher, roter Teppich, der Tisch … Es sah aus wie im Hotel. An der Wand hing ein großer Flachbildfernseher, es liefen Nachrichten auf *Streamnet 24/7*. Man sah Bilder von DuPont aus besseren Tagen, und dann fragte eine Stimme aus dem Off: »Wie wird Deutschland heute entscheiden? Ab 20.15 Uhr können Sie es erfahren.«

DuPont stand ächzend auf, trat zu einem kleinen Kühlschrank und holte eine Bierflasche heraus. »Was zu trinken?«

»Nein, danke, ich trinke vor Prozessen nicht.« Lorenz setzte sich. »Wir reden jetzt mal über heute Abend«, sagte er kurz. »Alles andere hat Zeit.«

DuPont seufzte und ließ sich auf den Stuhl neben ihm fallen. »Ja, ja, schon klar, du Geier«, sagte er verächtlich und nahm einen Schluck aus seiner Flasche.

»Wenn alles gut geht, bist du in ein paar Stunden hier raus«, sagte Lorenz. »Und deshalb sollten wir uns jetzt konzentrieren.«

DuPont seufzte wieder und drehte sich endlich zum Tisch. Seine kalten, stahlgrauen Augen fixierten Lorenz, doch tief drin lag ein nervöses Flackern. DuPonts Firma lebte von der Außenwirkung ihres Chefs. Wenn es Lorenz heute Abend nicht gelingen würde, das Volk auf die Seite seines Mandanten zu ziehen, war DuPont samt Unternehmen erledigt.

Lorenz holte seinen Holo-Projektor aus der Jackentasche, nicht größer als sein Telefon, und schaltete das Gerät ein. Über dem Glastisch erschienen die Dokumente als Hologramme. »Ich zeige dir noch einmal die Schwachstelle unserer Verteidigung.« Lorenz tippte auf den Ordner mit den Fotos der Verletzungen der Opfer und atmete durch.

Der Alte war ein perverser Sadist. Er hatte die Frauen mit Nägeln, einem heißen Bügeleisen und einem Kleiderbügel traktiert. Lorenz hatte schon einiges gesehen, aber die Fotos ließen ihn schlucken. Die Bilder zeigten die Opfer in der Notaufnahme. Eine der Frauen, Emily Gschwandner, dreiundzwanzig Jahre alt, hatte DuPont besonders schlimm zugerichtet: Ihr Gesicht war dunkelviolett und zugeschwollen, ihr Köper zeigte zahlreiche Schnittwunden. Sie war Studentin der Umwelttechnologie, hatte in einer der DuPont-Filialen in Teilzeit gearbeitet und ernsthaft gedacht, sie würde mithelfen, »die Welt ein Stück besser zu machen«, wie sie bei ihrer polizeilichen Aussage erklärt hatte. Als der Chef plötzlich in der Filiale auftauchte und sie zu sich nach Hause einlud, hatte sie sich nichts dabei gedacht. Daniel DuPont war trotz seines Alters ein attraktiver Mann, sie war neugierig gewesen und ein bisschen tollkühn. Und dann, hieß es weiter in ihrer Aussage, habe sie sich plötzlich im Keller des riesigen Hauses wiedergefunden, und DuPonts Lächeln sei einem höhnischen Grinsen gewichen … Laut medizinischem Befund war ihr die Nase zwei Mal gebrochen worden. Dazu kamen ein Jochbeinbruch und ein Riss in der Schädeldecke sowie mehrere, zum Teil tiefe Schnittverletzungen. Sie hatte nur knapp überlebt. Das Land stand unter Schock: Daniel DuPont, ein brutaler Gewalttäter mit dreckigen Fantasien?

Mit einer Handbewegung schloss Lorenz den Holo-Ordner. »Die Fotos aus der Notaufnahme haben bisher den Weg nicht an die Öffentlichkeit gefunden«, sagte er. »Der Fall wäre sonst bereits verloren – gegen solche Bilder kann selbst die beste Verteidigungsstrategie nichts ausrichten.« DuPont nickte stumm und sah seinen Verteidiger erwartungsvoll an. »Ohne die Fotos der Opfer aber ist der Begriff ›Sexmonster‹ abstrakt geblieben«, erklärte Lorenz weiter. »Das Bild des freundlichen Unternehmers ist in den Köpfen der Menschen nicht ersetzt worden. Deshalb sind immer noch viele der Meinung, dass du reingelegt worden sein musst, denn so eine dunkle Seite könne man doch nicht so lange verbergen, nicht wahr?« Er sah seinen Mandanten ernst an. »Wenn die Staatsanwältin die Bilder heute zeigt, ist es vorbei. Wir müssen aber auf jeden Fall so auftreten, dass dein Verhalten Sympathien erzeugt.« DuPont nickte wieder, er wirkte wie ein braver Schüler. »Du erinnerst dich an unsere Vorgespräche«, sagte Lorenz. »Du bist ein gebrochener Mann, der nicht fassen kann, was man ihm vorwirft.«

DuPont räusperte sich. Dann begann er mit dünner Stimme zu reden. »Ich … ich weiß nicht, w-warum diese Damen so was sagen. Was wollen sie nur von mir? H-habe ich sie nicht immer gut behandelt?«, brachte er stotternd und zittrig hervor. Lorenz nickte. Der Mann wirkte, als hätte er den Glauben an die Menschheit verloren.

Doch dann schob sich das Bild der gequälten Emily aus der Akte vor Lorenz' geistiges Auge. Für den Bruchteil einer Sekunde verspürte er einen Fluchtreflex. Einfach raus, die Show platzen lassen, weg von diesem verlogenen, perversen Schwein. Doch er fing sich innerhalb weniger Sekunden. Konzentration, befahl er sich selbst. Du ziehst das durch. Denk an deinen Marktwert.

Lorenz wunderte sich über sich selbst. Es war nicht der schlimmste Fall, den er je verhandelt hatte. Immerhin lebten die Opfer noch. Dass er sich vor seinem Mandanten richtiggehend ekelte, war aber noch nie vorgekommen. In letzter Zeit kannte er sich selbst nicht mehr – so gefühlsbetont. Wieder ermahnte er sich. Nur ein paar Stunden, sagte er sich, dann bist du hier raus.

Über die Lautsprecher ertönte die Titelmelodie der *Justice Union*. Lorenz sah auf die Uhr. »Es geht los.«

Ein Surren, die Tür öffnete sich erneut, Tamara und ein Techniker kamen herein, der an den Tisch trat und die Teile eines Funkmikrofons ordnete. Tamara übergab ihrem Chef den grauen Anzug, den er in der Sendung tragen würde.

Normalerweise zog sich Lorenz in seiner Garderobe um. Diesmal war wegen der Gala keine Zeit dafür geblieben. Die Blicke der anderen störten ihn nicht. Er war stolz auf seinen durchtrainierten Körper und sein Outfit. Der Anzug war silbergrau, der in Silber eingestickte Jaguar mit den Initialen LvB darüber leuchtete, wenn Licht darauf fiel.

Die Visagistin von vorhin schlüpfte noch einmal in die Zelle, um Lorenz leichtes Make-up aufzulegen. Hinter ihr folgten zwei bullige Sicherheitsleute und erklärten: »Herr DuPont, wir werden Sie jetzt für den Weg in den Gerichtssaal sichern.« Der Unternehmer nickte grimmig, ließ sich jedoch widerstandslos scheppernde Hand- und Fußketten anlegen. Auch das nur für den Showeffekt – das Publikum liebte diese vorsintflutliche Erniedrigung der Angeklagten, die dank modernster Sicherheitstechnologie und nicht zuletzt wegen des Schießbefehls absolut unnötig war. Der Gefangene hätte keine Chance, auch nur einen Meter weit zu kommen. Während DuPont also für seinen Galgenmarsch in die Arena bereitgemacht wurde, brachte der Techniker bei Lorenz, der geduldig stillhielt, das Funkmikro an.

»Die Kameras sind bereits vor der Tür«, erinnerte ihn Tamara. »Sobald ihr rausgeht, beginnt die Show.«

Es knisterte aus dem Lautsprecher. »Herr van Bergen«, ertönte die Stimme des Regisseurs. »Wir öffnen die Zellentür in zehn, neun, acht …«

»Showtime«, sagte Lorenz, nickte der Visagistin zu, die schnell aus dem Bild sprang, dann strich er über seinen Anzug und fühlte das eingestickte Logo, den silbernen Jaguar. Alles perfekt. Daniel DuPont hatte sich inzwischen in gebeugter Haltung hinter ihn gestellt, als sei er völlig gebrochen.

»… drei, zwei, eins. Und bitte!« Die Tür schwang weit auf, und eine Kamera filmte direkt in die Zelle. Ein Beleuchter hielt eine Lampe hoch, für einen kurzen Moment war Lorenz geblendet, doch er fing sich rasch und ging los, aufrecht und langsam, damit sein Mandant, der in den Fußketten nur schlecht vorwärtskam, mithalten konnte. Über die Lautsprecher, die den Ton der Show übertrugen, konnte er ahnen, was auf den Bildschirmen der Zuschauer zu sehen war. »Und hier beginnt der Angeklagte seinen möglicherweise letzten Weg«, erschallte eine dramatische Männerstimme. »Daniel DuPont, der beliebte Vorzeigeunternehmer, der mehrfachen Vergewaltigung und gefährlichen Körperverletzung angeklagt. Begleitet wird er von seinem Verteidiger Lorenz van Bergen.«

Das werden gute Bilder, dachte van Bergen. Der schnittige, groß gewachsene Anwalt und der verzweifelt wirkende Angeklagte, das war *Justice Union* vom Feinsten.

»Es ist 20.10 Uhr«, fuhr die dramatische Stimme fort. »Machen Sie sich bereit für einen der spektakulärsten Fälle der *Justiiiice Uuuniooon*.«

Durch die Lautsprecher ertönte Getöse, die Zuschauer in der Halle machten ordentlich Lärm. Darüber legte sich nun eine andere, geschäftsmäßig schnarrende Stimme: »Liebe Zuschauerinnen und Zuschauer, bis 20.15 Uhr ist die *Justice Union* auf *Streamnet 24/7* noch kostenlos zu empfangen. Ab Prozessbeginn sind Sie als einer von zehn Millionen Abonnenten dabei, oder Sie lösen noch ein Einzelticket für fünfundzwanzig Euro für den gesamten Abend. Allein heute haben das bereits drei Millionen Zuschauer gemacht! Seien Sie dabei, wenn dieser aufsehenerregende Prozess über die Bühne geht – oder buchen Sie jetzt gleich ein Abo für nur neunundachtzig Euro monatlich, jederzeit kündbar. Jeden Monat vier außergewöhnliche Gerichtsprozesse und über eintausend Verhandlungen aus Ihrer Region, dazu Live-Schaltungen und tägliche Zusammenfassungen. Dieses Angebot gilt noch bis 20.15 Uhr – unter justiceunion.de.«

Das Kamerateam lief noch immer rückwärts vor Lorenz und seinem Mandanten her, die sich der Arena näherten. Das Brausen des Publikums steigerte sich zum Orkan, als wieder die dramatische Stimme ertönte: »Begrüßen Sie mit einem großen Applaus den erfolgreichsten, den beliebtesten, den gefürchtetsten Strafverteidiger Deutschlands, Loreeenz Vaaan … Bergeeeen!«

Lorenz trat durch das große Tor und blieb kurz stehen. Sie befanden sich an der Breitseite einer riesigen Arena, ein Amalgam aus Fußballstadion, Amphitheater und überdimensionalem Fernsehstudio.

Rundherum ragten Sitzreihen auf, in denen Zuschauer jeden Alters aufsprangen und wie wild klatschten und brüllten: »Lo-renz, Lo-renz, Lo-renz!« In der Mitte der Halle war ein Gerichtssaal aufgebaut, wie es sie Anfang des 20. Jahrhunderts gegeben hatte: Holzvertäfelungen, Brüstungen und an der Stirnseite der erhöhte Richtertisch, hinter dem ein mit rotem Samt gepolsterter, drehbarer Thronsessel stand. An den Seiten lagen die Plätze für Staatsanwaltschaft und Verteidiger, in der Mitte ein einsamer, dramatisch beleuchteter Zeugenstand. Die Justizarena Dortmund war die zweitgrößte des Landes, nur der Palast in Berlin war größer. Lorenz warf einen schnellen Blick ins Publikum. Alle Plätze besetzt, die Arena war ausverkauft, fünfundzwanzigtausend Zuschauer zu durchschnittlich zweihundertfünfzig Euro Eintritt machten eine hübsche Summe, an der er – das hatte er sich in seinem Vertrag ausbedungen – natürlich mitverdiente.

Daniel DuPont betrachtete das Spektakel wortlos. Transparente wurden hochgehalten: »Perverser!« stand auf einem, »Bzzz – auf den Stuhl!« auf einem anderen. Lorenz lotste seinen Mandanten über den mit roten Teppichbahnen ausgelegten Pfad zum Verteidigertisch. Ein Lichtkegel folgte ihnen, dazu wurde dramatische Musik mit militärisch klingenden Trommelwirbeln gespielt. Als sie ihren Platz erreichten, ertönte ein Tusch. Applaus brandete auf. Lorenz wusste, was sein Publikum von ihm erwartete: Er hob beide Arme, drehte sich nach links und rechts, erneut ertönten die Sprechchöre »Lo-renz! Lo-renz!« Dann hielt er beide Zeigefinger mit einer dynamischen Bewegung in Richtung seines Mandanten, und sofort ertönte ein vielstimmiges »Buuuh!« von allen Seiten. Daniel DuPont sah aus, als wollte er seinen Anwalt erwürgen. Die beiden nahmen Platz, Lorenz hielt die Hand vor sein Funkmikrofon und sagte: »Ich habe dich gewarnt, da musst du durch.« DuPont fletschte die Zähne, sagte aber nichts.

An der Decke surrten Kameras über das Publikum hinweg, um Stimmungsbilder einzufangen. Auch in der Justizarena selbst waren etliche aufgebaut, teils ferngesteuert, teils mit Kameraleuten besetzt, auch Drohnen kamen zum Einsatz. Scheinwerfer leuchteten bei Bedarf jeden Winkel und jedes Gesicht in der Arena aus.

»Meine Damen und Herren«, ertönte wieder die dramatische Stimme aus den Lautsprechern. »Nun wird es Zeit, den vielleicht härtesten Gegner vorzustellen, den Lorenz van Bergen je erlebt hat.« Lorenz drehte sich zur gegenüberliegenden Seite, wo ein weiteres Tor aufging. »Die Frau, die das deutsche Gesetz vertritt. Bisher hatte sie eine Verurteilungsquote von hundert Prozent. Zum ersten Mal trifft sie heute in der Arena auf Starverteidiger Lorenz van Bergen. Begrüßen Sie unsere Staatsanwältin Frau Saskiaaa .... Seylooofft.«

Das Publikum überbrüllte die Musik, die nun ertönte, während durch das Tor eine junge Frau Anfang dreißig heraustrat und ohne innezuhalten den Gang zu ihrem Platz entlangschritt. Sie trug ein eng geschnittenes, schwarzes Kostüm mit langem Gehrock, der entfernt an eine Robe erinnerte. Lorenz kam nicht umhin, ihr Äußeres zu bewundern. Saskia Seyloff war optisch sein Gegenstück: langes, blondes Haar, das sie mit einer entschlossenen Geste zurückwarf, blaue Augen, die im Ton vielleicht noch etwas blauer waren als seine eigenen, eine auffallend schlanke Figur mit langen Beinen. Sie strahlte eine kühle Erotik und zugleich beeindruckende Professionalität aus. Als sie ihren Platz einnahm und mit einer knappen Geste ihr Publikum grüßte, würdigte sie ihren Gegenspieler und seinen Mandanten keines Blickes.

Lorenz wusste, dass er sie nicht unterschätzen durfte. Die Seyloff war Vollprofi, so wie er. Ihr Verstand war legendär, sie gehörte zu den drei beliebtesten Staatsanwälten der *Justice Union*, wie er aus dem monatlich erstellten Ranking wusste. Er selbst war die unbestrittene Nummer eins unter den Verteidigern, doch das konnte sich schnell ändern.

Es war klug von den Showmachern gewesen, ihm für den Vergewaltigungsprozess diese betont sachorientierte Staatsanwältin gegenüberzustellen. Er selbst galt als brillant, jedoch kalt kalkulierend und ohne einen Funken Empathie. Es würde ein spannendes Match werden.

»Meine Damen und Herren«, ertönte wieder die dramatische Stimme aus dem Off. »Es ist 20.15 Uhr. Staatsanwaltschaft und Verteidiger sind versammelt. Nun fehlt nur noch eine!« – Im Publikum ertönten Rufe: »Lin-da, Lin-da, Lin-da …« – »Ganz recht«, sagte die Stimme, »die ehrenwerte Vorsitzende, die Moderatorin des heutigen Abends. Begrüßen Sie die Hüterin der Gerechtigkeit, unsere Ms Judge, die einmalige Lindaaa … Bluuum!«

Hinter dem Richterpult erschien eine knapp zwanzigjährige Frau in einer schwarz schillernden, taillierten Richterrobe, die vorne offen war und den Blick auf einen knallroten, schmal geschnittenen Anzug freigab. Sie hob im Lichtkegel dreier auf sie konzentrierter Scheinwerfer beide Arme, riss sich mit dramatischer Geste die Robe vom Leib und warf sie hinter sich. Die Zuschauer im Saal sprangen klatschend und stampfend von ihren Sitzen auf. »Danke! Danke!«, rief Linda Blum und winkte dem Publikum, sich zu setzen. »Bitte Platz zu nehmen!« Gelächter im Zuschauerraum, die Leute setzten sich, und die Moderatorin beugte sich mit eindringlichem Gesichtsausdruck vor. »Das ist die *Justice Union*!« Das »Union« hallte in der Arena nach. »Herzlich willkommen in der Justizarena Dortmund. Wir begrüßen die Zuschauer hier in der Halle und natürlich auch alle, die uns im Live-Stream verfolgen.« Sämtliche Lichter gingen nun aus, bis auf ein einsames Spotlight auf die Moderatorin, die ihre Arme ausbreitete. »Die Anklage lautet: Gefährliche Körperverletzung und Vergewaltigung.« Das letzte Wort hallte dramatisch nach: »Vergewaltigung … gewaltigung … gung.« Im Saal war es totenstill. »Was es damit auf sich hat, erklärt nun …«, sie wandte sich nach links zu Saskia Seyloff, die sich nun erhob, »… die Staatsanwältin. Sie haben das Wort. Möge der Prozess beginnen.«

Lorenz lehnte sich zurück und schickte einen prüfenden Blick in Richtung Staatsanwältin. Er hatte diese Seyloff zwar für korrekt gehalten. Aber er konnte nicht glauben, dass sie auch dämlich war. Die

Staatsanwältin hatte die Bilder der verletzten Frauen aus der Notaufnahme nicht gezeigt.

Sie hatte ein im Grunde solides Einstiegsplädoyer gehalten, hatte nachgewiesen, dass alle drei Zeuginnen den Angeklagten bei einer seiner »Betriebsinventuren« kennengelernt hätten. Diese Anlässe waren nichts anderes als unangekündigte Mitarbeiterkontrollen, bei denen, das wusste Lorenz, Daniel DuPont hübsche Mitarbeiterinnen auszusuchen pflegte, denen sein Assistent anschließend ein Angebot unterbreitete: Bei einem Besuch in der Villa des Chefs wolle man über weitere berufliche Aussichten und Aufstiegsmöglichkeiten sprechen. Was sie nicht wussten, war, dass ihr Gastgeber anderes im Sinn hatte.

In der Vergangenheit hatte DuPont seine Opfer großzügig entschädigt und nebenbei ein paar Drohungen ausgesprochen, sodass keine der Frauen gewagt hatte, ihn anzuzeigen. Lorenz hatte schon so manche Zahlung von Schweigegeld vermittelt. Dann aber hatten sich drei der Opfer kennengelernt, sich gegenseitig Mut zugesprochen, wie sie sagten, und waren zur Polizei gegangen.

Staatsanwältin Seyloff hatte die drei Fälle sehr genau rekonstruiert. Sie hatte detailliert beschrieben, was DuPont mit den Frauen angestellt hatte. Im Publikum waren Protestrufe und unterdrückte Schreie laut geworden, als sie schilderte, wie Daniel DuPont seine Opfer schwer missbraucht und malträtiert hatte. Seyloff zeichnete Daniel DuPont, Deutschlands Vorzeige-Unternehmer, als einen perversen Teufel, der die Macht über andere genoss. Ein Teufel, den das Leid junger Frauen erregte. Aber sie zeigte das Leid nicht. Die Bilder, die erst das Ausmaß des Schreckens deutlich machten, blieben dem Publikum verborgen.

»Ich kann Ihnen versichern«, sagte die Staatsanwältin nun, »dass ich in meiner Laufbahn noch nie so etwas gesehen habe wie hier. Die Bilder der Frauen haben sich unauslöschlich in mein Gedächtnis gegraben, in meine Seele. Es sind Bilder, meine Damen und Herren, die ich Ihnen ersparen möchte. Wir haben uns deshalb entschieden, diese Bilder nicht zu zeigen.«

Im Publikum kam Gemurmel auf. Nicht wenige reckten enttäuscht die Hälse, sie hätten zu gern gesehen, wozu der Angeklagte fähig war.

»Wir wollen auch die Opfer schützen«, fuhr Staatsanwältin Seyloff fort. »Sie sollen kein weiteres Mal gedemütigt und gequält werden.« Sie redete noch eine Weile weiter, und Lorenz bemühte sich, nicht zu grinsen. »… deshalb wollen wir auch die Verteidigung bitten, davon Abstand zu nehmen«, schloss die Staatsanwältin und blickte auffordernd in Richtung Verteidigertisch.

Lorenz nickte hoheitsvoll, eine Kamera fing die Szene ein und warf das Bild auf die Großbildleinwände. Jetzt ernst bleiben, Lorenz, dachte er. Was für eine Idiotin diese Seyloff war. Na, ihm sollte es recht sein. Lorenz stand auf. Ein Kameramann kam angelaufen, ging in die Hocke und filmte Lorenz von unten, wie dieser mit der Linken kurz den Jaguar auf seiner Brusttasche berührte und sich nun ans Publikum wandte.

»Meine Damen und Herren, sehr geehrte Zuschauer, Frau Staatsanwältin, Sie haben eben ein sehr starkes Plädoyer gehalten. Ein Plädoyer, das mich, offen gesagt, zweifeln lässt.« Er machte eine kurze Pause und drehte sich zu Seyloff, die mit verschränkten Armen auf der Anklagebank saß und ihn stirnrunzelnd beobachtete. »Es lässt mich an meinem Verstand zweifeln«, führte Lorenz aus und schaute nun direkt in die Kamera. »Und ich denke, es geht nicht nur mir so. Sie, verehrte Frau Seyloff, zeichnen hier das Bild eines Monsters. Eines brutalen, skrupellosen Vergewaltigers. Eines Tiers. Aber wir reden hier nicht von einem Monster. Nicht von einem Tier. Wir reden von Daniel DuPont. Wir reden von Deutschlands beliebtestem Unternehmer. Wir reden von dem Mann, der jährlich Millionen Euro für die Obdachlosenhilfe, für den Tierschutz, für soziale Wohnbauprojekte spendet.«

Im Saal war es still. Er kam offenbar gut an.

»Glauben Sie mir …« Lorenz drehte sich ein Stück zu den Zuschauern auf den Rängen links. »Ich kenne Daniel DuPont schon viele Jahre, und ich habe nie erlebt, dass er sich in seinem Leben auch nur irgendetwas hat zuschulden kommen lassen. Selbst das Wort Scheiße ist für ihn ein Fremdwort.« Vorsichtige Lacher im Publikum. Gut. Lorenz wies mit dramatischer Geste auf seinen Mandanten, der zusammengesunken auf seinem Stuhl saß und scheinbar fassungslos den Kopf schüttelte. »Und nun zweifle ich, wie das Bild, das ich von meinem langjährigen Bekannten habe, zu dem passen soll, was die ehrenwerte Kollegin Seyloff hier präsentiert hat.« Er hob beide Arme. »Waren wir all die Jahre blind? Haben wir uns blenden lassen vom großmütigen Verhalten des Angeklagten?«

Er sah, wie einige Zuschauer miteinander zu tuscheln begannen. Genau diese Frage beschäftigte die Menschen seit Wochen. Das Publikum war verunsichert, und das galt es zu ändern. Lorenz machte eine Kunstpause, dann ließ er seine Stimme anschwellen. »Meine Damen und Herren, sehr geehrte Frau Staatsanwältin. Ja, Ihr Plädoyer hat mich zweifeln lassen. An meinem Verstand. An meiner Menschenkenntnis. Aber nicht ...«, er zeigte auf DuPont, »nicht an den Beweisen, die ich Ihnen heute vortragen werde. Beweise, die nicht nur belegen, dass Daniel DuPont komplett unschuldig ist ...« Im Publikum erhob sich Gemurmel. »... sondern Beweise dafür, dass mein Mandant das Opfer einer furchtbaren Verschwörung, einer Verleumdungskampagne gegen ihn geworden ist!«

In das Gemurmel mischten sich erste Zwischenrufe. Ein Regieassistent mit viel zu großen Kopfhörern hielt ein Schild hoch: »Noch dreißig Sekunden bis zur Werbung« stand darauf.

Lorenz kam zum Schluss: »Die Abgründe, die heute Abend ans Licht kommen werden, sind nicht die meines Mandanten«, verkündete er dramatisch. »Heute Abend werden wir einmal mehr lernen, dass es nicht sexuelles Verlangen ist – sondern die Gier, die das Schlechteste in einem Menschen zum Vorschein bringen kann.«

So. Das würde die Zuschauer hoffentlich so neugierig machen, dass sie dranblieben. Er wandte sich an die Staatanwältin und deutete eine kleine Verbeugung an. »Vielen Dank.«

Auf den Rängen brauste Applaus auf, der nach wenigen Sekunden von der Titelmelodie der *Justice Union* übertönt wurde. Man hätte es nicht besser choreografieren können.

»Monster oder Volksheld?«, dröhnte es aus den Boxen. »Verbirgt der beliebte deutsche Unternehmer Daniel DuPont ein dunkles Geheimnis? Oder ist der beliebte Spendenkönig unschuldig? Bleiben Sie dran und erfahren Sie alles – gleich nach der Werbung.«

Die junge Frau konnte kaum sprechen. Ihre Stimme war dünn, sie starrte vor sich hin, machte lange Pausen, immer wieder brachen ihre Sätze ab. Es war schmerzhaft, zuzusehen, wie sie die Horrornacht im Keller von DuPonts Villa hier in der Arena noch einmal durchlebte. Ihr blasses Gesicht wurde in Großaufnahme auf den Leinwänden gezeigt. Unbarmherzig fing die Kamera das Zittern ihrer Lippen ein.

»… und dann hat er das Messer gezeigt. Und mich geschnitten. Sieben Mal. Ich habe … mitgezählt im Kopf, warum, weiß ich nicht.«

»Wo hat er Sie geschnitten?«, erklang die sanfte Stimme von Staatsanwältin Seyloff.

»In den Bauch«, sagte sie, »und in den Oberschenkel.« Sie zeigte auf die Stellen, wo DuPont sie verletzt hatte.

Von ihren Kollegen wurde Emily Gschwandner als liebenswerte und lebensfrohe Mitarbeiterin beschrieben. Davon war nicht viel geblieben. Im Zeugenstand saß eine gebrochene Frau, erloschen noch vor dem Höhepunkt ihres Lebens.

»Er hat das Blut vom Messer abgeleckt«, sagte sie. »Und dann hat er … angefangen … es sich selbst zu machen.«

»Sie meinen, er hat begonnen zu masturbieren?«, hakte die Staatsanwältin nach.

Die Zeugin nickte. »Und dann … habe ich den Kleiderbügel gesehen.«

Ein unterdrückter Schrei kam aus dem Saal. Die Menschen rückten unruhig auf ihren Stühlen hin und her. Eine Kamera fuhr heran und warf Emily Gschwandners zitternde, vernarbte Hände auf die Leinwände. Dann: Schnitt – auf den bebenden Daniel DuPont, der den Kopf in seinen Händen vergraben hatte und mit den Lippen tonlose Sätze formte: »Das ist nicht wahr, das ist nicht wahr …«

Lorenz hörte der Zeugin scheinbar konzentriert zu und massierte dabei sein Kinn. Er wirkte wie ein aufmerksamer Zuhörer, der jedes Wort aufsog. Doch Lorenz hatte sich eine Technik angewöhnt, in der er nur noch auf Schlagworte achtete, die seine Aufmerksamkeit weckten: »… drang er in mich ein« – »… muss ohnmächtig geworden sein« – »… lag ich in meinem eigenen Blut«.

Die Staatsanwältin nickte. »Sie waren sehr tapfer, Frau Gschwandner. Keine weiteren Fragen.« Sie nickte in Richtung Verteidigung. »Herr Verteidiger – Ihre Zeugin.«

Lorenz erhob sich und wartete, bis die Kamera ganz nahe war und sein Gesicht in Großaufnahme zeigte. »Vielen Dank«, sagte er dann. »Ich habe keine Fragen.« Er setzte sich seelenruhig wieder hin.

Auf den Leinwänden erschien nun das verblüffte Gesicht der Staatsanwältin, und auch die Moderatorin Linda Blum hakte nach: »Sie wollen die Zeugin nicht befragen?«

»Nein, das ist nicht nötig«, sagte Lorenz und gab der Regie ein Zeichen. Auf den Leinwänden erschien ein Schriftstück. Nun stand Lorenz wieder auf. »Das hier, meine Damen und Herren, ist die Krankenakte von Emily Gschwandner.« Im Zehnsekundentakt erschienen neue Bilder vom Inhalt der Akte. »Ich muss gestehen, es war schrecklich, was Frau Gschwandner geschildert hat. Was sie erlebt hat – nein, entschuldigen Sie bitte – was sie glaubt, erlebt zu haben.« Er setzte sein charmantes Lächeln auf. »Was die Zeugin eben geschildert hat, kommt mir bekannt vor. Es steht da nämlich alles drin.« Er deutete auf die Leinwand, auf der nun in eine Seite gezoomt wurde. »Was Sie hier sehen, meine Damen und Herren, ist ein Auszug aus der Krankenakte der Zeugin, die vor fünf Jahren in der psychiatrischen Klinik Köln angelegt wurde. Emily Gschwandner war zu dem

Zeitpunkt achtzehn Jahre alt und wurde von ihren Eltern eingewiesen. Sie …«

»Einspruch!«, rief die Staatsanwältin dazwischen. »Erstens wurde uns das Beweisstück nicht fristgerecht angekündigt, zweitens handelt es sich hier um streng vertrauliche Unterlagen. Was fällt Ihnen ein, die öffentlich zu machen? Wo haben Sie die überhaupt her?«

Lorenz hob bedauernd die Schultern. »Die Akte bekam ich leider erst heute Morgen zugestellt, liebe Frau Kollegin«, parierte Lorenz. »Ich habe Ihrem Büro darüber umgehend eine Notiz zukommen lassen. Und zu Ihrem zweiten Punkt …« Er wandte sich wieder ans Saalpublikum. »Ich denke, das öffentliche Interesse in Bezug auf den Inhalt der Akte überwiegt in diesem Fall das Persönlichkeitsrecht der Zeugin. Das, was ich Ihnen hier präsentiere, ist für die Glaubwürdigkeit der Zeugin von fundamentaler Bedeutung. Ich möchte an dieser Stelle darauf hinweisen, dass das Leben meines Mandanten von diesem Prozess abhängt, insofern …«

»Einspruch abgewiesen!«, unterbrach ihn die Moderatorin Linda Blum. »Fahren Sie fort, Herr van Bergen.« Sie strahlte ihn an.

Lorenz deutete eine Verbeugung an. »Vielen Dank. Frau Gschwandner wurde also mit achtzehn Jahren zwangseingewiesen, weil sie unter Wahnvorstellungen litt. Unter einer Psychose. Ausgelöst durch einen Haze-Joint, den sie damals auf einer Klassenfahrt geraucht hat, kombiniert mit zwei Tabletten LSD.«

Die Kameras fingen das Gesicht von Emily Gschwandner ein, die noch immer im Zeugenstand saß und am ganzen Leib zu zittern begann. »Ich habe nur einmal …«, begann sie, doch Lorenz unterbrach sie.

»Sie haben nicht das Wort, Frau Gschwandner.« Sie verstummte mitten im Satz, als wäre sie geohrfeigt worden. »Es muss ein ziemlich wilder Trip gewesen sein«, fuhr Lorenz fort, »denn die akute Psychose, die vom Leiter der Abteilung, Herrn Professor Doktor Manfred Behringer, diagnostiziert wurde, hielt ganze fünf Wochen an. In dieser

Zeit hat die Zeugin in den Therapiegesprächen sehr wirre Dinge behauptet ...«

Die junge Frau begann jetzt zu schreien. »Hören Sie auf, hören Sie auf!« Sie stand auf und rang die Hände. »Warum machen Sie das? Das ist doch was ganz anderes! Ich war krank, ich ...«

Lorenz drehte sich langsam zu ihr. »Frau Gschwandner, wenn Sie schon so ein riesiges Mitteilungsbedürfnis haben«, sagte er schneidend, »dann berichten Sie doch bitte dem Publikum, was Sie damals Ihrem Therapeuten erzählt haben.«

Die junge Frau brach in Tränen aus und sank in ihren Sitz zurück. Ihr Körper wurde von heftigen Schluchzern geschüttelt, sie brachte kein Wort heraus. »Ich werde für Sie antworten, Frau Gschwandner«, sagte Lorenz gespielt fürsorglich. »Nun, Sie haben gesagt, Sie wären vergewaltigt worden. Und zwar gleich fünfhundert Mal.« Er wandte sich an die Staatsanwältin, dann wieder ans Publikum. »Von den Therapeuten, von anderen Patienten, von Ihren Lehrern, von Ihrem Vater ...«

Emily Gschwandner wischte sich mit beiden Händen die Tränen ab. »Hören Sie auf«, sagte sie mit erstickter Stimme. »Ich hatte eine Psychose.«

»Nun, vielleicht haben Sie die heute auch noch?«, fragte Lorenz. »Ist das denn auszuschließen? Wer von fünfhundert Vergewaltigungen fabuliert, der erfindet unter Umständen eine weitere ganz locker dazu.« Die junge Frau schüttelte stumm den Kopf, doch Lorenz sprach weiter. »Die Frage ist nur: Wie glaubhaft ist das?« Er drehte sich zur Zeugin und sah sie eindringlich an. »Wie glaubwürdig sind Sie, Frau Gschwandner?«

»Lassen Sie mich in Ruhe!«, schluchzte sie auf. Sie nestelte an ihrem Mikrofon, sprang auf und lief weinend aus der Arena, ein Kamerateam direkt hinterher. Im Publikum standen ein paar Leute auf, um zu sehen, wie die Zeugin wie ein gehetztes Tier erst in die falsche Richtung eilte, ehe sie von zwei Sanitätern eingefangen und abgeführt wurde.

»Dramatische Minuten in der Arena!«, rief die Moderatorin Linda Blum, während im Hintergrund theatralische Musik anschwoll.

Lorenz sah dem Zirkus demonstrativ gelassen zu. Dann drehte er sich zur Moderatorin, die ihn erwartungsvoll ansah. »Keine weiteren Fragen, meine Damen und Herren.«

Paula Ronnersheimer hielt das Kinn nach oben gereckt, und ihr kühler Blick sollte ein klares Signal setzen. Sie war kampfbereit. Immer wieder schickte sie böse Blicke zu Daniel DuPont hinüber, der wie ein Häufchen Elend auf der Anklagebank saß und am ganzen Leib zu zittern schien.

Paula Ronnersheimer war die zweite Zeugin in dem Fall. Ihre Aussage machte sie mit kalter, monotoner Stimme. Ihre Angaben waren präzise. Sie konnte alles genau beschreiben – die erste Begegnung. Die Einladung in die Villa. Das Angebot. Die Übergriffe. Die Vergewaltigung. Sie zog ihre Bluse bis zum Bauchnabel hoch, und die Kameras zoomten erst auf ihre verbrannte, vernarbte Haut und dann auf erschrockene Zuschauergesichter.

»Sie wirken sehr kontrolliert«, bemerkte die Staatsanwältin.

»Nicht kontrolliert«, korrigierte die Zeugin. »Kalt. Daniel DuPont hat mich an diesem Tag getötet. Nicht körperlich. Aber meine Seele. In diesen vier Stunden …«

»Vier Stunden, meine Damen und Herren!«, unterbrach sie die Staatsanwältin mit erschütterter Stimme. »Vier Stunden war die Zeugin in der Gewalt des Angeklagten …«

»Ich habe gedacht, ich müsste sterben. Ich lebe noch, aber er hat mir alles genommen. Mein Leben. Meine Würde …« Sie brach ab.

»Warum sind Sie hier, Frau Ronnersheimer?«, fragte Saskia Seyloff sanft.

Die junge Frau hob das Kinn. »Ich will, dass die Menschen erfahren, was für ein Schwein er ist.« Sie wies mit dem Kinn in Richtung Anklagebank. »Ich will, dass er nie wieder einer Frau wehtun kann. Und ich will Gerechtigkeit. Für mich und für die anderen.«

Im Publikum begannen ein paar junge Frauen zu klatschen. »Aufhängen, das Schwein!«, rief eine elegant gekleidete Dame. »Alter Perversling!«, schrie der Mann neben ihr. Langsam kam Stimmung auf, und Daniel DuPont begann unruhig auf seinem Stuhl hin und her zu rücken. Lorenz legte ihm die Hand auf den Arm. Folgsam hielt DuPont wieder still.

Diese Ronnersheimer war eine harte Nuss. Sie war von heiligem Zorn erfüllt. Es ging nicht nur um sie, es ging um alle vergewaltigten Frauen. Dieser Auftrag gab ihr die Kraft, durchzuhalten. Und es machte sie sympathisch. Lorenz würde sich anstrengen müssen.

»Keine weitere Fragen«, schloss Staatsanwältin Seyloff soeben. »Kollege van Bergen, Ihre Zeugin.« Sie grinste. »Oder möchten Sie erneut auf eine Befragung verzichten?«

Lorenz stand auf. »Dieses Mal nicht«, sagte er. Er taxierte Frau Ronnersheimer mit einem kühlen Blick, dem sie standhielt. »Haben Sie keine Sorge«, begann Lorenz. »Ich möchte gar nicht so detailliert auf Ihre Schilderungen eingehen. Das war alles sehr ausführlich und sicher auch sehr unangenehm für Sie.« Sie nickte überrascht. Mitgefühl vom Verteidiger? Damit hatte sie offenbar nicht gerechnet.

»Ich wollte Sie nur fragen«, fuhr Lorenz fort, »wie Sie das meinten, als Sie sagten, dass Daniel DuPont Ihnen Ihr Leben und Ihre Würde genommen habe.«

»Na ja, er hat mich …« Sie suchte nach einem passenden Wort. »… entmenschlicht. Ich war für dieses Monster nur ein Objekt, an dem man seine kranken Triebe auslässt. Er war wie ein Tier.«

Sie hatte es wirklich drauf, dachte Lorenz im Stillen. Sie musste eigens ein Rhetoriktraining absolviert haben. Er kannte ihre Tricks aus seiner eigenen Studienzeit. Immer und immer wieder die Kernbotschaft wiederholen, damit sie sich beim Publikum einbrennt. Monster. Tier. Und es zeigte Wirkung: In den Gesichtern der Zuschauer spiegelte sich blanke Abscheu.

»… und mein Leben, na ja, das ist vorbei. Meine Ehe ist zerbrochen. Ich bin in Therapie. Ich muss Schlafmittel nehmen. Und Medikamente gegen die Panikattacken. Ich bin arbeitslos …«

Lorenz nickte teilnahmsvoll. »Ihre Ehe ist zerbrochen, sagen Sie? Warum?«

»Na, wegen der Vergewaltigung.« Sie sah ihn fest an. »Was glauben Sie denn, was so etwas mit einem macht?«

»Sie sagen also, dass Ihre Ehe zerbrochen ist, weil sie vergewaltigt wurden?«, hakte Lorenz noch einmal nach.

Sie sah ihn verwirrt an. »Das habe ich doch gerade …«

»Beantworten Sie einfach die Frage«, unterbrach er sie.

Sie seufzte. »Also, ich will nicht sagen, dass wir nicht vorher schon Probleme hatten … Aber dieses Erlebnis hat alles verändert. Ich konnte mich nicht mehr auf meinen Mann einlassen, konnte kein Vertrauen mehr aufbauen …«

»Aber Ihrem neuen Freund, dem konnten Sie schon vertrauen?«

Sie starrte ihn an. Ihr Blick begann zu flackern. »Was… was hat das damit zu …?«, begann sie.

Lorenz schüttelte den Kopf. »Ich will es nur verstehen, Frau Ronnersheimer«, sagte er. »Sie behaupten, wegen Herrn DuPont sei Ihre Ehe zerbrochen, Sie könnten kein Vertrauen mehr aufbauen, und doch haben Sie nur einen Monat nach der angeblichen Tat bereits Ihren neuen Freund kennengelernt.«

»Das war keine angebliche Tat!«, fuhr sie auf. »Und wir sind nicht mehr zusammen. Ich bin noch nicht wieder fähig, eine Beziehung zu führen.«

Lorenz nickte teilnahmsvoll. »Das heißt, Ihr Ex-Freund – Max heißt er, richtig? – müsste bestätigen können, dass Sie schwer traumatisiert waren in dieser Zeit.«

»Ich … ja, das nehme ich an. Aber …«

Die Staatsanwältin fuchtelte mit den Armen, um die Aufmerksamkeit der Moderatorin zu erringen.

»Wir haben bisher den Ex-Freund der Geschädigten nicht als Zeugen vorgesehen«, rief sie.

Lorenz hob die Hand. »Das sollten wir ändern, Frau Seyloff. Ich bitte Herrn Max Menziak in die Arena.«

Seyloff warf in Frustration beide Arme in die Luft, setzte sich aber dann. Im Saal wurde es dunkel, einzelne Scheinwerfer streiften über die Menge hinweg und verharrten auf dem Gesicht eines blonden, jungen Mannes, der im Publikum saß und nun etwas unsicher aufstand. Eine Hostess trat zu ihm und geleitete ihn in Richtung Zeugenbank, während aus den Lautsprechern dramatische Musik erklang. Die Zuschauer tuschelten laut und zeigten auf den Überraschungszeugen.

Seyloff schickte einen wütenden Blick in Richtung Verteidigung. »Sie mit Ihren faulen Tricks«, rief sie über die Musik hinweg. »Dafür werden Sie eines Tages die Quittung bekommen.« Sie schien wirklich aufgebracht zu sein, reckte sogar die Faust in Lorenz' Richtung. Er blieb cool, machte eine aufreizend freundliche Verbeugung. Die Musik wurde leiser.

»Bitte, Herr Menziak, nehmen Sie doch neben der Zeugin Platz«, sagte er dann, während der junge Mann ein Mikrofon angesteckt bekam und verlegen in die Runde grinste.

Er war ein großer, durchtrainierter Mann, Surfer-Typ. Das lange blonde Haar war lässig zerzaust, die stechend grünen Augen sahen sich neugierig um, das Lächeln brachte das Herz jeder Schwiegermutter zum Schmelzen. Die Zeugin wirkte dagegen äußerst irritiert. »Was tust du hier?«, zischte sie ihm zu.

»Ich sage aus, Baby«, erklärte der junge Mann seelenruhig und lehnte sich in seinem Stuhl zurück.

Lorenz stellte sich in Positur. »Herr Menziak, Sie waren mit Frau Ronnersheimer liiert, ist das richtig?«

»Na ja«, widersprach der junge Mann. »Wir haben uns vor vier Monaten kennengelernt und eine Affäre begonnen. Das ging etwa zwei Monate lang, aber wir haben uns wieder getrennt.«

»Erzählen Sie doch mal – wo haben Sie sich kennengelernt?«

»In Berlin in einem Club«, sagte der Zeuge.

Lorenz gab vor, interessiert zu lauschen. »Nun ist die Berliner Clubszene ja ziemlich groß«, hakte er ein. »Wo genau haben Sie Frau Ronnersheimer denn getroffen?«

Der junge Mann öffnete den Mund, doch Paula Ronnersheimer fuhr dazwischen. »Nein, Max, das machst du nicht«, sagte sie mit Panik in der Stimme. »Bitte geh einfach auf deinen Platz zurück …«

Lorenz schüttelte den Kopf. »Ich spreche jetzt mit Herrn Menziak«, sagte er väterlich.

»Wir …« Der junge Mann drehte sich zu Lorenz. »Also, wir haben uns im KitKat-Club kennengelernt. Abends.«

»So, so, im KitKat-Club …« Lorenz zog den Namen genüsslich in die Länge. »Helfen Sie mir auf die Sprünge, das ist kein normaler Tanzclub, oder?«

»Neee, da finden auch Fetisch-Abende statt und so«, sagte Max lässig. Auf den Leinwänden wurden nun Bilder aus dem Innenraum des legendären Berliner Clubs eingespielt. Paula Ronnersheimer wurde bleich. »Sie haben Ihre Freundin auf einer Fetisch-Party kennengelernt? Wie war sie denn so drauf? Zu dem Zeitpunkt war sie ja noch verheiratet. Und wenige Wochen zuvor angeblich brutal vergewaltigt worden. Sie muss doch völlig am Boden zerstört gewesen sein.«

Max Menziak schüttelte den Kopf. »Nee, sie wirkte eher stark, fast aggressiv gut drauf.«

Paula Ronnersheimer fiel ihm ins Wort. »Natürlich war ich aggressiv gut drauf«, sagte sie schneidend. »Ich habe versucht, meine Seele zu retten, mich wieder zu spüren, mich nicht bestimmen zu lassen von diesem … Schwein.« Sie spuckte das Wort förmlich aus. »Ich wollte die Hoheit über meinen Körper wiedererlangen.«

Lorenz hörte scheinbar aufmerksam zu. »Das klingt sehr interessant, Frau Ronnersheimer«, sagte er freundlich. »Aber doch ganz anders als das, was Sie vorhin geschildert haben.«

»Einspruch!«, meldete sich die Staatsanwältin. »Was hat das mit der Tat zu tun?«

Lorenz breitete beide Arme aus. »Gerade vorhin hat die Zeugin geschildert, dass durch die vermeintliche Vergewaltigung ihr Leben in Trümmern liegt. Nun hören wir von einem Zeugen, dass sie sich nur wenige Wochen danach bereits in einem Fetisch-Club vergnügte und eine Affäre mit einem jungen Mann begann. Ich finde, das passt nicht zusammen.«

Die Moderatorin wiegte den Kopf. »Abgelehnt«, sagte sie dann in Richtung Staatsanwältin, die frustriert auf ihren Sitz zurücksank.

»Herr Menziak«, wandte Lorenz sich an den jungen Mann, der dasaß wie ein Schuljunge und ihm mit großen Augen zuhörte. »Entschuldigen Sie meine Unwissenheit. Was genau passiert auf so einer Fetisch-Party? Welchen ... äh, Fetisch pflegt man denn dort?« Er zwinkerte spontan in die nächstliegende Kamera, und die Lacher aus dem Publikum bestätigten ihm, dass sein Einfall gut angekommen war.

»Ganz unterschiedlich«, sagte Max. »Es gibt Swinger-Leute, Lack-und-Leder-Leute, Sadisten, Masochisten ...«

»Swinger-Leute?«, unterbrach ihn Lorenz. »War die Zeugin mit ihrem Mann vor Ort?«

Max Menziak lachte. »Nein, ihr Mann wusste nichts davon.«

Lorenz nickte angestrengt. »Was für einen Fetisch hatte denn Ihre Freundin?«

»Einspruch!«, brüllte die Staatsanwältin dazwischen. »Einspruch! Das ist völlig inakzeptabel.«

»Abgelehnt«, zischte Linda Blum. Im Saal wurde Raunen laut.

»Sie hat einen Unterwerfungsfetisch«, sprach Max im Plauderton weiter. »Sie steht auf Gewaltspiele. Vergewaltigt werden und so.«

Paula Ronnersheimer sprang auf. »Max!«, schrie sie fassungslos, während im Saal die Hölle losbrach. Die Leute schrien und lachten, manche klatschten sich auf die Schenkel, es war ja auch zu verrückt.

Die Staatsanwältin brüllte in einem fort, das sei unzulässig, doch ihr Geschrei ging im allgemeinen Tumult unter.

»Könnte es sein«, rief Lorenz in den Lärm hinein, »dass das, was zwischen Ihrer Freundin und Herrn DuPont stattgefunden hat, ein einvernehmliches Sexspiel war?«

Max schürzte nachdenklich die Lippen. »Kann schon sein«, sagte er. »Mir hat sie gesagt, dass es sie anmacht, wenn ich sie wie ein Objekt benutze.«

Paula Ronnersheimer rief etwas, doch es war in dem Lärm nicht zu verstehen. Ein Schwarm Sicherheitsleute zog im Saal ein, um die Leute zu beruhigen. Die Moderatorin tat, als wische sie sich den Schweiß von der Stirn. »Nein, diese unerwartete Wendung«, rief sie immer wieder.

Lorenz wartete, bis er wieder in Großaufnahme auf der Leinwand zu sehen war. »Keine weiteren Fragen«, sagte er nur und erntete tosenden Applaus. Es folgte eine kurze Werbepause.

Lorenz beobachtete, wie zwei Sanitäter Paula Ronnersheimer aus ihrem Stuhl halfen und sie auf ihrem Weg hinaus stützten. Sie wirkte völlig gebrochen, heftige Schluchzer erschütterten ihren schmalen Körper. Max warf ihm einen verschwörerischen Blick zu. Lorenz nickte. Der Junge hatte seine Rolle gut gespielt. Es hatte sich ausgezahlt, Paula Ronnersheimer zu observieren und Max, einen Hobbyschauspieler, auf sie anzusetzen. Es hatte alles wunderbar geklappt. Und dass sie auch noch von selbst in den KitKat-Club gegangen war, hatte ihnen die Verteidigungsstrategie quasi auf dem Silbertablett serviert, ohne dass sie selbst etwas hätten einfädeln müssen. Manchmal hatte man einfach Glück.

Doch das Triumphgefühl, das Lorenz sonst in solchen Momenten verspürte, blieb aus. Zeugen waren für ihn stets Spielfiguren gewesen, die man übers Feld jagte. Diese Frau aber, die er gerade vor dem ganzen Land vorgeführt hatte, war ein Mensch mit Gefühlen und einer Geschichte. Was wohl aus ihr werden würde? Sei kein Idiot, Lorenz, unterbrach er sich selbst, das kann dir egal sein. Es sah gut aus für seinen Mandanten. Jetzt hieß es durchhalten.

»Meine Damen und Herren, wir kommen nun zur Abstimmung«, hallte die Stimme der Moderatorin durch den Raum. Lorenz hatte sich wieder gefangen. Er würde diesen Fall für seinen Mandanten gewinnen, dessen war er sich inzwischen sicher. Ruhig saß er da und lächelte einnehmend in die Kamera. Zwei Zeuginnen hatte er erfolgreich diskreditiert, die dritte hatte gar nicht mehr ausgesagt. Offenbar hatte man ihr erzählt, wie es den anderen beiden Frauen ergangen war – und sie weigerte sich, noch mitzumachen. Sie ziehe ihre Aussage zurück, war alles, was sie noch zu sagen hatte. Danach war sie aufgesprungen und davongelaufen, es war fast wie ein Déja-vu gewesen – wieder eine junge Frau, die, von einem Kamerateam im Eilschritt verfolgt, wie ein gehetztes Reh in die falsche Richtung lief, nur dass sie diesmal mitten im Publikum gelandet war. Die Zuschauer hatten geschrien und versucht sie zu haschen, es war ein Mordsspektakel gewesen.

Jetzt saßen alle wieder auf ihren Plätzen. Die Staatsanwältin hockte mit verzweifeltem Gesichtsausdruck da. Ihre Anklage war wie ein Kartenhaus in sich zusammengefallen. Lorenz' Schlussplädoyer war von minutenlangem, tosendem Applaus quittiert worden.

Einmal mehr tanzten die Scheinwerfer auf dem Publikum, und die Stimme der Moderatorin schien liebevoll über die Menge hinwegzustreifen: »Und damit liegt das Schicksal von Daniel DuPont in Ihren Händen, meine Damen und Herren. Sie entscheiden heute. Schuldig oder unschuldig? Sie haben die Wahl.« Linda Blum stand auf, stöckelte in die Mitte der Arena und posierte in ihrem knallroten Anzug im Scheinwerferkegel. »Wie immer wiederholen wir an dieser Stelle aus rechtlichen Gründen die Teilnahmebedingungen für Ihren Richtspruch.« Im Publikum wurde nun angeregt geplaudert, man kannte das Sprüchlein bereits. Linda Blum richtete ihren Blick direkt in eine Kamera und spulte den schon unzählige Male gesagten Satz in einer Art Singsang herunter: »Wenn Sie über achtzehn Jahre alt und im Besitz der deutschen Staatsbürgerschaft sind, können Sie bei Ihrer Meldebehörde um einen persönlichen Irisscan über Ihr Smartphone ansuchen. Danach können Sie sich bei der Anmeldung zum *Justice Union*-Stream zur Abstimmung registrieren. Sie wählen mit einem Klick: schuldig oder nicht-schuldig. Die Mehrheit entscheidet. Bei einem Ergebnisunterschied von weniger als drei Prozent muss die Abstimmung wiederholt werden.« Sie tänzelte ein wenig hin und her. »Noch ein Warnhinweis in Ihrem Interesse: Jeder Missbrauch Ihres *Justice Union*-Scans wird mit Strafen von nicht unter dreitausend Euro und einer lebenslangen Sperre geahndet.« Sie zwinkerte schelmisch in die Kamera. »Bleiben Sie also brav.«

Eine Fanfare ertönte, und Linda Blum erklomm wieder die Stufen zu ihrem Thron. »Stimmen Sie jetzt live ab«, rief sie. »Ist Daniel DuPont ein brutaler Vergewaltiger? Oder wurde er Opfer einer hinterhältigen Verschwörung? Sie haben die Wahl: Todesstrafe oder Freispruch. Der Countdown läuft, die Abstimmung ist freigegeben … aaab jetzt!«

Alle warfen sich noch einmal in Positur und blickten siegreich in die jeweils auf sie gerichtete Kamera. Selbst die erzürnte Saskia Seyloff schaffte es, hoch aufgerichtet Selbstvertrauen zu verströmen. Der Regieassistent mit den zu großen Kopfhörern zählte mit seinen Fingern runter und formte dabei tonlos: »Fünf, vier, drei, zwei, eins, uuund … wir sind raus.«

In der Arena gingen die Lichter an. Die Kameramänner wischten sich den Schweiß von der Stirn. Zwei bewaffnete Polizisten nahmen links und rechts von Daniel DuPont Aufstellung. Die VIP-Gäste in der Arena machten sich auf den Weg zum Catering.

»Fünfzehn Minuten Pause!«, brüllte der Regieassistent. Anschließend kam er angerannt und klopfte Lorenz anerkennend auf die Schulter. »Der Hammer! Wahnsinn! Dieser Plottwist! Das hätten wir nicht besser scripten können! Sie sind der Größte.« Er nickte der Staatsanwältin zu, die offenbar vor Wut kochte. »Sie haben das auch sehr gut gemacht.« Seyloff ignorierte ihn und kam stattdessen drohend auf Lorenz zu.

»Sie halten sich wohl für besonders schlau?«, schnauzte sie ihn an. »Was Sie hier machen, hat nichts, aber auch gar nichts mit unserem Verständnis von Recht zu tun.«

»Das Recht meines Mandanten ist es, dass ich ihn bestmöglich verteidige«, konterte Lorenz ganz ruhig. »Genau das habe ich getan, Kollegin Seyloff. Und was Recht und Unrecht ist, das definieren nicht Sie und ich, sondern …«

»Ja, das Volk, blablabla, ich weiß. Aber Sie haben das Volk manipuliert und mit nicht geprüften Beweisen möglicherweise sogar getäuscht, und das ist Unrecht, Herr Verteidiger.«

»Wenden Sie sich mit Ihrer Beschwerde an unsere Ms Judge«, sagte Lorenz wegwerfend. »Ich habe hier nur meinen Mandanten mit allen mir zu Gebote stehenden Mitteln verteidigt.«

»Das hat man gesehen. Ist Ihnen klar, dass Sie einen Perversen wieder auf die Menschheit loslassen?«

»Frau Kollegin, Sie sind sehr erregt. Ich zeige Ihnen bei Gelegenheit gerne ein paar Entspannungsübungen. Aber jetzt entschuldigen Sie mich.« Damit ließ Lorenz die sprachlose Staatsanwältin stehen, bedeutete seinem Mandanten, ihm zu folgen, und ging zum Buffet.

»Noch ist es nicht vorbei«, sagte er zu DuPont, der seine Beine unter den Ketten zu lockern versuchte. »Das Publikum ist manchmal unberechenbar.« DuPont nickte und spuckte auf den Boden. Lorenz ignorierte es. »Willst du was essen? Was trinken?« Der andere schüttelte den Kopf. »Ich bin gleich wieder da«, sagte Lorenz, nickte den beiden Polizisten zu, die DuPont, immer noch in Ketten, wegführten, und ging zur Bar.

Dort wartete, eine ungeöffnete Flasche Sprudelwasser in der Hand, Tamara. »Und?«, fragte er.

»Perfekt. Wie immer«, sagte sie und reichte ihm die Flasche.

»Hast du schon Quoten erfahren?«

»Noch nicht. Aber das ist auf jeden Fall die mit großem Abstand erfolgreichste Folge *Justice Union* in diesem Jahr.« Lorenz lächelte zufrieden und nahm einen Schluck.

»Bitte alle wieder auf Ihre Plätze«, ertönte die Stimme des Regieassistenten, »die Werbung endet in vier Minuten.«

Lorenz wartete darauf, dass sein Mandant, die Polizisten im Schlepptau, in seinen Ketten anzockelte. Zu viert machten sie sich auf den Weg zurück zum Verteidigertisch. Eine Kamera folgte ihnen. Auf halbem Weg erklang die Titelmelodie der Show. »Meine Damen und Herren«, ertönte es aus dem Off. »Willkommen zurück bei der *Justice Union*. Und hier ist auch wieder unsere Ms Judge … Lindaaa … Bluuum!« Applaus, alle in der Halle erhoben sich rituell, die Moderatorin erklomm winkend ihren Sitz hinter dem Richtertisch und bedeutete allen, Platz zu nehmen.

»Willkommen zurück beim bisher spektakulärsten Prozess des Jahres«, rief sie. »Und Sie, liebe Zuschauerinnen und Zuschauer, hatten nun die schwere Aufgabe, zu entscheiden. Schuldig oder unschuldig? Freispruch oder …« Sie machte eine kleine Pause und sagte dann mit tiefer Stimme: »Todesstrafe …« Verhaltener Applaus, auf den Leinwänden erschienen zwei verdeckte Balken. »Wie sieht die Entscheidung aus?«, fragte Linda Blum direkt in die Kamera. Die beiden Balken begannen zu wachsen, der eine stoppte bei 35, der andere zog weiter bis 65 Prozent. »Wir kennen das Abstimmungsverhältnis«, sagte die Moderatorin. »Es ist eindeutig. Aber welcher Balken steht für welche Entscheidung?«

Dramatische Musik, die Moderatorin blinzelte verschwörerisch in eine Kamera. Lorenz sah aus den Augenwinkeln, wie Daniel DuPont die Hände faltete.

»Das Volk hat gesprochen«, sagte Linda Blum. »Und es hat sich mit 65 Prozent und damit mit einer eindeutigen Mehrheit dafür entschieden, den Angeklagten …« – sie machte eine letzte Kunstpause – »… freizusprechen!«

Die Zuschauer sprangen auf, stampften mit den Füßen, brüllten und kreischten, fielen einander um den Hals. Daniel DuPont knickte kurz ein, doch er fing sich schnell wieder, und ein erleichtertes Grinsen breitete sich auf seinem Gesicht aus. Lorenz atmete tief durch, dann erinnerte er sich daran, die kleine Siegerpose einzunehmen, die er immer nach einem gewonnenen Prozess zeigte: die geballte Rechte halb erhoben, mit der Linken das Victoryzeichen. Das Publikum quittierte die Geste mit stehenden Ovationen, die Titelmelodie der *Justice Union* erklang erneut, bunte Lichter begannen auf den Gesichtern zu tanzen. Und die Show war vorbei.

»Mein Junge«, rief DuPont, kaum dass man ihm die Ketten abgenommen hatte. »Du verdammtes Genie!« Er umarmte seinen Verteidiger, der es sich widerstandslos gefallen ließ.

»Ich habe nur meinen Job gemacht«, sagte Lorenz bescheiden.

DuPont redete weiter, aber Lorenz hörte nicht mehr zu. Seine Augen trafen die der Staatsanwältin, die immer noch auf ihrem Platz saß. Saskia Seyloff sah ihn ernst, fast traurig an. Dann stand sie auf, wandte sich ab und ging davon. Lorenz atmete durch. Mein Gott, was für eine Dramaqueen. Doch etwas in ihrem Blick hatte ihn irritiert. Genauso hatte Professor Schmidt während ihrer Diskussion auf der Gala dreingeschaut. Und an den wollte er nun wirklich nicht erinnert werden.

»… und ich passe in Zukunft besser auf«, sagte DuPont und rieb sich die Handgelenke. »Ab jetzt gehe ich nur noch zu Professionellen.«

Vor der Garderobe wartete eine Traube Menschen auf ihn. »Lorenz, Lorenz, können wir ein Selfie machen?« Er war genervt. Er hatte der Produktionsfirma extra gesagt, dass sie ihm die Fans vom Leib halten sollten, aber es waren Mitarbeiter der *Justice Union*, die konnte man schlecht aus dem Gebäude werfen. Und so knipste Lorenz noch einmal sein Lächeln an, posierte bereitwillig für Fotos, setzte nicht zum ersten Mal ein Autogramm auf eine nackte Frauenbrust und entkam schließlich in seine Garderobe.

Endlich allein. Er ließ sich in seinen Sessel sinken, lehnte sich zurück und atmete tief durch. Diese Ruhe. So sehr er seine Auftritte genoss, so froh war er über diesen Moment danach, wenn niemand sprach, keine Kamera auf ihn gerichtet war und er keine Rolle spielen musste. Er goss sich einen Cognac ein, der in einer Karaffe auf dem Tisch vor ihm stand, schwenkte das Glas ein wenig und setzte gerade an, als eine heisere Stimme sagte: »Guter Auftritt, Lawyer.«

Lorenz schreckte von seinem Stuhl auf. Fast hätte er den Cognac auf seinem Anzug verschüttet. »Gottverdammt«, fluchte er und drehte sich um. Aus dem Schatten des weitläufigen Raums traten zwei schwarzhaarige Männer in Seidenanzügen.

»Machen Sie sich keine Sorgen«, sagte einer von ihnen mit arabischem Akzent. »Sie müssen keine Angst haben.«

»Ich habe keine Angst«, sagte Lorenz verärgert. »Aber ich würde gerne wissen, wie Sie in meine Garderobe gekommen sind, die war ver…« Van Bergen bemerkte das Grinsen der Herren und schenkte sich den Rest der Frage. Die beiden waren offensichtlich Profis. Weder die Sicherheitsleute am Eingang noch Backstage-Kontrollen oder das elektronische Türschloss hatten sie aufgehalten. Lorenz betrachtete die Männer genauer. Die Sorte hatte er schon öfter gesehen, zuletzt bei seiner Verteidigung von Hassan Khan. Diese Männer gehörten ohne Zweifel zu einem der Mafiaclans, die in ganz Deutschland ihre kriminellen Geschäfte abwickelten. Der arabische Akzent des einen Mannes ließ vermuten, dass es sich um Libanesen handelte. Die Königsklasse unter den Clans.

»Entschuldigen Sie bitte, dass wir Ihre Privatsphäre verletzen«, sagte der Mann höflich. »Aber wir haben eine Nachricht für Sie.«

»Ich höre«, sagte Lorenz ergeben, stellte sich jedoch betont gleichgültig zum Spiegel und begann an seiner Krawatte zu nesteln.

»Wir haben eine Einladung für Sie. Nach Neu-Essen.«

Lorenz stutzte. »Neu-Essen? Das ist nicht Ihr Ernst.«

»Unser voller Ernst.«

Lorenz drehte sich um starrte die beiden Männer an, die ihn freundlich und abschätzend zugleich musterten. Neu-Essen, das konnte nur eines bedeuten: Diese Männer hatten die Al-Zahidis geschickt.

»Wann?«

»Jetzt sofort. Wir sollen Sie abholen.«

Einen Moment lang fühlte sich Lorenz von der Situation überfordert. Er war müde und wollte seine Ruhe. Aber, dachte er dann, hatte er überhaupt eine Wahl? Und war das nicht eine der fast unmöglichen Gelegenheiten, die sich ihm hier bot? Soweit er wusste, erhielten Deutsche eigentlich keinen Einlass in die Clan-Stadt.

Die beiden Männer sahen ihn immer noch freundlich lächelnd an. Lorenz schloss eine Sekunde die Augen, dann nickte er. »Geben Sie mir fünf Minuten, ich muss meine Assistentin informieren und mich umziehen.«

Die Männer nickten. »Wir warten vor Ihrer Garderobe auf Sie.«

Lorenz ließ sich erneut auf seinen Sessel sinken. Was für ein Tag. Es klopfte, Tamara huschte mit seinem aufgebügelten grauen Anzug herein und wollte etwas sagen, doch er stoppte sie.

»Tamara, bitte jetzt keine Fragen stellen, ich muss los.«

Seine Assistentin schaltete sofort, er liebte das an ihr. Keine Zicken, keine Fragen, nur Action. »Okay, brauchst du einen Wagen?«

»Ich glaube nicht«, sagte er wahrheitsgemäß.

Tamara schaute ihn erstaunt an, sagte aber nichts. »Soll ich Carolina für dich anrufen?«, fragte sie.

»Nein, das mache ich von unterwegs. Könntest du morgen um zehn in der Kanzlei sein? Bis dahin hast du frei.«

»Aye, aye, Captain«, sagte sie, legte die Rechte an die Stirn und zog ab.

Vor der Garderobe warteten die beiden Libanesen geduldig, misstrauisch beäugt von den immer noch wartenden Fans, unter die sich der Regisseur und der Produzent gemischt hatten. Sie wollten ihrem Star gratulieren. Doch Lorenz huschte eilig durch die kleine Menge und rief über die Schulter zurück: »Es tut mir leid, können wir morgen telefonieren?«, und zog mit den beiden geheimnisvollen Herren ab. Er war ihnen in diesem Moment fast dankbar für die Störung. Er hätte es keine Minute länger in der Justizarena ausgehalten.

Sie fuhren im Aufzug hinunter zum Backstage-Ausgang in der bewachten Tiefgarage. Als Lorenz hinaustrat, traute er seinen Augen nicht. Da wartete eine silberne Limousine, vor der ein arabisch aussehender Mann mit Chauffeursmütze strammstand und die hintere Tür öffnete. Und jetzt musste Lorenz erstmals grinsen. Wer auch immer ihn eingeladen hatte, er besaß eine gute Beobachtungsgabe: Der Wagen war ein auf Selbstfahrbetrieb umgerüsteter Oldtimer. Ein Jaguar.

Kapitel 3

Freitag, 14. Oktober 2044, 22.00 Uhr, Dortmund

Lorenz stieg ein. Die beiden Libanesen nahmen ihm gegenüber Platz. Die Limousine war riesig, Holzvertäfelungen und schwarze Ledersitze gaben dem Fahrgastraum das Flair einer kleinen Yacht. Der Chauffeur setzte sich nach vorne ins Cockpit und sagte halblaut in Richtung des Displays: »Al Amal, Nordtor.« Lorenz sah die beiden Männer fragend an.

»Unser Name für Neu-Essen«, erklärte der Kleinere. »Al Amal bedeutet ›die Hoffnung‹ oder auch ›die Hoffnungsvolle‹.«

»Ein schöner Name«, sagte Lorenz höflich und lehnte sich in den weichen Sitz zurück.

Der Wagen sprang mit leisem Brummen an und setzte sich beinahe lautlos in Bewegung, der Mann im Cockpit zückte sein Handy. Ein Chauffeur für ein selbstfahrendes Auto war unnötige Angeberei. Die einzigen Menschen, die zum Fahren gebraucht wurden, saßen in der Verkehrszentrale, um den Überblick zu behalten. Der Mann war wahrscheinlich ein Bodyguard, überlegte Lorenz, das ließ zumindest das Holster vermuten, das unter seiner Anzugjacke hervorgeblitzt war.

Schweigend fuhren sie nach Westen, weg von den Menschenmassen. Nach der Show verwandelte sich das Gelände zu einer riesigen Partyzone mit zigtausend Gästen, und normalerweise hätte sich Lorenz kurz in der VIP-Zone gezeigt, um mit den Senderchefs und Produzenten anzustoßen. Früher hatte er gerne noch ein wenig gefeiert. In letzter Zeit stieß ihn das feuchtfröhliche Treiben eher ab. Vielleicht eine verfrühte Midlife-Crisis, überlegte er und musste gleich darauf über sich selbst grinsen. Nie im Leben.

Der Jaguar summte gemütlich die A40 entlang, bog beim Autobahnkreuz auf die A43 in Richtung Herne, wo er auf 180 km/h beschleunigte. Van Bergen entspannte sich zum ersten Mal an diesem nun schon beinahe siebzehn Stunden langen Tag. Für einen Moment drohte ihn die Müdigkeit zu übermannen. Der kleinere Begleiter schien Gedanken lesen zu können: Er öffnete einen Barschrank. »Kaffee?« Dankbar nahm van Bergen eine Tasse entgegen. Er machte sich nicht viel aus arabischem Kaffee, dachte nur an den Koffeinschub – und war überrascht, als sich der Inhalt der Tasse als exzellenter Espresso entpuppte.

»Ich frage Sie nicht, wie Sie den so gut hinbekommen haben«, sagte er. Die Libanesen grinsten nur.

Van Bergen lehnte sich wieder zurück und durchforstete sein Gehirn nach Details über Neu-Essen. Al Amal hatten die Libanesen es genannt. Den arabischen Namen der Clan-Stadt hatte er nie zuvor gehört. Und auch, wenn er scharf nachdachte, fiel ihm nicht viel mehr dazu ein als das, was in den Medien berichtet wurde.

Das Projekt »Autonome Zone Neu-Essen« war bei seiner Gründung 2037 das zweite seiner Art nach Neu-Berlin gewesen – eine muslimische Enklave, die gewissermaßen in Privatbesitz eines Clan-Chefs errichtet wurde. Diese Zonen sollten den Schlusspunkt unter die jahrzehntelangen Zusammenstöße zwischen »Biodeutschen« und muslimischen Migranten bilden und für Ordnung im Staat sorgen, ein europaweit einmaliges Experiment mit ungewissem Ausgang. Würde es funktionieren, hatte es geheißen, dann sollten nach und nach sämtliche Muslime im Land in solche Autonome Zonen umgesiedelt werden.

Dass die Muslime sich in Enklaven zurückgezogen hatten, wurde vielerorts mit einem lapidaren »Gut für sie, gut für uns« quittiert. »Koexistenz statt Multikulti«, und es hatte so zivilisiert geklungen, so praktisch, beinahe respektvoll, wäre das Projekt nicht von der antimuslimisch agierenden Zero-Tolerance-Partei vorangetrieben worden. Aber es funktionierte, Bilder von langen Schlangen vor den Eingangstoren von Neu-Berlin und Neu-Essen zeigten, dass die Muslime diese alternativen Wohnorte annahmen.

Kein Wunder, mit der Verabschiedung der Anti-Clan-Gesetze von 2037 war es für einen Muslim nicht mehr möglich, normal in Deutschland zu leben. Im Grunde erfasste das Gesetz jedes Mitglied einer islamischen Gemeinde. Man war von vielen Berufen ausgeschlossen, im Oberarm steckte ein Chip, mit dem man den Besitzer überall tracken konnte und sofort unter Generalverdacht stellte, sobald ein Verbrechen passierte. Kein Wunder, dass viele von ihnen versuchten, sich diesem Dasein zu entziehen und lieber hinter Mauern leben wollten als unter »Almans«.

Es gab aber bereits Forderungen, das Experiment mit den Autonomen Zonen wieder zu beenden. Die Clan-Kriminalität außerhalb der Clan-Städte war nicht zurückgegangen, im Gegenteil. Seit der Drogenfreigabe 2033 für Berlin war die ehemalige Bundeshauptstadt zur Wild-West-Zone verkommen. Das Einzige, was dort seitdem florierte, waren die illegalen Clan-Geschäfte. Die zunehmend untragbaren Zustände hatten schließlich Pläne über die Verlegung des Regierungssitzes nach Frankfurt am Main beschleunigt – und ebenso den Verfall Berlins. Außerdem stieg landesweit die Zahl der Raubüberfälle stetig an, auch wurden die Straftaten zunehmend aggressiver, brutaler, skrupelloser. Was zum Anlass genommen wurde, die endgültige Abschaffung des Bargelds zu beschließen, um Delikte dieser Art einzudämmen. Die ZTP hatte das sogar zu ihrem schlagenden Argument im Wahlkampf gemacht: Ohne Bargeld kein Anreiz für Raubüberfälle – man wollte das Problem an der Wurzel packen. Die Strategie ging auf, zumindest für die ZTP. Sie erreichte 2037 mit ihrer Kampagne die absolute Mehrheit bei der Bundestagswahl. Als Strategie zur Eindämmung der Clan-Kriminalität schlug die Abschaffung des Bargelds jedoch völlig fehl: Die Täter scherten sich fortan um gar nichts mehr. Im Gegenteil, sie setzten einfach auf neue Methoden: *cashless robbery* war das Zauberwort der Stunde. Man entführte kurzerhand die Opfer, die ihre Lösegeldsummen dann direkt selbst auf irgendwelche gesicherten Konten in der Südsee oder auf chinesische Onlinekonten in der neuen Ondigmo-Währung *(Online Digital Money)* überweisen mussten. Außerdem war Geld nicht die einzige Beute, auf die die Clans es abgesehen hatten: Wertgegenstände aller Art erfüllten beinahe denselben Zweck, und sie plünderten ganz unverfroren drauflos. Erst vor zwei Monaten waren sie mit einem Sattelschlepper einfach durch das Tor des Neuen Deutschen Museums gebrochen, hatten wertvolle Ölgemälde und antike Goldmünzen aus den Vitrinen geräumt, während zwei von ihnen mit ihren Maschinengewehren in alle Richtungen feuerten. Dann waren sie wieder abgefahren, vermutlich nach Neu-Essen, wenn man den Gerüchten glauben durfte, wo die deutschen Behörden keine Zugriffsrechte hatten. Die Polizei war darauf beschränkt, Verbrechen zu verhindern, verfolgen konnte sie die Täter in die Autonome Zone hinein nicht, wenn, dann musste man sie auf deutschem Staatsgebiet fassen. Eine Sisyphus-Arbeit mit Katz-und-Maus-Charakter.

In den vergangenen Wochen hatten Medien zum ersten Mal von einem »Krieg gegen Deutschland« gesprochen, den die Clans führten. Die Forderungen, die Autonomen Zonen Neu-Berlin und Neu-Essen zu schleifen, wurden immer lauter. Doch was war die Alternative? Knapp sieben Millionen Muslime lebten in Deutschland, Bürger zweiter Klasse, gedemütigt und frustriert. Nur etwa hunderttausend hatten bisher Zuflucht in Neu-Essen gefunden, in Neu-Berlin immerhin eine halbe Million. Der Rest saß in einem Land fest, das sie pauschal zu Staatsfeinden erklärt hatte. Die Herkunftsländer ihrer Vorfahren nahmen sie nicht zurück. Besonders die Türkei betonte immer wieder, dass sie ihre Geschwister in Deutschland liebten, aber diese mögen doch die Zeit der Prüfung durchhalten, es sei sicher bald vorbei. Die »Zeit der Prüfung« dauerte jetzt bereits Jahre an, und immer noch sah es nicht danach aus, dass die Zero-Tolerance-Partei an Macht verlor.

Doch auch die Autonomen Zonen selbst waren offenbar nicht das Paradies. Die Menschen hausten dort dicht an dicht, hieß es, es gäbe nicht genug zu essen und ständig Stromausfälle. Was von diesen Geschichten stimmte, wusste Lorenz freilich nicht, unabhängige Medien gab es in Deutschland schon lange nicht mehr. Ganz abgesehen davon, dass die Clan-Städte auch keinen Einblick gewährten.

Die Bekämpfung der Clan-Kriminalität war das Argument, mit dem die ZTP-Regierung die Trennung der Bevölkerungsgruppen weiter vorantrieb, begleitet von der üblichen Rhetorik. Tatsächlich war die Errichtung eines Apartheidstaats im Gange, Lorenz machte sich da nichts vor. Die Zero-Tolerance-Partei war dabei, eine einfache Welt zu erschaffen, in der es nur Schwarz und Weiß gab. Ein Wir und ein Die. Gute Deutsche und böse Muslime.

Lorenz hatte in der Schule noch gelernt, wie inflationär zu Beginn des Jahrhunderts der Begriff der »Parallelwelten« benutzt worden war. Jetzt war es eine treffende Beschreibung der Realität. Die Clan-Städte erfüllten den Part des Staatsfeinds sehr gut. Niemand eignete sich als Feindbild besser als der sprichwörtliche böse Libanese. Und der böseste von allen, so hieß es, war Abdelkarim Al-Zahidi.

Dass Al-Zahidi persönlich hinter der Einladung steckte, davon war Lorenz inzwischen überzeugt. Wer sonst sollte ihn nach Neu-Essen holen? Der Al-Zahidi-Clan musste durch seine Verteidigung des Raubmörders Hassan Khan in der *Justice Union* wenige Wochen zuvor auf ihn aufmerksam geworden sein. Khan hatte geschworen, zu keinem Clan zu gehören, und beteuert, er sei einfach nur ein Muslim aus Restdeutschland, der eben sehen musste, wo er blieb. Lorenz hatte ihm nicht geglaubt, aber es war ihm auch egal gewesen. Er hatte ihn freibekommen. Und jetzt wollte einer der mächtigsten Clan-Chefs ihn sehen. Aber warum?

Lorenz versuchte sich zu erinnern, wie Abdelkarim Al-Zahidi aussah. Das letzte Foto von ihm war vor fünf Jahren in einer Reportage der *New York Times* erschienen. Seit die Mauer um Neu-Essen geschlossen worden war, hatte kein anderes Medium es mehr geschafft, ihn zu interviewen oder einen Bericht aus der Clan-Stadt zu veröffentlichen. Man wusste nicht einmal, ob er noch lebte, oder ob die Legenden, die sich um ihn rankten, nichts anderes waren als eben das – Legenden. »Ein attraktiver Mann«, hatte Carolina damals angemerkt. »Wahrscheinlich ist er deshalb so erfolgreich.« Lorenz hatte gelacht, aber sie hatte wohl recht. Bei ihm selbst war es schließlich nicht anders.

Carolina. Sie war bestimmt bald zu Hause. Seine Frau wartete nach den Shows nie auf ihn, sie hatten das so vereinbart. Sie wusste, dass er nach der Sendung Zeit für sich und für seine Partner beim Sender brauchte. Er ließ sich dann ohnehin meist noch nachts direkt nach Frankfurt in die Kanzlei bringen. Der Quadro – den musste er auch noch umdirigieren …

»Entschuldigen Sie bitte, ich muss noch ein paar Dinge mit meiner Assistentin klären«, sagte Lorenz, zog sein Handy aus der Tasche und sprach halblaut: »Tamara« hinein. Die Herren nickten verständnisvoll und drehten sich höflich weg, obwohl sie natürlich jedes Wort hören konnten.

»Der Senderchef ist noch da«, sagte sie ohne weitere Begrüßungsfloskeln. »Er wollte mit dir reden …«

»Das geht leider nicht«, unterbrach Lorenz sie. »Bitte lass dir was einfallen, warum ich dringend wegmusste.«

»Geht klar.«

»Und bitte gib dem Piloten Bescheid, der Quadro soll in Oberhausen auf weitere Anweisungen warten.«

»Geht kl… Moment – Oberhausen?«

»Und wenn ich bis morgen Mittag nicht in der Kanzlei bin, dann bitte die Blumen gießen«, sagte Lorenz. Das war der Code für: »Dann ist mir vielleicht etwas zugestoßen.«

Seine Assistentin reagierte sofort. »Alles klar. Ich habe das im Blick.«

Es war nicht das erste Mal, dass er zu einem Treffen mit undurchsichtigen Geschäftspartnern unterwegs war. Tamara hielt stets alles bereit für den Fall, dass ihrem Chef etwas zustoßen oder er entführt werden sollte. In einem großen Safe im Büro lag ein Säckchen Diamanten, das als Lösegeld verwendet werden konnte. Ebenso lag dort sein unterschriebenes und notariell beglaubigtes Testament, das er alle drei Monate neu verfasste. Zum Glück waren das nur Vorkehrungen für den *worst case*. Denn so weit, dass diese Dinge benötigt würden, sollte es im besten Fall gar nicht kommen. Er hatte sich vorsichtshalber einen Chip implantieren lassen, mit dem er getrackt werden konnte. Eine kostspielige, vor allem nicht allen frei zugängliche Maßnahme, an die nur jemand mit dem nötigen Kleingeld und den richtigen Kontakten kam – zum Glück hatte er beides – oder der Staatsschutz, der diese Technologie allerdings zu ganz anderen Zwecken einsetzte. Wäre Lorenz plötzlich nicht mehr auffindbar, könnte sich Tamara in die mehrfach abgesicherte Software einloggen, auf die sonst niemand Zugriff hatte, nicht mal Carolina, und Lorenz so überall auf der Welt ausfindig machen. Sogar in einem Bunker im hintersten Sibirien.

»Wir sehen uns morgen«, sagte Tamara und fügte sarkastisch hinzu: »Hoffentlich.«

Lorenz grinste. Er mochte seine Assistentin. Kein Drama, keine Emotionen, bloß eiskalte Professionalität und ein trockener Humor. Er war sicher, dass sich dahinter eine tolle, warmherzige Frau verbarg. Eine zum Pferdestehlen. Schade, dass er sich nicht fürs Reiten interessierte. Er steckte das Handy in sein Jackett und sah hinaus in die Nacht.

Der Jaguar summte weiter nach Westen, die A42 entlang, vorbei am Knastmuseum, das aus der JVA Gelsenkirchen entstanden war und daran erinnerte, wie der Strafvollzug früher ausgesehen hatte. Man sollte dort Professor Schmidt ausstellen, dachte van Bergen grinsend, da könnte er den ganzen Tag von der guten alten Zeit schwadronieren, und endlich würde ihm jemand zuhören. Van Bergen hatte

Respekt vor Schmidt, doch er war nicht überzeugt, dass das Justizsystem früher wirklich so viel besser war.

Sie mussten bald da sein. Von der Autobahn konnte man tagsüber die Mauer sehen, die ganz Neu-Essen umgab. Dahinter waren rund um ein ehemaliges Einkaufs- und Freizeitzentrum Hochhäuser entstanden. Das Zentrum stand noch und diente – so hatte die *New York Times* zumindest berichtet – als eine Art Moschee mit angeschlossener Shoppingmall, ein Islamisches Zentrum der Superlative mit Restaurants, Shishabars und dem größten Basar Europas, wie es hieß. Minarette und Kuppeln ragten zwischen den Hochhäusern auf, viel mehr gab es von außen nicht zu sehen. Für Deutsche oder sonstige »Besucher« blieb die Autonome Zone verschlossen, sogar eine Mediensperre war von der Regierung verhängt worden. Die muslimische Bevölkerung hinter den Mauern war aus dem deutschen Bewusstsein getilgt.

Wie es dort wohl aussah? Als Kind, Anfang der Zwanzigerjahre, hatte Lorenz bei seinen Besuchen in Frankfurt noch die letzten Jahre von »Multikulti« erlebt. Er hatte den Duft von gegrilltem Fleisch aus den Kebab-Buden geliebt, und einmal hatte seine Mutter ihm den Wunsch erfüllt und ihm bei »Alis Döner« ein Dönersandwich gekauft, »mit alles« und »mit scharf«. Es hatte wie Feuer gebrannt, aber er hatte es genossen. Neidvoll hatte er das fröhliche Miteinander der Großfamilien beobachtet, die sich an Sommerabenden auf den Plätzen vor türkischen Restaurants oder in Parks versammelten, die schmalen, hochaufgeschossenen Jungs mit den schicken Kurzhaarschnitten, die sich lässig in den Stühlen vor den Shishabars fläzten. Sie hatten alle so entspannt gewirkt, so selbstverständlich im Leben verhaftet, ganz anders als seine Familie, in der man mit hochgezogenen Lefzen über »diese Musels« herzog.

Bedauernd hatte er als Teenager verfolgt, wie die arabischen Läden erst vereinzelt, dann straßenweise aus dem Stadtbild verschwanden und die ersten türkischen und libanesischen Familien in geschlossene Bereiche in Randzonen der Stadt verschoben wurden. Das Anti-Clan-Gesetz mit seinem Verbot arabischer Schriftzüge auf Geschäftsfassaden sowie dem Verbot orientalischer Restaurants hatte das Straßenbild schließlich bleibend verändert.

Lorenz starrte nach draußen auf die nächtliche Autobahn. Vielleicht würde Neu-Essen so sein, wie er es damals in Frankfurt erlebt hatte. Er spürte, wie etwas in ihm aufstieg, das er schon lange nicht mehr gespürt hatte. Ein Gefühl gespannter Vorfreude, er war aufgeregt wie ein kleines Kind.

Der Wagen drosselte seine Geschwindigkeit, der Mann im Cockpit hielt sein Handy ans Ohr und sagte etwas auf Arabisch. Einer seiner Begleiter wies mit dem Kinn nach draußen: »Sehen Sie.« Lorenz folgte seinem Blick und betrachtete die dunkle Mauer, die sich auf der anderen Seite des Rhein-Herne-Kanals entlang zog. Dahinter sah man die schwarzen Silhouetten dicht gedrängter Plattenbauten aufragen, das flache Dach des ehemaligen Einkaufszentrums, eine ehemalige Konzerthalle. Nahe der Mauer stand wie ein Koloss der mit arabischen Schriftzeichen angestrahlte Gasometer aus der Zeit, in der hier noch Kohle abgebaut worden war, von den Großvätern und Urgroßvätern mancher Bewohner von Neu-Essen. Von unten quoll Licht wie Nebel nach oben, die Silhouetten altmodisch aussehender Minarette stachen in den Nachthimmel.

Die Limousine nahm die Abfahrt 11, ein Schild zeigte an: »Autonome Zone Neu-Essen NORD«, darunter standen Worte auf Arabisch und Türkisch. Der Wagen verlangsamte die Fahrt, die libanesischen Begleiter zupften ihre Anzüge zurecht und setzten sich gerade hin. Auch Lorenz richtete sich auf. Sie näherten sich einem grell beleuchteten Checkpoint. Männer in olivfarbenen Uniformen, eindrucksvolle Maschinengewehre geschultert, schritten mit wichtiger Miene auf und ab und überprüften jeden, der durch das Nordtor wollte.

Das Tor selbst war ein hoch aufragendes, zweiflügeliges Ungeheuer aus Stahl, mit kunstvoll ziselierten Mustern und deutlich sichtbaren Drähten. Es stand offen, zwei Schlagbäume dienten zur Kontrolle der Ein- und Ausfahrenden. Neben dem Tor wartete eine Menschenschlange. Allem Anschein nach Muslime, die um Aufnahme in Neu-Essen ansuchten. Lorenz versuchte eine Schätzung – es mussten mehrere Dutzend Menschen sein. Bei Tag waren es womöglich noch mehr. Wer hierherzog, das wusste Lorenz, ließ seine deutsche Existenz hinter sich. Ausreisen durften Bewohner der Clan-Stadt auf legalem Weg nur noch in Ausnahmefällen oder wenn sie für den Handel eingesetzt wurden, der zwischen der Autonomen Zone und Restdeutschland nach strengen Regeln verlief. Oder sie taten es eben illegal. Vielen Verzweifelten schien jedoch das Leben hinter Mauern attraktiver als ein Dasein als Rechtlose.

»Wie lange ist es her, dass ein Deutscher hier reingelassen wurde?«, fragte Lorenz.

Der kleinere Libanese blickte ihn ausdruckslos an. »Mit Ausnahme der Diplomaten und Regierungsvertreter und der Konvertiten sind Sie der Erste, der offiziell eingeladen ist.«

Lorenz hatte gehört, dass ein paar Deutsche zum Islam übergetreten und in die Clan-Stadt gezogen waren, fast alle, um zu heiraten, doch es waren nur wenige, die diesen Schritt wagten. Die Repressalien waren zu groß. Es bot nur Nachteile, Muslim in Deutschland zu sein, man gab sämtliche Rechte auf. Und auch innerhalb der Autonomen Zonen war das Leben hart.

»Und wie machen Sie das mit der Aus- und Einreise?«, fragte er, neugierig geworden.

»Kurzzeiterlaubnis«, sagt der andere. »Für Botenfahrten oder Auftragsdienste zum Beispiel darf ich für eine bestimmte Zeit raus.«

»Und wer überprüft das?«

»Die Sicherheitsleute am Tor – und die Überwachungszentrale«, sagte der Mann bitter lächelnd und deutete auf seinen Oberarm. Natürlich – der Mikrochip, der jedem Muslim implantiert wurde, steckte ja noch in dem Mann drin. Doch Lorenz wusste, dass der deutsche Staat auf die Bewohner der Clan-Städte keinen Zugriff hatte – weder durfte er Muslime dort tracken noch dorthin verfolgen oder festnehmen. Das war auch das große Problem mit der Clan-Kriminalität: Man hatte keine Chance, die Verbrecher ausfindig zu machen, wenn sie erst wieder hinter der Mauer waren. Wie passte das mit aktiven, trackbaren Chips zusammen? Als ob er Lorenz' Gedanken lesen konnte, setzte der Libanese zu einer Erklärung an: »Der Chip wird für den genehmigten Zeitraum reaktiviert, sodass ihr Almans uns bei euch jederzeit überwachen könnt. Die Voraussetzung, dass wir rausdürfen. Würden wir ohne aktiven Chip erwischt, würden wir sofort verhaftet und bei euch vor Gericht gestellt. Sobald wir zurück sind, wird der Chip am Tor aber wieder deaktiviert.« Der Libanese lächelte und zuckte mit den Schultern, er schien sich damit abgefunden zu haben. Doch Lorenz stieß diese Maßnahme sauer auf. Die Muslime erkauften sich ihre Freiheit, indem sie sich selbst hinter hohen Mauern einsperrten. Was für ein Irrsinn. Er wollte gerade fragen, wie das mit Kindern sei, die in Neu-Essen geboren wurden – bekamen die ebenfalls einen Chip in den Oberarm? –, doch der Mann im Cockpit sprach jetzt ins Display: »Security check«, worauf die Aufmerksamkeit seines Gesprächspartners sich nach vorne richtete. Der Wagen fuhr im Schritttempo in eine kleine Einfuhrschleuse und hielt an.

»Haben Sie Papiere dabei, Herr van Bergen?«, fragte der kleinere Libanese.

»Meine Visitenchipkarte ...«

»Das wird reichen, Ihr Gesicht ist bekannt, sogar hier.« Er reichte Lorenz' Chipkarte nach vorne, der Vordermann ließ das Fenster herunter und reichte sie hinaus. Dort stand ein hünenhafter, muskelbepackter Araber, nahm die Karte entgegen, scannte sie – und stutzte. Er hob den Blick, bedeutete ihnen, das hintere Fenster zu öffnen, und trat an den Wagen heran. »Was wollen Sie hier?«

»Herr van Bergen ist auf Einladung von Abdelkarim Al-Zahidi hier«, sagte der kleinere Libanese auf Deutsch. »Die Genehmigung muss vorliegen.«

Daraufhin sagte der Hüne etwas auf Arabisch, der Mann im Cockpit antwortete gereizt. Der Wachposten bedeutete ihnen zu warten und ging betont langsam zum Wachhaus, in dem ein älterer Mann das Schauspiel interessiert beobachtet hatte. Die beiden diskutierten heftig gestikulierend, sprachen irgendwelche Befehle in ein Tablet, und plötzlich rannte der Hüne fast zurück zum Wagen. »Willkommen, Herr van Bergen, in Neu-Essen. Sie sind unser Gast.« Aufmunternd nickte er den anderen im Wagen zu und klopfte aufs Wagendach: »Alles Gute. Leila saide – gute Nacht.«

Ihr Vordermann sprach nun einen Befehl auf Arabisch ins Display, der Wagen rollte erneut an und durch das offene Tor. Es musste bestimmt schon auf halb elf zugehen. Lorenz erwartete, durch stille Straßen zu fahren, doch als er nach rechts in Richtung des ehemaligen Einkaufszentrums blickte, sah er umherflanierende Familien, hell erleuchtete Läden und alte Männer, die auf wackeligen Stühlen vor Cafés saßen. Die halbe Stadt schien auf den Beinen zu sein, und Lorenz hätte gerne noch mehr gesehen, doch der Jaguar fuhr nach halb links, weg von dem Getümmel. Zur Linken erstreckte sich eine Grünzone, und schon bald bog der Wagen auf einen Weg ab, der durch ein Wiesenstück führte, direkt auf ein großes, weißes, orientalisch anmutendes Gebäude zu. Ein hölzernes Tor mit kunstvollen Schnitzereien prangte in der Mitte der hellen Fassade. Wie von Geisterhand ging es auf, der Wagen fuhr hindurch und kam in einem Innenhof zu stehen.

»Wir sind da«, erklärte der kleinere Libanese überflüssigerweise. Die Autotür sprang auf, Lorenz stieg aus und unterdrückte den Impuls, sich zu strecken. Vor ihm, auf einem Treppenabsatz, stand, die Hände auf dem Rücken verschränkt, ein Mann. Er trug einen schwarzen Anzug, ein schwarzes Hemd, schwarze Schuhe. Sein kurz geschnittenes, dunkles Haar und der gestutzte Bart gaben dem kantigen, unbewegten

Gesicht etwas Biblisches. Die Narbe, die beinahe über seine halbe linke Wange lief, nahm den letzten Zweifel. Sein Alter war schwer zu schätzen, aber Lorenz wusste, dass er Anfang vierzig sein musste, auch wenn er deutlich älter wirkte. Abdelkarim Al-Zahidi, Clan-Chef und einer der gefürchtetsten Kriminellen. Und, dachte Lorenz, eine sehr lebendige Legende.

Kapitel 4

Freitag, 14. Oktober 2044, 22.30 Uhr, Neu-Essen

Wie ein Mensch einem anderen die Hand gibt, verrät viel über seinen Charakter und seine Absichten. Lorenz achtete bei jeder Begrüßung darauf, es half ihm bei der Einschätzung seiner Mandanten. Da gab es welche, die seine Hand richtiggehend auswrangen, andere versuchten den ganzen Arm zu schütteln und klopften ihm mitunter noch mit der anderen Hand auf die Schulter. Das waren die Dominanten, die die Kontrolle über die Situation behalten wollten. Manche Hände fühlten sich an wie frisch gefangene Fische, nass und kalt schlüpften sie einem schnell wieder davon, die gehörten tatsächlich meist kleinen Fischen. Andere wurden gereicht wie ein Stück alte, labbrige Pizza, das waren die Mutlosen.

Welchen Händedruck er vom zweitgrößten Clan-Chef des Landes erwartet hatte, konnte Lorenz im Nachhinein nicht sagen, nur, dass er überrascht war – Abdelkarim Al-Zahidis Rechte war trocken und warm, ihr Druck gerade fest genug, um noch als angenehm durchzugehen. Ein offener, gerader, nicht unfreundlicher Blick. Der Hauch eines dezenten Aftershaves. Das war nicht der Händedruck eines Gauners, schon gar nicht eines Schwerkriminellen. Eher der eines Staatsmanns. »Willkommen, Lorenz van Bergen«, sagte der Fremde mit ruhiger, mitteltiefer Stimme. »Mein Name ist Abdelkarim Al-Zahidi. Ich freue mich, dass Sie meiner Einladung gefolgt sind.«

»Sehr erfreut«, sagte Lorenz dünn. Reiß dich zusammen, schalt er sich selbst, ihr beide seid euch ebenbürtig. Aber es half nichts: Er spürte es wieder, dieses fremde Gefühl – er war aufgeregt wie ein kleines Kind.

Sein Gegenüber nahm sich Zeit für eine ausführliche Begrüßung. »Es ist mir eine Ehre und Freude, Sie in meinem bescheidenen Heim begrüßen zu dürfen«, sagte Al-Zahidi. »Ich bin ein großer Fan.«

Lorenz lächelte, doch er blieb auf der Hut. Die Wachposten mit ihren geschulterten Maschinengewehren verursachten ihm ein unangenehmes Bauchkribbeln. Und nicht zu vergessen, dies hier war die Zentrale des zweitmächtigsten Clan-Chefs Deutschlands. Wenn sie ihn verschwinden lassen wollten, würde ihn niemand finden.

Mit einer einladenden Geste bedeutete Al-Zahidi Lorenz, ihm zu folgen. Sie gingen ein paar Stufen hinauf und traten durch das Eingangsportal. Sie kamen in eine mit riesigen Perserteppichen ausgelegte Halle, die offenbar komplett aus Marmor gebaut worden war. Rundherum lief ein Bogengang, der dem Ganzen das Flair eines Innenhofs gab. In der Mitte wölbte sich die Decke zu einer kleinen Kuppel, von deren Mittelpunkt ein Kronleuchter an einer schweren Kette herunterhing. Eine von zwei Seiten begehbare Treppe führte nach oben, wo sich eine Galerie um die Eingangshalle wand. Im Halbdunkel dahinter erahnte Lorenz kunstvoll gedrechselte, hölzerne Türen.

»Bitte, hier entlang«, sagte Al-Zahidi. Lorenz folgte seinem Gastgeber durch die Eingangshalle, vor der Treppe hielten sie sich rechts und kamen durch eine geöffnete Doppeltür in eine Art Salon, in dem mehrere Sitzgruppen standen. Es wirkte wie die Lobby eines Luxushotels. Auch hier dämpften große Teppiche ihre Schritte, dicke, gemusterte Vorhänge hingen vor den vielen Fenstern. In einer Ecke hing ein riesiger Flachbildschirm an der Wand, ein arabischer Nachrichtensender lief ohne Ton.

»Kommen Sie bitte, mein Freund«, sagte Al-Zahidi und führte Lorenz zu einem langen Tisch, um den herum bequeme Lehnstühle angeordnet waren. »Bitte. Setzen Sie sich! Sie haben einen anstrengenden Tag hinter sich. Möchten Sie etwas essen? Etwas trinken?«

»Nein, vielen Dank. Bitte keine Umstände.«

er sich selbst, er war anders als jeder Mensch, mit dem er in seinen dreiunddreißig Lebensjahren zu tun gehabt hatte.

»Tschai?«, fragte der Clan-Chef. Der Bedienstete von vorhin war lautlos an den Tisch herangetreten und stellte ein silbernes Tablett ab, auf dem eine goldene Kanne und zwei arabische Teegläser mit feinen, goldenen Verzierungen standen.

»Sie besitzen sehr schöne Dinge«, lobte Lorenz und hielt eines der Gläser ins spärliche Licht. »Antik?«

»Anfang zwanzigstes Jahrhundert«, entgegnete Al-Zahidi beiläufig, während der Bedienstete den Tee eingoss. »Ich habe es von einem Geschäftspartner.«

»Lebt er noch?«, entfuhr es Lorenz, und er ärgerte sich über sich selbst. Seine spitze Zunge würde ihm hier womöglich noch gefährlich werden.

Doch Al-Zahidi lachte nur. »Sie gefallen mir, Lorenz, ich mag Sie.«

Ein zweiter Diener trug nun ein riesiges Tablett herein, auf dem Schalen mit Mezze standen, kleine libanesische Vorspeisen – gefüllte Weinblätter, Hummus, Auberginencreme, eingelegtes Gemüse, Oliven, ein Korb mit runden, flachen Pitabroten. Es duftete betörend, und Lorenz fühlte sich peinlich berührt, als sein Magen mit einem lauten Grummeln reagierte. Seit der Gala in Düsseldorf hatte er nichts mehr gegessen.

»Bitte«, sagte Al-Zahidi lächelnd und reichte ihm den Korb mit Brot.

Lorenz tauchte ein Stück in die Schale mit Hummus, nahm den ersten Bissen und seufzte zufrieden. Es war köstlich. Sein Gastgeber musterte ihn lächelnd. Er schien sich zu freuen, dass er richtig geraten hatte. Sein Gast war hungrig.

Lorenz fand, dass es an Zeit war, die entscheidende Frage zu stellen. »Abed«, setzte er an und nahm eine Olive, dann blickte er seinen Gastgeber geradeheraus an. »Warum bin ich hier?«

Al-Zahidi lächelte. Das Geplänkel war vorbei. »Ich möchte, dass Sie uns kennenlernen«, begann Al-Zahidi und setzte sich zurecht.

»Unsere Stadt, unsere Welt. Und ich möchte Ihnen einen Vorschlag machen. Einen geschäftlichen Vorschlag.«

Lorenz kaute langsam die kleine schwarze Olive, spuckte den Kern in seine hohle Hand und deponierte den Stein betont langsam am Rand seines Tellers. Er ließ Al-Zahidi einfach reden. So wie er es bei seinen Mandanten auch machte. Er fühlte sich inzwischen sicher, dass er Neu-Essen lebend und klüger als vorher verlassen würde. Er hatte Zeit.

»Ich bin für fast hunderttausend Menschen verantwortlich«, sagte Al-Zahidi und machte eine Handbewegung in Richtung der Fenster. »Al Amal, eine eigene Stadt für uns Muslime, mein Werk, das ich für die Zukunft sichern möchte. Ich muss für die Menschen hier sorgen. Sie sind mir hierher gefolgt, sie vertrauen mir. Und ich werde alles tun, damit es ihnen weiterhin gut geht.« Al-Zahidi machte eine Pause, bevor er fortfuhr. »Ich weiß, dass es dort draußen ein Bild von mir gibt, das man nicht mehr reparieren kann. Man sagt, ich bin ein Schwerverbrecher. Ein Tumor im deutschen Körper, so hat mich ein Journalist neulich genannt.« Er sagte es ohne Zorn. Lorenz nickte langsam. Auch über ihn selbst war schon so einiges geschrieben worden – er sei kalt und ginge über Leichen. Das eigentlich Schlimme an solchen Vorwürfen war, dass sie zumeist einen wahren Kern hatten …

»Die Wahrheit über einen Menschen«, sagte Al-Zahidi, als hätte er seine Gedanken erraten, »bewegt sich zwischen dem, was er selbst von sich denkt, und dem, was andere über ihn sagen. So ist das immer. Es gibt keine objektive Wahrheit über mich. Ich bin alles, was man über mich sagt – und nichts davon. Aber ich möchte, dass ein paar Menschen mich von Nahem sehen, damit sie erkennen, worum es mir geht. Meine Arbeit soll nicht umsonst sein.«

Er sprach wie einer, der jeden Moment damit rechnete, getötet zu werden, und möglicherweise war es auch so. Ein Mann wie er hatte sicher viele Feinde, und nicht nur bei den deutschen Behörden.

Lorenz räusperte sich. »Sie haben tatsächlich etwas Einmaliges geschaffen mit dieser Stadt«, begann er. »Aber es gibt Gerüchte.« Er schaute seinen Gastgeber prüfend an. Sollte er es wagen? »Es heißt, es ginge Ihnen wirtschaftlich nicht gut«, setzte er an. »Niemand weiß, wie Ihre Stadt überhaupt funktioniert. Es wird erzählt, dass es hier in Neu-Essen Hunger gibt. Dass die Stromversorgung immer wieder zusammenbricht. Dass es Unruhen gibt …«

»Ein Teil dieser Gerüchte stimmt«, erklang eine Frauenstimme. Lorenz drehte sich um und sah eine große, elegant gekleidete Frau mit einem Tuch, das sie locker um den Kopf gelegt hatte, im Türrahmen stehen. Mit bestimmten Schritten näherte sie sich den Männern, und Lorenz sah, wie das Gesicht seines Gastgebers aufleuchtete.

»Das, mein lieber Lorenz«, sagte Al-Zahidi und stand auf, »ist Bahar, meine Frau.«

Lorenz erhob sich ebenfalls und reichte ihr die Hand, die sie aber nicht nahm, sondern stattdessen lächelnd ihre Rechte aufs Herz legte. Tödlich verlegen zog Lorenz seine Hand wieder ein. Idiot, schalt er sich selbst, das hättest du wissen sollen.

Die Frau überspielte seine Verlegenheit geschickt. »Lorenz van Bergen, ich freue mich.« Sie wusste also, wer er war. »Möchten Sie noch etwas zu essen? Früchte? Mehr Tee?« Sie winkte den Bediensteten heran, der folgsam nachschenkte und auch ihr ein Glas hinstellte, und setzte sich zur Rechten ihres Mannes hin, der ihr den Stuhl zurechtrückte.

Bahar Al-Zahidi war eine attraktive Frau. Eine klassische Schönheit mit schwarzem Haar und prominenter Nase, die Frohsinn und Wärme ausstrahlte. Lorenz schätzte sie auf Mitte, Ende dreißig. Er war überrascht von ihrem selbstbewussten Auftreten und der Ehrerbietigkeit, mit der ihr sowohl der Bedienstete, aber genauso auch ihr Mann begegnete. Sie hatte die Ausstrahlung einer Königin und schien Lorenz' Gedanken zu lesen. »Mein Mann hat mich eingeladen dazuzukommen. Sie sollen unsere Stadt kennenlernen.«

»Und meine Frau spielt darin eine wichtige Rolle«, ergänzte Al-Zahidi.

»Bitte lassen Sie sich nicht unterbrechen. Essen Sie«, forderte sie ihren Gast auf, und Lorenz griff dankbar zu. Er hatte immer noch Hunger, und die Mezze waren das Beste, das er seit Langem gegessen hatte. »Sie haben recht, Herr van Bergen«, sagte Bahar Al-Zahidi weiter. »Es gibt Probleme in Al Amal. Unsere Stromversorgung ist nicht perfekt, wir arbeiten daran. Aber Hunger? Hunger leidet hier niemand. Wir haben aufrechte, internationale Handelsabkommen, die Versorgung ist gesichert. Außerdem haben wir ein lückenloses Sozialsystem und eine sehr gute Grundversorgung. Es geht uns gut.«

Lorenz hörte aufmerksam zu. Tatsächlich fand er, dass eine Autonome Zone einzurichten hochriskant und komplett vom Wohlwollen des umgebenden Staats abhängig war. Er fragte sich im Stillen, welche Deals da wohl hinter verschlossenen Türen ausgehandelt worden waren, dass die Regierung diesem Unterfangen überhaupt zugestimmt hatte – und das bereits zwei Mal, denn da gab es ja auch Neu-Berlin, das noch größer war als Neu-Essen. Beide Autonomen Zonen waren von Clan-Chefs gegründet worden, die noch dazu miteinander verwandt waren. Außerdem mussten große Teile ihrer Einnahmen aus illegalen Geschäften und kriminellen Machenschaften stammen, was die Regierung wiederum aufs Schlimmste verurteilte. Lorenz wunderte sich über sich selbst, dass er nie genauer über die Clan-Städte nachgedacht hatte. Doch nun war seine Neugier geweckt.

Lorenz war fasziniert von Bahar Al-Zahidi. Sie wirkte wie eine sehr gebildete Frau. Vielleicht würde sie die Frage beantworten, die ihm auf den Lippen brannte. »Warum«, fragte er, »stellen Sie Neu-Essen dann nicht komplett auf legale Füße? Warum die, äh, vielen Delikte, die von den Leuten Ihres Mannes verübt werden? Warum die Drogenschwemme in Berlin?«

Bahar blickte zu ihrem Mann. Der nahm einen Schluck Tee, ehe er antwortete. »Was die Überfälle in Deutschland angeht – die sind nicht schön, aber in vielen Fällen leider notwendig.« Er sah Lorenz offen an. »Die Drogengeschäfte in Berlin habe ich gestattet, unter gewissen Auflagen. Ich arbeite mit meinem Berliner Onkel Bassam Abou Tahrir zusammen. Wenn Ihnen der Gedanke nicht gefällt, müssen Sie Ihre eigene Regierung fragen, warum sie fast alle Drogen freigegeben und uns das Monopol gegeben hat.«

Touché. Lorenz hatte sich schon öfter gefragt, warum die ZTP diesen Schritt gemacht hatte. »Zero Tolerance« – darunter verstand Lorenz eher eine Verschärfung der Drogengesetze. Es hatte so gar nicht zu ihrem Programm gepasst und war 2033 mithilfe der Lenin-lebt-Partei ohne lange Vorlaufzeit verabschiedet worden. Die linke Partei, die zu der Zeit als Juniorpartner mitregierte, hatte sich aus der Legalisierung einen Rückgang der Drogenkriminalität erhofft. Der Schritt hatte Berlin allerdings im Handumdrehen in einen einzigen Drogensumpf verwandelt und ihr als Hauptstadt den Todesstoß versetzt. Niemand fuhr noch gerne nach Berlin, außer Touristen aus aller Welt, die sich in einem der staatlich konzessionierten Opiumclubs legal das Hirn wegbliesen.

Lorenz konnte es dem Al-Zahidi-Clan nicht verdenken, dass sie sich das Geschäft geschnappt hatten. Abdelkarim schien seine Gedanken zu lesen, denn er sagte: »Wir hatten eine Gelegenheit, und wir haben sie genutzt. Das ist alles.« Er schien kurz zu überlegen, dann fuhr er fort: »Wir sollten auch nicht außer Acht lassen, dass die sogenannte Clan-Kriminalität längst nicht das einzige oder gar größte Problem in Deutschland ist.«

Lorenz nickte. »Falls Sie das Verschwinden des Innenministers meinen …«

»Der Innenminister ist verschwunden?«, unterbrach Bahar Al-Zahidi ihn.

»Ja, heute Mittag wurde er zuletzt gesehen und ist seither wie vom Erdboden verschluckt«, sagte Lorenz. »Wenn Sie mich fragen, stecken mit Sicherheit wieder die Linksextremen dahinter. Wahrscheinlich kommt demnächst eine Videobotschaft, in der eine Gruppierung der Neuen RAF seine Entführung vermeldet und irgendeine dämliche Forderung stellt.«

Bahar hörte ihm mit wachsender Unruhe zu, wechselte einen Blick mit ihrem Mann, der jedoch an ihr vorbei zu Lorenz blickte.

»Eine interessante These«, sagte er. »Ich persönlich hatte auch nie Freude mit den Linksextremisten. Sie haben uns Muslimen nie wirklich geholfen.« Lorenz nickte aufmerksam. »Aber«, fuhr Al-Zahidi fort, »man hat auch schon lange nichts mehr von ihnen gehört, zumindest nicht so wie damals. Von mir aus kann das so bleiben. Ich halte diese Leute für wohlstandsverwahrloste Träumer. Sie behaupten, für andere zu kämpfen, und bekämpfen doch am Ende nur die Langeweile in ihren Herzen.«

Lorenz musste grinsen. Dieser Al-Zahidi wurde ihm immer sympathischer. Er wollte gerade zu weiteren Fragen ansetzen, als sein Gastgeber sich abwandte und erfreut auf einen älteren Mann zuging, der etwas hereintrug, das aussah wie eine Vogelskulptur. Hinter ihm folgte ein weiterer Bediensteter, der ein Kästchen in beiden Händen hielt. »Ibrahim, ich danke dir«, sagte er zu dem Alten. Der Mann lächelte und nickte dem Diener zu, der nun vortrat. Al-Zahidi öffnete das Kästchen, entnahm ihm etwas, das aussah wie ein Miniatursattel, und ließ sich vom Bediensteten helfen, das Ding um seinen Arm zu binden. Dann stellte sich der Clan-Chef aufrecht hin, hob den Arm und streckte ihn aus, und die Skulptur entfaltete plötzlich zwei Flügel, die aufgeregt schlugen. Das Ding war lebendig! Ein Vogel, ein Greifvogel, wie Lorenz erkannte, flog die wenigen Meter zu Abdelkarim Al-Zahidi, schlug seine Krallen in den vom Lederschurz geschützten Arm seines Gastgebers und verharrte nun ruhig, als fühlte er, dass Al-Zahidi sein Freund war. Ein weißer Falke, auf dessen Kopf der Helfer Ibrahim nun eine kunstvoll verzierte kleine Haube setzte.

Bahar war zu ihrem Mann getreten und drehte sich lächelnd zu Lorenz um. »Ich darf Ihnen meine größte Konkurrenz im Kampf um das Herz meines Mannes vorstellen.«

Al-Zahidi strich sachte über das weiße Federkleid des Falken und sprach beruhigend auf das irritierte Tier ein, das sich beim Klang der

Stimme seines Herrn schnell beruhigte. »Eigentlich sollte man um diese Uhrzeit keine Falken stören«, sagte er. »Aber das eine Mal …« Mit einer Geste lud er Lorenz ein, näher zu treten. Still und majestätisch saß der Vogel auf dem Arm von Abdelkarim Al-Zahidi, der sich strahlend zu seinem Gast wandte. »Tiere haben eine große Symbolkraft für uns«, sagte er. »Für mich ist der Falke das Zeichen für die Verbundenheit mit meiner Kultur. Wir sind ursprünglich keine Araber«, erklärte er, »doch wir sprechen Arabisch, wir sind Muslime, und wir pflegen das Erbe unserer muslimischen Brüder im Land des Propheten.«

Lorenz hörte mit wachsendem Interesse zu. »Aber der Falke hat für Sie noch eine persönliche Bedeutung, nicht wahr?«, fragte er.

Al-Zahidi nickte. »Er ist für mich ein Symbol für Mut, für Kraft und Weitsicht. Und er ist ein ausgezeichneter Jäger.«

Lorenz war fasziniert. Er hatte den Jaguar, Al-Zahidi hatte den Falken. Kein Wunder, dachte er, sie waren beide erfolgreich, die besten auf ihrem Gebiet, da war es nur natürlich, dass sie ähnliche Leidenschaften pflegten.

»Der Falke kreist hoch am Himmel und überblickt die Welt«, erzählte Al-Zahidi weiter und vollführte mit der freien Hand eine weit ausholende Geste. »Und dann stürzt er in Sekunden hinunter und schnappt seine Beute.« Er lächelte Lorenz an. »Der Falke bedeutet für mich so vieles.«

»Sie sind der Falke«, sagte Lorenz mit heiserer Stimme. Diese Art Gespräche war er nicht gewöhnt. Auch war etwas in ihm in Bewegung geraten. Ausgerechnet dieser Clan-Chef teilte seine geheime Leidenschaft – ein eigenes Krafttier.

Doch Al-Zahidi schüttelte den Kopf. »Nein. Ich bin nicht der Falke. Ich versuche, ihm ein treuer Begleiter zu sein. Der Falke ist, was ich erstrebe, nicht das, was ich bin.« Lorenz meinte zu verstehen. Al-Zahidi deutete auf die Anstecknadel an Lorenz' Revers. »Auch der Jaguar wird für Sie etwas bedeuten.«

Lorenz kam sich jetzt beinahe lächerlich vor. »Ja, durchaus ... Sie sind ein guter Beobachter. Und ich verstehe jetzt, warum Sie das als bisher Einziger erkannt haben ...« Sie grinsten beide in Gedanken an den Jaguar, den Al-Zahidi geschickt hatte, um Lorenz nach Neu-Essen bringen zu lassen. »Aber es ist mehr so eine Spielerei von mir«, schloss Lorenz verlegen.

»Sie könnten sich doch bestimmt einen echten Jaguar leisten«, sagte Al-Zahidi, als wäre es das Normalste auf der Welt, sich eine Raubkatze zu halten.

»Das würde ich dem armen Tier nicht antun wollen – ein Leben in einem Käfig im Garten einer Bad Homburger Villa ...«, sagte Lorenz. »Nicht, dass ich es nicht schon überlegt habe«, gestand er dann und grinste verschämt. Dieser Mann brachte ihn dazu, sich zu öffnen. Diesen Gedanken hatte er noch nicht einmal mit Carolina geteilt.

Al-Zahidi beobachtete ihn. »Wissen Sie, was das Wichtigste ist?«, fragte er und reichte den Falken an den Mann zurück, der ihn gebracht hatte. »Der Falke darf nie das Gefühl haben, mein Gefangener zu sein. Ja, er trägt diese Haube, er lebt hier unter meinem Dach in einem Käfig, aber er ist nicht mein Eigentum, sondern lebt unter meinem Schutz. Und wenn wir gemeinsam jagen gehen, ist der Falke bestimmend, nicht ich.«

»Ich verstehe.« Lorenz nickte langsam. »Der Bursche da ist also Ihr Freund?«

Al-Zahidi lächelte wieder. »Er ist kein Bursche. Die besten Jäger, die furchtlosesten Begleiter und treuesten Freunde sind nicht die männlichen, sondern die weiblichen Falken.« Er blickte zu seiner Frau hinüber, die ihn warm anlächelte.

Der Mann und sein Falke, durch den er erst zum Jäger wurde. Lorenz spürte einen Stich in der Brust. Diese beiden schienen eine Verbindung zu haben, die weit über die Liebe zwischen Eheleuten hinausging. Der Falke war für Al-Zahidi wohl auch mehr als nur ein Statussymbol. Er war eine Verbeugung vor seiner Frau. Lorenz wandte sich verlegen ab. Er hatte das Gefühl, einem intimen Moment zwischen seinen Gastgebern beizuwohnen. Doch da war noch etwas anderes. Der kleine Stich in der Brustgegend weitete sich zu einer Wolke aus, die sich in seinem Inneren ausbreitete. Neid. Und Trauer. Diese beiden fremden Menschen schienen etwas zu haben, von dem er nie gewusst hatte, dass es ihm fehlte. Da war eine Tiefe in der Beziehung zwischen diesen beiden, die Carolina und er nie gehabt hatten. Klar, auch sie arbeiteten gemeinsam an seinem Erfolg. Aber was war das Ziel? Noch mehr Geld, noch mehr Quote, ein goldener Quadrokopter?

Er kehrte zum Tisch zurück und setzte sich. Seine Gastgeber nahmen ebenfalls Platz, der Diener schenkte noch einmal Tee nach.

»Ich möchte Ihnen einen Vorschlag machen«, sagte Al-Zahidi, und Lorenz wusste, dass jetzt das kam, warum der Mann ihn eigentlich eingeladen hatte. »Ich möchte nichts beschönigen, ich werde ganz offen zu Ihnen sein«, begann Al-Zahidi. »Wir sind von unseren illegalen Geschäften auf Ihrem Territorium leider noch eine Weile abhängig, aus verschiedenen Gründen. Aber das möchte ich ändern. Ich arbeite daran, Al Amal, Neu-Essen, komplett zu legitimieren. Eine neuartige, auf sicheren Beinen stehende Siedlungsform für eine neue Welt. Das ist mein Ziel.« Er beugte sich vor und sah Lorenz eindringlich an. »Sie haben recht, wir verursachen Leid. Aber ich möchte, dass sich das ändert. Dass Al Amal eine neue, gleichberechtigte Staatsform wird, ein Vorbild auch für andere Länder.« Er lehnte sich wieder zurück. »Doch bis dahin werden noch … Dinge geschehen, sind noch einige Hindernisse zu überwinden. Und ich brauche Ihre Hilfe. Um das illegale Kapitel abschließen und meine Vision verwirklichen zu können.«

Lorenz fing langsam an zu begreifen, was der andere wollte.

»Sie sind der Beste, Lorenz«, sagte Al-Zahidi, »das beweisen Sie immer wieder aufs Neue in der *Justice Union*. Ich brauche Sie.«

Lorenz beugte sich unwillkürlich vor. Al-Zahidi verstand es, selbst ihn, den abgebrühten Verteidiger, für sich einzunehmen.

»Ich möchte, dass Sie einen meiner engsten Vertrauten verteidigen. Sein Name ist Abdul Zeyman.«

»Der Fall sagt mir etwas«, sagte Lorenz. »Ist das nicht dieser Auftragsmörder, den sie ›den Knochenbrecher‹ nennen?«

Abdelkarim Al-Zahidi hob abwehrend die Hände. »Er ist des Mordes angeklagt. Sie sollen ihn vor dem elektrischen Stuhl bewahren.«

»Wann ist denn der Prozess?«

»Nächste Woche.«

Lorenz riss überrascht die Augen auf. »In der *Justice Union*?« Al-Zahidi nickte. »Dann hat er doch schon einen Verteidiger«, wandte Lorenz ein. Außer ihm gab es noch weitere Strafverteidiger, die sich in der *Justice Union* abwechselten. Jeder Angeklagte durfte seinen Verteidiger wählen.

»Aber nicht den besten«, sagte Al-Zahidi. »Abdul ist für mich unverzichtbar. Außerdem würde eine Verurteilung die … nun, angespannte Situation zwischen uns und der Regierung zusätzlich anheizen. Das würde sehr vieles zunichtemachen, wofür ich kämpfe. Ich brauche Sie, um das zu verhindern.«

Lorenz war geschmeichelt. »Ich danke Ihnen, Abed, aber ich kann unmöglich innerhalb einer Woche eine ganze Verteidigung aufbauen.« Lorenz schüttelte den Kopf. »Unmöglich.«

»Ich bin sicher, Sie können das«, sagte sein Gastgeber. »Ich stelle Ihnen unbegrenzte Mittel und jede Hilfe zur Verfügung. Bitte, Lorenz.«

Der große Clan-Chef als Bittsteller. Das war ungewöhnlich. Es musste wirklich viel an diesem Prozess hängen. Lorenz fuhr sich mit der Hand übers Gesicht. »Ich muss zuerst die Akte sehen«, sagte er. »Dann erst kann ich Ihnen sagen, ob ich den Fall annehme.«

Al-Zahidi lächelte erfreut. »Danke, Lorenz. Ich weiß, Sie können meinen Mann retten. Und nicht nur das – ich hoffe, dass Sie uns auch weiterhin helfen werden. Ich brauche Leute, denen ich uneingeschränkt vertrauen kann, um die rechtlichen Grundlagen für eine rein legale Existenz von Al Amal zu schaffen. Sie können daran mitwirken, die

Zukunft unserer Stadt zu sichern. Auch im Sinne Ihres eigenen Landes. Es wird nicht einfach werden, und ich kann jede Hilfe gebrauchen.« Er stand auf und sah Lorenz ernst an. »Ich werde mich großzügig erweisen. Sie werden ein reicher und mächtiger Mann werden, weit reicher und mächtiger, als Sie bereits sind.«

Lorenz lauschte mit wachsendem Staunen. Dieser Mann wollte, dass er ihm half, seine Vision zu verwirklichen? Er kannte ihn doch gar nicht. Zugleich stieg ein anderer Gedanke in ihm auf: Ihm bot sich die Möglichkeit, die Welt des Abdelkarim Al-Zahidi genauer kennenzulernen. Was dieser Mann ihm anbot, war eine Vertrauensposition ungeahnten Ausmaßes – und die einmalige Chance, über ihn vielleicht weitere Verbindungen zur Regierung und zu den Wirtschaftsgrößen des Landes zu knüpfen. Davon würde er persönlich profitieren.

Dass Al-Zahidi üble Kriminelle beschäftigte, war ihm klar. Doch Lorenz hatte schon während des Studiums beschlossen, dass er nie die Moralkeule schwingen würde. Im Gegenteil – gerade spektakuläre Verbrechen reizten ihn. Es juckte ihn richtiggehend in den Fingern, Mittel und Wege zu finden, um die schlimmsten Verbrecher rauszuhauen. Und hatte nicht jeder Mensch das Recht auf Verteidigung? Die harten Jungs, auch dieser Knochenbrecher, faszinierten ihn. Sie holten sich, was sie wollten, ohne Rücksicht auf irgendetwas oder irgendjemanden.

Und auch Abdelkarim Al-Zahidi faszinierte ihn. Zum ersten Mal hatte Lorenz das Gefühl, dass ihn jemand verstand. Zugleich war ihm klar, dass der Clan-Chef viel weiter war als er selbst. Dieser Mann hatte eine Haltung, ein Ziel, einen echten Falken. Da war eine Tiefe, die Lorenz' Leben vermisste. Eine Tiefe, die er – und das wurde ihm in diesem fremdartigen Salon plötzlich klar – auch für sich erreichen wollte. Und so tat Lorenz etwas, das er noch nie getan hatte: Er hakte nicht nach. Er fragte auch nicht nach der Höhe des Honorars, nicht nach den Details der Vereinbarung. Er saß nur still da und wunderte sich, was gerade mit ihm geschah, dem glatten, redegewandten Strafverteidiger mit der berüchtigt scharfen Zunge.

Bahar Al-Zahidi riss ihn aus seinen Gedanken. »Wie wäre es mit einem Spaziergang?«, fragte sie und lächelte Lorenz an. »Ich hoffe, Sie sind nicht zu müde.«

Lorenz schüttelte den Kopf. Der Tee hatte ihm neue Lebenskraft gegeben. Er sehnte sich nach frischer Luft. Und ja, er wollte nun endlich diese geheimnisvolle Stadt sehen, die seit Jahren kein Deutscher mehr betreten hatte. Eine Runde durch Neu-Essen würde ihm außerdem die Möglichkeit geben, über das Angebot nachzudenken. Denn auch wenn ihn dieser Abend berührte, er wollte keine übereilte Entscheidung treffen.

»Nein«, sagte Al-Zahidi zu einem Sicherheitsmann, der hilflos die Arme hob. »Wir gehen allein!« Er wandte sich an Lorenz. »Kommen Sie, ich zeige Ihnen meine Stadt, Al Amal.«

Sosehr ihn die Maschinengewehre anfangs irritiert hatten, sosehr störte Lorenz nun, dass sie ohne Waffenbegleitung hinausgehen sollten. Abdelkarim Al-Zahidi war hier gewissermaßen der König. Aber er, Lorenz, der Alman, war gleich auf den ersten Blick als solcher erkennbar – und das nicht unbedingt als der beliebte und berühmte Lawyer aus der *Justice Union.*

Bahar nickte ihm beruhigend zu. »Sie haben nichts zu befürchten«, sagte sie. »Sie sind unser Gast. Sie werden sehen, die Menschen werden Sie mit offenen Armen empfangen.«

Das konnte sich Lorenz zwar nicht vorstellen, nach dem, was Muslime gerade seit den Anti-Clan-Gesetzen durch Deutsche erfahren mussten, aber er beschloss, dieser warmherzigen Frau zu vertrauen. Das muslimische Gastrecht war hoffentlich kein Gerücht. Er nickte und folgte dem Ehepaar durch den Innenhof der Villa nach draußen.

Al-Zahidi grinste ermutigend. »Hier in Al Amal hören zwanzigtausend Milizionäre auf mein Kommando«, sagte er.

Lorenz zog die Stirn hoch. Neu-Essen hatte eine eigene Miliz? »Weiß die deutsche Regierung, dass Sie hier eine Privatarmee halten?«, fragte er.

»Natürlich nicht«, sagte Al-Zahidi nonchalant. »Und auch nicht, dass diese Männer ohne Zögern für mich in den Tod gehen würden. Wir haben ein riesiges Waffenarsenal. Nur Panzer haben wir keine.«

»Warum das denn nicht?«, fragte Lorenz ironischer, als er wollte.

»Taugen nicht für den Häuserkampf«, antwortet der Clan-Chef nur achselzuckend und ging mit langen Schritten voraus.

Lorenz konnte nicht glauben, dass Al-Zahidi ihm das so einfach erzählte. Um ihn einzuschüchtern? Oder als Vertrauensbeweis? Er schluckte und folgte ihm zu einem altmodischen Wagen. Es war ein offener Jeep, wie er noch bis zu Beginn des Jahrtausends gefahren worden war. Eigentlich waren diese Gefährte längst verboten, außerdem galt das Selbstfahrgebot. Auch Benzin war kaum mehr zu bekommen. Doch scheinbar war das hier anders. Lorenz duckte sich auf den Rücksitz. Bahar nahm auf dem Beifahrersitz Platz, Al-Zahidi selbst setzte sich ans Steuer. »Wir sparen uns nur ein paar Minuten Fußweg«, lachte er und startete den Motor, und schon rumpelten sie nach Westen, dorthin, wo Lorenz bei seiner Einfahrt in Neu-Essen die Menschen und Lichter gesehen hatte.

Al-Zahidi stellte den Jeep an einem belebten Platz ab, und sie stiegen aus. Es musste schon bald auf Mitternacht zugehen, doch auf dem Platz liefen immer noch viele Leute herum. »In unserer Stadt haben wir ein anderes Zeitgefühl«, sagte Al-Zahidi, und er wirkte plötzlich ganz locker, wie befreit. Er fühlte sich sichtlich wohl zwischen all den Menschen. »Komm, Lorenz«, sagte Abdelkarim freundschaftlich. »Jetzt zeige ich dir Al Amal.« Er war vom Sie zum Du gewechselt, als wäre es das Normalste auf der Welt. Lorenz entspannte sich etwas.

Männer und Frauen schlenderten umher und hielten ein Schwätzchen, sogar ein paar ältere Kinder waren noch auf der Straße. Die

Läden ringsum waren erleuchtet, die Türen weit geöffnet, Menschen eilten geschäftig hinein und hinaus. Am Straßenrand saßen ältere Männer, die Sonnenblumenkerne kauten und die Hülsen auf den Boden spuckten. Eine Gruppe älterer Mädchen kam lachend und scherzend vorbei. Es war sehr lebendig, sehr friedlich und sehr laut.

Sie gingen vorbei an kleinen Marktständen – Obst, Gemüse, Klamotten, Küchengeräte konnte man hier erstehen –, alle paar Meter waren kleine Garküchen aufgebaut, aus denen ein betörender Duft nach gegrilltem Fleisch und Gewürzen strömte. Lorenz sog den Geruch ebenso gierig ein wie die Eindrücke, die auf ihn einströmten. Er fühlte sich in die Zeit seiner Kindheit zurückkatapultiert, in die Frankfurter Döner-Bude, aus der es genauso gerochen hatte. Zu schade, dass er schon satt war, so einen Döner hätte er gerne wieder gekostet. Zumal der Verzehr von Fleisch in Deutschland seit Kurzem verboten war. Die Tierschutzlobby hatte sich mit Unterstützung der ZTP durchgesetzt. Die deutsche Imbisslandschaft war von einer fast hysterischen Pommes- und Tofukultur geprägt, Vegetarismus galt neuerdings als patriotisch. Selbst das Grundgesetz war geändert worden: »Die Würde des Menschen sowie die Würde des Tieres sind unantastbar«, stand nun in Artikel eins, Absatz eins. Hier in Neu Essen schien Fleischkonsum dagegen noch gestattet zu sein. »Wie kommt ihr an das Fleisch?«, fragte er Abed.

»Wir haben eine Sondereinfuhrgenehmigung«, erklärte der Clan-Chef. »Wir importieren halal geschlachtetes Fleisch, hauptsächlich aus Frankreich.«

Lorenz nickte. Es gab so viel zu sehen, zu lernen. Eine andere Welt tat sich vor ihm auf.

Weiter vorne stand eine Gruppe Straßenmusiker und spielte mitreißende Melodien, rundherum hatten sich ein paar Schaulustige versammelt und klatschten dazu im Takt. »Ist heute ein Stadtfest?«, fragte Lorenz seinen Gastgeber.

»Nein«, lachte Abdelkarim. »Nur ein ganz normaler Freitagabend in Al-Amal.«

Sie steuerten auf ein großes flaches Gebäude zu, das hell erleuchtet war und aus dem Musik und Lärm drangen. Eine orientalisch anmutende Fassade war davorgesetzt worden. »Hier hat alles begonnen«, erklärte Abed. »Ich habe den Namen des Platzes beibehalten: Platz der guten Hoffnung.« Er deutete nach Osten und Westen. »Dann habe ich noch links und rechts Land dazu bekommen, dort bis nach Essen hinein« – er wies nach Osten –, »und in diese Richtung noch bis zur alten Turbinenhalle und der Schnellstraße. Einige Häuser haben wir stehen lassen, den alten Gasometer und die Zechenhäuser etwa.«

Lorenz betrachtete den mit arabischen Schriftzeichen beleuchteten Gasometer, den er von der Autobahn bereits gesehen hatte. »Was steht da drauf?«, fragte er.

»Da steht ›Al Amal‹«, erklärte Bahar und lächelte. Natürlich, was sonst.

»Und die Hochhäuser?«, fragte Lorenz und deutete auf die Schatten, die rundherum hoch in den Nachthimmel ragten.

»Die waren eine Notlösung«, sagte sein Gastgeber. »Du erinnerst dich, als die Chippflicht für Muslime kam?« Lorenz nickte. »Damals kamen innerhalb weniger Wochen Tausende von Menschen hierher. Die Familien haben monatelang in Zelten gewohnt, während wir in aller Eile diese Bauten hochgezogen haben. In der *New York Times* gab es eine Reportage dazu. Die einzige, die ich erlaubt habe. Ich fand es wichtig zu zeigen, was wir hier leisten.«

Lorenz erinnerte sich an die Reportage, es war die, in der das letzte Foto von Al-Zahidi erschienen war. Der Autor hatte ihn einen »charismatic leader of an autonomous community unlike any in Europe« genannt.

Lorenz genoss den Spaziergang. »Wie hast du das alles finanziert?«, fragte er Abed.

»Mithilfe der Bundesrepublik Deutschland«, antwortete Abed nur lächelnd. Lorenz machte in seinem Kopf eine Notiz. Dazu würde er ihn bei Gelegenheit noch befragen. Die Bauten mussten Hunderte

Millionen gekostet haben, so was bekam man nicht nur durch Drogendeals und Schutzgelderpressung herein, auch wenn sogar Letzteres schon online stattfand: *cashless racketeering*, das neben dem inzwischen im Verbrechensregister bereits salonfähig gewordenen *cashless robbery* so einiges einbringen musste.

»Und in welcher Verbindung steht Neu-Essen zu Neu-Berlin?«, fragte er.

Al-Zahidi machte eine weit ausholende Armbewegung. »Neu-Berlin war die erste Autonome Zone Deutschlands und das Vorbild für Neu-Essen«, sagte er. »Mein Onkel hat Anfang der Dreißiger die Verhandlungen geführt, ich habe sein Wissen und seine Verbindungen genutzt und bekam dann hier in Nordrhein-Westfalen 2037 die zweite Zone bewilligt. Leider mitten im Stadtgebiet. Wir haben nicht so viel Platz wie in Neu-Berlin, das ja vor den Toren der ehemaligen Hauptstadt errichtet wurde.«

Lorenz nickte. Neu-Berlin war rund um den Ort Kloster Lehnin entstanden, gewissermaßen auf der grünen Wiese, während Neu-Essen nach allen Himmelsrichtungen begrenzt war. Deshalb hatte man hier wohl auch auf die schönen arabischen Fassadenreihen verzichtet, die Neu-Berlin schmückten. Neu-Berlin wurde 2034 noch feierlich eröffnet, es gab Reportagen über die Clan-Stadt, Bildstrecken des Pilotprojekts, die auf sämtlichen Medienplattformen rauf und runter gezeigt wurden, sogar ein offizielles Shake-Hands zwischen dem Clan-Chef Bassam Abou Tahrir und dem ZTP-Kanzler Achim Schacke, der sich für die »gesonderten Wohn- und Lebenseinheiten für Muslime« ordentlich feiern ließ. Damit hatte es sich jedoch schnell aufgehört. Und wer weiß, fragte sich Lorenz jetzt, wie es dort in Wirklichkeit aussah.

Neu-Essen wirkte im Vergleich zu den damaligen Bildern zusammengewürfelt, räudiger als sein Vorbild – aber auch lebendiger und sehr authentisch. Eben »ruhrpottmäßig«, fand Lorenz im Stillen. Dieser Ort hatte nichts gemein mit dem Horrorszenario, das draußen mit all den Gerüchten gezeichnet wurde – von dreckigen Plattenbauten, verwahrlosten Kindern und Horden von Verbrechern, die nach Lust und Laune Leute erschlugen.

Ihm gefiel es hier. Das Leben war mit allen Sinnen spürbar, man konnte es greifen, riechen, hören, wie er es von seiner sterilen Welt nicht kannte. Die Menschen wirkten freundlich und offen, es gab Frauen mit und ohne Kopftuch, Männer mit und ohne Bart, verschiedene Trachten, ein bunter Haufen von Menschen, vereint durch ihren Glauben – und die bittere Erfahrung schlimmer Repressalien, wie er in Gedanken fast beschämt hinzufügte.

Er wusste nicht viel darüber, wie es hier vor dem Bau der Clan-Stadt ausgesehen hatte. Er erkannte ehemalige Veranstaltungsgebäude und mittendrin orientalisch anmutende Neubauten. Ein großes Gebäude mit grimmig aussehenden Wachposten weckte sein Interesse. »Ein Gefängnis?«, fragte er.

»Das auch«, sagte Bahar. »Wir haben unsere eigene Gerichtsbarkeit. Hier sitzen die Friedensrichter. Darunter haben wir Zellen für die wenigen Kriminellen, die es hier natürlich auch gibt. Diebstahl. Häusliche Gewalt. Solche Sachen.«

Lorenz hatte schon einiges von der modernen islamischen Rechtsprechung gehört, die angeblich nicht mehr viel mit den Scharia-Gerichten des 20. Jahrhunderts zu tun hatte.

»Das würde mich interessieren«, sagte er, »so als Mann vom Fach.«

»Das lässt sich einrichten«, sagte Al-Zahidi. »Ich werde für dich einen Termin arrangieren.«

Ein vielleicht zwanzigjähriger junger Mann kam auf sie zu. »Abdelkarim, Bek«, sagte er, blieb vor der kleinen Gruppe stehen und verneigte sich. »Das ist für Sie. Von meiner Mutter.« Er überreichte ihm ein Päckchen mit süßem Baklava und zog wieder ab.

»Kannten Sie den Jungen?«

»Ich kenne jeden Menschen, der hier lebt. Zumindest vom Sehen.«

Al-Zahidi nahm ein Stück Baklava in den Mund und bot auch Lorenz etwas an. Der schüttelte den Kopf. »Nun stellen Sie sich nicht so an. Das ist nicht vergiftet.«

»Also gut«, ließ sich der Anwalt überreden und biss in das honiggetränkte Gebäck. »Sehr süß.«

»So mögen wir es«, lachte der Clan-Chef.

Wo sie auch hinkamen, deuteten die Menschen eine Verbeugung in Richtung des Ehepaars an. Bahar Al-Zahidi hielt immer wieder kurz an, um mit Frauen zu sprechen. Immer wieder wollte jemand Abdelkarim die Hand schütteln. Lorenz beobachtete es staunend.

»Mein Mann ist sehr beliebt in Neu-Essen«, sagte Bahar, die zu ihm getreten war. »Die Menschen wissen, was sie ihm zu verdanken haben. Und sie wissen, dass er ein guter Mann ist, der alles für sie tun würde.« Abed begann gerade ein Gespräch mit einem sehr alten Mann in einer Dschellaba. Der Clan-Chef verneigte sich mehrmals respektvoll und legte dem Greis freundlich die Hand auf den Arm.

»Ein Mann des Volkes«, entfuhr es Lorenz.

»Das ist er«, sagte Bahar. »Er liebt die Menschen hier. Und er wäre bereit, für sie zu sterben. Jeder weiß das. Und viele würden auch für ihn sterben. Wegen Abed vertragen sich hier in Al Amal auch Gruppen, die einander sonst eher feindselig gegenüberstehen …« Sie machte eine vage Handbewegung in Richtung Mauer. »Kurden und Türken. Belutschen und Paschtunen. Sunniten und Schiiten. Alle sind Bürger von Al Amal.« Sie sah ihn ernst an. »Wissen Sie, Lorenz, was man Ihnen über meinen Mann erzählt hat, ist nur die Oberfläche. Sie können einen Menschen nicht nach seiner Hülle beurteilen. Sie müssen ihn selbst lesen. Wie ein Buch.«

Lorenz nickte und betrachtete gedankenverloren das Gewimmel.

In diesem Moment zogen zwei kleine Jungs an seiner Hose und wollten ihn dazu animieren, mit ihnen Fußball zu spielen. »Ein anderes Mal«, rief Lorenz lachend. Diese Kinder hatten keine Ahnung, wer er war. Auf der anderen Seite, »drüben«, da wollten alle immer nur Selfies.

Hier war er einfach ein Alman, der aus irgendeinem Grund als Gast da war. Abdelkarim Al-Zahidi führte ihn herum? Nun, dann hatte es bestimmt seine Richtigkeit. Die Menschen waren freundlich, mitunter überschwänglich, aber sie drängten sich nicht auf, bemerkte Lorenz erstaunt. Hier herrschte eine Art Spürsinn für den anderen. Und Abdelkarim hatte offenbar das beste Gespür von allen.

»Ich glaube, ich habe Sie noch nie so lächeln sehen«, sagte Bahar. »Im Fernsehen ist das immer ein anderes Lächeln.«

»Mein Show-Lächeln«, sagte Lorenz ehrlich. »Hier, das ist … echt.« Er grinste verlegen. Bahar nickte freundlich, sagte aber nichts. Er war dankbar für ihre Diskretion.

Es fiel ihm schwer zuzugeben, aber er genoss diesen Abend. Von der nervösen Anspannung und Unsicherheit, die er zu Beginn der Fahrt nach Neu-Essen verspürt hatte, war nichts geblieben. Er war eingetaucht in diese fremdartige und zugleich so vertraut wirkende Gemeinschaft, die so ganz anders war als alles, was er in seinem sonstigen Leben hatte. Hier musste es unmöglich sein, sich zu langweilen, konstatierte er, es gab so viel zu sehen.

Für einen Moment schloss er die Augen und ließ alles auf sich einwirken – die Gerüche, die Geräusche, die Musik, das Lachen und Rufen der Menschen, die Wärme der lauen Spätsommernacht. Er verlor das Gefühl von Raum und Zeit und genoss die Leichtigkeit, die er plötzlich verspürte.

Abdelkarim hatte sein Gespräch mit dem alten Mann beendet und kam auf sie zu. »Also, Lorenz«, sagte er und legte ihm die Hand auf die Schulter, wie er es vorhin bei dem Alten getan hatte. »Was sagst du zu meiner Bitte?«

Lorenz hatte vorgehabt, noch darüber nachzudenken, ob er die Verteidigung dieses Abdul Zeyman wirklich übernehmen wollte. Stattdessen sah er Abdelkarim in die Augen, und ehe er noch einen klaren Gedanken fassen konnte, öffnete sich sein Mund wie von selbst und sagte: »Ich nehme den Fall an.«

Kapitel 5

Samstag, 15. Oktober 2044, 1.05 Uhr, Oberhausen

Gemächlich rollte der silberne Jaguar durch das Gittertor aufs Gelände des Quadroports von Oberhausen. Abdelkarim Al-Zahidi hatte drauf bestanden, Lorenz zu seinem Quadro bringen zu lassen. Tamara hatte den Piloten dorthin bestellt, und da wartete er bereits auf ihn.

Lorenz war hundemüde, und er war froh, bald in seinem Bett liegen zu können. Er stieg aus dem Jaguar, bedankte sich bei den beiden Herren, die ihn begleitet hatten, sah dem davonfahrenden Wagen nach und ging dann auf seinen Quadrokopter zu.

»Einen Moment noch«, erklang hinter ihm eine Stimme. Lorenz fuhr herum. Zwei Herren waren aus dem Verwaltungshäuschen des Quadroports getreten und kamen auf ihn zu. Misstrauisch beäugte Lorenz die Männer. Sie trugen dunkle Regenmäntel und Allerweltsgesichter und bauten sich vor ihm auf.

»Wenn Sie ein Selfie wollen, machen Sie schnell«, sagte Lorenz. »Ich habe es eilig.« Ihm war klar, dass diese Männer nicht hier waren, um dem großen Lorenz van Bergen die Hand zu schütteln. Aber er war müde und schlecht gelaunt. Er wollte nach Hause.

»Es dauert nicht lange«, sagte der größere der beiden Männer. »Mein Name ist Kurt Reichmann. Das …«, er wies auf seinen Begleiter, »… ist mein Kollege Hans Habervorden. Wir sind vom Staatsschutz.«

Lorenz blinzelte. Mit einem Besuch vom Staatsschutz hatte er nicht gerechnet. »Womit kann ich Ihnen um diese Uhrzeit behilflich sein?«, fragte er.

Der Mann, der sich als Kurt Reichmann vorgestellt hatte, betrachtete ihn interessiert. »Wie war's in Neu-Essen? Gut unterhalten?«, fragte er scheinbar teilnahmsvoll.

Lorenz schnaubte verächtlich. »Haben Sie mich etwa observiert?«

»Nur die Ruhe.« Vermutlich stand Neu-Essen unter Dauerbeobachtung. Nun, dachte Lorenz, das hätte er sich selbst denken können.

»Wollen Sie einen Erlebnisbericht mit Restauranttipps, oder könnten wir zur Sache kommen?«, schnauzte er den Mann an. Er war todmüde, doch sein Mundwerk funktionierte in jeder Lebenslage.

»Also gut«, sagte Reichmann und wechselte zu einem geschäftsmäßigeren Ton. »Was haben Sie in Neu-Essen gemacht?«

»Das geht Sie nichts an«, antwortete Lorenz.

»Haben Sie Abdelkarim Al-Zahidi besucht?«

»Wen?«

»Stellen Sie sich nicht dumm, Herr van Bergen, das mag ich nicht.«

Lorenz atmete durch. Mit diesen Typen musste er vorsichtig sein. »Ich unterliege der anwaltlichen Schweigepflicht«, sagte er. »Und wie ich Sie kenne, wissen Sie das auch.«

»Natürlich. Aber darum geht es nicht. Wir brauchen Ihre Hilfe.«

Lorenz lachte auf. In dieser Nacht wollte jeder seine Hilfe. »Ach, ja? Und wie genau soll ich Ihnen helfen?«

»Sind Sie ein deutscher Patriot?«

Diese Frage verwunderte Lorenz. »Was meinen Sie?«

Der andere, Habervorden, rückte näher heran. »Lieben Sie Ihr Land? Wollen Sie Schaden von ihm abwenden?«

Lorenz zuckte die Achseln. »Wer will das nicht?«

»Gut«, sagte Habervorden. »Dann darf ich Sie ersuchen, das, was wir jetzt mit Ihnen besprechen, streng vertraulich zu behandeln.«

Jetzt war Lorenz neugierig. Er nickte.

»Wie Sie wissen, ist Bundesinnenminister Hermann Hackner gestern Mittag verschwunden.«

»Natürlich. Und?«

»Am Nachmittag wurden der Chauffeur und die Bodyguards von Hermann Hackner gefesselt in der Tiefgarage gefunden«, sagte Reichmann. Sieh an, dachte Lorenz, diese Information war nicht an die Medien gegangen. »Wir gehen also von einer Entführung des Ministers aus«, fuhr der Mann fort. »Und wir verfolgen mehrere Spuren. Einer der Verdächtigen ist Abdelkarim Al-Zahidi.«

»Warum ausgerechnet der?«, fragte Lorenz. »Das sieht doch nach einer der Aktionen aus, wie sie die Linksextremisten früher beinahe tagtäglich durchgeführt haben.«

»Auch in diese Richtung ermitteln wir, keine Sorge«, sagte Habervorden. »Aber es gibt Hinweise, die nach Neu-Essen deuten. Wie Sie vielleicht wissen, plant Hermann Hackner, das Drogenfreigabegesetz für Berlin zu kippen. Die Hauptnutznießer dieses Gesetzes sind die Konzessionsinhaber – Bassam Abou Tahrir in Neu-Berlin und Abdelkarim Al-Zahidi.«

Lorenz hörte betroffen zu. Genau darüber hatte er gerade noch mit Abed gesprochen. Er begriff sofort, warum der Staatsschutz auch die Al-Zahidis verdächtigte: Wenn Hackner seine Drohung wahr machte, würde der Clan mit einem Schlag eine wichtige Einnahmequelle verlieren.

Lorenz beschloss, selbst Fragen zu stellen. »Warum gehen Sie nicht einfach nach Neu-Essen und suchen nach Hackner?«

Kurt Reichmann lächelte nachsichtig. »Neu-Essen ist exterritoriales Gebiet«, erklärte er. »Wir können da nicht einfach rein. Das sollten Sie eigentlich wissen. Schließlich haben Sie einen dieser Clan-Brüder verteidigt.«

Lorenz zuckte die Achseln. Reichmann hatte recht. Es war ein Umstand, der die Arbeit der Polizei ungemein verkomplizierte: Wenn ein Bewohner von Neu-Essen in Deutschland ein Verbrechen beging und er in die Autonome Zone entkam, war er vor Strafverfolgung sicher. Es war ein Planungsfehler der Regierung gewesen, der diesen

Zustand erzeugt hatte. Und die Clans nutzten diesen Fehler weidlich aus. Es war einer der Gründe, warum die Stimmen lauter wurden, man möge das Experiment mit den Autonomen Zonen endlich beenden.

»Ehrlich gesagt, habe ich mich mit den Clan-Städten noch nie genauer beschäftigt«, sagte er. »Was erwarten Sie überhaupt von mir?«

»Wir möchten Sie bitten, die Augen offen zu halten«, sagte Habervorden. »Sollten Sie etwas bemerken, was darauf hindeutet, dass Hermann Hackner in Neu-Essen ist, dann bitte ich Sie, uns sofort zu kontaktieren.«

Lorenz lachte auf. »Mann, was haben Sie denn für Vorstellungen?«

»Ich kann mir so einiges vorstellen, Herr van Bergen«, bekam er kalt zur Antwort.

Lorenz überlegte. Abdelkarim Al-Zahidi war nicht sein Mandant. Dennoch sträubte sich etwas in ihm, für den Staatsschutz zu spionieren. Er hatte den Abend in Neu-Essen genossen. Abed hatte offen mit ihm gesprochen, ihm seine Zukunftsvision dargelegt. Der Clan-Chef war kein Lamm, das wusste Lorenz, aber er war ehrlich, hatte seine Aktionen nicht beschönigt. Er wirkte vertrauenswürdig. Lorenz hatte über die Jahre ein Gespür dafür entwickelt, ob ihm jemand die Wahrheit sagte oder nicht. Er glaubte Abed, und er konnte sich nicht vorstellen, dass der seinen Plan von einer legitimierten Clan-Stadt gefährdete, indem er den Bundesinnenminister entführte.

Lorenz schüttelte den Kopf. »Ich kann Ihnen leider nicht weiterhelfen«, sagte er. »Sie müssen sich schon selbst darum kümmern. Ich rate Ihnen, die Lenin-lebt-Partei zu durchleuchten.«

»Das machen wir bereits«, sagte Reichmann. »Aber ich ersuche Sie noch einmal zu kooperieren. Wenn Sie etwas bemerken, was zu unserem Verdacht passt, so bitte ich Sie, sich zu melden.«

Vom Quadrokopter dröhnte Lärm und Wind herüber. Der Pilot hatte die Maschine gestartet. Reichmann überreichte Lorenz eine Visitenchipkarte, die er achtlos in seine Sakkotasche steckte. »Alles klar«, überschrie Lorenz den Lärm. »War's das? Darf ich jetzt endlich ins Bett?«

»Natürlich, Herr van Bergen«, schrie der andere zurück und wandte sich zum Gehen. »Gute Nacht. Und bis bald.«

Lorenz schnaubte. »Das werden wir noch sehen.«

Zwischenschnitt

Immer noch alles dunkel, meine Hände sind taub. Ich muss aufs Klo. Und diese Müdigkeit … Wenn wenigstens die Kopfschmerzen nachlassen würden. Wie lange wollen die mich hier noch liegen lassen? Alles tut weh, auch die Schulter, immer noch. Was ist das? Fühlt sich an wie eine Wunde. Haben die etwa … Nein, das kann nicht sein. Der Sicherheitschip? Wie, verdammt noch mal, wussten die, wo er implantiert war? Der ist für Scangeräte schließlich nicht erkennbar? Und außer mir weiß doch keiner, wo er sich befand. Außer mein Arzt. Und meine engsten Vertrauten. Was zur Hölle hat das zu bedeuten?

Besser nicht aufregen, komm wieder runter, Mann. Kräfte sparen.

Immer noch nichts zu erkennen, nur schwache Umrisse und Linien im Dunkel. Streng dich an, schau genau hin. Die Wände … wie graue Eierkartons. Schaumstoff? Der Raum ist vermutlich schalldicht. Hier dringt nichts raus. Kein Rufen. Kein Schreien.

Die haben das geplant. Eine Entführung. Aber wer …?

»Na, Hackner, alles stabil?«

Was ist das? Wer spricht da? Das ist keine menschliche Stimme. Verzerrt, metallisch. Verfremdet? Kein Akzent, kein Dialekt. Wer, verdammt noch mal, ist das?

»Was wollt ihr von mir? Ich … ich bin der Bundesinnenminister, verdammt! Lasst mich gefälligst hier raus!« Scheiße, meine Stimme ist nur ein jämmerliches Krächzen.

»Mach keinen Ärger und folge unseren Anweisungen. Dann geschieht dir nichts.«

»Ich … ich muss aufs Klo …«

Ein kurzes Knistern, dann Laute wie trockenes Husten, nur anders … Das Arschloch lacht mich aus! Die machen sich einen Spaß draus, mich zu demütigen.

»Ich muss aufs Klo. Bitte.«

»Dann mach doch.«

Stille.

Diese Schweine. Sie wollen mich fertigmachen.

Ich halte nicht mehr lange durch. Was soll ich jetzt tun? Meine Arme kann ich kaum bewegen, meine Hände gefesselt. Wenn ich mich wenigstens aufrichten könnte, dann … O nein, es kommt, ich spüre es, ich kann es nicht mehr halten …

O Gott, jetzt liege ich auch noch in meiner eigenen Scheiße.

Kapitel 6

Samstag, 15. Oktober 2044, 10.05 Uhr, Frankfurt am Main

»Sorry wegen der miesen Presse, Lorenz«, sagte Tamara. »Aber die Seyloff hat in den Interviews ordentlich Wind gegen dich gemacht – und du warst ja nicht mehr da.« Sie sah ihn anklagend an. »Die Reporter waren richtig sauer. Das ist jetzt ihre Rache. Ich hab's versucht, aber ich konnte nichts ausrichten.«

Lorenz stand am Fenster seines Büros und sah hinaus. »Kann man nichts machen«, sagte er nur. »Mal gewinnt man, mal verliert man. Mal beides.« Er versuchte ein Grinsen, aber es rutschte binnen Sekunden von seinem Gesicht. Tamara sah ihn zweifelnd an und schloss die Tür hinter sich.

Sie hatte nicht übertrieben: Die Medienberichte über den DuPont-Prozess waren ein Desaster. »Kalt, kälter, van Bergen«, lautete eine Überschrift. »Musste das sein?«, eine andere. Darunter sah man ein Foto der dritten Zeugin, wie sie verloren und tränenüberströmt inmitten höhnisch grinsender Zuschauer stand.

Hinter seiner coolen Fassade war Lorenz alles andere als ruhig. Zum zweiten Mal war er im *Justice Union*-Ranking auf Platz zwei gerutscht. »Weibliche Fans wenden sich enttäuscht vom Starverteidiger ab«, hatte jemand geschrieben. Die weiblichen Fans waren ihm egal. Sein Bonus, der vom Ranking bestimmt war, nicht. Und auch nicht seine Position gegenüber den Produzenten. Und dem Justizministerium. Ausgerechnet an diesem Wochenende war auch das große Porträt über ihn in der *Neuen Weltzeit* erschienen.

Stirnrunzelnd rief er den Artikel noch einmal auf. »Lorenz van Bergen ist die inkarnierte Oberflächlichkeit«, stand da. »In einer Zeit, in der Tiefgang als Schwäche und Haltung als Karrierehindernis gilt, ist der Starverteidiger ein beunruhigend gutes Vorbild für junge Menschen.« Zum Schluss gab es noch eine Ohrfeige der Sonderklasse. »Der Jaguar, so etwas wie das Totem des Starverteidigers, mag ein elegantes Tier sein«, konstatierte der Autor, »doch er ist in erster Linie bloß ein Raubtier, dem das Konzept Gnade von Natur aus unbekannt ist.«

So hatte er sich die Einführung des »Jaguars« nicht vorgestellt, dachte Lorenz zerknirscht. Ihm war klar, dass weit mehr auf dem Spiel stand als sein Ranking. Angeblich waren die Verhandlungen des Justizministeriums mit mehreren interessierten ausländischen Regierungen weit gediehen. Immer mehr Länder wollten die deutsche Justizreform übernehmen. Die *Justice Union* war am Sprung, die Welt zu erobern. Und Lorenz wollte dabei sein. Er würde den Imageschaden, den der DuPont-Prozess angerichtet hatte und der nicht nur ihn, sondern auch die Show traf, reparieren müssen.

Er hatte sich noch in der Nacht nach Frankfurt fliegen lassen, wie er es nach einer Show eigentlich immer tat. In seiner Kanzlei hatte er alles, was er brauchte – eine voll ausgestattete Garderobe, ein Badezimmer, ein Bett und drei Sekretärinnen, die sich darin abwechselten, ihm vierundzwanzig Stunden am Tag, sieben Tage die Woche zur Verfügung zu stehen. Und einen Quadrolandeplatz auf der Dachterrasse, die es mit den schicksten Skybars der Welt aufnehmen konnte. Lorenz hatte es sich zur Gewohnheit gemacht, am Tag nach jeder Show in der Kanzlei zu sitzen. Die Arbeit half ihm dabei, nach den adrenalingetränkten Showprozessen wieder auf den Teppich zu kommen.

An Arbeit war jedoch erst mal nicht zu denken. Und dabei waren die Medienberichte zum DuPont-Prozess bei Weitem nicht das Einzige, was Lorenz beschäftigte. Was war in der Nacht zuvor in Neu-Essen mit ihm geschehen? Die Begegnung mit Abed, Bahar und den Menschen von Al Amal hatte ihn euphorisiert und zugleich überfordert, von den beiden Herren vom Staatsschutz ganz zu schweigen.

Abdelkarim Al-Zahidi, das gestand sich Lorenz unumwunden ein, hatte seinen Besuch perfekt choreografiert. Zuerst Eindruck schinden, dann die Nummer mit dem Falken, die bewundernswerte Ehefrau, schließlich die Exklusivführung durch die Clan-Stadt – Al Amal, die Hoffnungsvolle! Mein Gott, dachte er, ich habe mich einseifen lassen wie ein Schuljunge von all den Gerüchen und Bildern und klingenden Worten. Cleverer Abed, dachte er bitter, hast auf mir gespielt wie auf einem Klavier.

Doch etwas in ihm wollte nicht glauben, dass es dem Clan-Chef nur darum gegangen war, ihn als Anwalt für seinen Handlanger zu gewinnen. Da war eine Tiefe, eine Authentizität gewesen, wie Lorenz sie selten erlebt hatte und die ihn beschäftigte. Er war – das gestand er sich ebenso unumwunden ein – fasziniert.

Nun wurde ihm auch bewusst, was ihn so zwickte: Abdelkarim Al-Zahidi hatte eine Mission, die über die eigenen Interessen und sogar über den eigenen Lebenshorizont hinausgingen. Und was hatte er, Lorenz, eigentlich? Der Weg nach oben ist trickreich. Man kämpft sich stets durch die nächste Tür, die nächste Stufe hinauf und kommt gar nicht zum Nachdenken, ob das, was sich einem eröffnet, überhaupt ist, was man will. Lorenz hatte Jahre auf das hingearbeitet, was er jetzt besaß. Und viele waren durchaus der Meinung, Lorenz van Bergen habe eine Mission: den Weg der Gerechtigkeit für alle Menschen greifbar zu machen, wie er stets in Interviews betonte. Doch das war nur PR-Gerede. In Wirklichkeit war ihm das alles egal. Er wollte einfach jemand sein – egal was, Hauptsache, die Menschen maßen ihm Bedeutung zu.

Lorenz blickte zum Eingangsbereich der Kanzlei. Zwei silberne Jaguare saßen zu beiden Seiten der Tür und starrten durch ihn hindurch. Auch draußen begrüßten solche Skulpturen die Besucher. Auf seinem Schreibtisch setzte ein bronzener Jaguar zum Sprung an, eine Auftragsarbeit, die Carolina ihm geschenkt hatte. Selbst die Handtücher in der Toilette trugen einen eingestickten Jaguar unter dem

Monogramm »LvB«. Freunde und andere Anwälte machten sich gerne über seinen Spleen lustig, und manchmal kam ihm das Spiel selbst lächerlich vor. Er hatte keine schicksalhafte oder kulturell bedingte Verbindung mit diesem Raubtier, das er eher zufällig für sich entdeckt hatte. Er hatte ursprünglich an einen Panther als Logo gedacht, aber das war ihm zu kitschig erschienen. Dann hatte er einen Beitrag über Jaguare gesehen und spontan für sich entschieden, dass dies nun »sein« Tier war. Wenn ihm alles zu viel zu werden drohte, half ihm das Bild des Räubers, sich wieder zu beruhigen. Vor den Shows. Nach Anrufen seines Vaters. Nachts, wenn er nicht schlafen konnte.

Abed hatte ihn nicht ausgelacht. Der hatte sogar einen Jaguar geschickt, um ihn abzuholen. Der verstand ihn. Ausgerechnet ein Clan-Boss. Lorenz schüttelte den Kopf über sich selbst. Der Falkenmann hatte ihn ganz schön eingewickelt.

Auch Bahar Al-Zahidi hatte großen Eindruck auf ihn gemacht. Sie war nicht sein Typ, eine klassische Schönheit zwar, aber Lorenz mochte frische, moderne Züge, knappe Röcke, hohe Hacken, Verspieltheit und Flirterei. Bahar hatte nichts von alldem. Ihr Gesicht hatte eine Ernsthaftigkeit, die er in Frauen nicht suchte – oder bisher nicht gesucht hatte. Carolina versuchte ihm stets alles einfach zu machen. Ihr ganzes Dasein war darauf ausgerichtet, ihm zu gefallen, sie war ein perfekt trainiertes Rennpferd aus perfekter Familie, machte eigentlich nichts falsch, und dennoch war diese Ehe … seicht, wie sich Lorenz nun eingestehen musste. Ein Zweckbündnis, das sie anfangs mit großem Enthusiasmus, mit der Zeit immer routinierter und fast schon roboterhaft erfüllten.

Er schüttelte unwillig den Kopf. Seine Ehe stand wirklich nicht oben auf seiner Prioritätenliste. Um sich abzulenken, schaltete er die Nachrichten ein. »… steigt die Kriminalitätsrate bei Clan-Verbrechen immer weiter an«, sagte eine Stimme aus dem Off zu Bildern aus einer Polizeistation, wo gerade eine Gruppe Libanesen in Handschellen vorbeigeführt wurde. »Die Verantwortlichen rechnen in den kommenden Wochen mit einer Flut an Strafverfahren. Wie aus gut unterrichteten Kreisen zu erfahren ist, hat Abdelkarim Al-Zahidi, der Chef des gleichnamigen nordrhein-westfälischen Clans, keinen Geringeren als den Star der *Justice Union*, Lorenz van Bergen, nach Neu-Essen gebeten. Es darf angenommen werden, dass er van Bergens Dienste als Strafverteidiger in Anspruch …«

Mit zwei Schritten war Lorenz bei der Tür. »Tamara?«, brüllte er. Seine Assistentin kam im Eilschritt auf ihn zu.

»Ich hab's eben gesehen«, rief sie atemlos. »Ich schwöre, keiner hat hier angerufen, um das Gerücht zu verifi…«

Lorenz knallte ihr die Tür vor der Nase zu und begann in seinem Büro hin und her zu laufen, wie immer, wenn er in die Enge getrieben war. Nun fühlte er sich tatsächlich wie ein Raubtier – ein Raubtier in einem viel zu engen Käfig. Wer hatte gesungen? Der Staatsschutz? Oder hatte jemand ihn gesehen? Die Sache drohte ihm zu entgleiten. Lorenz hasste nichts mehr, als keine Kontrolle über das Geschehen zu haben. »Tamara, ruf alle zusammen, wir machen eine Sitzung«, bellte er durch die Sprechanlage. »Das große Programm, jeder soll kommen. Hol mich, wenn alle da sind.«

Das große Programm war die gesamte Mannschaft, mit der Lorenz arbeitete. Tamara, eine Sekretärin, ein Anwaltskollege, sein Schauspielcoach, die PR-Beraterin … Sie mussten einen Schlachtplan entwickeln, wie sie weitermachen würden. Und dann stand da noch der Prozess gegen diesen Knochenbrecher Abdul Zeyman an, auf den er sich eingelassen hatte. Er brauchte die Akte und so schnell wie möglich einen Termin mit dem Angeklagten.

Inzwischen ging der Bericht weiter. »… hatte Bundesinnenminister Hermann Hackner ursprünglich vor, das umstrittene Drogenfreigabegesetz neuerlich zur Abstimmung zu bringen.« In einer Archivaufnahme sah man das feiste, rote Gesicht des Innenministers. Er stand auf einem Platz vor einer Menschenmenge und brüllte in sein Mikrofon: »… müssen wir der Clan-Kriminalität jede Grundlage entziehen.

Und dazu gehört, dass wir den Fehler der früheren, unter dem Einfluss linker Kräfte stehenden Regierung korrigieren …« – im Publikum wurde jubelnde Zustimmung laut – »… und das Drogenfreigabegesetz zurücknehmen. Keine freie Abgabe von Heroin und Kokain mehr in diesem schönen, in UNSEREM Deutschland!« Applaus und Jubel, dann wurde zurück ins Studio geschaltet.

»Das Verschwinden des Ministers wirft nun die Frage auf, ob die Abstimmung über das Gesetz dennoch wie geplant über die Bühne gehen kann«, sagte der Sprecher. »Immer noch fehlt von Hermann Hackner jede Spur. Die Polizei tappt, was den Grund des Verschwindens und etwaige Verantwortliche betrifft, weiterhin im Dunkeln. Währenddessen hat die Lenin-lebt-Partei, die seinerzeit als Juniorpartner der ZTP-Regierung den Weg für die Freigabe harter Drogen für die ehemalige Bundeshauptstadt Berlin geebnet hat, einen Antrag eingebracht, die Abstimmung zu verschieben.«

Der Chef der Lenin-lebt-Partei kam ins Bild, ein verhuschter Langhaartyp im Poncho. Er stand vor der LLP-Parteizentrale im Frankfurter Ostend. »Wir haben die Freigabe für Berlin damals aus guten Gründen unterstützt«, sagte er in schleppendem Tonfall, und Lorenz fragte sich, ob der Mann gerade high war. »Es war ein Weg für die Clans, ihre Geschäfte auf legale Füße zu stellen und mit ihren Familien nach über fünfzig Jahren endlich in Deutschland anzukommen.«

»Aber die Clans haben ihre kriminellen Aktivitäten dann einfach zusätzlich zum legalen Drogengeschäft abgewickelt«, fiel der Reporter ihm ins Wort, »was bekanntlich den Umzug der Regierung nach Frankfurt am Main beschleunigte. War die LLP naiv, als sie …«, worauf der Parteichef sich einfach umdrehte und ging. Trotz seiner Wut musste Lorenz grinsen. Diese Leute waren der reinste Slapstick.

Schnitt auf Bundeskanzler Schacke bei der Pressekonferenz im neuen Kanzleramt. »Die Hoffnung auf Frieden in Deutschland hat sich durch die Einrichtung der Autonomen Zonen Neu-Berlin und Neu-Essen nicht erfüllt«, sagte er. »Die Bedingungen wurden von den

Muslimen nicht eingehalten, sie haben unseren guten Willen mit Füßen getreten. Das ist nicht akzeptabel, und das wird Konsequenzen haben. Die Bundesregierung sieht sich unter Druck, Korrekturen vorzunehmen. Wie diese aussehen werden, das können wir jedoch erst festlegen, wenn der Bundesinnenminister gefunden ist und wieder die Amtsgeschäfte führt.«

Eine Reporterin hakte nach: »Bisher wurden die hartnäckigen Gerüchte nicht bestätigt, wonach Hermann Hackner entführt worden ist. Wann gibt es dazu Informationen?«

»Wir können erst von einer Entführung sprechen, wenn sich auch ein Entführer meldet«, sagte der Bundeskanzler sichtlich genervt. »Ich danke Ihnen für das Gespräch.« Der Bundeskanzler winkte freundlich und trat dann, begleitet von zwei Bodyguards, ab.

Lorenz schüttelte den Kopf. Was für ein unsympathischer Haufen. Die gesamte politische Landschaft war zum Vergessen. Es ging nur noch um Zustimmungsraten und Politikerrankings … Eigentlich war es wie in der *Justice Union*, räumte er etwas verschämt ein.

Es war eine zunehmend offen zur Schau gestellte Aggression, die den politischen Diskurs immer mehr dominierte. Hackners harter Kurs, der Anstieg der Clan-Verbrechen … Es war fast wieder eine Stimmung wie Mitte der Zwanzigerjahre, als die Zero-Tolerance-Partei erstmals in die Regierung gekommen war und begonnen hatte, nicht nur gegen Muslime zu hetzen, sondern auf Rechtsebene offen gegen islamische Gemeinden zu agieren. Bereits damals war die Clan-Kriminalität ein riesiges Thema gewesen. Die ZTP war nur deshalb in die Regierung gekommen, weil sie eine harte Law-and-Order-Politik versprochen hatte, die sie dann auch durchzog – neben einer progressiven Umweltschutzgesetzgebung, die in der Bevölkerung viel Zustimmung fand und für die selbst der linke Rand Abstriche machte. Als dann noch die Anschlagswelle kam – Linke gegen Neonazis, Neonazis gegen Muslime, Muslime gegen Neonazis, frustrierte Migranten gegen »Das Boot ist voll« skandierende Deutsche –, hieß es irgendwann selbst bei den Sozialdemokraten: »Ohne die Muselmänner hätten wir Ruhe im Karton.« Die deutschen Muslime waren das Opfer, auf das alle Parteien sich einigen konnten im Tausch für die grüne Wende und Frieden im Land. Die Anti-Clan-Gesetze in Verbindung mit der Chippflicht für Mitglieder islamischer Gemeinden hatten schließlich den Höhepunkt der Schikanen gebildet – und die Clan-Bosse auf den Plan gerufen.

Die Schaffung der Autonomen Zonen für Muslime hatte zuerst nach einer guten Lösung geklungen. Jetzt galten die Clan-Städte als »Tumor im deutschen Volkskörper, den es mit allen Mitteln auszumerzen gilt«, wie der Innenminister Hermann Hackner neulich gewettert hatte. Vielleicht wartete man nur auf eine Gelegenheit wie jetzt beim Prozess gegen Abdul Zeyman, um einen Grund zu haben, die Sache mit den Clan-Städten zu beenden.

Und ausgerechnet den sollte Lorenz nun freibekommen.

Dann fielen ihm die beiden Herren vom Staatsschutz wieder ein. Würde ihm die Verteidigung des Knochenbrechers am Ende mächtigere Feinde einbringen als die Staatsanwältin Seyloff und wütende Medien? Und wie würde sich das alles auf seine Karriere auswirken?

Zum ersten Mal dämmerte Lorenz, dass seine trickreichen Verteidigungen Folgen hatten – nicht nur für die Quote und sein Bankkonto, sondern möglicherweise für das ganze Land. Wenn er den Knochenbrecher für Abed raushaute, würde das beim Staatsschutz und der Regierung nicht ungesehen durchgehen, wer weiß, welche Konsequenzen dies für ihn und seine Karriere hätte. Würde er es nicht tun, hätte er einen der mächtigsten Clan-Chefs gegen sich. Und die Regierung einen Freifahrtschein, kurzen Prozess mit Neu-Essen zu machen. Vielleicht sollte er etwas auf die Bremse steigen, überlegte Lorenz. Er war Hals über Kopf in die Welt der Clans eingetaucht und hatte sich selbst überhaupt keine Gelegenheit gegeben, über all das nachzudenken. Zum ersten Mal hatte er sich von seinen Gefühlen bestimmen lassen.

Aber nein, dachte er dann, es geht um etwas Größeres. Abed will Frieden, er will bewusst nicht eskalieren, wie es ihm die Regierung unterstellte. Er wollte eine ganz andere Richtung einschlagen. Und dafür hatte er Lorenz um Hilfe gebeten. Ich werde mit Abed darüber reden, dachte er. Vielleicht kann ich wirklich helfen, bei der Regierung vermitteln, Frieden stiften. Vielleicht bin ich deshalb in dieser Situation – weil es Schicksal ist. Der Jaguar und der Falke.

Das Gefühl, möglicherweise eine Schlüsselrolle in einer politischen Krise zu spielen, beruhigte ihn. Vielleicht war die *Justice Union* nur eine Stufe auf dem Weg zu höheren Aufgaben? Sein Wiedererkennungswert lag bei siebzig Prozent, vielleicht sollte er nach der *Justice Union* die *Parliament Union* initiieren?

Der Gedanke gefiel Lorenz. Er kam nicht einen Moment lang auf die Idee, möglicherweise unter Größenwahn zu leiden. Die einzige Obergrenze, pflegte er stets zu sagen, ist die in deinem Kopf. Nur, dass es in Lorenz van Bergens Kopf keine Obergrenze gab.

Er war jetzt wieder deutlich besser gelaunt. Summend ging er zum steinernen Waschbecken, das er in der Ecke seines Büros installieren hatte lassen, und klatschte sich mit beiden Händen einen Schwall Wasser ins Gesicht. Das tat gut.

Auf dem Bildschirm liefen immer noch die Nachrichten. Man sah nun Bilder der Demo vom Vortag in Düsseldorf, die vielen Schilder und schreienden Demonstranten. Einer rief gerade ins Mikro der TV-Reporterin: »Wir werden ständig belogen. Über alles.« Er schwurbelte eine Weile herum und schrie schließlich: »Und immer dieses Gerede von den Clan-Bossen. Diesen Abdelkarim Al-Zahidi, den gibt es gar nicht, das sage ich Ihnen!« Speicheltröpfchen aus dem Mund des Mannes flogen herum. »Dieser Typ ist bloß eine Erfindung der Geheimdienste, um Angst und Schrecken unter den Deutschen zu verbreiten!«

Lorenz lachte laut auf. Vor wenigen Stunden war er mit dieser »Erfindung der Geheimdienste« an einem Tisch gesessen. Die Lust der Deutschen an Verschwörungsmythen war offenbar ungebrochen.

Er öffnete wieder die Tür und rief nach seiner Assistentin. »Tamara, ich ziehe mich ein bisschen auf die Terrasse zurück«, sagte er besonders höflich, um seinen Wutausbruch von vorhin auszugleichen. »Könntest du mir oben einen Espresso und die Zeitung bringen lassen?« Dann setzte er noch hinzu: »Bitte.«

Seine Assistentin nahm seinen Stimmungsumschwung gelassen hin. Taffes Mädchen, dachte Lorenz einmal mehr anerkennend, Nerven aus Stahl.

Die Kanzlei van Bergen nahm das 47. und damit oberste Stockwerk eines luxuriös ausgestatteten Hochhauses ein, wie sie in den vergangenen Jahren vielfach mit dem Geld chinesischer Investoren im Westend hochgezogen worden waren. Eine Treppe führte aufs flache Dach, das Lorenz zu seinem privaten Ruhebereich umbauen hatte lassen. Das Frankfurter Westend brummte, doch hier oben klang der Lärm der neuen Bundeshauptstadt wie das gleichförmige Summen eines Insekts. Sonst gab es nur den singenden Wind, Himmel und Weite und einen kaum wahrnehmbaren Geruch nach dem beginnenden Herbst. Die Luft war rein, die Spätsommersonne schickte blassgelbe Strahlen auf das zerklüftete Gebirge aus Wolkenkratzern und Stadtautobahnen. Er liebte das Wechselspiel aus Leuchten und Schatten und diese klaren Tage, an denen die Regierungsgebäude im Ostend greifbar nahe schienen, ein spektakuläres Ensemble aus wellenförmigen Fassaden aus Glas, Stahl und Beton. In diesem Licht wirkten die Bauten, als seien sie flüssig und immer in Bewegung. Wie Quecksilber, dachte er, so präsent und zugleich nicht greifbar. Ihm schien es jetzt, nach der denkwürdigen Nacht in Neu-Essen, wie ein Symbol für die Politik der Regierung: Die Rechtsnationalen fuhren keine klare Linie, doch traten sie umso autoritärer auf.

Während er den Blick über die Gebäude schweifen ließ, fiel ihm die Gala vom Vortag ein. Den Auftrag zum Bau des Regierungsviertels hatte seinerzeit der ominöse Mister Quin erhalten, der nun auch die Rheinterrasse in Düsseldorf gekauft hatte.

Lorenz wandte den Blick auf die Häuser ringsum. Er war stolz auf seine Kanzlei. Das Hochhaus, in dem sie lag, war eines der letzten, die nicht von chinesischen Bauträgern gebaut worden waren. Das hatte Lorenz in kindlichem Trotz zu seiner Entscheidung bewogen, als ihm vor einem Jahr die Vorschläge verschiedener Immobilien vorgelegt worden waren. Er liebte die Terrasse mit den weißen Loungemöbeln, die Kühle der strengen Linienführung, den Infinity-Pool, die Bar, den Quadrolandeplatz. Im Frühling hatte er auch noch einen japanischen Gartenarchitekten einfliegen lassen, der einen Zengarten anlegte. Der Ort strahlte eine Ruhe aus, wie sie nur luxuriöse, weite Plätze erzeugen können. Das absolute Kontrastprogramm zu dem lauten, quirligen, etwas verratzten und lebendigen Durcheinander in Neu-Essen, überlegte er und ließ sich in Gedanken durch die nächtlichen Straßen der Clan-Stadt treiben.

Er würde also am nächsten Freitag schon wieder in der Arena stehen. Und einen Libanesen des Al-Zahidi-Clans verteidigen. Puh. Dabei galt es, nicht nur den Knochenbrecher rauszuhauen, sondern auch sein eigenes Image aufzupolieren. Eine beinahe unmögliche Aufgabe.

Er nahm die Ausgabe der *New York Times* zur Hand. Die Traditionszeitung hatte sich längst zu einem Medienkonzern mit Schwerpunkt Multimedia gewandelt. Doch immer noch erschien täglich eine gedruckte Zeitung – die letzte Tageszeitung weltweit, in einer Auflage von fünftausend Stück. Ein Monatsabo der *NYT* kostete dafür auch stolze tausend Euro. Lorenz liebte die altmodische, verlangsamte Art zu lesen, das Geraschel der Seiten, den haptischen Konsum von Nachrichten. Auch hier war der verschwundene deutsche Innenminister der Aufmacher. Lorenz setzte sich und wollte gerade zu lesen beginnen, als sein Handy summte.

»Ich habe doch gesagt, ich ziehe mich zurück«, knurrte Lorenz.

»Sorry«, antwortete Tamara kühl. »Aber Professor Schmidt steht am Eingang. Er sagt, du hättest ihn eingeladen.«

Der alte Kauz hatte ihm gerade noch gefehlt. Und wie frech von ihm, einfach so aufzutauchen. Lorenz seufzte. Wenn er ihn jetzt nicht empfing, würde der Professor überall herumerzählen, dass der junge Fernsehanwalt zu feige war, mit ihm zu streiten. »Also gut, schick ihn hoch«, sagte er. »Und bitte halte alle bei Laune, ich komme so schnell wie möglich nach.«

»Aye, aye«, sagte Tamara und legte auf. Lorenz trank seinen Espresso aus, stand auf und trat an die gläserne Brüstung, um noch einen Blick auf die Stadt zu werfen.

»Hier sieht's ja aus wie in einem Hotel«, hörte er ein paar Minuten später hinter sich die Stimme von Professor Schmidt. Er drehte sich um und beobachtete, wie der alte Herr einem der silbernen Jaguare, die auch hier die Tür bewachten, mit dem Fingerknöchel prüfend auf den hohlen Kopf klopfte.

»Als ich Sie gestern eingeladen habe«, sagte Lorenz stirnrunzelnd, »da meinte ich, dass Sie einen Termin ausmachen sollen …«

»Damit Sie meinen Besuch auf den Sankt-Nimmerleins-Tag verschieben?«, rief der Professor gut gelaunt und schüttelte ihm jovial die Hand. »Nein, mein Junge, ich dachte, ich schau lieber spontan vorbei. Ich war gerade in der Nähe.«

»Wohnen Sie nicht in Wiesbaden?«, fragte Lorenz ironisch. Der Alte lachte nur.

»Möchten Sie einen Kaffee?«, fragte Tamara, die Schmidt heraufgeführt hatte. Sie mochte den alten Mann offensichtlich, und wenn Lorenz ehrlich war, er auch, ihm gefiel der unerschrockene Professor. Genau das hatte ihn schon im Studium für ihn eingenommen. Ein Original, dachte er und lud ihn ein, sich zu setzen.

Professor Schmidt ließ sich umständlich auf einem der weißen Loungesofas nieder, klopfte prüfend auf die Sitzfläche neben sich, drehte den Kopf in alle Richtungen und sagte missbilligend: »Sie haben ja sogar ein Schwimmbecken.«

»Hier erhole ich mich zwischendurch«, versetzte Lorenz kühl, solche Frotzeleien störten ihn nicht weiter. »Ich habe, im Gegensatz zu Ihnen, viel zu tun. Und ich kann es mir leisten.«

Der Professor nickte ernsthaft. »Haben Sie schon die Neuigkeiten vom Fall Hackner gehört?«, wechselte er abrupt das Thema.

»Nein, wo steckt er denn?«, fragte Lorenz überrascht.

»Das weiß man immer noch nicht«, sagte der Professor. »Aber man geht inzwischen von einer Entführung aus. Man hat seine Bodyguards gefesselt und geknebelt in der Tiefgarage des Innenministeriums gefunden. Ansonsten tappen die Behörden völlig im Dunkeln, keine Anhaltspunkte, nichts.« Davon war in dem Newsbericht eben noch nichts zu hören gewesen, aber dasselbe hatte der Mann vom Staatsschutz erzählt. Der Professor kam wohl an Insiderinformationen. Vielleicht wusste er auch schon, dass Lorenz in Neu-Essen gewesen war, und war deswegen spontan vorbeigekommen.

»Die Entführer mussten Hilfe aus dem Ministerium gehabt haben, anders kann ich mir das nicht erklären. Wie sonst könnte man einen ranghohen Minister aus der Tiefgarage des Ministeriums entführen«, fuhr der Alte fort.

»Ich glaube nicht, dass die RAF 2.0 so gut vernetzt ist«, sagte Lorenz spöttisch.

Der Professor lachte. »Sie glauben doch nicht etwa, dass die Linksextremen dahinterstecken?«, rief er.

»Wer denn sonst?«, fragte Lorenz ironisch.

»Nun«, der Professor lehnte sich zurück und schlug die Beine übereinander. »Informationen darüber, wo man den Minister am besten abpassen kann, haben üblicherweise nur die engsten Mitarbeiter und Vertrauten, wie Mitglieder der eigenen Partei ...«

Lorenz musste lachen. »Alles klar. Die eigene Partei entführt ihren Minister. Sie sollten ein Detektivbüro aufmachen.« Er beugte sich vor. »Sagen Sie mir lieber, wie Sie die Show gestern gefunden haben. Was hat Sie daran gestört?«

Der Alte nahm freundlich nickend die Tasse Kaffee entgegen, die ihm Tamara höchstselbst gebracht hatte. Sie mochte ihn wohl wirklich. Professor Schmidt nahm einen Schluck, stellte die Tasse auf den niedrigen Ebenholztisch vor sich, lehnte sich zurück und betrachtete Lorenz über die Ränder seiner Nickelbrille hinweg. »Alles«, sagte er. »Mich stört alles an der Show, wie Sie diese Perversion nennen. Der gestrige Abend hat wieder einmal gezeigt, dass diese Fernsehprozesse in allen Details ungeeignet sind für eine ordentliche Rechtsprechung.« Er musterte Lorenz eingehend. »Ich habe Sie gewarnt«, sagte er. »Ein Vergewaltigungsprozess ist starker Tobak. Sie haben nicht auf mich gehört. Und jetzt haben Sie den Salat.«

Er musste die vernichtenden Kritiken gelesen haben.

Lorenz lehnte sich zurück und zuckte betont gleichgültig die Achseln. »Wird schon wieder.«

Professor Schmidt wiegte den Kopf hin und her. »Sie waren einer meiner besten Studenten. Scharfer Verstand. Brillante Kombinationsgabe. Ich habe damals große Hoffnungen auf Sie gesetzt. Sie wären auch im alten Justizsystem zum Volkshelden aufgestiegen …«

»… das Sie gerne wieder einführen würden, nehme ich an.«

»Selbstverständlich will ich das.«

»Und wie wollen Sie das bewerkstelligen?«

»Durch Überzeugungskraft, mein Lieber«, sagte der Alte. »Immer mehr Menschen erkennen, dass das neue System dem Staat nützt, aber ganz und gar ungerecht ist. Das Volk entscheidet nur aus dem Bauch heraus, weshalb Filous, wie Sie einer sind, die besten Karten haben. Sie lösen Emotionen aus, und aus diesen Emotionen heraus fällen die Zuschauer schreiend ungerechte Urteile.« Er schüttelte den Kopf. »Das gestern, das war ein Skandal. Die arme Staatsanwältin, tüchtige Person …«

»Die hat bei Ihnen wohl auch Emotionen ausgelöst?«, fragte Lorenz frech – schärfer, als er eigentlich wollte. Aber der Professor hatte einen wunden Punkt getroffen. Lorenz wollte die Anerkennung, die ihm seiner Meinung nach gebührte, denn auch in der Arena bewies er Verstand und Kombinationsgabe. Nur wegen seines Lächelns war er nicht zum erfolgreichsten Verteidiger der *Justice Union* aufgestiegen. Dass der Professor das nicht anerkannte und stattdessen ausgerechnet die Seyloff lobte, kränkte ihn.

Lorenz stand auf und begann hin und her zu gehen. »Schauen Sie doch mal, Professor«, sagte er. »Sie wissen besser als ich, wie es früher war. Der Justizfrust in der Bevölkerung war riesig. Diese Kuscheljustiz mit ihren ungerechten Maßstäben … Da bekam der Kinderschänder zwei Jahre auf Bewährung, und ein Steuerhinterzieher wanderte für fünf Jahre in den Knast. Heute ist das anders. Und der Justizfrust ist beseitigt …«

»Genau wie die Gefängnisse«, unterbrach der Alte. »Aber nicht, weil das System nicht passte. Sondern, weil der Staat mit der Privatisierung des Justizsystems Milliarden spart und noch mehr einnimmt. Und Sie, mein Junge, haben geholfen, diesen Taschenspielertrick dem Volk als wichtige Neuerung zu verkaufen. Jetzt gibt es vielleicht weniger Justizfrust in der Bevölkerung, aber Gerechtigkeit sicherlich nicht.«

»Die Bevölkerung beschwert sich jedenfalls nicht«, beharrte Lorenz. »Im Gegenteil. Die Wiedereinführung der Todesstrafe, gegen die Sie bestimmt als Nächstes vom Leder ziehen, wird von siebzig Prozent der Bürger gutgeheißen.«

»Traue keiner Umfrage, die du nicht selbst gefälscht hast«, parierte der Professor verächtlich. »Die Bevölkerung will Brot und Spiele. So eine Hinrichtung ist für die ein Volksfest, solange es sie nicht selbst trifft. So war es schon im Mittelalter. Heute schafft man damit Quote. Die unweigerlich gefällten Fehlurteile nimmt man dabei in Kauf. Sie lassen sich mit dem Blut unschuldig Hingerichteter bezahlen, Herr van Bergen. Dieser Pool da drüben«, er wies mit dem Kinn auf das Becken, »ist mit Blut gefüllt. Denken Sie daran, wenn Sie das nächste Mal drin herumschwimmen.«

»Jetzt seien Sie mal nicht so melodramatisch«, sagte Lorenz und rückte unbehaglich in seinem Sitz hin und her. »Als ob es unter dem alten System keine Fehlurteile gegeben hätte.«

»Ja, aber da gab es immerhin noch die Möglichkeit, Rechtsmittel gegen ein Urteil einzulegen – Berufung oder Revision. Das gibt es jetzt nicht mehr. Das Volk ist der höchste Richter. Gegen den gibt es keine nächste Instanz. Und nachdem die Todesurteile immer gleich direkt in der Halle vollstreckt werden …«

Lorenz hob abwehrend beide Hände. »Das muss sein. Das Volk will sofort ein Ergebnis sehen. Das hat schon seine Ordnung.«

»Ordnung?«, rief der Professor empört. »Diese perverse Zirkusshow nennen Sie Ordnung? Die Angeklagten werden vorgeführt wie in der Arena, es geht zu wie im alten Rom. Von den Zeugen ganz zu schweigen«

»Die Live-Übertragung …«, begann Lorenz, doch der Professor polterte direkt weiter. »… gehört sofort wieder abgeschafft! Dieser Wahnsinn gestern Abend hat es wieder gezeigt. Sie machen die Protagonisten zu Objekten. Sie verlieren jede Menschlichkeit. Und selbst bei einem Freispruch bleiben sie Objekte. Es ist … würdelos. Jawohl, würdelos.«

Das Wort versetzte Lorenz einen Stich, aber er ließ es sich nicht anmerken. »Lieber Professor«, sagte er langsam, »wir kommen da auf keinen Nenner.«

»Niemals«, sagte der Alte entschieden.

»Aber erinnern Sie sich, wie es in den Zwanzigerjahren hier aussah? Viel zu wenige Staatsanwälte, überlastete Richter, ein ausgedünnter Polizeiapparat … Schlamperei nach Schlamperei. Gerechtigkeit? Nein, die gab es da ganz sicherlich auch nicht. Früher war längst nicht alles besser, wie Sie behaupten.«

»Dann hätte man den Apparat reformieren müssen, statt ihn abzuschaffen«, schrie der Alte fast. »Sie haben sich sogar der Richter entledigt! Diese Blondine in ihrem roten Anzug, die das Ganze moderiert –

das ist doch ein Witz. Und diese neue Anwaltsausbildung – Schauspielunterricht statt Römisches Recht! Sie können ein System doch nicht einfach kippen, wenn es nicht glatt läuft. Sie müssen es reparieren, verdammt.«

Er fasste sich ächzend an die Brust, und Lorenz und Tamara sprangen zugleich besorgt herbei. »Ich sollte keinen Kaffee trinken«, stöhnte Schmidt. »Mein Fehler.«

»Möchten Sie ein Glas Wasser?«, fragte Tamara und lief, ohne auf eine Antwort zu warten, zur Bar.

Lorenz setzte sich neben den alten Herrn und legte ihm spontan die Hand auf die Schulter. Er konnte sich nicht helfen – trotz des Disputs mochte und schätzte er den Alten. Der Professor glaubte an etwas, das größer war als er selbst. Wie Abdelkarim Al-Zahidi, schoss es ihm durch den Kopf. »Bitte nehmen Sie sich Zeit«, sagte er und klopfte Schmidt ermutigend auf die Schulter. »Das alles ist es nicht wert, dass Sie uns hier einen Herzinfarkt kriegen. Mit wem soll ich sonst am nächsten Empfang streiten?«

Der Professor lächelte müde. Tamara reichte ihm ein Glas Wasser, das er dankbar entgegennahm. Er trank ein paar Schlucke, dann sagte er: »Es geht schon wieder«, und richtete sich auf.

Eine Weile saßen sie schweigend da, bis Tamara die unbehagliche Stille unterbrach. »Tut mir leid für die Störung«, begann sie, »aber das Licht ist gerade so gut, und wir sollen heute doch noch neue Imagebilder vom Duft ins Netz stellen …«

Der Professor starrte sie an, als hätte sie Chinesisch gesprochen. Mit großen Augen sah er zu, wie Lorenz' Assistentin einen Parfümflakon auf dem Ebenholztischchen platzierte. Es war ein kantiges Fläschchen mit einem silbernen Schriftzug, »LvB«, und darunter sprang der unvermeidliche silbrig schimmernde Jaguar seine unsichtbare Beute an.

Lorenz setzte sich zurecht. »Ist der Schriftzug gut zu erkennen?«, fragte er.

Tamara gab das Daumen-hoch-Zeichen und hielt ihr Handy hoch. »Rück noch etwas nach rechts, dann sieht man den China Empire Tower im Hintergrund«, kommandierte sie und löste per Voice-Befehl ein paarmal den Fotomodus aus. Dann zeigte sie Lorenz das Ergebnis des kleinen Fotoshoots.

Professor Schmidt hatte die Szene mit wachsendem Befremden beobachtet. Schließlich fand er seine Sprache wieder. »Was, um alles in der Welt, machen Sie da?«, fragte er stirnrunzelnd.

»Ein neues Posting für meinen Herrenduft«, sagte Lorenz stolz. »Der absolute Renner. Sobald neue Fotos online sind, verkaufen wir Zigtausende Flakons. Ich schenke Ihnen gerne einen …« Ihm erstarben die Worte im Mund. Der Professor sah ihn mit einer Abscheu an, die er in ihren bisherigen Scharmützeln noch nie gezeigt hatte. Unwillkürlich zuckte Lorenz zusammen.

Schmidt hatte es bemerkt und beugte sich vor. »Wissen Sie, was Sie sind?«, fragte er eindringlich und fuhr ohne Pause fort: »Sie sind kein Star, Sie stechen nicht heraus, nicht wirklich. Sie sind bloß ein weiterer williger Mitläufer in diesem schönen, neuen Deutschland, der alles mitträgt, solange es seinem persönlichen Vorteil gereicht.« Jetzt legte der Professor umgekehrt Lorenz die Hand auf die Schulter, doch seine Finger gruben sich ihm schmerzhaft in die Haut. »Kehren Sie um, Lorenz, bevor es zu spät ist.« Sein Blick war ernst, er machte keine Witze.

Lorenz senkte den Blick. Er konnte es sich selbst nicht erklären, aber er wollte, dass dieser knorrige alte Mann ihn mochte, ihn respektierte, ihn lobte. Doch nun sagte der Professor etwas, das Lorenz erneut zusammenzucken ließ: »Warum machen Sie das? Was ist Ihre Mission? Was wollen Sie erreichen?«

Hatte er sich mit Abdelkarim Al-Zahidi abgesprochen? Lorenz beschloss, seine Rüstung wieder hochzuziehen. Es reichte.

»Wollen Sie mich etwa auf Ihre Seite ziehen?«, fragte er ironisch. »Das alte Rechtssystem wieder einführen? Die Revolution der aufrechten Juristen?«

Professor Schmidt lachte. »Selbstverständlich will ich das!«, rief er, ebenfalls wieder gut gelaunt. »Ich brauche jemanden, der meinen Kampf fortsetzt.«

»Und da kommen Sie ausgerechnet zu mir? Ich bin doch das personifizierte Gegenstück Ihres Kampfes.«

»Eben drum, mein Lieber«, sagte der Professor, und seine Augen funkelten. »Aber eben auch, weil Sie das nicht immer waren.« Er ließ das Gesagte einen Moment nachhallen, dann sah er Lorenz etwas wohlwollender an. »Ich höre, Sie haben einen neuen Mandanten aus einer gewissen Autonomen Zone?« Er ließ seine dicken, weißen Augenbrauen bedeutungsvoll spielen.

Der alte Gauner, dachte Lorenz, er wusste tatsächlich Bescheid. »Ich frage Sie jetzt nicht, woher Sie das haben«, seufzte Lorenz. »Ich nehme an, es macht bereits die Runde.«

»Genau so ist es«, lachte der Professor. »Ich habe meine Ohren überall, natürlich nur zu meinem Privatvergnügen.«

»Natürlich«, versetzte Lorenz sarkastisch. »Weshalb Sie mir sicher sagen können, wer den Innenminister entführt hat.«

»Sie können ja Gedanken lesen«, rief der Professor in gespielter Freude, und Lorenz rollte die Augen.

»Ich höre«, sagte er in gespielter Verzweiflung.

»Benutzen Sie doch Ihren Verstand!«, empörte sich der Alte.

Lorenz zuckte wieder die Achseln. »Fans der Neuen RAF?«

»Aber Lorenz, Sie werden doch nicht immer wieder mit dem Ammenmärchen von der Entführung durch Linksextremisten anfangen? Sie enttäuschen mich.«

»Alles klar, Professor«, sagte Lorenz beinahe beleidigt. »Wenn ich etwas sage, sind Sie wohl aus Prinzip dagegen.«

»Ach was. Aber denken Sie mal nach. Kaum verkündet Hackner das geplante Ende des freien Drogenhandels, wird er auch schon geschnappt. Warum wohl? Fragen Sie das doch mal Herrn Al-Zahidi, wenn Sie ihn das nächste Mal besuchen.«

Jetzt fing er auch noch damit an. Dem Professor hätte er mehr zugetraut. »Und was bringt Sie zu der Annahme, Al-Zahidi könnte etwas damit zu tun haben?«

»Na, wer betreibt denn die staatlich konzessionierten Drugshops in Berlin? Wer unterhält Produktionsstätten für Marihuana und Labore für Amphetamine und LSD?«

Lorenz dachte an den gestrigen Abend zurück. Bahar Al-Zahidi war überrascht gewesen, dass der Innenminister verschwunden war. Ihre Reaktion hatte ehrlich gewirkt.

»Hören Sie, das ist ein starkes Stück«, sagte er. » Die Muslime in Deutschland werden ohnehin schon wie Menschen zweiter Klasse behandelt, und jetzt kommen Sie und wollen denen eine Entführung in die Schuhe schieben, von der wir noch gar nicht wissen, ob es überhaupt eine ist. Zuerst haben Sie die eigene Partei des Ministers verdächtigt. Jetzt den Al-Zahidi-Clan. Wen verdächtigen Sie als Nächstes? Mich?«

»Denken Sie in einer ruhigen Minute drüber nach«, sagte Schmidt. »Die Clans in Neu-Essen und Neu-Berlin arbeiten zusammen. Und die Berliner haben noch dazu die Alleinimportrechte für Kokain und Heroin. Wer hat also das größte Interesse daran, dass die Gesetzeslage so bleibt, wie sie ist? Ein paar versprengte Hippies – oder Ihre netten, neuen Freunde?«

Tamara kam wieder. »Lorenz, wir müssen jetzt anfangen, die anderen warten schon.«

Der Professor schien losgeworden zu sein, weswegen er gekommen war, denn er verabschiedete sich sofort. »Hiermit steht die Gegeneinladung«, sagte er und schüttelte Lorenz jovial die Hand. »Ich kann nur nicht …« – er machte eine weite Handbewegung über die Dachterrasse– »… mit all dem hier dienen. Sie müssen schon mit dem Auto kommen. Oder vielleicht setzen Sie sich zur Abwechslung mal in einen Bus.« Er lachte über seinen eigenen Witz und zog ab.

Lorenz atmete durch. Der Professor war unterhaltsam, aber anstrengend. Und – das musste sich Lorenz unumwunden eingestehen –

der Alte hatte einen wunden Punkt getroffen. Lorenz hatte kein echtes Ziel, keine Mission, bei dem, was er tat, fehlte die Substanz. Und nun hatte ihn nicht nur Abdelkarim Al-Zahidi, sondern auch noch der Professor mit der Nase drauf gestoßen, kurz hintereinander.

Lorenz glaubte nicht an Zufälle. Irgendetwas war da in seinem Leben im Gange. Er würde herausfinden müssen, was es war. Er zerknüllte die *New York Times* zu einem Ball, den er mit einem Fußtritt über die Glasbrüstung kickte. Irgendjemand auf der Straße würde sich gleich wundern, warum eine Zeitung vom Himmel fiel. Es war Lorenz egal. Er fühlte sich jetzt besser, und ergeben trottete er hinter Tamara her in Richtung Konferenzraum.

Kapitel 7

Dienstag, 18. Oktober 2044, 15.00 Uhr, Neu-Essen

Bei Tag wirkte Al Amal nicht ganz so aufregend und exotisch wie nachts um eins, aber immer noch interessant genug, dass Lorenz alle Eindrücke in vollen Zügen in sich aufsog. Zwar waren auch jetzt am Nachmittag viele Menschen unterwegs, aber die meisten hasteten eilig die Straßen entlang, und fast alle Garküchen waren geschlossen. Lorenz betrachtete die mit Einkaufsnetzen beladenen Frauen, ein Dutzend junge Männer mit grünen Rucksäcken, die in alle Richtungen stoben – »Wir haben unseren eigenen Botendienst«, bemerkte Abdelkarim stolz –, und Ladenbesitzer, die mit melodiösen Gesängen die Passanten zu ihren Waren zu locken versuchten. In den Straßencafés saßen alte Männer vor kleinen Teegläsern und betrachteten das Treiben mit stoischer Miene. Es sah wirklich aus wie damals in Frankfurt, als Lorenz sehnsüchtig das multikulturelle Treiben beobachtet hatte.

»Ihr solltet überlegen, Tagestouristen hier reinzulassen«, sagte er halb im Scherz. »Ich glaube, so einige Deutsche gäben viel drum, eure Clan-Stadt von innen zu sehen.«

Abed schüttelte lächelnd den Kopf. »Clan-Stadt, mein lieber Lorenz, nennt nur ihr unser schönes Al Amal. Bei uns heißt es Halal-Stadt – die Stadt, in der es uns erlaubt ist, frei zu leben. Und ob wir hier Touristen haben wollen … Später vielleicht, wenn wir auf ordentlichen Beinen stehen«, sagte er. »Ich hoffe tatsächlich auf so etwas wie – wie nennt man das? Eine Art friedliche Koexistenz.«

Aus der Richtung des ehemaligen Einkaufszentrums drangen helle Kinderstimmen. Dort lag die größte Schule von Neu-Essen, erklärte Bahar, die zu Lorenz' zweiter Exkursion durch die Halal-Stadt mitgekommen war. Die frühe Nachmittagssonne offenbarte unbarmherzig die Risse und Flecken des in die Jahre gekommenen Gebäudes. Das kleine Flüsschen, das hier vor langer Zeit neben einer Promenade angelegt worden war, lag still und grünlich-braun da. Nach Westen ragten die betongrauen Hochhäuser auf. Man hatte es so eilig gehabt, erklärte Abdelkarim ihm gerade, dass auf Verputz und andere optische Verschönerungsmaßnahmen verzichtet worden war. »Wir wollten das nachholen«, sagte der Clan-Chef, »aber dann ging es erst mal darum, die Stromversorgung sicherzustellen. Und natürlich das Wasser und andere Sachen.« Er lächelte verlegen. »Und so ist alles nicht Lebensnotwendige in den Hintergrund gerückt. Jetzt haben sich die Leute daran gewöhnt. Die Jungen finden es sogar cool, sie sagen, es sei ›ghetto‹.«

Lorenz grinste. »Habt ihr auch eine Hip-Hop-Szene?«, fragte er belustigt.

»Eine? Drei!«, lachte Abed. »Sie bekriegen sich in Rap-Battles – schrecklich zum Zuhören. Nur wenn Ayman Khan auftritt, herrscht Eintracht. Der ist ihrer aller Held.«

Der Name war Lorenz ein Begriff. Ayman Khan war in den Zwanzigerjahren ein Berliner Rapper gewesen, der wie kaum ein anderer die muslimische Jugend für sich zu gewinnen verstand. Er hatte einige Hits und noch mehr Skandale verursacht und war irgendwann aus Lorenz' Blickfeld verschwunden. »Der lebt hier?«

Abed nickte. »War einer der Ersten, der mit Sack und Pack vor dem alten Einkaufszentrum stand und fragte: ›Wo kann ich anpacken?‹ Seither ist er einer der größten Stützen unserer Gemeinschaft. Bahar« – er nickte in Richtung seiner Frau, die gerade das Angebot eines Obststandes prüfte – »ist heilfroh, ihn hier zu haben. Er hat einen guten Einfluss auf die Jugend. Ein guter Mann.«

»Wie alt ist er jetzt?«, überlegte Lorenz laut. »Er muss ja mindestens …«

»… vierzig sein, so alt wie ich«, ergänzte Abed lächelnd. »Ja, Lorenz, wir werden alle nicht jünger.«

Am Ende der Promenade lag ein Gebäude, das Lorenz noch aus seiner Jugend kannte. Es hatte damals König-Pilsener-Halle geheißen, er hatte dort irgendein Popkonzert besucht, um ein Mädchen zu beeindrucken. Jetzt saß auf dem Dach ein arabischer Schriftzug. Auf dem Platz davor stand eine kleine Gruppe von Menschen, Lorenz schätzte, dass es an die zwanzig waren. Gereiztes Stimmengewirr sättigte die Luft, ein paar Frauen weinten. Abed und Bahar nickten ernst in Richtung einiger Leute und lotsten ihren Gast zur Rückseite des Gebäudes.

»Wir müssen hier rein«, sagte Abed. »Das ist unser Gerichtsgebäude, darunter ist das Gefängnis. Alles in einem. Wir haben unser eigenes Rechtssystem. Aber das kann man nicht so gut beschreiben. Du musst es erleben. Du wirst heute den wichtigsten Friedensrichter von Al Amal treffen«, erklärte Abed, vergnügt über die gelungene Überraschung. Lorenz hatte sich gefreut, als Abed ihn am Sonntag angerufen und ihn zu einem neuen Besuch eingeladen hatte. Aber dass er jetzt einen Friedensrichter kennenlernen durfte, war eine besondere Ehre.

»Darf ich auch Fragen stellen?«, fragte Lorenz enthusiastisch.

»Natürlich«, sagte Abed, »aber erst danach.«

»Wonach?«

»Nach der Verhandlung.« Abed nickte in Richtung der Menschenmenge vor dem Haupteingang. »Am besten erklärt sich unser System anhand eines echten Beispiels, nicht wahr? Hier lang.«

Das Gebäude hatte sich nur wenig verändert, seit es als Veranstaltungshalle gedient hatte. Sogar die Tafeln, die einzelne Sektoren markierten, waren noch da. Sie gingen hinein und stiegen ein paar Treppen empor.

»Heute ist die Abschlussverhandlung in einem Mordfall, den wir vor drei Wochen hier in Al Amal hatten«, erklärte Abed auf dem Weg. »Die Leute, die du vor der Halle gesehen hast, gehören zur Familie des Täters, alles Tschetschenen. Einer von ihnen hat im Streit einen Türken erstochen. Eine heikle Angelegenheit.«

»Gibt es da keinen Ärger?«

»Die Familie des Opfers ist bereits in der Halle. Die beiden Gruppen sollen einander vorher nicht begegnen. Und vor dem Friedensrichter herrscht ohnehin Disziplin, da will keiner aus der Rolle fallen.«

»Alle halten sich dran?«

»Ja, dafür sorgen die Familienoberhäupter.«

Es war für Lorenz immer wieder faszinierend zu erfahren, dass diese jungen Muslime, die als Heißsporne galten, sich ohne Murren in Familienhierarchien fügten und dabei mehr Disziplin zeigten als viele Deutsche.

Bahar meldete sich zu Wort. »Du darfst nicht vergessen, Lorenz«, sagte sie, »dass die Menschen hier dieses System von Kindesbeinen an gewöhnt sind. Schon, wenn kleine Jungen beim Spielen in Streit geraten, kommt irgendwann ein großer Bruder, schlichtet den Streit und erklärt: ›khalas‹ – genug. Oder wenn es innerhalb einer Familie Streitigkeiten gibt, dann sagt ein Onkel oder Vater: ›khalas‹, und alle hören auf ihn. Man hat Respekt vor den Älteren, und allen ist klar, dass es um die Harmonie der Gemeinschaft geht, wie du vorhin richtig gesagt hast.«

Lorenz folgte seinen Gastgebern weiter zu einer der Suiten, die man früher als VIP-Gast buchen konnte. Sie hielten vor Nummer vierzehn. »Von hier aus verfolge ich wichtige Verhandlungen«, erklärte Abed. »Als Gründer von Al Amal möchte ich mich davon überzeugen, dass alles so abläuft, wie es soll.« Er winkte Lorenz, ihm zu folgen.

Sie betraten eine Art Loge mit einer Sitzgarnitur und einer kleinen Teebar, von der aus eine Tür zu zwei Sitzreihen führte, von denen aus man das Geschehen in der Halle verfolgen konnte. Lorenz sah sich neugierig um. Sogar eine Toilette gab es. Die leeren Ränge ringsum lagen im Dunkel. Lorenz betrachtete die Sitzreihen und den ehemaligen Stehplatzbereich in der Mitte. Dort unten war er damals mit dem Mädchen gestanden, hatte der Band gelauscht und darauf gewartet, dass sie sich endlich küssen würden. An den Namen der Musikgruppe konnte er sich nicht erinnern – und auch nicht an den des Mädchens, wie er leicht beschämt feststellte.

Der Bereich war jetzt bis zur Hälfte mit alten Plastikstühlen, die in Deutschland längst verboten waren, besetzt. Die andere Hälfte nahmen lange, von Bänken flankierte Tafeln ein, an denen mehrere Hundert Menschen sitzen konnten. An der Stirnseite der Halle war eine niedrige, beleuchtete Bühne aufgebaut mit einer Art Thron in der Mitte und Lehnstühlen links und rechts. Darüber hing eine große Leinwand, auf die das Geschehen auf der Bühne übertragen wurde. Jetzt sah man nur die leeren, geschnitzten Stühle.

»Sieht aus wie das Setting für eine Mittelalter-Talkshow«, sagte Lorenz.

Abed musste grinsen. »Es wird tatsächlich viel gesprochen«, sagte er. »Und was hier geschieht, wurde auch schon im Mittelalter so gemacht.«

»Und wo sitzt der Angeklagte?«

»Nirgendwo. Der ist nicht dabei.«

»Nicht? Ich dachte, das ist die große Abschlussverhandlung?«

»Diese Verhandlung soll so ruhig wie möglich über die Bühne gehen«, erklärte Abed. »Beim Anblick des Täters könnten die Familienmitglieder einen Gefühlsausbruch erleiden. Die Verhandlung würde durch wütende Zwischenrufe unterbrochen oder vollends eskalieren. Dann wären die wochenlangen Vorverhandlungen umsonst. Außerdem ist der Junge völlig gebrochen, er hat im Zorn gehandelt und würde gerne alles ungeschehen machen. Er weint viel. Es wäre unnötig grausam, ihn hier vorzuführen.«

Lorenz war ehrlich erstaunt. Er hätte gewettet, dass hier ein großes Spektakel um den Angeklagten gemacht würde. Stattdessen wurde mit einer Umsicht gehandelt, die ihm Respekt abrang. Das würde Professor Schmidt gefallen, dachte er schuldbewusst.

»Und wo ist er inzwischen?«, fragte er.

»Er bleibt in seiner Zelle«, sagte Abed. »Bewacht und gut versorgt.« Er sah auf seine Uhr, eine altmodische Breitling mit Ziffernblatt. »Komm, wir haben noch etwas Zeit.«

Abed lud seinen Gast ein, sich zu setzen. Bahar nahm ebenfalls Platz. »Wie laufen die Vorbereitungen für den Prozess am Freitag?«, erkundigte sie sich.

Lorenz nickte. »Ich habe die Akte. Euren Mann habe ich gestern besucht, ihm geht's gut. Ich habe auch schon eine Idee, wie wir die Verteidigung aufbauen. Ich warte nur noch auf den Rückruf eines … äh, Helfers.«

Abed nickte zufrieden. »Ich vertraue dir«, sagte er. »Du wirst Abdul freibekommen, davon bin ich überzeugt.«

Abed schenkte ihnen allen Tee ein. Dann begann er von den alten Zeiten zu erzählen, als seine Vorfahren noch in der Türkei gelebt hatten. Dort habe man schon immer alle Arten von Streitigkeiten unter sich geregelt. Zur Obrigkeit war niemand gegangen. Stattdessen hatten sich die Älteren zusammengesetzt, eine Lösung erarbeitet und ein Machtwort gesprochen. Als ganze Familienverbände in den Libanon und später nach Deutschland kamen, wurde dieses System weiterhin gepflegt. Lorenz erinnerte sich, dass es deshalb immer wieder Ärger gegeben hatte. »Libanesen etablieren Paralleljustiz«, hatte eine Schlagzeile gelautet, »Friedensrichter setzt Clan-Gesetze um«, eine andere.

»Mit der Etablierung der Autonomen Zone haben wir dieses System offiziell gemacht«, erzählte Abed. »Gleich, welche Streitigkeit – zum Friedensrichter kann man immer kommen und um Vermittlung bitten. Bei Schlägereien ebenso wie bei Ehestreit oder wenn ein Vater sich mit seinem Sohn überwirft. Aber natürlich auch bei Diebstahl, Betrugsvorwürfen, Messerstechereien oder eben, wenn jemand getötet wird.« Er nickte in Richtung Bühne. »Den Abschluss solcher Vermittlungsbemühungen erlebst du heute.«

»Aber wie genau funktioniert dieses System? Ein Ehestreit ist ja per se kein Delikt, ein Mord dagegen ein Kapitalverbrechen«, sagte Lorenz.

Sein Gastgeber legte den Kopf etwas schräg. »Wir leben hier anders als ihr Deutschen. Bei euch bleibt ein Ehestreit unter zwei oder zumindest unter wenigen Leuten. Aber bei uns kann so etwas zur Eskalation führen, wenn die Eheleute sich jeweils bei ihren Brüdern und Vätern über den anderen beschweren. Dann stehen einander plötzlich nicht mehr nur zwei gegenüber, sondern zwei Familien mit fünfzig oder hundert Leuten. Alle fühlen sich brüskiert, und das gefährdet den Frieden der Gemeinschaft. Solche ›bad vibes‹« – Abed malte mit den Fingern beider Hände Anführungszeichen in die Luft – »könnten unsere gesamte Stadt gefährden.«

Es war spannend, Abeds Ausführungen zuzuhören. Lorenz hatte auch schon junge Deutsche verteidigt, die aus einem Impuls heraus das Messer gezückt hatten. Aber hier, in Neu-Essen, wo jeder eine halbe Fußballmannschaft an jüngeren und älteren Brüdern hatte, konnte aus einer harmlosen Streiterei schnell mal ein Blutbad werden. Da war es schon klug, möglichst frühzeitig jemanden einzuschalten, der dafür sorgte, dass es gar nicht erst dazu kam.

»Und hier beginnt die Arbeit des Friedensrichters«, deklamierte der Clan-Chef wie ein Redner, stand auf und winkte Lorenz, ihm zu den Sitzreihen zu folgen, die von der Suite aus zu erreichen waren.

»Der Friedensrichter hat die Parteien wahrscheinlich zuerst zu sich zitiert?«, mutmaßte Lorenz.

»Nein«, sagte Abed. »Zu Beginn sucht er die einzelnen Familien selbst auf. Das ist ein wichtiges Zeichen. Dass er als Friedensrichter bemüht ist um beide Parteien und den Weg zu ihnen auf sich nimmt.«

»Alles hat eine Bedeutung«, staunte Lorenz, und seine Gastgeber nickten lächelnd.

»Dort oben«, Abed zeigte auf den Thron auf der Bühne, »wird der Friedensrichter Platz nehmen, links und rechts von ihm die Oberhäupter der Familien des Opfers und des Täters.« Er wies auf die Stuhlreihen vor der Bühne. »Davor können noch weitere Familienmitglieder sitzen, die das Treffen miterleben wollen. Und hier«, er deutete auf die langen Tische, »wird anschließend zusammen gegessen. Das gemeinsame Mahl nach dem Friedensschluss ist ein wichtiges Ritual. Wer sein Essen teilt, ist einander zu Frieden verpflichtet. So wird der Konflikt zwischen den Familien des Opfers und des Täters endgültig abgeschlossen.«

Von unten drangen Geräusche herauf. Ein würdig aussehender alter Herr in einem langen Gewand zog ein. Gemessenen Schrittes ging er auf die Bühne zu. »Das ist Doktor Mohamed Sherif, der Friedensrichter«, sagte Abed leise.

»Passender Name«, konnte sich Lorenz nicht verkneifen. »Der oberste Sheriff von Neu-Essen.« Abed grinste. Er mochte Lorenz offensichtlich und nahm ihm solche Sprüche nicht weiter übel.

Hinter dem Friedensrichter folgten einige ältere Herren in Anzügen und wieder dahinter ein bunter, vielstimmig flüsternder Haufen von Menschen jeden Alters. Die Gruppe, es mochten insgesamt etwa achtzig Leute sein, ging durch den Mittelgang auf die Bühne zu. Die Menge verteilte sich auf die Stuhlreihen links der Bühne, der Friedensrichter und die Anzugherren stiegen ein paar Stufen zur Bühne hinauf und setzten sich, der Friedensrichter in der Mitte, die Herren links von ihm.

»Das ist die Familie des Opfers«, erklärte Abed leise. »Sie sitzen zur Rechten des Friedensrichters.« Eine Handvoll Security-Mitarbeiter mit Pistolenhalftern nahm im Mittelgang Aufstellung. Offenbar vertraute man der Autorität der Familienoberhäupter nicht blind. Lorenz fand das nur vernünftig.

»Wie viele Deutsche haben vor mir so eine Verhandlung gesehen?«

»Keiner, du bist der erste.« Wenn das der alte Professor sehen könnte, dachte Lorenz vergnügt, er würde ihn bestimmt glühend um dieses Erlebnis beneiden.

Der Friedensrichter hatte Platz genommen, und Lorenz konnte ihn auf der riesigen Leinwand genauer betrachten. Er mochte um die sechzig Jahre alt sein. Sein langer grauer Bart und die blinzelnden

Augen hinter einer Nickelbrille verliehen ihm etwas Sympathisches, Harmloses. Er trug ein Käppchen auf dem Kopf und eine Art Umhang.

»Was ist das?«, fragte Lorenz. »Eine islamische Richterrobe?«

»Nein«, erklärte Abed. »Das ist eine Dschellaba, wie sie ältere Männer in Ägypten gerne tragen, sie sagen allerdings Gallabia dazu, mit G, nicht Dsch. Mohamed Sherif kommt ursprünglich aus Kairo. Er lehrte dort an der Al-Azhar-Universität«, fügte er bedeutsam hinzu. Lorenz nickte anerkennend, obwohl ihm das nichts sagte. Er würde es später googeln.

Die Familienmitglieder des Opfers unterhielten sich unterdrückt, als eine weitere Prozession ihren Weg durch den Mittelgang nahm. Allen voran gingen vier groß gewachsene Männer in schwarzen, bestickten Gehröcken und schwarzen Hüten, flankiert von weiteren Sicherheitsleuten. Ihnen folgte ein Grüppchen von Männern und Frauen jeden Alters. »Das sind die Oberhäupter der Familie des Täters und ein paar Angehörige«, sagte Abed.

Lorenz reckte neugierig den Kopf. Interessiert verfolgte er den Weg der zweiten Gruppe nach vorne. Die Angehörigen verteilten sich auf ein paar Reihen rechts des Mittelgangs und sahen sich mit ernsten Mienen um. Die Menschen auf der linken Seite würdigten die Neuankömmlinge keines Blickes. Die vier Männer an der Spitze des Zuges stiegen die Stufen zur Bühne hinauf, blieben vor den wie erstarrt dasitzenden Herren der Opferfamilie stehen und senkten kurz die Köpfe, bevor sie auf ihre Plätze gingen.

»Es ist Tradition, dass die Familie des Täters zur Familie des Opfers kommt, nicht umgekehrt«, meldete sich Bahar zu Wort. »Das wurde hiermit symbolisch erfüllt, indem zuerst die eine Familie sitzen muss, bevor die andere Familie hereinkommen darf.«

Lorenz war fasziniert. Jeder Schritt hatte eine Symbolik. Innerhalb weniger Jahre war in dieser Autonomen Zone ein eigenes Justizsystem entstanden – mit Elementen früherer Zeiten, aber doch etwas völlig Neues. »Ich hätte gedacht, dass ihr in Neu-Essen als Erstes ein Scharia-

Gericht wie in Saudi-Arabien einführt«, gestand er. »So wird es draußen jedenfalls berichtet. Die Deutschen glauben, hier werden jeden Freitag Leute geköpft.«

Abed rollte die Augen, Bahar lachte verlegen. Lorenz lehnte sich entspannt zurück und genoss den starken Tee. Er fühlte sich großartig in seiner Rolle als interessierter Zuschauer. Irgendwie war das hier wie die *Justice Union*, überlegte er, nur auf Clan-Art. Allerdings ohne Live-Übertragung. Und ohne Bezahlpublikum. Und ohne Abstimmung. Nein, korrigierte er sich schließlich, es war überhaupt nicht wie die *Justice Union*.

Auf der Bühne hatte der Friedensrichter jetzt zu sprechen begonnen. Er wandte sich zuerst an die Familie des Opfers, sagte ein paar Sätze, die über Lautsprecher übertragen wurden.

»Er erinnert die Anwesenden daran, weshalb sie hier sind«, erläuterte Abed, jetzt leise flüsternd. »Die Tat war vor drei Wochen. Noch in derselben Nacht haben die Eltern des Täters den Friedensrichter verständigt. Die ganze Stadt stand unter Schock.«

Der Friedensrichter wandte sich an die Familie des Täters, deren Oberhäupter ernst nickten. »Er hat dann mit beiden Familien gesprochen«, führte Abed weiter aus. »Ein heikler Prozess. Du musst alle beruhigen und trösten und zugleich beschwören, nur ja keine Dummheiten zu machen. Und zugleich willst du versuchen eine Lösung anzubahnen.«

»Wie will er verhindern, dass sich die Brüder inzwischen nachts in einer Seitenstraße an die Gurgel gehen?«, fragte Lorenz.

»Nun, in dieser Sache haben sich auch die Imame eingeschaltet, die Vorstände der großen Moscheen«, sagte Abed. »Sie haben eindringlich daran erinnert, dass weiteres Blutvergießen zu noch mehr weinenden Müttern und gebrochenen Vätern führen würde. Alle streben nach einem Ziel: Deeskalation um jeden Preis, während im Hintergrund daran gearbeitet wird, der Familie des Opfers Genugtuung zu verschaffen.«

Sie beobachteten eine Weile schweigend, wie auf der Bühne gesprochen wurde. Lorenz war beeindruckt vom ruhigen, respektvollen Ton, der auf beiden Seiten vorherrschte. Er hatte Geschrei und hochgehaltene Messer erwartet. Einmal mehr verabschiedete er sich von seinen Vorurteilen.

»Jetzt wird es interessant«, sagte Abdelkarim. »Der Friedensrichter gibt bekannt, dass ein Blutgeld bestimmt wurde. Das Blut des Opfers muss vergolten werden.« Er hörte zu und pfiff durch die Zähne. »Dreihunderttausend Euro muss die tschetschenische Familie für den Tod des türkischen Jungen begleichen. Und jetzt muss das Oberhaupt der türkischen Familie sagen, ob er das Angebot annimmt.«

Lorenz lehnte sich gespannt vor. »Was, wenn er annimmt, und dann wird das Geld nicht überwiesen?«

Abed schnaubte. »Das Geld ist längst auf dem Konto des Friedensrichters. Sobald sich alle einig sind, veranlasst er hier vor allen Leuten eine Online-Sofortüberweisung. Noch bevor man sich zum Essen setzt, ist das Geld bei der Familie des Opfers eingegangen.«

Der Herr, der direkt zur Rechten des Friedensrichters saß, nickte nun bedächtig mit dem Kopf und sagte etwas auf Türkisch.

»Das Angebot ist angenommen. Erster Schritt geschafft.« Abed kommentierte das Geschehen wie einen Sportwettkampf. »Aber«, fuhr er fort und hob die Hand, denn nun hatte der Friedensrichter wieder zu reden begonnen, und im Publikum, auf der Seite der Täterfamilie, entstand Unruhe. Abed nickte bedächtig. »Das habe ich mir gedacht. Die Familie des Täters muss die Stadt verlassen. Die beiden Clans sollen einander nicht mehr begegnen. Sie werden für immer getrennt.«

In den Sitzreihen auf der Seite der Täterfamilie begann eine alte Frau laut wehzuklagen und die Hände zu ringen. Andere weinten lautlos oder schüttelten betrübt den Kopf. Die Herren auf der Bühne saßen wie erstarrt da, sagten jedoch nichts.

»Die ganze Familie muss ausbaden, was einer von ihnen getan hat?« Lorenz war befremdet.

Abed nickte. »Deshalb wird das den Kindern von Anfang an eingeimpft. Alles, was du tust, hat Folgen für deine ganze Familie.« Er wandte sich ernst an Lorenz. »Vergiss nicht, das ist auch eine Chance. Sie können alle neu beginnen.«

Der Friedensrichter war aufgestanden, und die Anwesenden taten es ihm gleich. Auch Abdelkarim und Bahar erhoben sich, und Lorenz folgte ihrem Beispiel. Der Friedensrichter schlug ein dickes, mit goldenen arabischen Lettern verziertes Buch auf und begann vorzulesen. »Bismillahi ar-rahman ar-rahim …«

»Al Fatiha«, sagte Abed, »die erste Sure des Koran. Die wird immer am Ende der Verhandlung zitiert, wenn alles geregelt ist.«

Seine Frau übersetzte für Lorenz: »Im Namen des barmherzigen und gnädigen Gottes. Lob sei Gott, dem Herrn der Welten, dem Barmherzigen und Gnädigen, der am Tag des Gerichts regiert. Dir dienen wir, und Dich bitten wir um Hilfe. Führe uns den geraden Weg, den Weg derer, denen Du Gnade erwiesen hast, nicht jener, die dem Zorn verfallen sind und irregehen.« Sie brach ab. »Es geht noch weiter, aber das ist der wichtigste Teil. Wir rufen den Segen Allahs herab und besiegeln damit die Entscheidung.«

Die Rezitation der Sure wirkte beruhigend auf die Leute, das Weinen hörte auf, und alle beobachteten, wie auf der Bühne der Oberste der türkischen Familie zum Friedensrichter in die Mitte trat. Der winkte seinerseits den Ältesten der tschetschenischen Familie dazu. Beide Männer reichten einander die Hände und umarmten sich langsam und gemessen. »Afa an mamada inschallah kheir – auf einen guten Neubeginn, so Gott will«, rief der Friedensrichter, und im Publikum brach dezenter Jubel aus, die Leute klatschten, und einige weinten wieder ein bisschen.

Es war berührend zu sehen, wie großzügig die Familie des Opfers auf ihre Gegner zuging. »Und damit ist es jetzt vorbei?«, fragte Lorenz ungläubig. »Kein Groll?«

Abed wiegte den Kopf hin und her. »Natürlich ist nicht bei jedem das Herz dabei«, sagte er. »Aber es muss eben sein. Vielleicht«, er lächelte, »spielt auch der gesellschaftliche Druck eine Rolle. Aber solange alle ihr Gesicht wahren, machen die Leute mit. Ich glaube, unser Rechtssystem funktioniert auch deshalb so gut, weil wir eine eingeschworene Gemeinde sind. Hier leben Muslime, aber sie alle kommen aus verschiedenen Ländern. Türkei, Libanon, Albanien, Afghanistan, Tschetschenien … Alles stolze Leute. Aber allen ist klar, dass es nicht nur zwischen den Familien, sondern auch zwischen den Volksgruppen keine Konflikte geben darf. Und das müssen wir gerade hier verhindern, wo wir auf engem Raum zusammenleben. Der Feind«, er zeigte aus dem Fenster, »steht da draußen, vor unseren Mauern. Hier drin müssen wir einig bleiben.«

Lorenz war verblüfft. In der Gerichtsbarkeit von Neu-Essen ging es also nicht darum, einem bestimmten Gesetz Genüge zu tun, sondern darum, die Harmonie der Gemeinschaft zu erhalten. War das gut oder schlecht?, überlegte er. Auf jeden Fall war es faszinierend. Ganz anders als in Deutschland, wo zwar Ruhe herrschte, aber definitiv keine Harmonie. Dann kam ihm ein Gedanke. »Was«, begann er, »wenn eine Familie nicht die Mittel hat, das geforderte Blutgeld zu bezahlen? Oder wenn sich die Parteien nicht einigen? Oder wenn jemand keine Familie hat, die für ihn verhandelt?«

»Bei kleineren Verbrechen kommen die Täter dann eben ins Gefängnis«, sagte Al-Zahidi. »Bei Totschlag oder Mord? Wir können uns nicht den Kopf über Dinge zerbrechen, die noch nicht passiert sind. Bisher gab es immer eine Einigung. Für die Beteiligten und für die Gemeinschaft. Wie sagt ihr so schön in Deutschland? Win-win.«

Lorenz nickte. Es war eine beeindruckende Erfahrung gewesen, dieser Verhandlung beizuwohnen. Das Umarmungsritual am Ende. Die Würde, die das Ganze ausgestrahlt hatte.

»Komm, wir treffen jetzt den Friedensrichter.« Abed nahm Lorenz am Arm. Sie verließen die Lounge und stiegen ein paar Stufen hinunter in den Saal. Die Menschen strömten zu den langen Tafeln, auf denen von Helfern Platten mit Mezze aufgebaut wurden. Körbe mit Fladenbrot wurden hingestellt, dazu Dosen mit Softdrinks. Gegessen wurde von Papiertellern, es war wie ein großes Picknick.

Lorenz betrachtete das Treiben. Was er gerade erlebt hatte, war ein völlig anderes Justizsystem als das deutsche. Freilich, auch in der *Justice Union* wurde auf die Bedürfnisse der Menschen eingegangen – der Wunsch nach Mitbestimmung war sogar zentrales Element. Aber, und das gestand er sich unumwunden ein, es geschah nicht aus dem ehrlichen Ansinnen heraus, Harmonie zwischen den Kontrahenten wiederherzustellen oder den Opfern Gerechtigkeit beizubringen. Es ging einzig und allein darum, dem Volk einen Blitzableiter zu bieten. Und Geld in die Staatskasse zu schaufeln für etwas, das eigentlich durch Steuern bezahlt werden sollte. Wenn Professor Schmidt ihn jetzt hören könnte …

Doch Lorenz, der sonst so abgebrühte Verteidiger, konnte nicht anders: Er war beeindruckt. Die Kraft der Symbole, die hatte es früher auch in der deutschen Gerichtsbarkeit gegeben. Etwa, dass man aufstand, wenn der Richter den Saal betrat. Dass alle, vom Richter bis zum Verteidiger, weiße Krawatten trugen. Bereits in seiner Jugend waren diese Rituale jedoch verwaschen gewesen. Zu oft waren Verhandlungen in den Zwanzigerjahren schludrige Veranstaltungen mit überlasteten Richtern und genervten Staatsanwälten. Er erinnerte sich, wie er als Schüler ein paar Gerichtsverhandlungen besucht hatte und enttäuscht gewesen war von dem, was er sah. Weiße Krawatten sah man bei Verteidigern nur noch selten. Viele Zeugen waren trotz Ladung gar nicht erst erschienen, ein Richter hatte offensichtlich getrunken und die Staatsanwältin ständig auf ihrem Handy herumgetippt. Die Zuhörer hatten geschwatzt, und eine Schöffin hatte auf eine sofortige Verhandlungspause gedrängt, sie habe im Restaurant um die Ecke für halb eins einen Tisch bestellt. Und nun fiel Lorenz das Wort ein, das er damals gesucht und an das ihn Professor Schmidt erinnert hatte: würdelos. Wenn er ehrlich war, war es das noch immer. Die *Justice Union*. Die war ein Spektakel. Ein würdeloses Spektakel.

Reiß dich zusammen, befahl sich Lorenz selbst, während er zusah, wie Abed und Bahar mit einigen der Anwesenden sprachen. Er war auf dem Höhepunkt seines Erfolgs, jahrelang hatte er daran gearbeitet, so weit zu kommen. Genau genommen hatte sein Leben seine kühnsten Träume sogar überflügelt. Und schon beim zweiten Besuch der Halal-Stadt begann alles zu zerbröckeln. Oder, dachte er bei sich, habe ich nicht schon länger eine Unzufriedenheit gespürt, und diese neue Welt bringt alles nur an die Oberfläche? Die Langeweile, die ihn mitunter befiel, war das nicht ein Indiz dafür, dass schon länger nicht mehr alles in Ordnung war mit seinem Leben? Ausgerechnet in dem Moment, da er alles erreicht hatte, was er nur wollte? »*Was DU wolltest?*«, fragte plötzlich eine leise, boshafte Stimme in seinem Ohr. »*Oder was du glaubtest zu wollen? Weißt du überhaupt, was du willst?*« Ärgerlich verscheuchte Lorenz den Gedanken, und erst, als er Bahars fragenden Blick sah, die sich zu ihm umgedreht hatte, bemerkte Lorenz, dass er eine Handbewegung gemacht hatte, als ob er eine Fliege verjagte. Er grinste verlegen. Disziplin, Lorenz.

Der Friedensrichter war zwischen den Tischen hin und her gewechselt. Nun stand er auf, verlautbarte etwas und verabschiedete sich mit einer Verneigung von den anderen. Er entdeckte Abdelkarim und Bahar am Rande des Geschehens und kam freudig auf sie zu.

Der Alte und der Clan-Chef begrüßten einander wortreich und mit mehreren Umarmungen. Dann wandte sich der Friedensrichter an Bahar, beide legten die Rechte aufs Herz und wechselten ein paar höfliche Worte. Schließlich drehten sie sich zu ihrem deutschen Gast.

»Lorenz, ich darf dich unserem bedeutendsten Friedensrichter vorstellen, dem ehrenwerten Doktor Mohamed Sherif.« Lorenz begrüßte den alten Herrn mit Handschlag und legte sich anschließend ebenfalls die Hand aufs Herz. Der Alte bemerkte es erfreut und sagte etwas zu Abed, der übersetzte: »Der ehrwürdige Doktor freut sich, dass du unsere Sitten schon so gut kennst.«

Nach einem weiteren wortreichen Austausch zwischen den beiden wandte sich Abed wieder an Lorenz: »Der ehrenwerte Friedensrichter ist eigentlich Jurist wie du und Experte für Scharia-Recht. Aber nachdem wir hier in Al Amal unser eigenes System haben, ist er unser oberster Friedensrichter. Er bringt wertvolles Wissen mit, das uns sehr hilft, auch im Sinne unserer religiösen Tradition zu leben.«

Das war clever. Man räumte der Religion einen hohen Stellenwert ein, ließ sich aber nicht alles davon diktieren. Der alte Herr sagte wieder etwas. »Er wird jetzt den Gefangenen aus der Zelle holen und seiner Familie übergeben«, sagte Abdelkarim. »Wir dürfen gerne mitgehen. Ich möchte ohnehin mit dem Jungen sprechen. Und du kannst auch diesen Teil des Prozesses beobachten. Übrigens wirst du dort unten meinen Sohn Jamal kennenlernen. Er ist für die Sicherheit im Gefängnis verantwortlich und hat versprochen, uns zu begleiten, falls du Fragen hast.«

Sie gingen zu einem Aufzug, vor dem zwei Wachposten standen. »Lorenz, bist du bereit, das schreckliche Gefängnis von Al Amal zu sehen?«, fragte Abed scherzend, und Lorenz nickte gespannt. »Und du, Bahar?«, fragte der Clan-Chef jetzt auch seine Frau.

»Ich bin nicht aus Zucker, Abed«, erwiderte sie trocken. Der Friedensrichter runzelte die Stirn. Lorenz hatte den Verdacht, dass der Alte auch ohne Übersetzung jedes Wort verstand. Und offenbar ein Problem mit der selbstbewussten Frau des Clan-Chefs hatte.

Doch der lachte nur. »Na dann, Hayati, gehen wir.«

»Hayati?«, fragte Lorenz interessiert.

»Es heißt ›mein Leben‹«, sagte Bahar lächelnd. »Eheleute sagen es zueinander.« Mein Leben. Lorenz begann an der blumigen Ausdrucksweise Gefallen zu finden. Er überlegte, wie er Carolina eigentlich ansprach. Sie nannte ihn oft Schatz, Liebling, mein Mann. Und er? Er sagte eigentlich immer nur Carolina. Schade eigentlich.

Sie stiegen in den riesigen Fahrstuhl und fuhren in eines der Untergeschosse. »Hier haben wir einiges adaptiert«, sagte Abdelkarim. »Ein

Gefängnis braucht Sicherheitsvorkehrungen.« Sie stiegen aus und standen in einem langen, breiten Gang, der weiter vorne noch um die Ecke führte. Es war kühl hier unten, aber die Mauern schienen ordentlich verputzt, es war sauber – viel sauberer als in den Katakomben des Dortmunder Justizpalastes, stellte Lorenz fest.

Hier schien alles elektronisch gesichert. Eine Gittertür trennte den Bereich vor dem Fahrstuhl vom eigentlichen Gefängnisgang. Ein Wachposten stand davor, mit seinem umgehängten Maschinengewehr sah er sehr kriegerisch aus. Er nickte einem ebenfalls bewaffneten Kollegen auf der anderen Seite der Gittertür zu, und beide steckten zugleich ihre Chipkarten in die Schlitze eines Kästchens. Das Gitter ging auf, und nun standen sie im eigentlichen Gefängnisgang. Links und rechts lagen jeweils zehn Zellentüren, ein Guckloch in Augenhöhe, und jeweils neben dem Türstock, in Hüfthöhe, wieder ein kleines Kästchen für zwei Chipkarten. In der Mitte des Gangs hatte ein hoch aufgeschossener junger Mann in einer schwarzen Uniform Aufstellung genommen und blickte ihnen aus halb geschlossenen Augen entgegen. »Vater. Mutter. Doktor Sherif.« Er kam näher, begrüßte einigermaßen ehrerbietig den Friedensrichter, ließ sich von seinem Vater auf den Rücken klopfen, küsste seine Mutter und reichte Lorenz betont gelangweilt die Hand.

Lorenz betrachtete Abeds Sohn mit unverhohlener Neugier. Der Junge konnte nicht älter als achtzehn oder neunzehn Jahre alt sein. Er war größer als sein Vater und war seiner Mutter wie aus dem Gesicht geschnitten. Doch in seinen Augen lag eine Feindseligkeit, die Lorenz überraschte. Jamal erwiderte Lorenz' Blick herausfordernd, dann wandte er sich an Abed und sagte etwas auf Arabisch. Es klang nicht besonders freundlich. Abed antwortete gereizt, es entspann sich ein heftiger Wortwechsel, und Lorenz wurde das Gefühl nicht los, dass es um ihn ging. Schließlich mischte sich Bahar ein und sprach beruhigend auf die beiden ein. Die Kampfhähne schwiegen, und Bahar wandte sich an Lorenz.

»Du hast sicher gesehen, dass es hier nur zwanzig Zellen für hunderttausend Menschen gibt«, sagte sie.

»Und nur vier sind zurzeit belegt«, ergänzte Abdelkarim, als hätte die Auseinandersetzung mit seinem Sohn nie stattgefunden. »Außer dem Jungen, um den es heute ging, sitzen hier noch zwei wegen Diebstahls und einer wegen Körperverletzung. Alle drei sind die schwarzen Schafe ihrer Familien, weshalb die sich geweigert haben, für ihre missratenen Söhne und Neffen aufzukommen. Und so sitzen sie eben hier ihre Strafe ab.« Er schaute den Gang entlang, mit einem gewissen Stolz im Blick. »In diesem Jahr gab es in Al Amal bisher nur acht größere Fälle, die in unserer Gerichtshalle geklärt wurden.«

»Wobei«, wandte Lorenz ein, weil er es sich partout nicht verkneifen konnte, »die schweren Jungs ja außerhalb tätig sind.«

»Das übersetze ich jetzt nicht«, sagte Abed stirnrunzelnd, »aber das stimmt natürlich.« Der Friedensrichter sah fragend von einem zum anderen, doch Abed winkte beruhigend ab.

»Außerdem«, fuhr Lorenz fort, »ist die Halal-Stadt noch jung. Die Solidarität ist bestimmt groß unter allen Bewohnern. Andererseits leben verschiedene Volksgruppen auf engstem Raum zusammen. In zehn Jahren könnte die Verbrechensrate hier ganz anders aussehen. So wie draußen, bei uns.«

»Du hast recht«, sagte Abed. »Aber wie gesagt: Eins nach dem anderen. Das sehen wir uns an, wenn es so weit ist.«

Lorenz lachte höflich. Er war froh, dass man ihm seine Direktheit nicht übel nahm.

Abeds Sohn Jamal schien sich beruhigt zu haben. Bereitwillig zeigte er Lorenz ein paar nicht belegte Zellen – einfache, schmale Räume mit Waschbecken und Toilette. Ein Bett, ein Tisch, ein Stuhl. »Wer es sich leisten kann, darf sich von der Familie ein paar Dinge schicken lassen«, erklärte er. »Bücher, ein Extrakissen, ein Radio … Manche lassen sich von ihren Müttern ihre Lieblingsgerichte bringen, dann duftet es hier wie in einem Restaurant.«

Geduldig beantwortete Jamal Lorenz' Fragen zur Sicherheitstechnik, zeigte die Chipkarten, mit denen die Türen geöffnet wurden. Schließlich ließ er Lorenz durch die Gucklöcher in die belegten Zellen hineinsehen. Ein junger Mann lag auf seinem Bett und las. Der zweite saß am Tisch und schaufelte aus einem Topf eine Art Ragout auf einen Teller mit Reis. Der Bewohner der dritten Zelle aß ebenfalls. »Der da«, Jamal wies mit dem Kinn auf die Zelle, »hat sich von zu Hause Mudschadarra schicken lassen. Der andere hat sich daraufhin lauthals beschwert. ›Der Duft raubt mir die Sinne! Ich bekomme Heimweh! Ich will nicht mehr leben!‹ Es war ein großer Krach. Und so hat der andere eben geteilt.«

Lorenz musste lachen, und die anderen fielen ein. Konfliktbewältigung im Clan-Gefängnis.

»Mohamed Sherif wird jetzt den Jungen, um den es heute ging, zu seiner Familie bringen«, sagte Jamal und nickte den Wachposten zu. Gemeinsam mit einem von ihnen öffnete er eine weitere Zelle. Der Friedensrichter trat in die Türöffnung, deklamierte etwas auf Arabisch. Von drinnen tönte ein unterdrücktes Schluchzen, dann: »Al-hamdulillah.« Ein dünnes Bürschchen mit rötlichem Bartflaum erschien, er war blass und schaute mit riesigen Augen auf die kleine Versammlung vor seiner Zelle. Dann fiel er schluchzend vor dem Friedensrichter auf die Knie. Der alte Herr hob ihn auf, legte den Arm um ihn, sprach beruhigend auf ihn ein und lotste den weinenden Jungen in Richtung Fahrstuhl. Einer der Wachposten ging in die Zelle und kam mit einer kleinen Sporttasche wieder, die wohl die Habseligkeiten des Jungen enthielt.

Der Zellengang führte noch weiter, doch die Gruppe wandte sich bereits zum Gehen. Neugierig lugte Lorenz um die Ecke. Ein nackter Gang lag vor ihm, an dessen Ende sich eine Metalltür befand. »Und was ist dort?«, fragte er Jamal und machte einen Schritt in den leeren Gang. »Nur ein Verhörzimmer«, sagte der junge Al-Zahidi betont gleichgültig. »Wird so gut wie nie benutzt. Die Vorgespräche finden ja bei den Familien direkt statt.«

Lorenz nickte verständig. Er wechselte einen Blick mit Abed, der herangekommen war. »Komm, Lorenz«, sagte der und nahm seinen Gast am Arm. »Wir wollen doch dabei sein, wie der Junge seine Familie wieder trifft.« Er lotste ihn den anderen hinterher. Bahar drehte sich bereits um und winkte ihnen ungeduldig zu.

Ein lautes Brummen ertönte. »Ein Generator«, erklärte Jamal. »Das Gefängnis hat seine eigene Stromversorgung. Falls überall sonst das Netz zusammenbricht, funktioniert hier trotzdem alles, vor allem das Verschlusssystem für die Zellentüren.« Lorenz nickte anerkennend. »Dein Gast hat sicher Hunger«, sagte Jamal jetzt zu seinem Vater und lächelte, dabei sah er seiner Mutter noch ähnlicher. Tatsächlich hatte der Anblick der essenden Familien Lorenz an die köstlichen Speisen erinnert, die ihm beim letzten Mal serviert worden waren. Es musste schon bald Abend sein.

»Worauf hast du denn Lust, Lorenz?«, fragte Bahar.

Der nickte in Richtung der Zellen. »Auf dieses … Mudschafalla, oder wie das hieß, vielleicht?«

Die anderen lachten. »Mudschadarra«, korrigierte Bahar lächelnd. »Ein köstliches Linsengericht.«

Gut gelaunt legte Abed seinem Gast den Arm um die Schulter. »Dein Wunsch ist uns Befehl. Essen wir Mudschadarra.«

Bereitwillig ließ sich Lorenz zum Fahrstuhl lotsen. Hinter ihnen folgten Jamal und der Friedensrichter Mohamed Sherif, der den Gefangenen am Arm führte.

Draußen dämmerte es bereits. Beim Hintereingang des Gebäudes hatten sich die Familienmitglieder des unglückseligen Totschlägers versammelt. Als sie den Jungen sahen, riefen und weinten sie, der Junge wurde umarmt und getätschelt, was er immer noch weinend über sich ergehen ließ. Als eine Frau schreiend auf ihn zu rannte und ihn in die Arme nahm, war selbst Lorenz gerührt. Es lag Erleichterung in der Luft, aber auch eine gewisse Trauer. Die tschetschenische Familie würde weggehen und alles hinter sich lassen müssen. »Wohin sollen sie denn?«, fragte er Abdelkarim, der die Szene schweigend beobachtet hatte. »Willst du sie einfach so über die Grenze schicken, zurück nach Deutschland, wo sie wahrscheinlich als Erstes in U-Haft kommen und ihr Chip reaktiviert wird?«

Abed schaute ihn nachsichtig an. »Nein, Lorenz, diese Familie wird nach Neu-Berlin gehen. Ich habe das mit meinem Onkel Bassam Abou Tahrir geklärt. So sind sie aus dem Blickfeld der Familie des Getöteten verschwunden und können dennoch in einer Autonomen Zone bleiben.«

Darauf war Lorenz noch nicht gekommen. So würden sie dem deutschen System entgehen und gleichzeitig dem Clan-Boss ewig dankbar sein und ihm künftig sicher für Jobs und Gefälligkeiten zur Verfügung stehen. Abed schien seine Gedanken erraten zu haben, denn er grinste nur und sagte: »Win-win-win.«

Lorenz' Respekt vor dem Clan-Chef wuchs mit jeder Stunde. Die Aussicht auf einen netten Abend mit seinen neuen Freunden stimmte ihn froh. Er fühlte sich sehr wohl hier in Neu-Essen, auf eine Art, die er nicht kannte. Und trotzdem ermahnte er sich, weiter auf der Hut zu bleiben. Dann folgte er Abed zu dessen geliebtem Jeep, der an der Promenade auf sie wartete.

Kapitel 8

Freitag, 21. Oktober 2044, 18.30 Uhr, Dortmund

Der Anflug auf das Gelände der Justizarena geriet zum unfreiwilligen Abenteuer. Vor der Halle hatten sich Hunderte Demonstranten versammelt und brüllten gegen die *Justice Union* an. Lorenz konnte die Menschenmenge von oben sehen, die Leute schwenkten Transparente und verursachten mit ihren Vuvuzelas einen Höllenlärm, den man bis in den Quadro hören konnte.

Ein riesiges Polizeiaufgebot trennte die Demonstranten von den Zuschauern, die in großer Zahl in die Halle strömten. Das zuckende Blaulicht von den Dächern der Polizeiautos sah von oben nach Partybeleuchtung aus, doch Lorenz war beunruhigt.

Er verstand diese Leute nicht. Sicher, die ZTP verfolgte andere politische Ziele als sie. Aber Deutschland war so sicher wie seit Jahrzehnten nicht mehr, die Arbeitslosigkeit ging gegen null, ganz Europa schaute bewundernd auf die fortschrittliche Umweltgesetzgebung – und dennoch provozierten diese Anarchisten Krawall und Aufruhr, als ob sie eine Revolution anzetteln wollten. Es fehlte ihnen doch an nichts. Aber wie ein Schwarm gereizter Wespen brachten sie Unruhe in die Herde. Seit dem Verschwinden des Innenministers vor einer Woche waren sie noch aggressiver geworden. Und die *Justice Union* war schon allein wegen der vielen Live-Bilder der perfekte Ort, um die Regierung anzugreifen und landesweite Aufmerksamkeit zu bekommen. Dumm waren sie nicht, musste Lorenz zugeben.

»Scheiße«, fluchte der Pilot plötzlich und stieg abrupt höher.

Lorenz klammerte sich an seinen Sitz, sah fragend hinaus – und spürte plötzlich ein blendendes Licht im Auge. Er schlug die Hände vors Gesicht und fluchte. Diese Idioten richteten Laserlichter auf den Quadrokopter! »Spinnen die?«, schrie er aufgebracht.

Der Pilot knurrte etwas zwischen den Zähnen, flog eine Schleife weg von der Demonstration und landete schließlich sicher auf dem markierten Landeplatz. Lorenz hielt seine Arme wie einen Schild vor sich und stieg aus. Er bemerkte, dass seine Beine etwas zitterten. Konzentration, Lorenz. Er knipste sein Siegerlächeln an, sprach beschwingt ein paar Worte in hingestreckte Mikrofone, winkte Tamara erleichtert zu, die durch die Reporterschar besorgt auf ihn zueilte. Sie war vorausgeflogen und musste von unten das Flugmanöver beobachtet haben.

»Herr van Bergen«, hauchte die Reporterin von *Streamnet 24/7* ihm entgegen. »Sie verteidigen heute einen der meistgesuchten Schwerverbrecher des Landes. Was hat Sie bewogen, diesen aussichtslos wirkenden Fall anzunehmen?«

Lorenz nahm eine Denkerpose ein. »Sie wissen, ich neige nicht zu Übertreibungen«, begann er. »Aber Sie haben recht, es ist ein schwieriger Fall, womöglich der schwierigste meiner bisherigen Karriere.«

Ein älterer Reporter drängte sich vor. »Mit diesem Mandanten gewinnen Sie auch diese Woche keinen Beliebtheitswettbewerb«, rief er. »Ein Schläger des brutalsten Libanesen-Clans ermordet einen dreifachen deutschen Familienvater …«

Lorenz blieb stehen, drehte sich zu dem Mann um, alle Mikrofone und Kameras richteten sich auf ihn. »Jeder Mensch in Deutschland hat das Recht auf ein ordentliches Verfahren«, sagte er langsam und deutlich. »Das gilt auch für Clan-Mitglieder. Unsere Gerichtsbarkeit ist über jeden Zweifel erhaben, und ich bin ich sehr stolz, meinen Beitrag zu leisten, dass das so bleibt.«

»Sorry«, rief Tamara nun und drängte sich rücksichtslos zu ihm durch. »Befehl vom Sicherheitschef. Herr van Bergen muss sofort rein.« Die Kamerateams sprangen beiseite, und Tamara lotste ihren Chef ins Gebäude, wo zwei Sicherheitsleute die Tür hinter ihnen schlossen.

»Alles okay?«, fragte sie besorgt. Lorenz nickte nur. Dann eilten sie durch die Gänge, und erst, als sie im VIP-Bereich angekommen waren, bemerkte er, dass er diesmal vor lauter Aufregung keine Panikattacke gehabt hatte.

Die heutige Show war wichtig, sehr wichtig. Es galt, seinen Mandanten freizubekommen – und gleichzeitig seine eigenen Werte wieder nach oben zu kriegen. Lorenz hatte jede freie Minute der letzten Woche mit Vorbereitungen für den Fall verbracht und meinte, mit seiner Strategie beide Ziele erreichen zu können. Es war nicht billig gewesen, aber Abed hatte bereitwillig und ohne Fragen zu stellen einen hohen Vorschuss überwiesen. Lorenz war guten Mutes. Jetzt durfte nichts Unvorhergesehenes geschehen.

Nach dem DuPont-Prozess hatten weitere Hunderttausende Zuschauer ein Abo bei *Streamnet 24/7* abgeschlossen. Der Prozess gegen »den Knochenbrecher«, wie sein Mandant nur genannt wurde, würde alle Zuschauerrekorde brechen. Ein Clan-Verbrecher vor Gericht! Lorenz van Bergen sein Verteidiger! Es versprach ein Mordsspektakel zu werden.

Diesmal ging Lorenz zuerst in seine Garderobe, zog sich um und ließ sich ein leichtes Make-up verpassen. Dann erst trat er den Weg in die Katakomben an, um seinen Mandanten zu besuchen. Als er unten ankam, nickte er seinem Freund, dem Wachmann, zu. »Guten Abend, Ben, alles gut?«

»Muss gehen«, antwortete der und deutete auf sein altmodisches Handy. »Ich bin natürlich wieder live dabei.«

»Bleibt wie immer unter uns, Ben, auch hier gilt die anwaltliche Schweigepflicht.« Sie grinsten einander verschwörerisch zu, dann öffnete Ben ihm die Tür.

Abdul Zeyman, genannt der Knochenbrecher, lag auf einem Bett, das einigermaßen komfortabel wirkte, und hatte die Arme hinter dem Kopf verschränkt. Seine Zelle war mit einem grauen Teppichboden ausgelegt, es gab ein Sofa, zwei Stühle, einen Tisch, darauf ein Tablet. Nicht luxuriös, aber komfortabel, Lorenz hatte aus Imagegründen keine VIP-Zelle gemietet: Bei einem mutmaßlichen Clan-Verbrecher würde das Publikum … nun, mit Unverständnis reagieren.

Lorenz nickte ihm zu, fragte: »Alles okay?«

Seufzend richtete der Knochenbrecher sich auf, stellte beide Beine auf den Boden und sprang dann überraschend leichtfüßig auf. Er war fast zwei Meter groß, durchtrainiert, mehr Muskelmasse als Mensch, mit gefühllosen dunklen Augen in einem runden Kindergesicht, das durch den akkurat gestutzten Bart etwas männlicher wirkte.

Abdul Zeyman erzeugte allein durch seine Erscheinung Angst. Wie immer trug er bloß ein weißes Unterhemd, das seine Muskelberge betonte, dazu hautenge Jeans, schwarze Bikerstiefel, das lange, ölige Haar zu einem Pferdeschwanz gebunden. Lorenz blickte seinem Mandanten ruhig entgegen, der nun auf ihn zukam und sich nachlässig auf den zweiten Stuhl fallen ließ. In seinem Mundwinkel tanzte ein Zahnstocher. Ein wandelndes Klischee, dachte Lorenz, doch er verstand das. Auch Verbrecher mussten ein Image pflegen.

»Alles okay«, echote der Knochenbrecher nur.

Lorenz knipste seinen Holo-Projektor an und rief die Ermittlungsakte auf. »Das wird heute kein Selbstläufer, Abdul. Gehen wir alles noch einmal durch.«

Der andere seufzte erneut, mehr genervt als verzweifelt, stützte sein Kinn auf beide Hände und sagte: »Leg los, Lawyer.«

Über die Lautsprecher ertönte die bekannte Titelmelodie. »Showtime.« Lorenz half Abdul Zeyman in ein schwarzes Sakko, zu dem er ihn überredet hatte, zog ihm den Zahnstocher aus dem Mund und klopfte ihm auf die Schulter. »Wir kriegen das hin!«

Die Tür öffnete sich, und die Sicherheitsleute traten ein, um den Angeklagten zu sichern. Der Knochenbrecher sah grimmig drein, als sie ihm die Ketten anlegten.

»Wir öffnen die Tür in zehn, neun, acht …«

Wieder einmal schritt Lorenz bedacht den Gang entlang, das Licht der Kamera im Gesicht, einen missmutigen Mandanten in seinem Kielwasser, während Rufe und Klatschen aus der Arena aus den Lautsprechern schallten. »Und hier beginnt der Angeklagte seinen möglicherweise letzten Weg«, dröhnte eine dramatische Männerstimme durch den Lärm. »Abdul Zeyman, genannt der Knochenbrecher, mit seinem Verteidiger Lorenz van Bergen.«

Im Publikum wurden noch mehr Plakate und Transparente geschwenkt als in der Woche zuvor beim DuPont-Prozess. »Knochenbrecher, Schwerverbrecher!« – »Mördermusel!« – »Alle Clan-Verbrecher auf den Grill!« Ein muslimischer Angeklagter, das gefiel den Leuten, da konnten sie ihren ganzen Hass rauslassen. Der Knochenbrecher betrachtete stumm das Spektakel. Lorenz nickte ihm aufmunternd zu und zog mit ihm zum Platz für die Verteidigung.

Erneut war Saskia Seyloff als Staatsanwältin mit dabei. Ihre Popularität war seit der vorigen Show gewachsen, der Applaus zu ihrem Einzug war ohrenbetäubend. Sie bemerkte es, warf das Haar zurück und schickte einen herausfordernden Blick aus blitzenden Augen in Richtung Verteidigung. Lorenz grinste. Sie war wirklich sehr attraktiv. Zu schade, dass sie ihn hasste.

Die Moderation machte diesmal Jonas Bergnier, ein gerade mal Mitte zwanzigjähriges Bürschchen von wichtelhaftem Charme. Auch er trug einen roten Anzug und genoss den Zirkus in vollen Zügen. »Das ist die *Justice Union … Union … Union …*«, hallte es durch die Arena, und die Zuschauer sprangen bereits jetzt von den Sitzen. Es versprach eine legendäre Show zu werden.

Eine Kamera mit rot blinkendem Licht schwebte an Saskia Seyloff heran, die sich majestätisch erhoben hatte und nun ihr Eingangsplädoyer hielt. »Meine Damen und Herren«, sagte sie mit fester, klarer Stimme. »Wir haben uns heute Abend versammelt, um der Gerechtigkeit einen großen Dienst zu erweisen. Wir haben uns versammelt, um unser Land ein großes Stück sicherer zu machen. Wir haben uns versammelt« – sie zeigte mit dramatischer Geste auf Abdul Zeyman –, »um einen der gefährlichsten Verbrecher der Nation seiner verdienten Strafe zuzuführen.«

Im Publikum brandete Applaus auf, die Transparente wurden geschwenkt, Kameradrohnen surrten über die Menschen hinweg, um die Begeisterung einzufangen.

Die Staatsanwältin hob die Hand, und sofort kehrte Ruhe ein. Sie hatte das Publikum wirklich gut im Griff, bemerkte Lorenz bewundernd. »Die Rede«, fuhr Saskia Seyloff fort, »ist von Abdul Zeyman, sie nennen ihn auch – den Knochenbrecher.« Auf riesigen Leinwänden erschien das Gesicht des Angeklagten, dann glitt das Bild der Drohne über dessen Hand- und Fußfesseln.

»Blick auf den Boden. Blick auf den Boden«, zischte van Bergen, und Zeyman gehorchte, während sich unter dem Tisch seine beiden Fäuste ballten. Van Bergen wusste, dass sein Mandant zu Beginn des Prozesses keine Sympathien zu erwarten hatte. Besser, er wirkte reumütig als arrogant. Tatsächlich schallten Buhrufe durch die Halle.

»Der Knochenbrecher ist nicht irgendwer«, sagte die Staatsanwältin nun mit eindringlicher Stimme. »Er ist der Mann fürs Grobe, von keinem Geringeren als Abdelkarim Al-Zahidi.« In der Arena herrschte jetzt atemlose Stille, es wirkte, als stünde das Publikum unter Schock. Der Name Al-Zahidi verfehlte seine Wirkung nie. »So ist es«, sagte Saskia Seyloff. »Vor uns steht der Mann, der die Drecksarbeit für den zweitgrößten Clan-Boss Deutschlands erledigt. Wir gehen von mindestens zwanzig mutmaßlichen Morden aus, und …« Sie stockte kurz und biss sich auf die Lippen.

Van Bergen grinste in sich hinein. Sie hatte »mutmaßlich« gesagt. Hinter der abgebrühten Showfassade der Staatsanwältin steckte also immer noch eine gewissenhafte Juristin. Ihm wäre das nicht passiert. Lorenz waren solche juristischen Spitzfindigkeiten schlichtweg egal, denn das Publikum verstand die Feinheiten eines rechtsstaatlichen

Gerichtsprozesses sowieso nicht. »Frau Strafverfolgerin!«, unterbrach er also die Kollegin scharf. »Wir verhandeln hier nicht über Mutmaßungen …«

»Das ist korrekt, Herr Kollege«, räumte Seyloff ein. »Wir sprechen über Mord. Über einen nachweisbaren Mord.«

Leise, klagende Geigentöne erklangen, zu denen Seyloff nun fortfuhr: »Wir sprechen vom Mord an Johannes Kahrmann. Einem vierzigjährigen unbescholtenen Bürger, einem harten Arbeiter, einem dreifachen Familienvater.« Auf den Leinwänden erschienen nun in rascher Abfolge Bilder eines Deutschen durchschnittlichen Aussehens. Kahrmann mit seinen drei Töchtern, Kahrmann mit seiner Frau, Kahrmann in seinem Laden. »Johannes Kahrmann«, begleitete Seyloffs Stimme die musikalische Bildershow, »war ein aufrichtiger deutscher Bürger, ein gewissenhafter Steuerzahler und ein liebender Papa.«

Der Knochenbrecher sah fragend zu seinem Anwalt. »Gönnen wir ihnen die Show«, murmelte van Bergen. »Das bisschen Kitsch kriegen wir ausgebügelt.«

Saskia Seyloff hatte sich in Stimmung geredet. »Johannes Kahrmann hat zwanzig Jahre lang als Maler und Lackierer gearbeitet und sich Monat für Monat einen Teil seines mehr als dürftigen Verdienstes zurückgelegt. Er hat zwanzig Jahre lang darauf hingearbeitet, sich in Essen mit einem kleinen Handwerksunternehmen selbstständig zu machen. Um seiner Familie eines Tages etwas hinterlassen zu können.«

Ein Video wurde eingespielt, auf dem ein kleines Mädchen mit tieftraurigem Gesicht und zitternder Stimme sagte: »Ich vermisse meinen Papa.« Anklagend blickte sie in die Kamera. »Warum hast du das gemacht?« Es schien, als würde sie den Knochenbrecher direkt anreden. Im Publikum wurden erste Schluchzer laut. »Das ist Laura«, sagt eine Stimme aus dem Off. »Sie ist neun Jahre alt. Und sie hat vor einem halben Jahr ihren Vater verloren. Er wurde ermordet. Vermutlich, weil er sich geweigert hat, Schutzgeld zu bezahlen, weil er aufrecht durchs Leben gehen und seine Kinder stolz machen wollte.«

Ein Dutzend Lichtkegel tanzte wild durch den Saal, als suchten sie den Verantwortlichen. Saskia Seyloff wartete einen Moment und rief dann: »Und das, meine Damen und Herren, ist der Mann, der für den Tod von Johannes Kahrmann die Verantwortung trägt.« Die Lichtkegel hörten auf umherzuschweifen und sammelten sich zu einem donnernden Tusch auf dem Gesicht von Abdul Zeyman. Spitze Schreie ertönten, der Angeklagte sah wirklich furchterregend aus, zumal er sich nun nicht mehr beherrschen konnte und die Staatsanwältin mit gefletschten Zähnen richtiggehend anknurrte. Lorenz stieß ihn in die Rippen, umsonst.

Die Staatsanwältin sprach inzwischen ungerührt weiter. »Das, meine Damen und Herren, sehr geehrter Kollege« – sie deutete eine ironische Verbeugung in seine Richtung an, die Lorenz spontan erwiderte, was ihm ein paar Lacher einbrachte –, »das sind keine Mutmaßungen, das sind Tatsachen. Dieser Mann hat den Vater von drei kleinen Kindern ermordet. Skrupellos. Brutal. Um ein Exempel an einem harmlosen deutschen Bürger zu statuieren, der es wagte, sich mit dem berüchtigten Al-Zahidi-Clan anzulegen.«

»Mörder!«, rief der erste Zuschauer, andere stimmten ein, ringsum ertönte zustimmendes Murren.

Auf den Leinwänden erschienen die Obduktionsbefunde des Verstorbenen. »Aber Johannes Kahrmann wurde nicht einfach nur ermordet.« Die Stimme der Staatsanwältin wurde leiser, eindringlicher. »Ihm wurden davor sieben Knochen zertrümmert. Mit einem Messer wurden ihm neunzehn – ich wiederhole: neunzehn – Schnitt- und Stichverletzungen zugefügt. Johannes Kahrmann wurde brutal gefoltert. Der Täter schlug ihm mit einem Hammer beide Kniescheiben kaputt …«

Die ersten Zuschauer standen auf und begannen zu pfeifen. »Auf den Grill mit dem Schwein!«, brüllten zwei dicke Männer in Muskelshirts und ernteten zustimmendes Gejohle.

Saskia Seyloff warf einen provokanten Blick auf Lorenz, der betont ruhig zuhörte und keine Miene verzog. »Wie ich sagte, es handelt sich nicht um Mutmaßungen. Meine Damen und Herren, es gibt einen Beweis, dass Abdul Zeyman der Mörder von Johannes Kahrmann ist.« Sie machte eine Kunstpause. »Und hier ist er!«

Auf den Leinwänden lief nun ein Video, in dem das Opfer in einem kleinen Büro an seinem Schreibtisch saß. »Dies sind die Aufnahmen der Überwachungskamera aus Johannes Kahrmanns Büro im hinteren Bereich seines Ladens«, moderierte Seyloff. »Hier sehen wir, wie das Opfer an seinem Schreibtisch sitzt und sich erhebt, als jemand hereinkommt. Es ist – Abdul Zeyman.«

Im Video erschien ein großer, breitschultriger Mann, eine Sporttasche in der Hand. Als er sich noch einmal zur Tür umdrehte, die er hinter sich geschlossen hatte, wurde sein Gesicht deutlich: Es war der Angeklagte, Abdul Zeyman. Das Video hatte keinen Ton, vom Band lief dramatische Musik. Man sah, wie das Opfer aufsprang und beide Männer wild gestikulierten. Schließlich setzte sich Johannes Kahrmann wieder an seinen Schreibtisch und öffnete eine Lade. In diesem Moment trat Zeyman hinter ihn, packte sein Opfer am Nacken und schlug dessen Kopf mit einer einzigen Bewegung auf den Tisch. Ein vielstimmiger Aufschrei ertönte im Publikum, der in ein wildes Durcheinander aus Heulen, Stöhnen und Kreischen zerfiel, als der Knochenbrecher auf der Leinwand sein Opfer wie einen Sack Reis zu einem Stuhl zerrte und dort fixierte.

»Aufhören«, schrie eine Frau hysterisch, doch das Video lief weiter, und die meisten der Zuschauer sahen gebannt zu, wie der Angeklagte mehrere Male auf sein Opfer eindrosch und schließlich einen Hammer aus einer Tasche zog.

Lorenz beugte sich zu seinem Mandanten hinüber, deckte mit einer Hand sein Mikro ab und sagte: »Ich kann immer noch nicht begreifen, dass Sie die Kamera nicht gesehen haben.«

»Habe ich doch schon gesagt, war gut versteckt, das Scheißding«, knurrte der Knochenbrecher zurück, während er scheinbar ungerührt die Leinwand betrachtete.

»Wir springen nun zur entscheidenden Stelle«, ertönte Saskia Seyloffs kühle Stimme. Sie nickte in Richtung Mischpult, das in der Mitte des Publikums aufragte. Dann erschien auf der Leinwand ein Messer in Abdul Zeymans Hand. Erneut Kreischen und Stöhnen im Publikum. »O mein Gott!« schrie jemand, während auf der Leinwand Abdul Zeyman wieder und wieder auf sein Opfer einstach und eine Stimme aus dem Off laut mitzählte: »… drei, vier, fünf …«

Einige Zuschauer fielen mit ein: »… acht, neun, zehn …« Am Ende brüllte der halbe Saal wie in Ekstase: »… Siebzehn! Achtzehn! Neeeuuunzeeehn!«

Ein Tumult brach aus, Frauen klammerten sich weinend an ihre Partner, wutentbrannt begannen ein paar zu schreien: »Mörder! Mörder!«, bis die ganze Halle in den Sprechchor einstimmte. Die Dutzenden Scheinwerferkegel tanzten wieder durch die Arena, tauchten verzerrte Münder und hervorquellende Augen in gleißendes Licht, hin und her surrende Kameras fingen die Bilder fürs Publikum zu Hause ein: »Mör-der! Mör-der! MÖR-DER!«

Wie ein stiller Racheengel stand Saskia Seyloff da und wartete, bis sich die Menschen beruhigten. Langsam wurde es im Saal wieder heller, die Zuschauer setzten sich, das Geschrei ebbte zu Gemurmel und einzelnen Schluchzern ab. Die Transparente wurden wieder hochgehalten und schienen sich im nun warmen Licht ruhig dahinziehender Scheinwerfer zu wiegen.

Lorenz zollte der Staatsanwältin im Stillen Lob. Seyloff hatte ihre Sache gut gemacht. Sie hatte außerdem dazugelernt. Keine Hemmungen mehr wie beim DuPont-Prozess. Alle Bilder auf die Leinwand. Erst Dramatik aufbauen, dann eine emotionale Bindung zum Opfer herstellen und schließlich Beweise auf den Tisch legen. Eine klare Drei-Punch-Strategie. Hätte von ihm kommen können, dachte Lorenz und warf einen prüfenden Blick ins Publikum, um die Stimmung zu sondieren. Dort hatte sich gespanntе Ruhe ausgebreitet, die Menschen schienen erschöpft von ihrer eigenen Empörung.

Saskia Seyloff nickte in Richtung des Moderators, der sich nun von seinem Thron erhob: »Sehr verehrtes Publikum, was sagen Sie? Schuldig oder unschuldig?«

»Schuldig!«, brüllten die Zuschauer wie aus einem Munde. Viele waren nicht zum ersten Mal da und kannten das beliebte Ritual, die Stimmung im Publikum zu sondieren, bevor die Verteidigung zu Wort kam. Der Moderator strahlte, strich seinen Anzug glatt und setzte sich wieder hin.

Eine Kamera zoomte ganz nah an das Gesicht der Staatsanwältin heran. »Worauf plädieren Sie, Frau Staatsanwältin?«, fragte der Moderator mit lauernder Stimme.

Saskia Seyloffs Gesicht blieb ganz ruhig. »Schuldig«, sagte sie und nach drei Sekunden: »Todesstrafe.«

Viele Zuschauer sprangen erneut von den Sitzen und applaudierten. Der Regieassistent mit den riesigen Kopfhörern, der unterhalb des Richterpults hockte, sah abwechselnd zu Saskia Seyloff und Lorenz van Bergen und hob den rechten Zeigefinger. Beide blickten daraufhin ernst geradeaus, während Kameras um sie kreisten und der Moderator rief: »Die Beweise scheinen eindeutig. Die Staatsanwaltschaft fordert die Todesstrafe. Wie wird die Verteidigung nun reagieren? Wird Lorenz van Bergen das Blatt noch wenden können?«

Der Regieassistent zählte mit den Fingern die Zeit herunter und sprach halblaut, fürs Publikum unhörbar, mit: »Sechs, fünf, vier …«

»Erfahren Sie, wie es weitergeht – nach der Werbung!«

»… eins, uuund raus«, hörte man den Regieassistenten sagen. Im Saal ging das Licht an. »Wir haben drei Minuten und zwanzig Sekunden Unterbrechung«, ertönte eine Stimme aus den Lautsprechern. »Bitte bleiben Sie alle auf Ihren Plätzen.« Gehorsam blieben die Zuschauer sitzen, streckten ein bisschen die Beine aus oder wandten sich nach ihren Bekannten um.

Der Moderator schrie nach seiner Assistentin. Maskenbildnerinnen erschienen und puderten die Gesichter der Protagonisten. »Hältst du durch?«, fragte Lorenz seinen Mandanten. Der nickte nur, während er mit zusammengebissenen Zähnen duldete, wie eine Puderquaste über sein Gesicht strich. Abdul Zeyman war ein mit allen Wassern gewaschener Verbrecher, doch Lorenz hatte schon ähnliche Kaliber in der Arena zusammenbrechen sehen. Der geballte Hass Zigtausender Menschen war richtiggehend spürbar. Selbst ihm, dem erfahrenen Strafverteidiger, war mulmig geworden bei den Sprechchören.

Die Staatsanwältin stieg durch die Mitte der Arena und kam auf sie zu. »Gratuliere, Frau Kollegin«, sagt Lorenz freundlich. »Das war eine nahezu perfekte Anklage.«

Seyloff lächelte kühl. »Seltene Worte vom großen Lorenz van Bergen«, sagte sie in gespielt gelangweiltem Ton. »Aber lassen Sie mich Ihnen eine Frage stellen. Sie kannten die Beweislast. Warum haben Sie diesen Fall angenommen? Sie können nicht gewinnen, das wissen Sie.«

Van Bergen nahm eine der Wasserflaschen, die ihm ein Praktikant hingestellt hatte. Er hatte es sich zur Gewohnheit gemacht, nur aus ungeöffneten Flaschen zu trinken, sicher ist sicher, hatte Tamara einmal gesagt, und van Bergen pflichtete ihr bei. Eine Abführtablette von einem Gegner war schnell in ein Glas geworfen. Dann betrachtete er für einen Moment die Staatsanwältin. »Ach wissen Sie, Frau Kollegin«, sagte er ironisch. »Ich habe einfach ein Herz für aussichtslose Fälle.«

Seyloff musterte ihren Kollegen mit zusammengekniffenen Augen. Seine Selbstsicherheit machte sie sichtlich nervös. Sie schaute zu Abdul Zeyman, der stoisch neben seinem Verteidiger saß und durch sie hindurchsah. Saskia Seyloff schüttelte den Kopf, drehte sich um und ging zu ihrem Platz zurück.

»Bitte machen Sie sich alle bereit. In zwanzig Sekunden sind wir wieder auf Sendung«, rief der Regieassistent. Der Moderator Jonas Bergnier nahm Platz, das Licht im Saal wurde gedimmt. »Zehn Sekunden.« Lorenz fuhr sich mit der Hand durchs Haar und straffte die Schultern. Sein Auftritt. Der Moment, auf den er gewartet hatte. Jetzt war er da. Sei wie der Jaguar, dachte er. Ein Blick, ein Sprung, ein Biss …

»Auf Sendung in fünf, vier, drei …« Der Knochenbrecher senkte seinen Blick wieder zu Boden, er wusste, nun würde er ständig im Bild sein. »… zwei, eins – uuund bitte.«

Die Flutlichter in der Arena gingen an, aus den Boxen ertönte die Titelmelodie der *Justice Union.* »Wir sind zurück in der Dortmunder Justizarena«, begann der Moderator und breitete beide Arme aus, als wolle er die Anwesenden umarmen. »Auf der Anklagebank …« – gleich zwei Kameras schwebten heran – »… sitzt Abdul Zeyman, genannt ›der Knochenbrecher‹. Der Mann fürs Grobe, von keinem Geringeren als Ab-del-ka-rim-Al-Za-hi-di!« Er betonte jede Silbe, und im Publikum wurden wieder Buhrufe laut.

Dramatische Musik erklang, während auf den Leinwänden verschiedene Aufnahmen des berüchtigten Clan-Chefs erschienen, auf einigen war der Angeklagte neben oder hinter ihm zu erkennen. Dazu die Stimme aus dem Off: »Abdul Zeyman ist des brutalen Mordes am deutschen Kleinunternehmer Johannes Kahrmann angeklagt. Die Tat wurde von einer Überwachungskamera aufgezeichnet. Jetzt ist die Verteidigung am Zug.«

Der Moderator wandte sich in einer dynamischen Drehung an Lorenz, der scheinbar ungerührt seine Krawatte richtete, und rief: »Für die Verteidigung ist nun am Wort … Loreeeenz … Vaan … Bergeeen!« Eine Art Tusch ertönte, von zaghaftem Applaus quittiert. Das Publikum schien an diesem Abend vom Star der Show nicht so recht überzeugt zu sein.

»Hohes Gericht, meine Damen und Herren!« Lorenz machte eine kurze Pause, bevor er fortfuhr. »Wir haben uns heute Abend hier versammelt, um Gerechtigkeit zu finden.« Höfliches Klatschen. Sonst wurde sein Markenspruch, den er zu Beginn jedes seiner Auftritte brachte, mit tosendem Applaus quittiert. Als er weitersprach, wurde es totenstill in der Halle.

Ganz ruhig, sagte er sich. Du bist der Jaguar. Du lauerst dem Gegner erst auf. »Aber an diesem Abend«, setzte er fort, und seine

Stimme wurde fester, »müssen wir uns die grundlegende Frage stellen, wie sich Gerechtigkeit eigentlich definiert.« Er wies auf den Knochenbrecher, der immer noch den Kopf gesenkt hielt, während seine Kiefer mahlten. »Sie haben die Anklage gegen meinen Mandanten gehört. Sie haben gehört, dass er einen Menschen gefoltert und getötet haben soll.«

»Mörder!«, rief einer aus dem Publikum dazwischen, »Schwein!«, ein anderer.

Van Bergen blieb ruhig. »Sie haben sogar Videoaufnahmen von dieser Tötung gesehen.« Er drehte sich in die Richtung, aus der die Zwischenrufe gekommen waren. »Ist also dieser Mann hier, ist Abdul Zeyman ein Mörder?« Er ließ seinen Blick prüfend durch das Publikum schweifen. Niemand sagte etwas. Sehr gut. Jetzt konnte der Jaguar zum Sprung ansetzen. »Ja, meine Damen und Herren«, sagte er nach ein paar Sekunden. »Dieser Mann ist tatsächlich ein Mörder.«

Der gesenkte Kopf des Knochenbrechers erschien auf den Leinwänden, dann Schnitt auf das verblüffte Gesicht der Staatsanwältin und schließlich wieder auf ihn. Im Publikum ertönte unruhiges Gemurmel. Van Bergen wartete einen Augenblick, bis es wieder ruhig wurde.

»Ja, es ist wahr«, sagte er. »Dieser Mann hat Johannes Kahrmann in seinem Laden aufgesucht, ihn zur Rede gestellt, anschließend gefoltert und dann getötet. Genau so, wie Sie es auf dem Überwachungsvideo gesehen haben.« Wieder eine Pause. Auf ihrem Platz gegenüber schüttelte Saskia Seyloff ungläubig den Kopf. »Aber, meine Damen und Herren«, seine Stimme wurde nun lauter, »wenn wir heute Abend über Gerechtigkeit sprechen wollen, denn müssen wir zunächst über das vermeintliche Opfer sprechen, über Johannes Kahrmann. Denn dieser Mann ist nicht die Person, die Staatsanwältin Seyloff Ihnen hier vorgestellt hat. Dieser Mann mag nach außen hin ein hart arbeitender Bürger und liebender Familienvater gewesen sein. Das ist aber nicht die ganze Geschichte des Johannes Kahrmann.«

Es war jetzt ganz still im Saal. Gebannt hingen die Menschen an Lorenz' Lippen. Nun war für den Jaguar Zeit, sich anzupirschen.

»Johannes Kahrmann hat ein Doppelleben geführt«, sagte er langsam und eindringlich. »Hinter der Fassade des braven Bürgers steckte jahrelang, vielleicht sogar jahrzehntelang, ein Monster.« Er nickte in Richtung Regieassistent, der hastig in sein Mikro zu zischeln begann. »Meine Damen und Herren«, sagte Lorenz, während im Hintergrund bedrohliche Musik leise anschwoll. »Ich habe Informationen vorliegen, die das Bild von Johannes Kahrmann erschüttern und ein neues Licht auf seine Tötung werfen.«

Er drehte sich zum Moderator, der, über seinen Tisch gebeugt, interessiert lauschte. »Am 18. April 2044 hat mein Mandant Johannes Kahrmann um 17.32 Uhr in dessen Büro aufgesucht. Kurz danach war Kahrmann tot. Mein Mandant ist überführt. Sie haben alle gesehen, was er getan hat. Die eigentliche Frage aber lautet: *Warum* hat er es getan?«

»Herr van Bergen«, unterbrach der Moderator. »Wohin führt das alles?«

»Dazu komme ich jetzt, Mr Judge«, sagte van Bergen. »Abdul Zeyman ist Libanese. Er arbeitet für Abdelkarim Al-Zahidi. Machen wir uns nichts vor, niemand würde seinen Worten Glauben schenken. Darum möchten wir Beweise sprechen lassen. Oder anders gesagt: Darum möchten wir jemanden sprechen lassen, der Beweise gefunden hat.«

Auf den Leinwänden erschien ein Einspieler: Ein gut aussehender, etwa vierzigjähriger Mann in Lederjacke lächelte in die Kamera. »Der Mann, der auch die dreckigste Wahrheit findet«, ertönte jetzt die Stimme aus dem Off. »Deutschlands berühmtester Privatdetektiv: Jurek Igalnow!« Der Einspieler endete, und nun betrat der Mann, den man gerade noch auf der Leinwand gesehen hatte, die Halle durch dasselbe Tor, durch das bereits Lorenz und sein Mandant gekommen waren.

»Euer Ehren, meine Damen und Herren«, rief van Bergen über die einsetzende Musik hinweg. »Ich würde gerne Privatdetektiv Jurek Igalnow als Zeugen aufrufen.«

»Einspruch!«, rief die Staatsanwältin dazwischen. »Von dem Zeugen wurde der Staatsanwaltschaft nichts mitgeteilt.« Sie schickte einen wütenden Blick in Lorenz' Richtung. »Wieder einmal«, setzte sie heftig nach.

Lorenz lächelte entschuldigend. In einem normalen Gerichtssaal würde ein solches Manöver nicht durchgehen. Doch die *Justice Union* war mehr Show als Prozess. Und die Showregeln beherrschte er perfekt. Er hatte diesen Zeugen so eingeführt, dass das Publikum förmlich darauf brannte zu erfahren, was das Ganze sollte. Der Moderator würde den Teufel tun und diesen Moment kippen.

»Einspruch abgelehnt«, beschloss Jonas Bergnier entsprechend und wandte sich an den Mann in der Lederjacke, der nun den Zeugenstand in der Mitte der Justizarena erreicht hatte.

»Herr Igalnow, wir haben Ihre Identität vor der Sendung festgestellt«, sagte der Moderator. »Kommen wir also gleich zur Sache. Bitte, Herr Verteidiger.«

»Danke, Mr Judge.« Lorenz wandte sich an Jurek Igalnow, der sich auf seinem Stuhl fläzte und die Aufmerksamkeit sichtlich genoss. »Herr Igalnow, ich habe Sie beauftragt, das Leben des ermordeten Johannes Kahrmann zu durchleuchten. Es galt herauszufinden, warum geschehen ist, was geschehen ist.« Der Privatdetektiv nickte. »Erzählen Sie uns bitte, was Sie gefunden haben. Ist Herr Kahrmann der treusorgende Ehemann und Familienvater, als der er uns heute vorgestellt wurde?«

»Vielleicht ist er das«, sagte Igalnow mit breitem Lächeln. »Aber er hat auch eine andere Seite. Eine dunkle Seite.« Eine Kamera kam nahe heran, Igalnows Gesicht erschien auf den riesigen Leinwänden. »Ich habe mir Zugriff zu Herrn Kahrmanns Cloud verschafft«, fuhr Igalnow fort. »Und dort habe ich eine Entdeckung gemacht, die so furchtbar war, dass ich es zuerst nicht glauben wollte.«

Die Zuschauer reckten die Hälse, selbst Abdul Zeyman hob ein wenig den Kopf.

»Was haben Sie gefunden?«, fragte Lorenz ruhig.

»Sieben Terabyte Foto- und Videomaterial, auf denen der Missbrauch von Kindern zu sehen war. Kinder im Alter von drei Monaten bis zu drei Jahren.«

Die ersten Zuschauer schnappten nach Luft.

»War Johannes Kahrmann auf diesen Aufnahmen zu sehen?«, fragte Lorenz weiter.

»Nein«, sagte Igalnow. »Aber es gibt Chatverläufe, in denen er die Absicht erklärt, ein Mädchen zu vergewaltigen – und zu töten.«

Im Publikum wimmerte jemand. Schnitt auf eine weinende Zuschauerin. Die Kamera zog weiter und zeigte fassungslose Gesichter.

Nun erschienen Bilder der Chats auf der Leinwand, einige Sätze waren eingekreist: »Wie viel kostet es, wenn das Mädchen nicht überlebt?«, schrieb da jemand, der sich »derkindergaertner04« nannte, und »Können Sie die Leiche auch entsorgen?«

Stöhnen im Publikum. Zwischenrufe wurden laut: »Das gibt's ja nicht!« und »Was ist das für ein perverses Schwein?«

Lorenz wechselte einen Blick mit dem Privatdetektiv und nickte. »Und noch etwas habe ich gefunden«, sagte der daraufhin. »Einen Videochat, in dem Johannes Kahrmann ein kleines Mädchen anweist, sich auszuziehen und an sich herumzuspielen.« Auf der Leinwand erschien ein Zusammenschnitt des erwähnten Videos, eine Männerstimme war zu hören, die dem Mädchen Anweisungen gab.

Saskia Seyloffs Unterkiefer klappte runter. Der Moderator stützte den Kopf in beide Hände, als hätte er einen Migräneanfall.

»Wir wollen Ihnen die ganze Aufnahme ersparen«, sagte Lorenz ernst. »Die Männerstimme, die Sie soeben hörten, ist die von Johannes Kahrmann. Das haben Stimmproben eindeutig gezeigt. Was wir hier sehen, ist die Anbahnung eines Treffens zwischen Kahrmann und einem unschuldigen Kind. Und was er mit ihr vorhatte, das haben die Chatprotokolle uns verraten …« Auf der Leinwand erschien nun ein Stakkato von Fotos von Kindern, schwarze Balken verbargen das Offensichtliche. »Wir haben diese Bilder zensiert«, sagte Lorenz, »um

Sie, wertes Publikum, nicht über Gebühr zu belasten. Aber was wir hier sehen, ist das, was Johannes Kahrmann mit diesem und vielleicht auch mit anderen Mädchen vorhatte.«

»Einspruch!«, meldete sich nun mit heiserer Stimme Saskia Seyloff, die sich wieder gefangen hatte. »Sie arbeiten mit sogenannten Beweisen, die uns nicht vorliegen. Wir müssen das prüfen. Ich stelle den Antrag, den Prozess zu verschieben!«

Der Moderator auf dem Richterpult warf Seyloff einen scharfen Blick zu, dann sah er zu Lorenz hinüber. »Kommen Sie beide bitte zu mir nach vorne.«

Im Saal ertönte wieder die dramatische Stimme, die das Geschehen kommentierte wie einen Boxkampf. »Mr Judge Jonas Bergnier hat Staatsanwältin und Verteidiger nach vorne gebeten. Dieses Recht hat der Moderator – unter Ausschluss der Öffentlichkeit mit den beiden zu sprechen. Was mag diskutiert werden? Wir werden es vielleicht erfahren, bleiben Sie dran.«

Auf den Leinwänden sah man nun, wie Staatsanwältin und Verteidiger heftig gestikulierend auf den Moderator einredeten. Doch der Ton war abgedreht, stattdessen erklang die Titelmelodie der *Justice Union*.

Vor dem Richterpult hatte sich Saskia Seyloff in Rage geredet. »Das geht so nicht«, schrie sie fast. »Die Cloud-Daten wurden nicht von Kriminalbeamten ausgewertet.«

»Warum eigentlich nicht?«, stichelte Lorenz. »Was ist denn das für eine schlampige Untersuchung eines Mordfalls?«

»Ach hören Sie auf, dafür gab es keine Anhaltspunkte. Eine erste Durchsicht des Computers ergab nichts Verdächtiges, das weitere Untersuchungen nötig oder rechtlich legitim gemacht hätte«, verteidigte sich Seyloff. »Jedenfalls ist dieses Vorgehen unstatthaft …«

»Hören Sie zu«, unterbrach sie der Moderator. »Wir brechen hier gerade sämtliche Zuschauerrekorde. Wir werden den Prozess unter allen Umständen durchziehen.«

»Aber das können Sie nicht«, beharrte die Staatsanwältin. »Wir haben es hier mit einem Beweismittel zu tun, das der Staatsanwaltschaft nicht vorgelegt wurde. Das sind Dinge, die von irgendeinem Zeugen kommen und nicht verifizierbar sind. Ganz zu schweigen davon, dass diese Beweise illegal beschafft wurden. Das ist gegen die Strafprozessordnung.« Sie funkelte Lorenz wütend an. »Der Herr Kollege von der Verteidigung macht das ständig. Irgendwann muss mal Schluss sein.«

»Jetzt abzubrechen wäre gegen den gesunden Menschenverstand«, beharrte der Moderator. »Wir haben in diesem Moment fast dreißig Millionen Streams. Die Leute loggen sich immer noch neu ein, obwohl wir schon mittendrin sind. Das ganze Land verfolgt diesen Prozess.« Er fuhr sich mit der Hand übers Gesicht. »Die Leute wollen heute ein Ergebnis sehen, oder sie stornieren ihre Abos und verlangen ihr Geld zurück. Wir haben für heute ein Urteil versprochen, und das werden die Zuschauer auch bekommen.« Saskia Seyloff entglitten die Gesichtszüge. »Frau Staatsanwältin, wir machen jetzt weiter. Das ist mein letztes Wort.« Er gab dem Regieassistenten ein Zeichen und setzte sich wieder zurecht.

Vor Wut bebend ging Seyloff zu ihrem Tisch zurück. Lorenz schlenderte betont lässig zu seinem Mandanten. Er war jetzt ganz ruhig. Der Jaguar stand kurz vor dem tödlichen Biss.

Er wandte sich an Igalnow, der die Szene aus zusammengekniffenen Augen beobachtet hatte. »Herr Igalnow, Sie haben also dieses grauenhafte Video gefunden und Chatprotokolle, die darauf hindeuten, dass Johannes Kahrmann vorhatte, ein Kind zu missbrauchen und zu töten. Hatte er es nur vor … oder hat er es getan?«

»Einspruch«, kam es schneidend von gegenüber. »Reine Spekulation. Die Strafakte von Kahrmann ist sauber. Nichts spricht dafür, dass er jemals so eine Tat begangen hat oder in der Lage wäre, so eine Tat durchzuführen!«

»Abgelehnt«, entgegnete der Moderator mit gepresster Stimme und bedeutete Lorenz weiterzumachen. »Herr Igalnow, ich danke Ihnen für Ihre Aussage. Ich habe keine weiteren Fragen mehr!« Nachdem er den Privatdetektiv aus dem Zeugenstand entlassen hatte, wandte Lorenz sich direkt an sein Publikum. »Sehr geehrte Damen und Herren, liebe Kollegin Seyloff, ich bin Ihnen dankbar für Ihren Einspruch, denn er trägt zur Aufklärung bei. Sie haben recht – die Strafakte von Kahrmann ist sauber. Es gab bis heute keinerlei Verdachtsmomente gegen ihn. Was Sie hier aber eindrucksvoll erkennen können, ist, dass er im harmlosesten Fall eine tickende Zeitbombe war. Wir sehen, wie er davon fantasiert, ein Kind zu missbrauchen und zu töten.«

»Eine Fantasie ist keine Straftat«, hielt Seyloff dagegen.

»Jetzt verteidigen Sie auch noch pädophile Missbrauchsfantasien?«, empörte sich Lorenz künstlich. »Frau Kollegin, ich bin sprachlos.«

Buhrufe wurden laut, die Erregung im Publikum wuchs, die Spannung war förmlich zu spüren. »Seyloff raus!«, rief ein pickeliger Jüngling von den Rängen. Pfiffe ertönten.

Lorenz hob den Arm, es wurde wieder ruhig. Er hatte das Publikum nun in der Hand. »Hat Johannes Kahrmann nur davon geträumt, ein Kind zu missbrauchen und zu töten? Oder hat er es bereits getan? Wir wissen nicht, wie gefährlich Johannes Kahrmann wirklich war. Aber jemand scheint es herausgefunden zu haben. Und dieser Jemand sitzt hier neben mir.«

Die Kameras schwenkten auf Abdul Zeyman, der ganz still dasaß und keinen Mucks tat. Im Publikum wurden wieder Rufe laut, doch Lorenz redete weiter. »Mein Mandant«, rief er und zeigte mit dramatischer Geste auf den Knochenbrecher, »wollte kein Schutzgeld erpressen. Er wollte ein Monster stoppen. Ein Monster, von dem er durch seine Verbindungen in der Unterwelt erfahren hatte. Ein Monster, von dessen Vorhaben die Polizei nicht die geringste Ahnung hatte.« Erstmals brauste nun lauter Applaus auf. »Wenn die Aufnahme der Überwachungskamera in Johannes Kahrmanns Büro wiedergeben würde, was gesprochen wurde, würden wir nur eines hören: wie mein Mandant versucht, einen Perversen davon abzuhalten, noch mehr Kindern wehzutun.«

»Einspruch«, rief die Staatsanwältin verzweifelt, doch es ging im Tumult unter, der nun unter den Zuschauern losgebrochen war. »Bravo!«, riefen viele, und Lorenz holte zu seinem letzten Streich aus.

»Darum hat Abdul Zeyman getan, was er getan hat«, rief er über das Getöse hinweg. Und jetzt, der tödliche Biss des Jaguars: »Dieser Mann …« – er zeigte mit ausgestreckter Hand auf seinen Mandanten – »… verdient gewiss nicht die Todesstrafe! Dieser Mann verdient einen verdammten Orden!«

Die Zuschauer sprangen von den Sitzen, sie brüllten und weinten, Transparente wurden zu Boden geworfen und zerstampft. Lorenz stand nur da und drehte den Kopf langsam von einer Seite der Halle zur anderen, ein Kameramann filmte ihn von unten, er sah aus wie ein siegreicher Feldherr auf dem Schlachtfeld.

Der Knochenbrecher hob vorsichtig den Kopf und linste ins Publikum. »Abdul Zeyman hat einen Menschen getötet, aber er hat wer weiß wie viele unschuldige Kinder damit gerettet. Und darum«, sagte Lorenz abschließend, »plädiere ich auf Freispruch!«

»Mord ist Mord«, versuchte Staatsanwältin Seyloff noch einmal gegen den tosenden Applaus anzuschreien. »Wir haben eindeutige Beweise. Dieser Mord wurde begangen. Und ein Mord ist niemals zu rechtfertigen! Herr Vorsitzender, äh, Mr Judge …« Sie wandte sich Hilfe suchend an den Moderator, der jedoch wie gebannt das Publikum beobachtete. Dann drehte sie sich zu Lorenz: »Ein Mord muss bestraft werden …« Ihre Stimme begann den Dienst zu versagen. »Selbstjustiz ist nicht akzeptabel!«, krächzte sie. »Das ist Unrecht!«

»Über Recht und Unrecht, liebe Frau Kollegin, entscheidet immer noch die höchste Instanz, die unsere Bundesrepublik kennt: das Volk«, rief Lorenz und machte eine weit ausholende Armbewegung in Richtung Publikum. »Lo-renz, Lo-renz« setzten wieder die Sprechchöre seiner Fans ein. Und so beschloss er, noch einen draufzusetzen. Er machte eine halbe Drehung und einen Ausfallschritt vor die Tribüne, breitete die Arme aus und sprach nun das Publikum direkt an: »Scheinbar hält die Staatsanwältin Seyloff das Volk für zu dumm, um die richtige Entscheidung zu treffen.«

Ein perfekter Wirkungstreffer. Pfiffe und Buhrufe ertönten, die ersten Getränkebecher flogen in die Arena. »Wir sind das Volk!«, skandierte eine Gruppe älterer Männer, die sich die Deutschlandfahne ins Gesicht gemalt hatten, und nach und nach fiel das ganze Publikum ein: »Wir-sind-das-Volk! Wir-sind-das-Volk!« Einmal mehr tanzten die Scheinwerfer auf dem Publikum, und die Stimme des Moderators schien liebevoll über die Menge hinwegzustreifen: »… und damit liegt das Schicksal von Abdul Zeyman, dem Knochenbrecher, in Ihren Händen, meine Damen und Herren«, sagte der Moderator den bekannten Spruch auf. »Schuldig oder unschuldig? Sie haben die Wahl.«

Pause. Abdul Zeyman wurde weggeführt, Lorenz holte sich bei Tamara erstes Feedback. »Sicht nicht schlecht aus«, sagte sie und reichte ihm die obligate geschlossene Wasserflasche. »Wir dürften die Topquoten von letzter Woche noch einmal übertreffen.« Sie lächelte ihn an. »Gratuliere, Lorenz. Ab jetzt bist du unantastbar.«

Vor ein paar Wochen noch hätte sich Lorenz in diesem Lob gesonnt. Jetzt bewegte ihn ein anderer Gedanke: Was, wenn die Abstimmung schiefging und der Knochenbrecher auf den elektrischen Stuhl geschickt wurde? Was würde eine Hinrichtung für die anhaltenden Querelen um die Halal-Städte bedeuten? Eine Verurteilung wäre gefundenes Fressen für die ZTP, die ihre Anti-Clan-Rhetorik deutlich verschärfen und das Projekt Autonomer Zonen endgültig für gescheitert erklären würde. Abeds Vision wäre im Keim erstickt. Außerdem würde man ihn endgültig für Hackners Verschwinden verantwortlich machen und ihn als Schuldigen brandmarken, Beweise würde man jetzt nicht mehr brauchen. Die Stimmung in der Bevölkerung könnte endgültig kippen, es würden Forderungen nach noch härterem Vorgehen gegen die Muslime laut werden. Und Abed? Er würde wohl auf Rache sinnen und seine Friedenspläne überdenken … Nein, heute wurde nicht nur über das Schicksal eines Mannes entschieden, dessen war sich Lorenz sicher. Das Urteil würde Folgen haben – für die Muslime im Land, für die Halal-Städte und ihre Führer. Erstaunt stellte Lorenz fest, dass er nicht wie sonst mit Tamara herumspekulierte, was Sieg oder Niederlage für seine Beliebtheitswerte oder sein Konto bedeuten würde. Er war in Gedanken in Neu-Essen und bei Abed, der all seine Hoffnungen in ihn, Lorenz, setzte. Er war jetzt Teil einer größeren Sache. Und der Gedanke gefiel ihm immer besser. Auch wenn das für ihn üble Konsequenzen auf der anderen Seite bedeuten konnte. Aber er war bereit, es für die Sache darauf ankommen zu lassen.

»Das Volk hat gesprochen«, sagte der Moderator Jonas Bergnier mit Grabesstimme. Auf den Leinwänden waren zwei Abstimmungsbalken zu sehen. Der eine war bei siebzig Prozent stehen geblieben, der andere bei dreißig Prozent. »Ein eindeutiges Ergebnis«, deklamierte der Moderator und machte die gebotene Kunstpause. »Das Volk hat sich zu siebzig Prozent dafür entschieden, den Angeklagten … freizusprechen!«

In der Halle brach die Hölle los. Die Transparente und Plakate, auf denen dem Knochenbrecher der elektrische Stuhl gewünscht wurde, flogen in hohem Bogen auf die Stufen und wurden zertrampelt. »Ab-dul, Ab-dul!«, intonierten dieselben Menschen, die vorhin noch »Mörder!« gebrüllt hatten. Lorenz stand grinsend auf seinem Platz und beobachtete kopfschüttelnd das Theater. Die Menschen waren so einfach zu manipulieren. Nun, sie hatten es nicht anders gewollt. Brot und Spiele.

Er wandte sich an seinen Mandanten, der vornübergebeugt auf seinem Platz hockte. Seine Schultern bebten. »Alles okay?«, fragte Lorenz und beugte sich zu Abdul Zeyman hinunter. Der hob den Kopf. Tränen strömten über sein kantiges Gesicht, in seine sonst so kalten Augen war ein warmer Schimmer getreten. »Ich … ich habe gedacht, ich sehe meine Kinder nicht mehr …«, stammelte er. Dann nahm er ein paar tiefe Atemzüge, stand auf und drückte Lorenz an sich, sodass dieser beinahe keine Luft mehr bekam.

»Ich küsse deinen Verstand, Lawyer!«, rief der Knochenbrecher, wieder ganz der Alte. Zwei Sicherheitsleute kamen und nahmen ihm die Ketten ab.

Erleichtert grinsend klopfte Lorenz seinem Mandanten auf die Schulter. »Ich gratuliere, Abdul, Sie sind ein freier Mann.« Dann schüttelte er ihm die Hand. »Was haben Sie heute Abend vor?« Der andere spuckte auf den Boden. »Was Ordentliches essen. Der Gefängnisfraß ist abartig.«

»Dann sehen wir uns nachher in Neu-Essen?« Der Knochenbrecher nickte und zog mit den Sicherheitsleuten ab. Er würde seine Habseligkeiten ausgehändigt bekommen und dann durch einen Seiteneingang aus dem Gebäude gelotst werden. Dort warteten bereits Abeds Männer. Auch der silberne Jaguar stand bereit – Lorenz hatte versprochen, in jedem Fall so schnell wie möglich nachzukommen. Für den Fall eines Sieges hatte Abed ein Fest versprochen, »wie du es noch nie erlebt hast«. Lorenz konnte es kaum erwarten. Gleichmütig nahm er auf dem Weg zur Garderobe die Gratulationen der Produktionsleute und des Senderchefs hin, die ihm auf die Schulter klopften und natürlich alle immer schon gewusst hatten, dass er gewinnen würde.

»Wann komme ich hier raus?«, fragte er Tamara.

Sie zuckte die Schultern. »Wann immer du willst. Ab heute bist du unantastbar. Du kannst machen, was dir beliebt.«

Lorenz grinste. »Dann entschuldige mich bitte. Sag, dass ich noch ein paar dringende Dinge mit meinem Mandanten zu klären habe.«

»Aye, aye. Bis morgen in der Kanzlei.«

»Abwarten«, grinste Lorenz. »Wer weiß, was diese Nacht noch bringt.«

Kapitel 9

Freitag, 21. Oktober 2044, 23.00 Uhr, Neu-Essen

»Wo ist denn die Siegesfeier?«, fragte Lorenz, als sie durch das Nordtor in Neu-Essen rollten. Von Weitem schon hörte man Sprechchöre: »Ab-dul, Ab-dul!«, skandierten die Menschen wie vorhin die Zuschauer in der Justizarena, aber auch »Allahu-akbar!« und – Lorenz musste zweimal hinhören, um sicherzugehen, dass er sich nicht geirrt hatte – »Dscha-gu-arr! Dscha-gu-arr!«

Jaguar. Sie feierten ihn, den Alman, der ihnen den Bruder zurückgebracht hatte. Eine Welle der Rührung überkam Lorenz. Und dann sah er es: Die halbe Stadt war auf den Beinen, um den Freispruch von Abdul Zeyman zu feiern. Als die Menschen den silbernen Oldtimer sahen, drängten sie heran, sodass sie nur noch im Schritttempo weiterkamen. »Dschaguarr!«, riefen sie, und: »Lawrence of Almania!«, sie klopften auf das Wagendach und winkten durchs Fenster. Lorenz fühlte, wie Glückshormone ihn durchströmten. Mit allem hatte er gerechnet, aber nicht mit diesem Empfang. Diese Menschen sahen ihn als einen der Ihren an. Er konnte sich nicht erinnern, jemals so glücklich gewesen zu sein. Als sie am Gasometer ankamen, nahmen seine Begleiter ihn lachend in die Mitte und führten ihn zum Eingang. Die Menge schrie und applaudierte immer weiter, und Lorenz drehte sich noch einmal um und winkte zurück.

Dann fuhren sie mit einem gläsernen Fahrstuhl aufs Dach. Abed hatte den alten Gasometer stehen lassen – als Zeugnis einer anderen Welt. Verrückte Zeiten, damals, dachte Lorenz, als die Menschen noch Energie aus fossilen Stoffen gewannen, statt mehrheitlich aus erneuerbaren Quellen. Das Zeitalter der Horrortechnologien, hatte ein Kolumnist der *Neuen Weltzeit* das 20. Jahrhundert einmal genannt, und Lorenz stimmte ihm im Geiste zu.

Er trat hinaus, musste noch einen schmalen Treppenabsatz hinaufklettern, dann stand er auf einer Art Aussichtsplattform, die auf dem Dach des Gasometers errichtet worden war. Etwa hundert Menschen hatten sich hier versammelt und nahmen ihn begeistert in Empfang. Mit ausgebreiteten Armen kam Abdelkarim ihm entgegen, umarmte ihn zu neuerlichem Applaus der Umstehenden und winkte Abdul Zeyman heran, der nur kurz vor ihm angekommen sein musste. Der Knochenbrecher fiel Lorenz einmal mehr um den Hals und schleppte ihn zu einer zierlichen Frau, die drei Kinder an sich drückte und nun Lorenz mit tränenerstickter Stimme dankte. »Schokran ktir. Allah ykhalik – vielen Dank. Gott segne dich.« Ihre Stimme versagte.

»Meine Frau«, rief der Knochenbrecher und riss, nun selbst weinend, seine Kinder an sich.

Es war ein regelrechter Zirkus, aber Lorenz fühlte sich pudelwohl in diesem Getümmel. Pilzförmige Heizstrahler verströmten wohlige Wärme. Eine Handvoll Bediensteter in strahlend weißen Gewändern ging mit Tabletts herum. Ein junger Bursche hielt Lorenz mit einer Verbeugung einen Teller mit einem dampfenden Waschlappen hin. Dankbar wischte er sich Hände und Nacken ab. Ein zweiter Junge servierte Tee in bunten Gläsern.

Lorenz sah sich anerkennend um: Lichterschnüre waren kreuz und quer über ihre Köpfe gespannt, mehrere Grills waren aufgebaut, lange Tische standen bereit, im Hintergrund stand sogar ein Zelt, aus dem arabische Popmusik schallte.

Abed führte Lorenz zu Bahar, die sich vor dem Getümmel ins Zelt gerettet hatte und nun lächelnd aufstand, um ihn zu begrüßen. »Lorenz, willkommen. Und Gratulation!« Sie trug eine wallende, dunkelblaue Abaya mit Stickereien, das Haar locker unter einem passenden Schleier verborgen. Lorenz bemerkte, dass Abed seine Frau mit den Augen verschlang. Wie lange waren die beiden nun schon verheiratet? Fast zwanzig Jahre? Und immer noch war ihre Liebe ungebrochen.

Lorenz musste noch unzählige Hände schütteln, er wurde mit Begeisterung regelrecht überschüttet, ständig versuchte ihm jemand einen vollen Teller mit Grillfleisch in die Hand zu drücken – »Iss, mein Freund!« – »Mein Bruder!« – »Dschaguarr!« Aus arabischem Munde klang sein Spitzname viel dramatischer, befand Lorenz und grinste von einem Ohr zum anderen. Es war einfach wunderbar.

Schließlich rettete Abed seinen Gast und führte ihn zum Rand der Plattform, wo Bahar stand. »Du musst Al Amal von hier oben ansehen«, sagte sie und machte eine weite Handbewegung über die Halal-Stadt.

Der Ausblick war großartig. Nach Norden hin konnte Lorenz über die beiden Wasserläufe, die Autobahn und auf das nächtliche, von vielen Lichtern erhellte Deutschland sehen. Direkt vor ihnen war der Gebäudekomplex des ehemaligen Einkaufszentrums hell erleuchtet, dort war ein regelrechtes Volksfest im Gange. Nach Osten hin wurden die Gebäude niedriger, im Nordosten, relativ nahe der Mauer, lag ein dunkler Fleck mit einem weißen, von Scheinwerfern beleuchteten Gebäude. Das musste Abeds Villa sein, der weitläufige Garten drum herum ein absoluter Luxus in der dicht bebauten Zone.

Sein Blick wanderte weiter nach Südwesten auf die verwaschenen Hochhäuser, die dicht an dicht gedrängt die Hälfte Neu-Essens einnahmen und wie lange, eng gesteckte Nadeln in die Nacht stachen. Zwischen einigen der Gebäude waren sogar Wäscheleinen gespannt worden, an denen Kleidungsstücke flatterten. Lorenz musste grinsen. Er hatte diese laute, quirlige, menschelnde Enklave ins Herz geschlossen. Auf der von Scheinwerfern angestrahlten Mauer, die Neu-Essen umgab, patrouillierten ein paar schwarze Punkte – Sicherheitsleute, wahrscheinlich bis an die Zähne bewaffnet.

»Das Leben in der Stadt kann sich schnell eng anfühlen«, sagte Bahar lächelnd. »Ich komme gerne hier herauf, dann spüre ich, wie sich mein Herz wieder weitet.«

Lorenz mochte ihre blumige Ausdrucksweise. Bahar Al-Zahidi sprach nicht viel. Aber wenn sie etwas zu sagen hatte, dann klang es wie ein Gedicht. »Ich höre dir gerne zu«, sagte Lorenz. »Wir Almans reden viel zu viel und nicht so schön.«

Sie lächelte. »Öffne deinen Mund nur dann, wenn das, was du sagst, schöner ist als das Schweigen«, sagte sie.

Bahar wirkte nun ganz gelöst, und Abed ließ sie kurz allein, um etwas mit Jamal zu besprechen. Lorenz blickte suchend in die Menge. Er hatte den jungen Al-Zahidi noch gar nicht gesehen. Doch, dort vorne stand er mit finsterer Miene. Freute er sich nicht über ihren Sieg?

Lorenz wandte sich wieder Bahar zu. Er genoss den Abend viel zu sehr, um sich Gedanken um den grantigen Sohn zu machen. »Hast du noch mehr Lebensweisheiten für mich?«, fragte er sie gut gelaunt. Er mochte Bahar – sie war locker, humorvoll, nahbar. Sie besaß eine natürliche Autorität, blieb dabei jedoch sehr unaufdringlich.

»Mein Lebensmotto ist etwas ernster«, begann sie, hielt dann kurz inne, als ob man den Satz nicht einfach so hersagen dürfe. »Geduld ist«, begann sie, brach ab, setzte neu an: »Geduld ist, wenn dein Herz brennt, aber dein Mund schweigt.«

Lorenz musste eine Sekunde darüber nachdenken, was das bedeutete. »Man soll nichts überstürzen?«, fragte er.

Bahar nickte. »Und man soll nicht alles immer sofort ausplaudern«, ergänzte sie. »Für alles, was es zu sagen gibt, kommt die richtige Zeit.«

»Das nehme ich als Versprechen«, sagte Lorenz. »Ich werde euch noch mit Fragen ausquetschen wie Zitronen.« Dann lachten sie beide.

»Entschuldigt«, erklang eine säuerliche Stimme hinter ihnen. Jamal Al-Zahidi war unbemerkt zu ihnen getreten, und Lorenz zuckte kurz zusammen. »Ich wollte Sie nicht erschrecken«, sagte Jamal.

»Bitte, nenn mich Lorenz«, sagte er und schüttelte dem Jungen die Hand. Dieser blickte fragend zu seiner Mutter, die unmerklich nickte. »Also gut … Lorenz«, sagte Jamal langsam, als müsse er den Namen erst kosten, um zu sehen, ob er ihm schmeckte.

»Ich soll euch holen, ihr sollt etwas essen.«

»Wir kommen gleich«, sagte Bahar lächelnd. »Ich möchte nur noch sehen, ob man auch nachts den Tetraeder erkennt.«

Ihr Sohn grinste spöttisch, stellte sich aber brav neben seine Mutter und spähte nach Nordwesten in die Nacht.

Lorenz wurde aus diesem jungen Mann nicht schlau. Jamal war anders als seine Eltern, abweisend, beinahe feindselig.

»Was suchst du?«, fragte Lorenz, um den seltsamen Moment zu überspielen. »Den Tetraeder? Das Ding in Bottrop?«

Bahar nickte. »Ich war da einmal, es ist sehr schön, An klaren Tagen kann man von dort bis hierher sehen.« Ihre Augen suchten den Horizont ab. »Da. Siehst du das rote Licht dort drüben?«

Lorenz folgte ihrem Blick. Am Horizont leuchtete ein roter Punkt. Der Tetraeder war einer der Imagebauten, die Ende des 20. Jahrhunderts im ehemaligen Industriegebiet errichtet worden waren. Immer noch pilgerten Esoteriker und Pärchen zu der pyramidenförmigen Stahlkonstruktion hoch auf einem Hügel über Bottrop und stiegen die Stufen zur Aussichtsplattform hinauf. Vor wenigen Jahren hatten chinesische Unternehmen fast alle Kohlehalden im Ruhrgebiet gekauft und Kunstinstallationen angebracht. Am Tetraeder in Bottrop leuchtete ein gigantisches chinesisches Schriftzeichen weithin durch die Nacht.

»Es sieht fast wie eine Markierung aus«, sagte Bahar und lächelte verlegen. »Als ich ein junges Mädchen war, gab es dort noch keine chinesischen Installationen. Da war nur der Tetraeder. Ich habe mir immer vorgestellt, dass dort besondere Energieströme zusammenfließen.«

Lorenz lächelte. »Ein schöner Gedanke. Warst du nie wieder dort?«

Bahar schüttelte den Kopf. »Ich habe Al Amal seit Jahren nicht verlassen«, sagte sie mit leiser Wehmut in der Stimme. »Abed hält es für zu gefährlich.« Sie schwiegen einen Moment. »Wie ist es … draußen?«, fragte sie dann.

Lorenz überlegte einen Moment. »Weiter als hier«, sagte er dann. »Weiter und kälter. Und unruhig.« Bahar hörte aufmerksam zu, während Jamal scheinbar gelangweilt mit der Schuhspitze Muster auf den Boden zeichnete. »Es gibt viele Demonstrationen von linken Gruppen«, fuhr Lorenz fort. »Und der Innenminister ist nun wohl wirklich entführt worden.« Lorenz schüttelte den Kopf. »Das trägt nicht unbedingt zu einer beruhigteren Stimmung bei. Nicht, dass ich viel davon mitbekomme. Aber es hängt wie eine Wolke über allem. Die Leute haben Angst, dass es wieder zu einer Terrorwelle kommt wie in den Dreißigern, zu Ausschreitungen und Straßenkämpfen. Man hat ehrlich gesagt auch große Angst vor euch, vor zunehmenden Übergriffen.« Bahar nickte langsam. Lorenz überlegte, ob er ihr vom Verdacht des Professors erzählen sollte, dass Abed etwas mit Hackners Entführung zu tun habe. Als er jedoch sah, wie Jamals Blick sich deutlich in den Boden bohrte und seine Kiefer sich spannten, entschied er sich dagegen. Besser, den jungen Hitzkopf nicht weiter mit wilden Anschuldigungen aufzuwiegeln. Außerdem war es auch beleidigend, fand er. Die Entführer würden sich schon noch melden. Bis dahin musste er seine neuen Freunde nicht unnötig verärgern.

»Kommt ihr?«, erklang Abeds Stimme vom Zelt herüber. Er hatte es sich bereits davor auf einem hölzernen Lehnstuhl bequem gemacht und hob sein Glas. Auch an den langen Tischen saßen nun die Menschen vor riesigen Platten mit Grillfleisch, Bergen von gewürztem Reis und Schalen mit Salaten und Gemüse.

»Komm, Lorenz«, sagte Bahar und nahm ihren Freund vertraulich beim Arm. »Lass uns diesen Abend nicht mit schweren Gedanken belasten. Heute feiern wir.« Das ließ er sich nicht zwei Mal sagen. Er setzte sich zu seinen Gastgebern, Abed strahlte, und sogar Jamal schien sich zu entspannen. Vielleicht würde der Junge sein Misstrauen doch noch ablegen? Lorenz hatte die Gabe, jeden Menschen für sich gewinnen zu können, wenn er es drauf anlegte. Diesen Jamal würde er auch noch knacken.

Gut gelaunt griff er sich eines der kleinen Fladenbrote, die er so liebte, tauchte ein Stück in ein Schälchen mit Auberginencreme und seufzte zufrieden. Er wollte von der Welt da draußen nichts wissen, nur für ein paar Stunden. Keine Politik. Keine *Justice Union*. Nur Himmel und Weite, seine Freunde und das köstliche Essen.

Abed lächelte Lorenz an. »Schön, dass wir hier zusammensitzen, mein Freund«, sagte er. »Hier oben ist mein Kraftort. Ich freue mich, dass du hier bist.«

Lorenz nickte. »Ich habe auch so einen Ort«, verriet er. »Eine Hütte im Spreewald. Ganz einfach, ohne Komfort. Aber ich kann dort wunderbar abschalten.« Einer spontanen Eingebung folgend, fügte er hinzu: »Ich hoffe, du kommst mich dort einmal besuchen.«

Abed lächelte ehrlich erfreut. »Sehr gerne, mein Freund.«

Lorenz hatte noch nie jemanden in seine Hütte eingeladen, nicht einmal Carolina war dort gewesen – wobei es ihr wohl auch zu primitiv wäre. Die Hütte am See war sein Zufluchtsort. Abed war der Erste, den er sich dort vorstellen konnte.

Kurz zuckte das Bild des Mannes vom Staatsschutz in seinem Kopf auf. »*Wenn Ihnen etwas auffällt …*« Ärgerlich schob Lorenz das Bild beiseite. Er wollte nichts davon wissen. Hier bahnte sich eine echte Freundschaft zu Abed an, eine ungewöhnliche Freundschaft vielleicht, überlegte er, aber eine ehrliche. Zu einem Mann mit einer wirklichen Vision, die Lorenz nicht verraten würde

»Wir könnten gleich dieses Wochenende in die Hütte fahren«, fragte er. »Was meinst du?«

Abed sah ihn überrascht an, dann lachte er laut auf. »Warum nicht? So wenige Probleme wie heute habe ich sicher nie wieder!«

Bahar hatte zugehört und schüttelte lächelnd den Kopf. »Ihr Kindsköpfe!«, rief sie. »Aber dann solltet ihr bald aufbrechen.«

Abed sah sie liebevoll an. »Meine Frau«, sagte er zu Lorenz und deutete auf Bahar. »Sie ist die beste von allen.«

Zwischenschnitt

Wie schnell man sich an Dinge gewöhnt. Den Gestank. Die eigenen Exkremente. Dieses Brummen, das jeden klaren Gedanken unmöglich macht. Das Unerträglichste aber ist die Stille. Und die Zeit. Wie lange liege ich schon hier? Tage? Wochen?

Und dann immer wieder dieselbe Frage: Wer hat mich hierhergebracht? Ich zermartere mir das Hirn, wieder und wieder und wieder, ich werde noch verrückt. Wer könnte Interesse daran haben, mich zu entführen, mich zu verstecken, mich aus dem Verkehr zu ziehen? Immer wieder dieselben Überlegungen, dasselbe Ausschlussverfahren.

Die Linken mit ihrer Lenin-lebt-Witzpartei? Nein. Die haben Mühe, sich im Bundestag zu halten. Meine Pläne zu torpedieren würde sie eher Stimmen kosten, als welche zu bringen.

Steckt die RAF 2.0 dahinter? Reichmann hat das schon öfter ausgeschlossen, und die beobachten alle Gruppen, arbeiten sauber. Das wäre dem Staatsschutz nicht entgangen.

Nein, es muss jemand anderer sein. Jemand, von dem ich es nicht erwartet hätte … Und da bleibt nur einer, obwohl das eigentlich unmöglich ist. Aber er muss es sein, eine andere Möglichkeit gibt es nicht. Er hat die Sache von damals nie vergessen. Und er fürchtet um seine jetzige Position. Aber er wird alles verlieren, wenn rauskommt, dass er dahintersteckt. Was genau meint er hier zu gewinnen? Warum ist er nicht einfach zu mir gekommen? Wir haben doch schon ganz andere Probleme gelöst, mir wäre auch diesmal bestimmt was eingefallen.

Andererseits, die Sache mit dem Chip … Woher konnte er davon wissen? Ohne die genaue Stelle zu kennen, wo er implantiert war, hätte niemals jemand ihn lokalisieren und entfernen können. Und das wussten doch nur meine allerengsten Vertrauten! Nicht mal Irene hab ich eingeweiht. Zu hohes Sicherheitsrisiko. Wie geht das nur alles zusammen, verdammt?

Wieder dieses elende Brummen … Als ob mein Schädel jeden Moment explodiert. Ich will nicht mehr nachdenken. Ich will raus hier. Duschen, heißes Wasser, ein weiches Bett … Schlafen …

Kapitel 10

Samstag, 22. Oktober 2044, 3.10 Uhr, Spreewald

Es war tiefe Nacht, als sie ankamen, und stockfinster. In den Bäumen ringsum regte sich nichts. »Warte«, sagte Lorenz, aktivierte auf seinem Handy die Taschenlampenfunktion und leuchtete seinem Freund den Weg zur Hütte.

Lorenz hatte den Quadro nach Oberhausen bestellt. Von dort waren sie zum Flugplatz Cottbus-Drewitz geflogen, wo Lorenz' Geländewagen stand. Während des Flugs hatten sie gelacht und gescherzt wie zwei Jungs, die zum Zeltlager aufbrachen. Abed hatte Al Amal »illegal« verlassen, ohne seinen Chip zu reaktivieren. Doch Lorenz vertraute ihm, was sollte schon passieren. Die vierzig Minuten Fahrt zur Hütte hatten sie dann weitgehend schweigend zurückgelegt. Es war spät geworden, und sie waren beide müde.

Abed sah sich um, doch um diese Zeit war nichts zu erkennen. »Morgen zeige ich dir alles«, sagte Lorenz. »So, hier lang.« Er zog einen altmodischen Schlüssel aus der Tasche und schloss eine einfache Holztür auf. »Ich warne dich, es ist wirklich nur eine Hütte.«

Abdelkarim lächelte. »Ich fühle mich sehr geehrt, dass du mir deinen geheimen Ort zeigst.«

Lorenz leuchtete ein Tischchen neben dem Eingang an. »Halt doch mal«, bat er und drückte Abed das Handy in die Hand. Geschickt entzündete er eine Petroleumlampe, ein Relikt aus dem Gartenhäuschen seines Großvaters. Milder Schein breitete sich aus und beleuchtete den Raum. Die Hütte hatte nur ein Zimmer, in dem nur das Nötigste war. Ein Tisch, zwei Stühle, eine Pritsche, ein bemalter Wandschrank aus Holz, ein Lehnstuhl … »Ich habe noch Decken, daraus mache ich ein zweites Nachtlager. Du nimmst die Pritsche.« Abed öffnete den Mund, um zu protestieren, aber Lorenz bestand darauf. »Du bist der Gast!«

Das Holzhaus lag an einem kleinen See. Lorenz hatte es entdeckt, als er nach einem phänomenalen Sieg im Berliner Justizpalast einfach durch die Gegend gefahren war. Die Hütte befand sich mitten im Biosphärenreservat Spreewald, verborgen zwischen Bäumen. Lorenz nutzte die Hütte nicht so oft, wie er eigentlich vorgehabt hatte. Aber wenn er mal da war, genoss er die Einfachheit des Daseins. Er heizte den kleinen Ofen mit Holz, das er selbst zurechthackte, und wenn er Hunger hatte, warf er ein paar Kartoffeln und Seitanschnitzel auf den Grill der Outdoorküche. Das Toilettenhäuschen auf der Rückseite der Hütte wurde von einem Verwalter instand gehalten, der auf Wunsch auch Lebensmittel lieferte sowie biologisch angebauten Weißwein ohne Sulfite, der ihm nur hier schmeckte.

Lorenz stöberte im Wandschrank und fand abgepacktes Brot und ein paar Dosen mit Leberwurst, die noch vom Vorbesitzer stammten – aus Zeiten, in denen Fleisch noch nicht verboten war. »Bis ich den Verwalter erreicht habe, kommen wir klar«, sagte er.

Abed griff sich eine Dose. »Kalbsleber. Glück gehabt.«

Sie grinsten. Es war für beide das totale Kontrastprogramm zu ihrem sonstigen Leben. »Und du hast wirklich noch niemanden hierher eingeladen?«, fragte Abed.

Lorenz schüttelte den Kopf. »Nein, nicht mal Carolina. Wobei sie hier bestimmt sehr unglücklich wäre.«

Abed holte aus seinem Rucksack ein Päckchen. »Ein Gastgeschenk, Bahar hat es mir noch schnell mitgegeben. Danke, dass du mich eingeladen hast, mein Freund.«

Gerührt packte Lorenz den Karton aus und hielt einen einfachen, tönernen Krug mit schmalem Hals hoch. Das Stück war nicht glasiert, sondern einfach nur gebrannt worden, man konnte die Rillen erkennen, die beim Drehen auf der Töpferscheibe entstanden waren. »Den hat

Bahar selbst gemacht«, erklärte Abed. »Töpfern ist ihre geheime Leidenschaft.« Einmal mehr war Lorenz beeindruckt davon, wie gut Bahar zuhörte. Der einfache Krug passte hervorragend in diese Hütte. »In so einem Krug hält sich auch Wein lange kühl«, ergänzte Abed.

Lorenz musste grinsen. »Dass Bahar sich mit Wein auskennt …«

»Wir sind keine weltfremden Träumer«, lachte Abed. »Ich habe sogar den erklärten Befehl meiner Frau, dich im Fall des Falles nicht allein trinken zu lassen. Das wäre unhöflich.«

Es wurde ein legendäres Wochenende. Der Verwalter brachte Lebensmittel und eine Kiste Wein, wünschte eine gute Zeit und ging wieder. Falls er sich über den libanesischen Gast wunderte, ließ er es sich nicht anmerken. »Diskreter als eine Puffmutter«, sagte Lorenz. »Der erzählt nichts weiter.« Er war zwischendurch von seinem eigenen Wagemut erschrocken gewesen. Im Freudentaumel auf dem Dach des Gasometers eine Einladung auszusprechen war die eine Sache. Mit einem berüchtigten Clan-Chef unbemerkt zu verschwinden und auf deutsches Gebiet zu fahren war etwas anderes. Wenn die Behörden ihn hier fanden, konnte man ihn jederzeit festnehmen.

Und was, wenn Abed doch etwas anderes im Schilde führte, als er vorgab, und sich vom liebenswerten Gastgeber in den eiskalten Verbrecher verwandelte, als den ihn dieser Kurt Reichmann vom Staatsschutz gezeichnet hatte? Sobald Lorenz zu viel nachdachte, wurde er unsicher. Er hatte sich noch nie freiwillig auf unsicheres Terrain begeben, doch genau das tat er. Und noch nie hatte er sich so lebendig dabei gefühlt, so ehrlich gegenüber sich selbst.

Abdelkarim erwies sich als unkomplizierter, gut gelaunter Gast. Hurtig spaltete er Holz für den Ofen, die Nächte waren bereits kühl, zudem war er ein geschickter Koch am Grill. Sie erkundeten mit einem Ruderboot die Kanäle ringsum, erzählten einander am Lagerfeuer Anekdoten aus ihrem Leben, und Abed hielt wacker mit, als Lorenz am späten Samstagabend eine der Weißweinflaschen öffnete, die der

Verwalter geliefert hatte. »Du trinkst wohl nicht zum ersten Mal«, zog Lorenz ihn auf.

»Und sicher nicht zum letzten Mal!«, grinste Abed und hielt ihm sein leeres Glas entgegen. »Erzähl mal, Lorenz«, begann er dann, »du weißt recht viel über meine Träume, aber ich kenne deine nicht.« Er sah den Freund an. »Ich weiß zum Beispiel, dass du sehr erfolgreich bist, aber nicht warum.«

Lorenz nahm einen Schluck Wein und dachte nach. Warum war er, wo er war? Woher kam sein brennender Ehrgeiz, der ihn bis an die Spitze der *Justice Union* gebracht hatte? Und warum hatte er sich bis vor Kurzem solche Fragen gar nicht gestellt? Weil, das wurde ihm in diesem Moment klar, er in einer Gesellschaft lebte, in der Ehrgeiz keine Erklärung brauchte. Dass ein Mann etwas erreichen wollte, wurde als selbstverständlich angenommen und nicht weiter hinterfragt. Geld, Macht und Ansehen zu erstreben galt als legitim, wollte das nicht jeder? Es bedurfte keiner persönlichen Motive. Die musste es aber geben, dachte Lorenz, sonst gäbe es nicht auch Menschen, die diesen Drang nicht verspürten.

Er räusperte sich. »Das Problem ist«, begann er, »dass ich mich über mein Leben eigentlich nicht beschweren kann. Ich bin nie diskriminiert worden, meine Familie war angesehen, wir hatten ein privilegiertes Leben …« Er sah seinen Freund ernst an. »Ich musste mir keinen Platz erkämpfen. Mein Studium war von vornherein ausfinanziert. Ich wollte höchstens …« Er stockte, denn der Gedanke, der ihm gerade gekommen war, schien ihm lächerlich. Doch Abed hörte aufmerksam zu, und Lorenz verstand, dass ihn der Freund niemals auslachen würde, gleich, wie fremd ihm Lorenz' Leben vorkommen musste. »Ich wollte wohl der Langeweile entkommen. Dem vorgezeichneten Pfad. Ich habe mit achtzehn mein ganzes Leben vor mir gesehen. Studium, Rotary-Club, Villa mit Park, Urlaub an der Côte d'Azur, Hochzeit mit irgendeiner Tochter eines Geschäftspartners meines Vaters, Kinder … und alles wieder von vorn.« Er stockte. »Ich wollte das Unbekannte. Die Richtung selbst bestimmen. Meinen eigenen Weg durch den Dschungel des Lebens schlagen.« Der Satz hätte Bahar gefallen, dachte Lorenz und musste grinsen.

Er wusste nicht, was er als Nächstes sagen würde, er übersetzte seine spontanen Gedanken einfach in Worte, die zu Sätzen wurden und schließlich zu Gedankenbildern. Das Gesicht seines Vaters Ulrich tauchte vor ihm auf. Es trug stets einen spöttischen Ausdruck, und gleich, welche Leistungen Lorenz mit nach Hause in die Villa im Taunus gebracht hatte, sein Vater hatte ihm stets das Gefühl gegeben, es nicht alleine geschafft zu haben.

Abed nickte wehmütig. »Ich habe vielleicht ein ähnliches Problem mit meinem Sohn«, sagte er, und Lorenz horchte auf. »Jamal gilt überall als mein Sohn. Alles, was er hat und ist, wird mir zugerechnet. Das tut ihm nicht gut.«

Lorenz überlegte, wie er darauf reagieren sollte. »Er wirkt auf mich … nun, etwas feindselig«, sagte er vorsichtig, aber Abed stimmte ihm zu. »Er ist dir gegenüber misstrauisch, der ganzen Situation gegenüber. Und auch mit sich selbst noch nicht im Reinen. Er muss seinen Platz in der Welt finden. Deshalb habe ich ihm die Leitung über die Sicherheitskräfte gegeben. Damit er sich den Respekt der Leute selbst verdienen kann. Er ist zwar noch sehr jung dafür, aber er braucht eine eigene Identität, wenn er bei uns bestehen will. Es ist nicht einfach, der Sohn von Abdelkarim Al-Zahidi zu sein.« Er sah Lorenz an. »Vielleicht wirst du ihn besser verstehen lernen. Vielleicht vertraut er dir irgendwann, und du findest einen Weg in sein Herz. Vielleicht …« Er brach ab und starrte eine Weile ins Feuer.

Lorenz drängte ihn nicht. Aber er war gerührt, dass Abed sich Gedanken über seinen widerborstigen Sohn machte, statt ihn nur zu maßregeln. Lorenz' Vater hatte nie einen Gedanken an solche Dinge verschwendet. Bis heute gab er Lorenz das Gefühl, dass »diese Showkarriere«, wie er es nannte, unter der Würde ihrer Familie war. Wäre Lorenz Wirtschaftsanwalt geworden oder Experte für Immobilienrecht, wäre alles anders gewesen. Aber Strafverteidiger – »diese Kojoten unter den Anwälten«, wie Ulrich van Bergen stets geringschätzig sagte – engagiert man, wenn man musste, aber man wurde selbst keiner von ihnen.

Lorenz dagegen hatten »diese Kojoten«, die wilden Hunde im Anwaltskosmos, stets fasziniert. Kein menschlicher Abgrund war ihnen fremd, ihr Leben war ein einziges Abenteuer. Durch seine Mandanten konnte Lorenz alles miterleben, selbst die schlimmsten Verbrechen, und blieb dabei doch stets sauber.

Er erzählte, dass er bereits mit dreiundzwanzig promoviert – »Ich habe mein Studium verkürzt«, schob er nicht ohne Stolz ein und freute sich, als Abdelkarim anerkennend nickte – und einige Zeit noch unter dem alten Justizsystem gearbeitet hatte. Aber schon während des Studiums hatte er Schauspielunterricht gehabt, um im Gerichtssaal besser aufzutreten. Eine Neuerung an der Uni damals, sehr zum Unmut von Professor Schmidt. Für Lorenz jedoch ein Steigbügel für seine Karriere. »Als das Strafrecht dann ein paar Jahre später reformiert und die *Justice Union* ins Leben gerufen wurde, war ich beim Casting der Beste«, schloss er seine Geschichte. »Ich habe mit links gewonnen. Und der Rest … Den kennst du ja.«

Abed schaute ihn voller Anerkennung an. »Ich fand dich immer cool«, sagte er. »Ein bisschen großspurig, aber cool.« Er wurde wieder ernst. »Aber jetzt ist dein Vater doch bestimmt stolz?«

Lorenz zuckte die Achseln. »Anfangs nicht. Es war ihm peinlich«, gestand er seinem Freund, der still dasaß und zuhörte. »Erst in letzter Zeit, seit immer mehr Geschäftsfreunde und Verwandte an ihn herantreten, ob er bei mir ein gutes Wort einlegen könnte, begegnet er mir mit mehr Achtung.«

»Gibt dir das Genugtuung?«, fragte Abed.

Lorenz überlegte, schüttelte dann den Kopf. »Ich nehme es zur Kenntnis, aber ich fühle nichts.« Es war wohl zu spät, Lorenz empfand nichts mehr für seinen Vater, hatte es vielleicht nie getan.

Nur in einem waren Lorenz und sein Vater sich stets einig gewesen – in ihrer Verachtung aller Linksradikalen. Lorenz war vierzehn gewesen, als Ulrich van Bergen mit ihm zu der Stelle gefahren war, an der im vorigen Jahrtausend der Chef der Deutschen Bank von der RAF in die Luft gesprengt worden war. »Merke dir, mein Sohn, egal, wie schön sie reden, von den Linken kommt nichts Gutes«, hatte ihm sein Vater damals eingeschärft, und er hatte es beherzigt. Als ein paar Idioten dann vor über zehn Jahren die RAF neu gegründet hatten, war Lorenz noch nicht mit seinem Studium fertig. Er schwor sich damals, nie ein Mandat abzulehnen – mit Ausnahme von Linksextremen. Dass es linke Demonstranten waren, die in Dortmund fast für eine Bruchlandung seines Quadro gesorgt hatten, bestätigte ihn nur in seinem Bild.

Lorenz schenkte ihnen beiden noch einmal nach. Eine Weile schauten sie schweigend ins Feuer, nur das Prasseln der brennenden Zweige war zu hören.

»Darf ich dich was fragen?«, unterbrach Lorenz schließlich die Stille. Abed sah ihn aufmunternd an. »Wie hast du den Aufbau von Neu-Essen – entschuldige, von Al Amal finanziert?« Die Frage beschäftigte Lorenz bereits länger. »Das muss doch Hunderte Millionen von Euro gekostet haben. Ich meine, das Lizenzgeschäft mit den Drogen und die Berliner Shops werfen bestimmt viel ab, aber du hast ja hohe laufende Kosten. Und deine anderen … wie soll ich das nennen, Geschäfte, die nicht ganz auf der legalen Seite sind, können so viel doch auch nicht abwerfen?« Er brach ab.

Abdelkarim nickte. »Ich kann dir nicht die ganze Geschichte erzählen, das würde außerdem zu lange dauern«, sagte er. »Aber das Wesentliche erzähle ich dir, als meinem Freund.« Er machte eine Pause, schien seine Gedanken zu sortieren. »Ich habe mit der Regierung ein Geschäft gemacht. Das war Anfang der Dreißigerjahre, als die Zero-Tolerance-Partei zum ersten Mal in der Regierung saß. Zu denen hatten wir gute Kontakte …«

»Ausgerechnet zu diesen Rassisten?«, fragte Lorenz bestürzt. »Die waren es doch, die damals die Stimmung gegen Muslime angeheizt haben.«

»Das mag sein, aber sie brauchten uns auch. Jedenfalls … Ich hatte über meinen Onkel in Berlin Kontakte in Regierungskreise aufgebaut und konnte den damaligen Umweltminister davon überzeugen, mir die Entsorgung der Batterien der Elektroautos zu überlassen. Ein Riesengeschäft, nachdem Verbrennungsmotoren verboten worden waren.«

»Wie hast du das gemacht, damals gab es ja bereits strenge Umweltauflagen?«, fragte Lorenz interessiert.

Abed zuckte die Achseln. »Ich habe einen Wissenschaftler gesponsert, der ein Verfahren präsentiert hat, wie man diese Batterien umweltgerecht aufspaltet und entsorgt.«

Lorenz lauschte gespannt. Das war ihm neu. Er hatte Abdelkarim stets nur als Drogenboss und Auftraggeber für Schlägertypen wie den Knochenbrecher gesehen. Dass ein libanesischer Clan-Chef sich auch über die Mobilitätswende Gedanken machte … Das war ihm gar nicht in den Sinn gekommen, dachte Lorenz nun beschämt. »Ich habe wohl dieselben Vorurteile gegen euch Muslime wie jeder andere dumme Alman auch.« Er sah so bekümmert drein, dass Abed laut lachte.

»Die Wahrheit ist, mein Freund«, sagte er, »ich wäre auch nicht von selbst auf die Idee gekommen.«

»Aber wie hast du dann …?«

»Bahar«, sagte Abed nur und schlug sich lachend auf die Schenkel, denn Lorenz guckte nun völlig verdutzt. »Deine Vorurteile Libanesen gegenüber werden wohl nur von deinen Vorurteilen gegenüber Frauen geschlagen, wie?«

»Eigentlich nicht«, sagte Lorenz verlegen. Tatsächlich hatte er mit Frauen in Führungsrollen kein Problem. Er schätzte nur stets zuerst ihre »Fuckability« und dann erst den Menschen dahinter ein. Er konnte nicht anders, er dachte sich nichts Böses dabei. Und die meisten Frauen hatten auch nichts dagegen.

»Also, was hat Bahar damit zu tun?« Jetzt wollte er es wissen.

»Nun«, sagte Abed und ließ einen Schluck Wein auf der Zunge zergehen. »Sie hat in Berlin Umwelttechnologie studiert. Als es die ersten Meldungen gab, wonach die Batterien der ersten Generation massentauglicher E-Autos nach nur wenigen Jahren Riesenprobleme machen würden, weil es solche Giftbomben waren, da machte sie mich auf diesen Wissenschaftler aufmerksam. Er arbeitete an ihrem Institut und behauptete, er könne eine Substanz herstellen, mit der die gefährlichen Batterien im großen Stil unschädlich gemacht würden. Er bräuchte nur die Mittel zur Entwicklung.« Abed hob die Arme. »Und so habe ich mit dem Wissenschaftler ein Treffen eingefädelt. Wir waren uns schnell einig. Ich würde ihm die Kohle geben, damit er sein Verfahren voranbringt, und er würde mich beteiligen. Gemeinsam sind wir dann zum Umweltminister gegangen. Ein Mann von der ZTP.«

»Und der hat euch einfach so den Auftrag gegeben?«, fragte Lorenz ungläubig.

»Nicht einfach so«, korrigierte Abed mit einem Zwinkern. »Für einen … nun, einen Anteil. Du verstehst.«

Korruption war in Deutschland nichts Neues. Die Verdorbenheit der Parlamentarier, die mit ihrer schnell erworbenen Macht nicht umgehen konnten, war parteiübergreifend groß. Er verurteilte Abed nicht dafür, Korruption gefördert zu haben.

Dann fiel ihm etwas ein. »Da wurde doch damals ein Preis vergeben für innovative Umweltschutztechnologie … Es ging um Autobatterien. Wart das ihr?«

Abed nickte. »Das waren wir. Der Preis war eine Farce, der Minister hat ihn selbst erfunden. Aber es brachte gute PR. Ich bin natürlich im Hintergrund geblieben. Wir haben den Wissenschaftler vorgeschickt. Jedenfalls wurde Deutschland seine E-Autobatterien los, ein paar Jahre später kam dann die neue Technologie, und keiner brauchte mehr die alten Batterien. Das war mir nur recht. Ich hatte bereits genug Geld beisammen, um Al Amal aufzubauen.«

Lorenz hatte kopfschüttelnd zugehört. Jetzt musste er lachen. »Wirklich eine verrückte Geschichte«, sagte er. »Aber wahrscheinlich ist da noch mehr dran, oder?«

Abed sah ihn mit einem unergründlichen Blick an. »Ich möchte dich nicht mit reinreiten, das ist alles noch nicht verjährt.«

»Ach komm, Abed, ich bin Anwalt.«

»Trotzdem«, sagte der andere ernst. »Ich kann nicht. Wenn ich dir etwas nicht erzähle, dann, weil ich meine Gründe habe oder dich schützen will. «

»Okay, ich werde mich in Geduld üben.« Dann fiel ihm der Spruch ein, den Bahar zitiert hatte. »Geduld ist, wenn dein Herz brennt, aber dein Mund schweigt. Nicht wahr?«

Nun war es an Abed, verdutzt zu schauen. »Woher kennst du den Lieblingsspruch meiner Frau?«

»Na, von ihr.«

Abed lachte laut auf. Dann hob er sein Glas. »Auf meine Frau! Aber du darfst ihr nie verraten, dass wir hier auf sie getrunken haben. So weit geht ihre Toleranz nun auch wieder nicht.«

Lorenz hob sein Glas. »Auf Bahar.«

Es war schon nach Mitternacht. Lorenz schnarchte in der Hütte. Abed trat vors Haus in der Hoffnung, dass sein Rausch an der frischen Luft abklingen würde. Er schämte sich etwas, weil er getrunken hatte. Nicht so viel wie Lorenz, er hatte immer nur einen Anstandsschluck genommen und den Rest heimlich weggeschüttet. Aber er spürte den ungewohnten Alkohol trotzdem schwer in seinem Blut. Möge Allah mir vergeben, dachte er. Doch dann musste er über sich selbst grinsen. Wein war haram, sicher, aber es war nicht die schlimmste Sünde, die er je begangen hatte. Gott würde ihm wegen ganz anderer Dinge den Hals umdrehen …

Er dachte an die Geschichte, die Lorenz ihm erzählt hatte. Die Jugend des Freundes war so ganz anders verlaufen als seine eigene. Dennoch hatten ihre Wege sich gekreuzt. Und jetzt waren sie hier, in dieser Hütte, weit weg von allem. Er hatte gehofft, einen Spitzenanwalt für seinen Clan und einen Komplizen für seine Pläne zu finden, und hatte nicht nur das, sondern obendrein einen Freund gewonnen. Abed war davon mindestens so überrascht wie Lorenz. Ihr Gespräch hatte Erinnerungen in ihm geweckt, seine eigene Jugend schien ein Leben weit weg. Er wickelte sich in die Decken, die er von seiner Pritsche mitgenommen hatte, setzte sich auf die Bank vor der Hütte und ließ zum ersten Mal seit langer Zeit seine Gedanken zurückschweifen zu der Zeit, als alles begann …

***

Zwanzig Jahre zuvor

Freitag, 8. März 2024, Gelsenkirchen

Es summte auf den Straßen, als wäre die Stadt aus einem viel zu langen Winterschlaf erwacht. Scharen von Menschen schwärmten an diesem überraschend warmen Vorfrühlingstag aus, um die Sonne zu genießen. In der Fußgängerzone wuchsen im Minutentakt Tische und Stühle aus dem Beton, die, kaum aufgestellt, sogleich von Gruppen lärmender Menschen besetzt wurden.

Abed ging absichtlich langsamer, um den Moment der Ankunft hinauszuzögern. Er genoss die Sonne in seinem Gesicht, die Unterhaltungen der Leute. Weiter vorne begrüßten sich ein paar Mädchen aus seiner Nachbarschaft. Aus den Augenwinkeln versuchte er Bahar zu erspähen. Sie war nicht dabei, und jetzt klopfte Abeds Herz schneller, vielleicht saß sie ja im Café Orient …

Der Duft des Pfeifentabaks wehte ihm schon von Weitem entgegen. Pfirsich-Minze. Ein paar Jungs hatten sich eine Shisha bringen lassen.

Ein paar ältere Herren spielten Backgammon. Und tatsächlich, inmitten einer Gruppe von Mädchen saß sie, in eine der bereitliegenden Decken gewickelt. Bahar trug eines ihrer farbenfrohen Outfits, hatte wie immer ein passendes Tuch kunstvoll um den Kopf geschlungen. Unter all den anderen wirkte sie wie eine Dame, und einmal mehr rätselte Abed, was es war, das sie älter wirken ließ als ihre siebzehn Jahre. Sie scherzte mit ihren Freundinnen und sah erst auf, als Abed, der sie im Näherkommen angestarrt hatte, über die ausgestreckten Beine eines Gastes stolperte.

»Entebeh – pass doch auf!«, fuhr ihn der Mann auf Arabisch an. Abed fing sich gerade noch am Tisch ab und warf dabei das Teeglas des Gastes um. »Afwan – Verzeihung!«, stammelte Abed in tödlicher Verlegenheit. »Ich bringe Ihnen sofort noch einen Tschai.« Der Gast schüttelte schmunzelnd den Kopf. Er kannte Abed. Jeder kannte ihn, den schüchternen, etwas linkischen Neffen des Lokalbetreibers. Die jungen Leute an den Nebentischen lachten. Abed sah noch, wie Bahar ihm mitfühlend zulächelte, dann eilte er mit hochrotem Kopf ins Lokal.

Es half nichts. Sie würde ihn nie so cool finden wie Murad und Ismail, die draußen gerade ihr lässiges Begrüßungsritual zelebrierten und grinsend den Tisch neben Bahars Gruppe ansteuerten, während die Mädchen kicherten und sich dann betont abwandten. Abed beobachtete es durch die gläserne Lokaltür, während er einen neuen Tschai zubereitete. So würde es jetzt stundenlang weitergehen – ein paar scheue Blicke hier, ein paar Satzfetzen da. Abed hätte sich gerne dazugesetzt. Aber er war nicht hier, um mit den anderen abzuhängen, sondern um seinem Onkel Ahmed, dem Betreiber des »Café Oriental«, zu helfen, der besten Shishabar in Gelsenkirchen – zumindest, wenn es nach Onkel Ahmed ging.

Trotz seiner Schüchternheit mochten die jungen Leute Abed. Er war ein netter Kerl, der gerne von jedem das Beste annahm. Zudem war davon auszugehen, dass er bald ins Geschäft seines Onkels einsteigen würde. Schließlich war er schon zwanzig Jahre alt, da musste er langsam sehen, wo er blieb. Einige munkelten, der junge Al-Zahidi gehöre außerdem zur Familie von Bassam Abou Tahrir in Berlin. *Dem* Bassam Abou Tahrir. Wallah, das bot genügend Möglichkeiten für einen jungen Mann, der nach oben will.

Abed brachte dem Gast einen neuen Tee und Gebäck – »Geht aufs Haus, bitte noch einmal um Entschuldigung« –, dann nahm er seinen ganzen Mut zusammen, lächelte Bahar zu und rannte beinahe ins Lokal zurück, ohne auf ihre Reaktion zu warten. Drinnen waren die Tische leer, aus den Boxen wummerte seelenloser Autotune-Hip-Hop. Aus dem Hinterzimmer kam Ahmed und begrüßte seinen Neffen mit einem Kopfnicken. »Schon spät«, sagte er stirnrunzelnd. Abed schaute auf die große Uhr, die an der Wand hing. Es war Viertel nach drei. Onkel Ahmed war wirklich deutsch wie Brot. Was war schon eine Viertelstunde?

»Entschuldige bitte, Onkel«, sagte Abed ergeben. Er verehrte den älteren Bruder seines verstorbenen Vaters. Ahmed Al-Zahidi war als Erster in der Familie aus dem Libanonkrieg nach Deutschland gegangen, und nach und nach hatte er seine Brüder hierhergeholt. Abeds Mutter Nesrin stammte aus einer mit den Al-Zahidis befreundeten Familie und war bereits in Deutschland geboren worden. Auch Abed war gebürtiger Deutscher. Zumindest auf dem Papier, aber das hatte nicht allzu viel zu heißen, wie er schon oft zu spüren bekommen hatte.

Ahmed Al-Zahidi war ein großer, stolzer Mann Mitte fünfzig. Sein schwarzes Haar wurde an den Seiten langsam grau, was ihm noch mehr Würde verlieh, wie Abed fand. Ahmed war es gelungen, etwas aufzubauen. Seine drei Kinder studierten. »Musst du an die Zukunft denken«, predigte er immer. »Ein Haus, das lange stehen soll, braucht ein gutes Fundament.«

Ahmed hätte es machen können wie der Onkel seiner Mutter aus Berlin, Bassam Abou Tahrir, der recht bald begonnen hatte, verschiedene »Geschäfte« aufzubauen, wie es in der Familie hieß. Oder wie Ahmeds jüngster Bruder Ghasan, der sich einem Mafiaboss aus dem Ruhrgebiet angeschlossen hatte. Abeds Vater Kamal habe ebenfalls mitgemacht, wurde gemunkelt, deshalb sei er auch tot. Doch seine Mutter hatte das stets entschieden bestritten. »Das ist Lüge«, sagte sie ihrem Sohn. »Dein Vater hatte einen Autounfall.« Und Abed glaubte ihr.

Irgendwann hatte Onkel Bassam aus Berlin dem Schwager seiner Nichte angeboten, bei ihm einzusteigen. Ahmed Al-Zahidi hatte sehr höflich, aber ebenso entschieden abgelehnt. Ein Lokal, genug Auskommen für die Familie, das reichte ihm. Die großen Sprünge mussten eben warten, bis die nächste Generation so weit war. Ahmeds Entscheidung war in der Familie mit gruselnder Bewunderung zur Kenntnis genommen worden. Wer sagte schon Nein zu Bassams Geschäften und den Chancen, die sich dadurch boten? Aber Abed hatte Onkel Ahmed zugestimmt, und auch Abeds Mutter hatte es gutgeheißen. »Such dir ein kleines Glück«, schärfte sie ihrem Sohn stets ein. »Ein kleines Geschäft, eine kleine Familie, Frieden. Halt dich fern von allem, was dir schnelles Geld verspricht. Du bezahlst mit deinem Blut und mit dem Blut deiner Kinder.« Abed wusste, dass seine Mutter nicht die Einzige war, die so dachte. Die meisten seiner Verwandten wollten einfach ihre Ruhe. Doch die hatten sie schon lange nicht mehr.

Draußen vor dem Lokal war Unruhe entstanden. Eine Gruppe deutscher Halbstarker schlenderte betont langsam vorbei, rief »Musels!« und »Kanacken raus!« Abed hechtete zur Tür, bereit, sich vor Bahar zu werfen, doch ein paar deutsche Gäste waren bereits aufgesprungen, als hätten sie nur auf die Gelegenheit gewartet. »Nazis raus!«, skandierten sie und rückten den Provokateuren auf die Pelle. Die jungen Männer, überrascht von der zahlenmäßig überlegenen Front und der Aufmerksamkeit, die ihnen plötzlich von allen Seiten zuteilwurde, trollten sich hastig – jedoch nicht, ohne sich noch ein paar Mal umzudrehen und rüde Gesten zu machen, die von den Gästen geflissentlich ignoriert wurden. Man nickte einander aufmunternd zu und kehrte dann zu Backgammon und Wasserpfeife zurück.

Sie alle waren solche Szenen gewöhnt. Es war noch nie einfach gewesen, als Muslim in Deutschland zu leben. Und nicht nur einer aus Abeds Familie hatte darauf mit der völligen Abkehr von der Mehrheitsgesellschaft der »Almans« reagiert. Abed hatte sich von diesen Gruppen ferngehalten. Er mied die einschlägigen Hinterhofmoscheen, die organisierten Demos und aufrührerischen Social-Media-Gruppen – und auch die Cousins und Freunde, die plötzlich mit dicken Autos ankamen und anboten, er könne bei ihnen mitmachen, nichts Schlimmes, nur'n paar kleine krumme Geschäfte … Abed hatte stets freundlich abgelehnt, seine Mutter brauche ihn, besonders, seit der Vater tot war. Das hatten alle verstanden.

Die Stimmung im Land machte es ihm nicht leicht, anständig zu bleiben. Mit wachsender Beunruhigung beobachtete Abed, was um ihn herum vor sich ging. Szenen wie eben vor dem Lokal spielten sich inzwischen täglich ab, und es schien, als ob jeder Zwischenfall, jede Beleidigung, jeder Übergriff nur weitere Aggression erzeugte. Seit der zweiten Flüchtlingswelle im Jahr zuvor war die Stimmung endgültig gekippt, überlegte Abed, während er gebrauchte Kaffeetassen in den Geschirrspüler packte und Teegläser spülte. Er erinnerte sich noch an den vergangenen Sommer 2023, als die türkische Regierung ihre Drohung wahr gemacht und innerhalb von acht Wochen zwei Millionen Flüchtlinge über die Grenze nach »Yurop« gescheucht hatte. Mehr als eine Million von ihnen war in Deutschland gestrandet – vor allem Libyer, die dem neu aufgeflammten Krieg in ihrer Heimat entfliehen wollten, dazu noch immer – oder schon wieder – Syrer, Afghanen, Marokkaner. Die Flüchtlingslager waren schnell überfüllt gewesen, und ohne die vielen freiwilligen Helfer, die fast zehn Jahre zuvor die erste Welle bewältigt hatten und nun bis auf wenige Unverzagte wegblieben, herrschte bald Chaos. Die Kommentatoren der Massenmedien gaben sich keine Mühe mehr zu differenzieren: Jede Straftat eines Bewohners der »großzügig zur Verfügung gestellten« Flüchtlingscamps garantierte Klicks und wurde entsprechend ausgeschlachtet. Bürgerproteste richteten sich anfangs gegen die überfüllten und verdreckten Flüchtlingslager, später nur noch gegen deren undankbare Bewohner. »Ein verstopftes Klo ist keine Entschuldigung!«, hieß es, wenn wieder einer wegen Diebstahls oder Körperverletzung verhaftet wurde. Fast jede Demo eskalierte, angestachelt von Provokateuren aller Lager. Rechtsextreme, Antifa-Gruppen, Anarchisten, Kurden, Türken, Salafisten – alle nutzten sie die brodelnde Stimmung für ihre Agenda. Und wo Jahre zuvor noch Islamisten das große Wort führten, dominierten nun der türkisch-kurdische Konflikt, Anti-Amerika- und »Tod Israel!«-Kampagnen.

Die größte Profiteurin dieser Krise war die junge Zero-Tolerance-Partei, die mit ihren Appellen an die »deutsche Vernunft« Prozentpunkt um Prozentpunkt holte. So gehe das alles nicht weiter, erklärten dynamische junge Herren in dunkelblauen Slim-Fit-Anzügen und gemäßigterer Rhetorik, zumindest nach außen hin, wenn auch nicht in der Sache. Hilfsbereitschaft sei recht und schön, man stehe Bedürftigen natürlich zur Seite. Aber wenn die Gastfreundschaft mit Füßen getreten werde, sei das Maß voll. Die Geduld der Deutschen sei ausgereizt, das historische schlechte Gewissen bedient, nun müsse mal genug sein. Deutschland sei schließlich kein Wohltätigkeitsverein. Man brauche ein neues Konzept für Deutschland, mit dem man die Probleme an der Wurzel angehe. In den Fernsehstudios scheuten Talkgäste sich nicht mehr davor, offen zu sagen, dass sie die ZTP unterstützten. Früher, ja, da sei man noch guten Willens gewesen, erklärten Universitätsprofessoren und Chefredakteure mit betrübten Mienen, aber leider, leider habe die Regierung versagt, da dürfe man sich nicht wundern, wenn die Zero-Tolerance-Partei so viel Zulauf habe, und bei diesem oder jenem Punkt müsse man leider, leider zugeben, dass sie recht habe. Die Clan-Kriminalität etwa, die sei ja wirklich außer Kontrolle. Da müsse man den friedlichen Muslimen schon mal sagen, dass sie sich doch etwas lauter davon distanzieren könnten, nicht wahr?

Die ZTP wurde nicht müde zu erklären, man sei eine moderne, eine weltoffene Partei nach dem Vorbild der amerikanischen Republikaner und habe mit den rechten Parteien nichts am Hut. Der englische Name war absichtlich gewählt worden, um jeden Verdacht der Deutschtümelei von vornherein zu entkräften und um etwas moderner und spritziger daherzukommen. Die Wirkung war dennoch dieselbe wie bei jeder anderen rechtspopulistischen Bewegung. Und dass sich die ZTP dazu eine offensive Umwelt-, Wirtschafts- und Sozialpolitik auf die Fahnen schrieb, machte sie in der gesamten Gesellschaft wählbar.

Der Schock über die brutalen Anschläge auf muslimische Lokale, der das Land halbwegs vereint hatte, war längst vergessen. Die Zahl der Mädchen und Frauen, denen die Kopftücher heruntergerissen wurden, war inzwischen so groß, dass entsprechende Strafanzeigen gar nicht mehr angenommen wurden. Immer mehr Schulhöfe waren in Alman- und Muslimbereiche aufgeteilt, in den Klassen herrschte Kopftuchverbot. Junge Mädchen gingen nur noch in Gruppen aus dem Haus. In Berlin bildeten junge Männer aus libanesischen Familienclans private Securityteams. Und wenn sich gerade kein Alman danebenbenahm, zettelten manche eben selbst Schlägereien an. Die Stimmung im Land erinnerte an eine Anzahl kleiner Schwelbrände, und kaum war ein Feuerherd hastig ausgetreten, zündelte jemand woanders von Neuem.

In Gelsenkirchen war es noch nicht so schlimm wie in Berlin. Dennoch kam es regelmäßig zu unangenehmen Szenen. Jeden Tag kontrollierte Onkel Ahmed frühmorgens, ob vor dem Eingang seines Cafés wieder ein Schweinekopf lag oder die Scheiben mit Tierblut beschmiert waren, tagsüber gab es Wortgefechte wie eben. Ansonsten galt das Café Oriental als Bastion der jungen Muslime der Stadt. Trotzig zeigten sie hier Präsenz, wild entschlossen, das Leben zu genießen, unterstützt von wohlmeinenden Biodeutschen, meist aus der Antifa-Szene, die an Wasserpfeifen zogen und bei Bedarf Solidarität demonstrierten.

Onkel Ahmed hielt die Stellung, verströmte Ruhe und Zuversicht und mahnte zur Mäßigung. Abed beobachtete, wie er vors Lokal ging, von Tisch zu Tisch spazierte, Hände schüttelte, beruhigend auf die Mädchen einsprach. Dann wandte er sich an Abed. »Deine Mutter ist übrigens da«, sagte er. »Geh sie begrüßen und übernimm dann.«

Abed nickte und ging ins Hinterzimmer, von wo aus er in den Lagerraum kam. »Abdelkarim!«, erklang die zarte Stimme seiner Mutter Nesrin. »Du bist zu spät! Du weißt, dein Onkel …«

»Ich weiß, Mama«, sagte Abed und setzte seinen bewährten Hundeblick auf, der das Herz seiner Mutter jedes Mal zum Schmelzen brachte. »Ich bin schon länger da, musste nur vorne ein paar Dinge erledigen. Dafür hänge ich die Zeit hinten an. Darf ich dir die Arbeit abnehmen?«

Sie schüttelte lächelnd den Kopf. »Die hier mache ich noch fertig«, sagte sie und wandte sich einer Wasserpfeife zu. Sie legte ein Stück Alufolie über den mit Pfeifentabak gefüllten Kopf, drückte die Seiten fest an und stach kleine Löcher in die Folie. Auf einem Herd glühten Kohlestückchen. Nesrin nahm mit einer Zange drei davon, die sie auf die Alufolie legte. »Bringst du die hinaus bitte? Tisch drei.« Abed wurde heiß und kalt. An Tisch drei saß Bahar. Vorsichtig trug er die Shisha hinaus. Bahar lächelte ihm entgegen. Wenn er jetzt stolperte, war alles aus. Doch zum Glück ging es gut. Abed servierte die Shisha, wie sein Onkel es ihm gezeigt hatte, er schaffte es sogar zurückzulächeln und merkte, wie er rot wurde. Auch Bahar errötete und schlug die Augen nieder.

Wie auf Wolken schwebte Abed zurück in den Lagerraum. Seine Mutter packte gerade ihre Tasche zusammen und legte sich einen Seidenschal übers Haar. Abed betrachtete die kleine, zierliche Frau, die so schwach und zerbrechlich wirkte. Doch Nesrin ließ sich von niemandem einschüchtern. Neulich hatte sie einem rotgesichtigen Alman, der im Bus nach ihrem Schal gegriffen hatte, eine schallende Ohrfeige verpasst. Zwei andere Fahrgäste hatten sich zwischen sie und den nach Luft schnappenden Mann geworfen. Die halbe Nachbarschaft hatte tagelang von nichts anderem geredet. Er wusste, dass in ihr das Herz einer Löwin schlug. Sie hielt die Familie zusammen, sorgte dafür, dass die Erinnerung an seinen verstorbenen Vater aufrechterhalten blieb, hatte ihm den Job bei Onkel Ahmed besorgt. Um nichts in der Welt wollte er sie jemals enttäuschen.

Bahar war auch mutig, wie seine Mutter. Sie traf sich mit ihren Freundinnen, ihre Eltern erlaubten es ihr – noch. Man würde sehen, wie es sein würde, wenn sie achtzehn oder zwanzig Jahre alt war, aber Abed war überzeugt, dass sie sich nicht einfach unterordnen würde. Andere Mädchen waren bereits in der Unsichtbarkeit verschwunden, waren verlobt oder sogar schon verheiratet worden, man sah sie höchstens noch ihre Einkäufe erledigen. Bahar behauptete ihren Platz, in leuchtende Farben gekleidet, ein Juwel – das Juwel seines Lebens.

Abed musste bei dem Gedanken an seine Angebetete lächeln. Seine Mutter sah es und lächelte zurück. »Ich weiß, an wen du denkst.« Ihr konnte man nichts vormachen.

Ertappt kratzte sich Abed am Kopf. »Mama, geh raus in die Sonne«, drängte er sie dann. »So schönes Wetter.« Er küsste sie zum Abschied und machte sich an die Arbeit.

Onkel Ahmed rief ihm die Bestellungen zu, und Abed folgte einem einstudierten Ritual. Prüfen, ob genügend Kohlestückchen auf dem Gitter des elektrischen Kohleanzünders liegen. Wasserpfeife mit kaltem Wasser füllen, Teller reindrehen. Kopf mit dem gewünschten Pfeifentabak füllen – Apfel, Kirsche, Minze, Pfirsich –, Alufolie drüber, fest andrücken, Löcher reinstechen. Zum Schluss legte Abed mit einer Zange drei glühende Stückchen Kohle auf den folienverpackten Pfeifenkopf und trug die Shisha zum Tisch.

Er mochte seine Arbeit. Es war einfach verdientes Geld. Die Hälfte gab er seiner Mutter, den Rest brachte er zur Bank – »wie irgend so ein Alman«, hatte sein Cousin einmal spöttisch gesagt. Abed machten solche Frotzeleien nichts aus. Seine Gutmütigkeit war es, die ihn bei allen beliebt machte. Abed nahm nie etwas übel, sagte nicht viel und verfolgte unbeirrt seinen Weg.

Schon sechs Uhr vorbei. Abed legte Kohle nach und sah zu, wie die schwarzen Stücke orangerot aufglommen. Es hatte etwas Beruhigendes, zuzusehen, wie die Glut sich ausbreitete. Nach ein paar Minuten musste man die Stückchen umdrehen, damit sie auch von der anderen Seite …

In dem Moment schreckte er von einem knirschenden Geräusch auf. Was war das? »Runter, runter, runter, alle auf den Boden!«, schrie jemand. Dann ein Krachen, als ob irgendetwas zu Bruch ging. Abed machte ein paar Schritte in Richtung Lokal, doch er kam nicht weit, denn plötzlich standen zwei vermummte Männer vor ihm und richteten kleine Maschinengewehre auf ihn. »Auf den Boden!«, schrie der eine. »Hände hinter den Kopf! Runter, sagte ich!«

Abed reagierte nicht, er starrte nur fassungslos auf die Waffen. »Was …?«, begann er, doch da spürte er, wie Hände ihn packten, umdrehten und mit einem Stoß zurück in den Lagerraum beförderten. Abed stürzte, wie in Zeitlupe sah er die rot glühenden Kohlestücke auf sich zukommen. Dann ein Zischen, jemand drückte sein Gesicht auf die heiße Platte, eine Sekunde, zwei Sekunden, drei Sekunden … Der Schmerz schoss ihm von seiner Wange in den Kopf, er wusste nicht, wie ihm geschah. »Achtung, der verbrennt ja«, schrie eine Stimme, und Abed wurde zurückgerissen und in Richtung Tür gezogen.

Ein Überfall. Das war ein Überfall. Aber wer überfiel mit derartigem Aufwand eine harmlose Shishabar? Was …? Abeds Gehirn versagte unter dem Schmerz, ihm wurde schummrig vor Augen, seine Gedanken bewegten sich wie in Zeitlupe, willenlos ließ er sich in eine Ecke schleifen, wo er niedergestoßen wurde, »Da, an die Wand!«, brüllte jemand. Ein dumpfer, alles verzehrender Schmerz breitete sich in Abeds Gesicht aus, er roch verbranntes Fleisch, es war sein eigenes. Er sah seinen Onkel Ahmed mit dem Gesicht zur Wand knien, die Hände hinter dem Kopf, eine Waffe war auf ihn gerichtet, dann begann sich der Raum um ihn zu drehen, das Gebrüll verwandelte sich in Rauschen, dann wurde alles schwarz …

»Und? Was habt ihr gefunden?«

»Ein Kilo unverzollten Tabak, eine geringe Menge Cannabis.«

»Das heißt?«

»Vier Komma drei Gramm.«

»Scheiße. Das reicht nicht.«

Abed hörte die Stimmen wie durch einen Nebel. Seine linke Gesichtshälfte war taub, die rechte lag auf dem kühlen Steinboden. Er hielt die Augen geschlossen. Wer redete da? Das mussten die Männer sein, die das Lokal überfallen hatten, warum waren sie nicht längst getürmt?

Abed versuchte sich zu bewegen, stieß auf Widerstand, öffnete langsam die Augen. Er blinzelte, nur langsam fügten sich verschwommene Schatten zu einem Bild zusammen. Jetzt erst bemerkte er die Handschellen. Sie hatten ihn an ein Heizungsrohr gekettet. Mühsam drehte er den Kopf, erkannte ein Paar Beine in dunkler Anzughose, schwarze Lederschuhe, daneben ein Paar Beine in grauer Anzughose, ein fetter Bauch unter einer Anzugjacke, ein rotes, verschwitztes Gesicht.

»Ich brauche Material«, sagte der Dicke. »Wir können hier nicht mit leeren Händen rausgehen.«

»Wir haben Messer gefunden …« Eine zweite Stimme, zögerlich. Abed drehte den Kopf und sah einen Polizisten. Hinter ihm standen zwei vermummte Typen. Das waren keine Banditen. Das war ein Sondereinsatzkommando.

Der Dicke schnaufte verächtlich. »Messer. Wo waren die?«

»In der Küche, wir können vielleicht …«, begann der Polizist.

»Natürlich können Sie das!«, unterbrach ihn der Dicke. »Und sonst?«

»Wir haben die Gäste überprüft. Einer ist vorbestraft. Betrug.«

»Gut. Und was ist mit den Mitarbeitern?«

»Alle sauber, bis auf den hier.«

Der Polizist trat gegen das Bein von Abdelkarim, der zusammenzuckte. Der Dicke betrachtete ihn aus zusammengezogenen Augen. »Was ist mit ihm?«

»Hatte seinen Perso dabei. Arbeitet hier, ist aber nicht angemeldet. Wir haben das überprüft.«

»Was ist mit seinem Gesicht?«

»Ist bei der Festnahme passiert. Widerstand gegen Vollstreckungsbeamten. Der Kollege musste ihn mit Gewalt festsetzen.«

Der Dicke wandte sich achselzuckend ab.

Abed sammelte seine Kräfte. »Das ist die Bar von meinem Onkel«, krächzte er. Das Sprechen tat weh, sein Gesicht fühlte sich an, als bestünde es aus trockener, aufgerissener Erde. »Ich … ich helfe hier aus … manchmal …«

»Halt die Fresse, mit dir spricht keiner!«, schnauzte ihn der Dicke an und wandte sich desinteressiert ab. »Kohlmann, kommen Sie her. Schreiben Sie auf!« Ein schlaksiger Mann in Jeans und Jackett mit Halbglatze und Brille trat näher. »Drogen gefunden. Unversteuerten Tabak gefunden. Waffen sichergestellt. Schwarzarbeit. Kriminelle vor Ort. Können Sie da was draus machen?«

Der schlaksige Mann notierte alles auf einem Block und nickte. »Paar Minuten, geht ganz schnell.«

»Gut, in zehn Minuten muss ich vor die Kameras. Die Pressekonferenz machen wir …«, er sah sich um, »… vorne im Barbereich, sieht ja ganz schick aus. Und machen Sie ein Posting auf allen Social-Media-Kanälen: Null Toleranz. In Versalien. N-U-L-L-T-O-L-E-R-A-N-Z. Und dann so was wie: Wir erobern unsere Straßen von den Clans zurück. Unsere Straßen, okay? Und Clans! Ganz wichtig.«

Die Männer verließen das Lager, nur ein einzelner Polizist blieb zurück, der mit der Hand an der Waffe dastand und den Weg ins

Lokal versperrte. Vorsichtig drehte Abed den Kopf. Ein Stück weiter kniete Onkel Ahmed noch immer auf dem Boden, die Hände hinter dem Rücken gefesselt. Sein Kopf hing erschöpft nach unten. An seiner Schläfe klebte Blut. Neben ihm kniete Omar, der Kellner, der die Abendschicht übernehmen wollte. Auch seine Hände waren auf dem Rücken gefesselt.

»Onkel …«, begann Abed. Das Sprechen fiel ihm schwer. Ahmed Al-Zahidi sah ihn eindringlich an und schüttelte stumm den Kopf. »Schnauze«, ertönte prompt die Stimme des Polizisten.

»Bitte«, begann sein Onkel. »Mein Neffe, er ist verletzt. Wir brauchen Krankenwagen …«

»Eins nach dem anderen«, schnitt ihm der Polizist das Wort ab.

Vorne aus dem Lokal ertönte Stimmengewirr, man sah ein helles Licht wie von einem Scheinwerfer. Dann verstummte das Stimmengewirr, stattdessen ein vielfaches Klicken, es klang fast wie Regen.

»Meine Damen und Herren«, erklang nun die Stimme des schlaksigen Typen von vorhin, den der Dicke Kohlmann genannt hatte. »Der Landesinnenminister von der Konservativen Volkspartei hat das Wort. Herr Hermann Hackner.« Das Klicken wurde lauter, und Abed erkannte, dass es Fotoapparate sein mussten.

»Meine Damen und Herren«, begann der Dicke im grauen Anzug, der vorhin bei ihnen gestanden hatte. »Es ist mir eine große Ehre, Ihnen mitteilen zu dürfen, dass uns heute ein großer, ein entschiedener Schlag im Kampf gegen das organisierte Verbrechen in Nordrhein-Westfalen gelungen ist.«

Abed blinzelte. Was redete der Mann da?

»Insgesamt waren zweihundert Polizisten zeitgleich an zehn kriminalitätsbelasteten Orten im Einsatz und haben bei simultan stattfindenden Razzien in Gastronomiebetrieben, Spielcasinos und Autowaschanlagen zahlreiche, schwerwiegende Verstöße gegen geltendes Recht vorgefunden.«

Abdelkarim schloss die Augen, um genau zu hören, was gesagt wurde. Sein Gesicht pochte, das Zuhören fiel ihm schwer.

»Wir haben damit«, fuhr der Minister fort, »nicht nur etablierte Clans empfindlich getroffen, sondern neue Player in diesem Netzwerk ausfindig gemacht. Einer davon ist der Betreiber dieses Lokals, in dem wir hier stehen.«

Was sollte das? Abed begriff nicht. Onkel Ahmed, ein Clan-Mitglied? Was laberte der Typ für Scheiße?

Vorne wurde weitergeredet. »Gibt es irgendwelche Fragen an den Innenminister?«, erklang nun wieder Kohlmanns Stimme, gefolgt von wirrem Durcheinander. »Einer nach dem anderen, bitte.«

»Was genau haben Sie denn hier beispielsweise gefunden?« Das war offenbar eine Reporterin.

»Wir haben allein in dieser Shishabar eine große Menge illegaler Drogen sowie mehrere Waffen konfisziert, zusätzlich nicht versteuerten Tabak. Zudem steht der Betrieb im Verdacht, Geldwäsche zu betreiben, wofür wir Anhaltspunkte gefunden haben. Dass die Gelder aus Prostitution- oder Waffengeschäften stammen, ist anzunehmen«, sagte der Innenminister.

»Beweisen können Sie das aber nicht?«, fragte jemand dazwischen.

»Zu diesem Zeitpunkt noch nicht«, sagte der Dicke. »Aber es würde uns nicht überraschen. Bei einer Personenkontrolle haben wir vorbestrafte Gewaltverbrecher angehalten, die sich als Gäste ausgaben. Sicherlich ist auch das kein Zufall.«

Abdelkarim kauerte am Boden des Lagerraums und schüttelte ungläubig den Kopf. Der Typ zog da draußen eine Show ab, die ihn fassungslos machte.

»Herr Minister«, fragte nun ein Reporter, der Stimme nach ein älterer Herr. »Ist das, was Sie uns hier präsentieren, wirklich ein zentraler Umschlagplatz für Clan-Kriminalität? Bisher ist dieses Lokal nicht aufgefallen, und ich habe da auch so meine Kontakte …«

»Lieber Herr Schmidchen, das glaube ich, dass Sie Kontakte haben«, unterbrach ihn der Innenminister. »Diese Clans breiten sich ständig weiter aus. Natürlich können wir mit einer Razzia nur die Spitze des

Eisbergs aufdecken, aber wir werden weitermachen.« Der Tonfall des Ministers änderte sich, er klang, als hielte er eine Wahlrede. »Null Toleranz. Das ist unser Motto! Wir werden den Sumpf, den der Al-Zahidi-Clan geschaffen hat, Stück für Stück trockenlegen …«

Al-Zahidi-Clan? Abed und sein Onkel sahen einander fassungslos an. Jetzt war Ahmed Al-Zahidi schon ein Clan-Boss?

»Warum machen die das?«, krächzte Abed, doch sein Onkel schüttelte nur den Kopf. In seinen Augen lag tiefe Trauer, er wirkte, als sei er innerhalb der vergangenen Stunde um Jahre gealtert.

Vorne kam die Pressekonferenz zu einem Ende. »Das war heute ein deutliches Zeichen des Staates: Mit uns nicht mehr! Schluss mit dem organisierten Verbrechen!«, rief Landesinnenminister Hackner. »Vielen Dank, keine weiteren Fragen mehr.«

Donnerstag, 30. Mai 2024, Dortmund

»Sie dürfen hier nicht rein«, rief ihm die Empfangsdame hinterher, doch Abdelkarim kümmerte sich nicht mehr darum, was ihm irgendein Alman sagte. In sich spürte er nur noch Wut. In seiner rechten Faust trug er einen großen Umschlag, in dem die beiden Bescheide der Staatsanwaltschaft steckten: Ermittlungen eingestellt. Kein Tatverdacht. Kein öffentliches Interesse. Jetzt hatten sie es schwarz auf weiß: Onkel Ahmed war unschuldig. Abed war unschuldig. Keine Verbrecher. Keine Clan-Kriminellen. Jetzt musste ihr Ruf wiederhergestellt werden.

Seit dem großen Bericht in den *NRW-Nachrichten* über die Razzia lief das Geschäft im Café Oriental nur schleppend. Es kam nicht mehr genug herein, um den Laden rentabel zu halten. Onkel Ahmed ließ das Lokal geöffnet, den treuen Stammgästen zuliebe, doch lange würde er das finanziell nicht mehr durchstehen.

Die Idee, die Redaktion der Zeitung aufzusuchen und eine Richtigstellung zu fordern, war Abed neulich nachts gekommen, als er wieder mal nicht schlafen konnte. Niemand aus seiner Familie wusste, dass er nach Dortmund gefahren war, wo die *NRW-Nachrichten* saßen. Er wollte die Sache selbst regeln. Er würde mit dem Chef reden, die Zeitung würde berichten, dass das Café Oriental zu Unrecht als Ort des organisierten Verbrechens bezeichnet worden war, und alles würde wieder so werden wie früher.

Mit langen Schritten ging Abed den Gang entlang und stieß die Glastür zum Newsroom auf. Hier herrschte ziemlicher Lärm. Telefone klingelten, Menschen schrien einander Satzfetzen zu. An langen Reihen von Tischen saßen Leute mit Kopfhörern, die in ihre Tastaturen hämmerten. Es dauerte eine Weile, bis jemand Abed bemerkte. Er war sich bewusst, dass er einen seltsamen Anblick bot. Ein junger, dünner Libanese mit einem breiten Pflaster im Gesicht. Ein paar Zeitungsredakteure starrten ihn an. Hinter ihm schnaufte die Empfangsdame heran. »Sie dürfen … hier nicht … rein!« Sie schnappte nach Luft. »Verlassen Sie … sofort das Gebäude … oder ich rufe … die Polizei.«

Abdelkarim ignorierte sie und ging weiter in den Raum hinein. Irgendwo musste doch der Chefredakteur sitzen. Wegen ihm war er eigens hierhergefahren. »Andruck in zwei Stunden!«, rief jemand. »Was ist mit der Stadtrat-Story? Haben wir ein Statement vom Bürgermeister?« – »Sind dran!«, brüllte ein anderer zurück. Diese Leute waren so mit sich selbst beschäftigt, dass sie von Abed kaum Notiz nahmen.

»Junger Mann«, erklang plötzlich eine Stimme hinter ihm. »Wo willst du denn hin?«

Abed drehte sich um. Vor ihm stand ein großer, älterer Herr in einem blauen Anzug. Die Krawatte saß perfekt, der Mann wirkte, als sei er auf dem Weg in die Oper.

»Ich will zum Chef«, sagte Abed, bemerkte, dass er zu leise sprach, räusperte sich und sagte lauter: »Ich will zum Chef.«

»Zum Chef?«

»Ja, zum Chef von dieser Zeitung.«

»Und was willst du vom Chef dieser Zeitung?«

»Mit ihm reden.« Abed holte aus dem Umschlag eine zerknitterte Titelseite der *NRW-Nachrichten* vom 9. März 2024. »Razzia im Clan-Milieu«, stand da in dicken Lettern.

»Achtung!«, rief die Empfangsdame, die Abed gefolgt war. »Er hat keinen Termin. Der ist hier einfach so reingerannt …«

Der ältere Herr betrachtete Abed neugierig. »So, so. Bist du Libanese?«

Abed nickte. »Ich arbeite in diesem Lokal«, sagte er und zeigte auf die Titelseite. Man sah ein Foto des Café Oriental, davor umgeworfene Tische und Stühle und zwei Männer vom Sondereinsatzkommando. Es sah aus wie im Krieg. »Was Sie geschrieben haben, stimmt nicht. Ich habe den Beweis.« Er zeigte auf das Kuvert. »Die Verfahren sind eingestellt worden. Mein Onkel und ich – wir sind unschuldig.«

Rundherum wurde es ruhiger. Die Leute hörten auf, in ihre Computer zu starren, und sahen neugierig herüber. Der Herr ließ sich nicht aus der Ruhe bringen. Er nahm Abed das Blatt aus der Hand, strich es glatt und las vor: »Innenminister fährt Null-Toleranz-Strategie gegen kriminelle Clans. Razzien in ganz NRW lassen Gelsenkirchener Shishabar als Epizentrum der organisierten Kriminalität auffliegen.« Er reichte Abed das Blatt zurück. »Was davon stimmt deiner Meinung nach nicht?«

»Alles«, stieß Abed hervor. »Das ist alles Lüge. Ich weiß es, das ist das Lokal von meinem Onkel.«

Der andere sah ihn scharf an. »Du bist ein Al-Zahidi?«

»Ja, warum?«

Ein Raunen ging durch die Redaktion. »Wir sollten die Polizei rufen«, zischelte die Empfangsdame. »Was, wenn er eine Waffe hat?«

Der ältere Mann blieb ruhig. »Wir werden uns anhören, was du zu sagen hast. Einen Moment.« Er verschwand hinter einer Tür. Abed wartete. Beunruhigt stellte er fest, dass die Leute vor ihm zurückwichen, als fürchteten sie sich vor ihm. Er sah sicher abenteuerlich aus mit seinem dicken Gesichtspflaster, aber Furcht einflößend?

Der ältere Herr kam in Begleitung zweier weiterer Männer zurück. Der eine war klein und dick und trug eine runde Nickelbrille auf der Nase. Er hatte sein Hemd in die Hose gestopft und die Daumen in die auffälligen, blau gemusterten Hosenträger eingehakt. Der zweite war groß und schlaksig, mit dünnem blondem Haar, das er sich quer über den Kopf gekämmt hatte, wahrscheinlich um eine Glatze zu verdecken. »Braun, Chefredakteur«, stellte sich der Kleine vor. »Das hier« – er wies auf den Großen – »ist Kollege Schmidchen. Er ist der Autor dieses Stücks.« Er zeigte auf das Titelblatt, das Abed noch immer in der Hand hielt. »Was passt dir an diesem Bericht nicht?«

Abed sah die beiden Männer an. Sie wirkten nicht unfreundlich. »Die Geschichte stimmt so nicht«, begann Abed, und der Chefredakteur nickte aufmerksam. Ermutigt fuhr Abed fort. »Ich war an dem Tag selbst dort. Ich arbeite da, Kellnern, Shishas bauen und so.« Es war ruhig im Raum, alle hörten zu. Die Empfangsdame zog sich zurück und trippelte mit zusammengekniffenen Lippen aus dem Newsroom. Abed schluckte. »Im Café Oriental gibt's keinen Drogenhandel. Und mein Onkel ist kein Clan-Chef. Er ist ein anständiger Mann. Diese ganzen Vorwürfe, die hat der Politiker alle erfunden.«

Der Chefredakteur zog die Augenbrauen hoch. »Einfach so?« Er wandte sich an den Reporter. »Schmidchen, Sie waren bei der PK mit Hackner. Was war Ihr Eindruck?«

Der Große räusperte sich. »Ich hab da schon streng nachgefragt«, sagte er bedächtig, und Abed erkannte die Stimme des Reporters, der tatsächlich Zweifel an den Worten des Ministers angemeldet hatte. »Aber ich konnte mich danach im Vieraugengespräch mit dem Minister davon überzeugen, dass alles so war, wie ich es dann auch geschrieben habe.« Er wandte sich an Abed. »Warum sollte der Innenminister einen Drogenumschlagplatz erfinden?«

Abed hob die Schultern. »Was weiß ich? Damit er uns wieder mal diskriminieren kann? Finden Sie das doch raus.« Es klang frecher, als er es gemeint hatte, aber diese Typen verarschten ihn doch. Er holte die Bescheide der Staatsanwaltschaft aus dem Kuvert. »Da steht es. Wir sind unschuldig. Und …«, er sah von einem zum anderen, »… jetzt fände ich es nur richtig, wenn Sie darüber auch berichten. Damit die Leute wieder ins Café Oriental kommen.« Er wiederholte es noch einmal: »Wir sind kein Clan. Wir sind eine ganz normale Familie.«

Der Redakteur Schmidchen betrachtete die Bescheide, dann reichte er Abed die Papiere zurück. »Eine ganz normale Familie?«, fragte er lauernd. »Also gut, reden wir über deine Familie. Reden wir über deinen Cousin Yussef Al-Zahidi, der seit einem Jahr im Gefängnis sitzt wegen gefährlicher Körperverletzung, Raub, Drogenhandel. Reden wir über den Vater deines Cousins, der bald die Zelle daneben bezieht …«

Abed seufzte. Das musste ja kommen. Yussef war der Sohn von Vaters jüngstem Bruder Ghasan. Vater und Sohn hatten sich einem der Mafiabosse im Ruhrgebiet angeschlossen. Ghasan war in U-Haft, sein Prozess sollte bald stattfinden. Angeblich kontrollierte er die halbe Drogenszene der Stadt, und wahrscheinlich stimmte das auch. Abeds Mutter hatte es ihm weinend erzählt, nachdem man ihren Schwager verhaftet hatte. »Sieh nur, was aus ihnen wird«, hatte sie gerufen und Abed neuerlich beschworen, keinesfalls auf die schiefe Bahn zu geraten. Deshalb hatte sie ihrem Sohn auch den Job bei Onkel Ahmed besorgt, dem Ältesten der Al-Zahidi-Brüder. Ahmed war sauber, er würde ein Auge auf ihr einziges Kind haben. Und jetzt wollten sie Onkel Ahmed etwas anhängen, nur weil er Al-Zahidi hieß und die Öffentlichkeit beeindruckt sein würde. Abed war sicher, dass es so war. Doch er wollte nicht aufgeben.

»Hören Sie, ich weiß das mit meinem Onkel und meinem Cousin. Aber das heißt nicht, dass es einen Al-Zahidi-Clan gibt. Das ist Bullshit.« Er kam langsam in Fahrt. »Ich habe eine große Familie. Allein in Deutschland gibt es dreitausend Leute, die Al-Zahidi heißen. Aber von denen haben die meisten noch nie in ihrem Leben etwas angestellt.«

»Der Junge hat nicht ganz unrecht«, mischte sich der alte Redakteur ein, der Abed zu Beginn angesprochen hatte. »Wir sollten aufpassen, dass wir keine Verdachtsberichterstattung machen, bloß wegen dem Familiennamen …«

»Wollen Sie mir unterstellen, dass ich nicht ordentlich arbeite?«, fuhr Schmidchen ihn an. »Sie, der seit Monaten keine Story mehr geliefert hat?« Er plusterte sich richtiggehend auf und fuchtelte dem älteren Kollegen mit dem Zeigefinger unter der Nase herum. »Sie sind doch schon lange eifersüchtig auf meine Erfolge«, rief er so laut, dass es jeder hören konnte. »Und jetzt nützen Sie die Gelegenheit, mich vor dem Chef anzuschwärzen! Empörend! Unkollegial!« Der Herr im Anzug schnaubte verächtlich. »Machen Sie sich nicht lächerlich, Schmidchen.«

»Der Artikel wurde in den sozialen Netzwerken tausendfach geteilt. Das Thema geht durch die Decke. Statt uns hier unhaltbare Vorwürfe anzuhören, sollten wir lieber darüber nachdenken, was wir als Folgestory bringen. ›Die neue Null-Toleranz-Strategie des Innenministers geht auf‹ oder so.«

Sein Boss nickte, dann drehte er sich wieder zu Abed. »Du behauptest also, dein Onkel habe keine Waffen in seinem Lokal gehortet und keine Drogen?«

Abed schüttelte den Kopf. »Ich kenne dort jede Schublade. Und ich kenne meinen Onkel. Niemals würde er so was machen. Er ist ein guter Mann. Wir sind anständige Leute.«

»Du behauptest also weiter, die Polizei lügt, der Landesinnenminister lügt, mein altgedienter Reporter lügt, nur du nicht, der kleine Kerl aus der Shishabar mit dem Pflaster im Gesicht. Wieso trägst du das Ding überhaupt?«

Abed sah ihn herausfordernd an. »Die haben bei der Razzia mein Gesicht auf die Herdplatte gedrückt.«

Schmidchen warf die Hände in die Luft. »Was? Dann bring das doch zur Anzeige!«, rief er.

Abed schüttelte den Kopf. Er hatte die Sache tatsächlich anzeigen wollen, aber seine Mutter hatte ihm davon abgeraten. »Kein Staatsanwalt wird gegen einen Polizisten ermitteln, wenn die Anzeige von einem Libanesen kommt«, hatte sie gesagt. »Sie werden nur auf dich aufmerksam, und dann hast du kein gutes Leben mehr.« Sie hatte ihn angefleht, nicht noch mehr Probleme heraufzubeschwören. Und Abed hatte es ihr versprochen. Dass er nach Dortmund gefahren war, um den Chefredakteur des Artikels zur Rede zu stellen, über den ganz Gelsenkirchen sprach, davon hatte er ihr lieber nichts erzählt.

Schmidchen hatte Abed beobachtet. Jetzt kniff er die Augen zusammen. »Vielleicht war es ja auch gar nicht so. Vielleicht hast du das gerade erst erfunden? Wie alles andere auch, das du erzählst?«

»Ich erfinde nichts«, fuhr Abed auf. »Ich lüge nicht. Ihr seid alle Schwächlinge. Feiglinge. Ihr schreibt Lügen, den ganzen Tag!« Er war laut geworden, doch es war ihm egal. »Ihr seid die Verbrecher!«, stieß er erbittert hervor. »Vielleicht arbeiten Sie mit dem Minister ja sogar zusammen?«

Die Männer lachten etwas zu laut, und auch der ältere Reporter mit der Krawatte musste sich ein Grinsen verkneifen. »Ach, wieder so eine Verschwörungstheorie von der gekauften Systempresse«, wieherte der Chefredakteur. Dann wurde er ernst. »Mir reicht's jetzt«, sagte er. »Verschwinde lieber, bevor ich …«

Weiter kam er nicht, denn plötzlich wurde die Tür zum Newsroom aufgestoßen, jemand schrie: »Halt, Polizei! Keine Bewegung!« Abed drehte sich um und erstarrte: Gut ein Dutzend Polizeibeamte stürmten herein, richteten ihre Waffen in den Raum und rückten vor wie in einem Actionfilm. Ringsherum schrien die Leute auf und warfen sich zu Boden. Abed blieb stehen, den Umschlag in der Hand, sah sich um. Der Chefredakteur und Schmidchen hatten sich unter den nächsten Schreibtisch gekauert. Eine Frau robbte davon und sah sich ängstlich um. Ihre Augen waren weit aufgerissen, sie wimmerte und kroch hastig weiter. In diesem Moment begriff Abed: Diese Leute glaubten wirklich, er würde ihnen etwas antun. Weil er Libanese war. Weil er Al-Zahidi hieß. Seine Wut löste sich binnen Sekunden auf und wich einer großen Leere. Diese Leute hatten kein Interesse an seiner Geschichte oder an der Wahrheit. Sie hatten kein Interesse daran, herauszufinden, was auf der Welt vorging. In ihren Köpfen war das Bild bereits fertig, das sie sich von ihm machen wollten.

Als gleich vier Polizisten auf ihn lossprangen, wehrte er sich nicht. Willenlos ließ er sich die Hände auf den Rücken fesseln, ließ geschehen, dass zwei Polizisten ihn festhielten und ein dritter ihn durchsuchte. Wie in Zeitlupe erlebte Abed, wie er aus der Redaktion geschleift wurde, wo noch mehr Beamte standen, die Waffen im Anschlag. Auf dem Weg hinaus spürte er den triumphierenden Blick der Empfangsdame im Rücken. Sie musste ihre Drohung wahr gemacht haben, wer weiß, was sie der Polizei erzählt hatte.

Vor dem Redaktionsgebäude sah es aus wie bei einem Großeinsatz: Mehrere Streifenwagen standen kreuz und quer über die Straße verteilt mit sich drehendem Blaulicht. Sie schleppten Abed zu einem Kleinbus. Der Polizist, der ihn durchsucht hatte, reichte seinen Ausweis an einen Kollegen, der ein Tablet vom Beifahrersitz holte und sich interessiert an Abed wandte.

»Sie sind also …«, er studierte den Ausweis, »… Herr Abdelkarim Al-Zahidi?« Abed nickte nur. Zufrieden machte der Beamte auf dem Tablet ein Kreuz, drehte sich zu seinen Kollegen und sagte: »Noch einer.«

Abed begriff erst nicht, was der Mann meinte, doch dann fiel ihm ein, was Onkel Ahmed vor Wochen erzählt hatte: dass schon seit geraumer Zeit jedes Ermittlungsverfahren unter »Clan-Kriminalität« lief, sobald der Verdächtige einen arabischen Namen trug. »Ganz egal, was er gemacht hat«, hatte Ahmed mit erhobenem Zeigefinger gesagt. »So sorgen sie dafür, dass die Statistik raufgeht. Sie können sagen: ›Seht her, die Clan-Kriminalität steigt, hier sind die Zahlen!‹ Wie sie zu diesen Zahlen kommen, das verraten sie nicht.«

Abed hatte ungläubig zugehört und insgeheim an der Schilderung gezweifelt. Jetzt sah er es mit eigenen Augen. Und erkannte seinen kapitalen Fehler: Mit seinem Besuch in der Redaktion hatte er für Onkel Ahmed alles nur schlimmer gemacht.

»Was hast du denn gedacht, was sie machen werden, Abed?«, rief seine Mutter Nesrin am nächsten Morgen zum gefühlt fünfzigsten Mal. Tränen liefen ihr über die Wangen, wie ein gefangenes Tier ging sie in der kleinen Küche auf und ab. Abed saß am Küchentisch und hielt den Kopf gesenkt. Vor ihm lag die neueste Ausgabe der *NRW-Nachrichten.* »Großeinsatz in der Redaktion – Libanesen-Clan bedroht die Pressefreiheit!«, stand da in fetten Lettern. Darunter zwei Fotos: einmal das Gewimmel der Polizeiwagen vor dem Redaktionsgebäude und daneben Abed im Newsroom, der gerade mit grimmiger Miene den Umschlag in die Höhe reckte, ringsum wie erstarrt wirkende Redakteure. Jemand musste unbemerkt Bilder gemacht haben. Idiot, schalt Abed sich innerlich, was habe ich nur gedacht? Das ist eine Zeitungsredaktion, klar drückt einer auf den Auslöser.

Der Artikel war haarsträubend. Sie stellten Abed hin, als habe er ihnen Gewalt angedroht, sollten weitere negative Berichte über seine Familie erscheinen. »Ein Spross der berüchtigten Al-Zahidi-Familie … möglicherweise vom Clan vorgeschickt … bedrohte die Redakteure …« Als Autor hatte dieser Schmidchen gezeichnet.

Daneben stand ein Kommentar des Chefredakteurs: »Liebe Leserinnen und Leser, jetzt bedroht die Clan-Kriminalität auch unsere Redaktion. Der Al-Zahidi-Clan will uns vorschreiben, wie wir zu berichten haben. Sie, verehrte Leserschaft, haben jedoch ein Recht auf sachliche Berichterstattung. Und so berichten wir trotz der Gefahren, denen unsere Reporter dadurch ausgesetzt werden, über dieses Vorkommnis. Mit seinem unverschämten Vorgehen hat dieser Clan versucht, eine der Säulen unseres Rechtsstaats zu stürzen: die Pressefreiheit. Doch wir werden dem Druck nicht weichen …«, und so weiter und so fort. Zum Schluss schrieb der Chefredakteur noch, nun sei klar, dass der Kampf gegen die Bedrohung der öffentlichen Sicherheit durch kriminelle Libanesen-Clans oberste Priorität haben müsse und Landesinnenminister Hackner ein Vorbild für ganz Deutschland sei.

Alter. Abed fuhr sich mit der Hand über die unverletzte Gesichtshälfte. »Tut es weh?«, fragte seine Mutter sofort und kam herbeigeeilt. So war sie, Mama, in einer Sekunde ein Feuer speiender Drache, in der nächsten fürsorglich und herzlich.

Die Wunde unter dem Pflaster sah grässlich aus. Im Haus wohnte ein pensionierter ägyptischer Arzt, er hatte Abed versorgt, ihn aber gewarnt, dass eine große Narbe zurückbleiben würde. Abed hatte nur genickt. Die Narbe in seinem Gesicht war ihm egal. Die Narbe auf seiner Seele drückte schwerer.

Sein Besuch in der Zeitungsredaktion hatte für Onkel Ahmed alles nur schlimmer gemacht. War das Café Oriental nach der Razzia noch spärlich besucht, so blieb es nun ganz leer. Niemand wagte sich mehr in das Lokal. Die jungen Muslime fürchteten, Opfer einer weiteren Razzia zu werden und so zu enden wie Abed – unter öffentlicher Anklage und mit einer Narbe im Gesicht. Die deutschen Gäste blieben ebenfalls aus. Bedrohung der Pressefreiheit? Das wollte niemand unterstützen, da hörte die Solidarität auf.

Onkel Ahmed hatte Abeds Entschuldigung mit Ruhe aufgenommen. »Du wolltest mir nur helfen, alles gut«, hatte er gesagt und seinen weinenden Neffen umarmt.

Jeden dritten oder vierten Morgen lagen nun Schweineköpfe oder -füße auf den Stufen. Ahmed Al-Zahidi räumte alles weg, stellte sich hinter den Tresen, wischte Teegläser blank und hielt den Kopf hoch. Abed und Nesrin halfen ihm jeden Tag, und wenn es nur war, um

Onkel Ahmed nicht allein zu lassen. Sie stellten die Shishas in Reih und Glied auf, staubten ab, ließen die Kaffeemaschine laufen, stellten zum Trotz immer zwei Tische vors Lokal.

»Irgendwann wird das Geschäft wieder anlaufen«, sagte Ahmed immer wieder. Er war überzeugt davon. Spätestens im Juli, wenn die Sonne alle dunklen Erinnerungen verbannte und den Leuten ein Tisch im Licht wichtiger war als alte Geschichten, würde das Lokal wieder voll sein. Bis dahin hieß es durchhalten.

Mutlos sah Abed einer Gruppe junger Leute nach, die früher gerne hier gesessen hatten. Jetzt hasteten sie vorbei, als hätten sie ein schlechtes Gewissen. Bahar hatte er seit der Razzia nicht mehr gesehen. Jemand hatte Abed erzählt, dass ihre Eltern sie nicht mehr rausließen, aus Angst um ihre Sicherheit. Doch Abed vermutete, dass Bahars Vater bloß die Gelegenheit beim Schopf gepackt hatte, seiner freiheitsliebenden Tochter die Flügel zu stutzen. Die meisten Mädchen erinnerten ihn an Tauben, doch Bahar war keine Taube, sie war etwas anders. Eine Möwe vielleicht? Oder ein Adler?

Sorgsam wischte er die leeren Tische ab, rückte die Stühle zurecht und fragte sich zum x-ten Mal, ob sein Onkel recht behalten würde. Die Razzia war inzwischen über drei Monate her. Es hatte noch ein, zwei Berichte gegeben, doch in den sozialen Netzwerken schien die Diskussion um die Libanesen-Clans in Nordrhein-Westfalen langsam abzuebben. Nur in rechten Zirkeln wurde noch debattiert, wurde zum »Kreuzzug« aufgerufen, und Abed vermutete, dass die Besudelungen des Lokals auf deren Konto gingen. Woher nahmen diese Typen nur die vielen Schweineköpfe? Hatten sie Tiefkühltruhen voll davon, die sie bei Bedarf plünderten? Oder half ihnen ein Sympathisant aus der Schlachthofszene?

Onkel Ahmed kam heraus, ein paar Scheine in der Hand. »Abed, könntest du bitte Caps holen?«, bat er. Nach all der Aufregung hatte Ahmed beschlossen, auf E-Zigaretten umzusteigen. Abed nickte, nahm das Geld und trabte los. Seine Mutter hatte versprochen, ebenfalls vorbeizukommen, und er wollte sie nicht verpassen. Sie waren noch enger zusammengerückt in den vergangenen Wochen, und trotz der angespannten Lage fühlte Abed sich glücklich, eine so treue Familie zu haben. Auf dem Rückweg meinte Abed in der Menge ein buntes Kopftuch zu sehen, und sofort klopfte sein Herz schneller. Er hatte Bahar seit dem Tag der Razzia nicht mehr gesehen. Instinktiv ging er schneller, um sie einzuholen, doch er bemerkte rasch seinen Irrtum. Es war eine Somalierin, die zwei Kinder an der Hand führte. Enttäuscht schlich Abed weiter. Er war in den vergangenen Wochen mutiger geworden. Der Besuch in der Zeitungsredaktion war eine Art Bewährungsprobe gewesen, hatte er im Nachhinein entschieden, er hatte sich selbst bewiesen, wozu er fähig war. Von wegen schüchterner Abed. Wenn er Bahar traf, würde er ihr schon zeigen, dass er mehr konnte als nur scheu grinsen und über Gäste stolpern ... Weiter vorne sah er schon das Café Oriental im Schatten, die leeren Tische davor wirkten in dem geschäftigen Treiben noch verlassener. Abed beschleunigte seine Schritte und registrierte, wie zwei Männer etwa dreißig Meter vor ihm ebenfalls schneller gingen. Abed dachte sich nichts dabei. Erst, als die beiden zu laufen begannen und direkt auf das Café Oriental zuhielten, wurde er unruhig. Der eine trug etwas in der Hand, es sah aus wie ein von Klebeband umschlossenes Paket. Abed begann zu laufen, wich im Rennen den Passanten aus, die die Fußgängerzone entlangschlenderten. Die anderen erreichten das Café Oriental, der eine hob den Arm und schleuderte das Paket in Richtung Lokaltür. Mit einem lauten Klirren schlug es durch die Scheibe. Die beiden Männer verschwanden in der Menge. Zornig rannte Abed aufs Lokal zu, sah drinnen Onkel Ahmeds Umrisse. Das Paket war ihm direkt vor die Füße gefallen. Neben ihm erkannte Abed seine Mutter, beide wirkten wie erstarrt, aber unverletzt. Erleichtert hastete Abed auf sie zu. Nur noch zehn Meter und ...

Ein ohrenbetäubender Knall. Eine Druckwelle, die Abed von den Füßen riss. Er landete auf dem Kopfsteinpflaster, spürte einen stechenden Schmerz an seiner Wunde. Eine Wolke aus grauem Staub hüllte ihn ein, Prasseln und Klirren, dann ein paar Sekunden Stille.

Irgendwo begann eine Frau zu schreien. Der Schrei vervielfältigte sich, pflanzte sich fort, schwoll an zu einem chaotischen Chor aus Schreien, Rufen, Weinen … Mühsam richtete sich Abed auf und rieb sich den Dreck aus den Augen. Rundherum lagen Menschen auf dem Boden inmitten von Steinen und Glassplittern, überall Staub, in der Luft, auf den Leuten, auf ihm … Und dort, wo noch vor wenigen Sekunden das Café Oriental gewesen war, klaffte ein Loch, in das Abed mit aufgerissenen Augen starrte, bis es ihn zu verschlingen schien.

Ein einziges Licht brannte in der kleinen Küche. Abed saß am Küchentisch und starrte auf den Laptop, der den immer selben Sender zeigte. Auch nach Tagen beherrschte der Anschlag die Nachrichten. Ganz Deutschland schien betroffen, aber längst nicht so schockiert wie noch vor ein paar Jahren, als ein Rechtsextremer in Halle mehrere Leute erschossen hatte.

Zu dem Attentat in Gelsenkirchen hatte sich eine Gruppe bekannt, die sich »Aufbruch Deutschland« nannte und zum »Widerstand gegen die Invasoren« aufrief. Onkel Ahmeds Lokal, mutmaßten die Fernsehreporter, war wohl durch die negative Berichterstattung ins Blickfeld der Rechtsextremisten geraten. Im Bekennervideo hieß es, der Anschlag sollte als Zeichen dienen, »dass die Rückeroberung unserer Heimat begonnen hat«.

Zu den Beerdigungen von Ahmed und Nesrin Al-Zahidi waren mehrere Tausend Menschen erschienen, fast ausschließlich Libanesen, Kurden, Abordnungen muslimischer Verbände, nur ein paar deutsche Nachbarn und Aktivisten der neu aufstrebenden linksgerichteten Lenin-lebt-Partei.

Am nächsten Tag war der Landesinnenminister mit ernster Miene vor die Kameras getreten und hatte erklärt, dass man nun verstärkt gegen die Radikalisierung im Land vorzugehen plane. »Unser größtes

Augenmerk«, sagte er, »liegt dabei auf der noch entschlosseneren Bekämpfung der Clan-Kriminalität, die eine unerträgliche Provokation für die deutsche Gesellschaft darstellt und derartige Anschläge geradezu herausfordert.« Die »Aktion Scharf« des Landes Nordrhein-Westfalen sei richtig gewesen, er dulde keine Kritik am Vorgehen der Polizei, im Gegenteil – die Offensive diene nun als Vorbild fürs ganze Bundesgebiet.

Mit trüben Augen betrachtete Abed den Bildschirm. Gerade lief ein Bericht über die Suche nach den Attentätern. »Die Hausdurchsuchungen bei einschlägig bekannten rechtsextremen Gruppen haben bislang kein Ergebnis gebracht«, sagte die Nachrichtensprecherin. »Die Ermittler rufen nun die Bevölkerung zur Mithilfe auf.« Schnitt auf einen Polizeisprecher. »Für sachdienliche Hinweise, die zur Ergreifung der Täter führen, hat die Landesregierung von Nordrhein-Westfahlen eine Belohnung von fünftausend Euro ausgerufen.«

Abed schüttelte stumm den Kopf. Fünf Riesen. Mehr war ihnen die Wahrheit nicht wert. Für so wenig Geld verriet keines dieser Nazischweine seine Kameraden. Abeds Gedanken schweiften ab, einmal mehr versuchte er sich an die beiden Männer zu erinnern. Groß, sportlich, schwarze Kleidung – mehr hatte er nicht gesehen.

»… und auch auf politischer Ebene hat der Anschlag offenbar Folgen«, sagte die Nachrichtensprecherin weiter. »Der Landesinnenminister von Nordrhein-Westfalen, Hermann Hackner, hat für zwölf Uhr eine persönliche Erklärung angekündigt. Wir schalten dazu ins Landesinnenministerium.«

Überrascht machte Abed lauter. So eine Ankündigung gab es meist vor einem Rücktritt. Der Mann hatte doch nicht etwa Gewissensbisse bekommen? Im Bild erschien ein Podium, das von zahlreichen Mikrofonen bestückt war. Dahinter stand ein Wandschirm mit aufgedruckter Deutschlandfahne. Schweren Schrittes ging der Landesinnenminister Hermann Hackner zum Podium, raschelte mit ein paar Papieren und blickte dann mit ernster Miene in die Runde. »Sehr geehrte Damen und Herren«, begann er. »Vielen Dank für Ihr Kommen. Ich habe eine persönliche Erklärung abzugeben, die mir nicht leichtfällt, die ich aber dennoch als notwendig erachte.«

Abed setzte sich auf. Würde jetzt endlich ein Wort des Bedauerns erfolgen? Er konnte es kaum glauben.

»Die Ereignisse der vergangenen Tage und Wochen haben mir gezeigt, dass wir uns in einer Zeit befinden, in der wichtige Weichenstellungen für die Zukunft Deutschlands getroffen werden müssen«, fuhr der Landesinnenminister fort. »Ich habe mich stets mit ganzer Kraft für dieses Ziel eingesetzt und wurde für meinen geraden Weg nicht selten kritisiert.« Er nickte bedächtig. »Ich nehme diese Kritik zur Kenntnis und habe deshalb eine Entscheidung getroffen, die meine eigene politische Zukunft betrifft.« Kurze Stille, man hörte nur das Klicken von Fotoapparaten. »Mir ist klar geworden, dass ich in meiner derzeitigen Funktion meinem geliebten Deutschland nicht auf die Weise dienen kann, wie ich es gerne tun würde. Ich habe deshalb beschlossen …«, er blickte auf und sah direkt in die zahlreichen Kameras, »… mein Amt als Landesinnenminister niederzulegen und aus meiner Partei, der Konservativen Volkspartei, der ich lange treu gedient habe, auszutreten.« Er machte eine Kunstpause. »Meine politische Laufbahn ist damit jedoch nicht zu Ende, im Gegenteil«, sagte er und richtete sich hoch auf. »Ich habe mich entschlossen, dem Ruf einer jungen, dynamischen Bewegung zu folgen und bei den kommenden Landtagswahlen in Sachsen als Spitzenkandidat der Zero-Tolerance-Partei anzutreten.« Ein erstauntes »Oh!« ging durch die Reihen, die anwesenden Pressevertreter schienen ebenso überrascht wie Abed vor dem Bildschirm. »Die Zero-Tolerance-Partei«, rief Hermann Hackner über das aufbrandende Stimmengewirr hinweg, »vereint für mich alle Qualitäten, die eine politische Partei für Deutschland heute braucht. Der Weg dieser Bewegung hat erst begonnen, doch er führt geradewegs in eine strahlende Zukunft für uns alle. Ich fühle mich geehrt, dass man mich gebeten hat, die ZTP auf diesem Weg zu begleiten, und nehme diesen Auftrag im Sinne der deutschen Bürgerinnen und Bürger in Demut an.« Hackner ließ seine Papiere sinken und strahlte in das nun aufkommende Blitzlichtgewitter.

Abed starrte ein paar Sekunden fassungslos auf den Bildschirm. Dann klappte er den Laptop zu.

Dieser Hackner hatte in den vergangenen Monaten ständig von der »Null-Toleranz-Strategie« gesprochen. Null Toleranz – zero tolerance. Er hatte das alles vorbereitet. Die ganze »Aktion Scharf« gegen arabische Unternehmen war nur ein Mittel gewesen, seinen Bekanntheitsgrad zu steigern, bevor er seinen Parteiwechsel bekannt gab. Verbitterung erfüllte Abed bei dem Gedanken, dass seine Mutter und Onkel Ahmed sterben mussten, weil ein Politiker seine Karriere neu ausrichten wollte.

Stundenlang saß Abed nur da. Es war bereits dunkel, als er aufstand, ein paar Habseligkeiten in eine Sporttasche packte und die Mappe mit den Dokumenten, die seine Mutter stets in Ordnung gehalten hatte, obenauf legte. Er zippte die Tasche zu, schaltete das Küchenlicht aus, trat aus der Wohnung und zog die Tür hinter sich zu. Auf dem Weg hinaus warf er den Wohnungsschlüssel in den Briefkasten des ägyptischen Arztes, der sein Gesicht behandelt hatte. Dann ging er in die Dunkelheit hinaus.

***

Abed spürte eine Hand auf seiner Schulter. »Alles okay, kannst du nicht schlafen?« Hinter ihm stand Lorenz und sah ihn beunruhigt an. Abed schüttelte den Kopf, um wieder in der Gegenwart anzukommen. »Ich war nur völlig in Gedanken versunken.«

Lorenz grinste. »Das passiert hier draußen. Die Abgeschiedenheit bringt Dinge an die Oberfläche, die sonst zugedeckt bleiben.«

Abed nickte. »So ungefähr … Lass uns schlafen gehen«, sagte er und straffte die Schultern.

Eine Viertelstunde später schliefen beide fest. Draußen kam leichter Wind auf, der die Blätter der Eschen zittern ließ. Zwischen den Bäumen ertönte ein leises Knacken, ein Rascheln – dann plötzliche Stille. Die beiden Männer in der Hütte merkten nichts davon. Ein junger Turmfalke landete auf einem Ast, seine runden Augen spähten durchs Dunkel zur Hütte. Der Raubvogel ließ sich vom Knacken des Geästs nicht verscheuchen. Still saß er da, den Blick unverwandt auf die Hütte gerichtet, als hielte er Wache, und erst in den Morgenstunden stieß er sich wieder ab und flog davon.

Kapitel 11

Montag, 24. Oktober 2044, 20.30 Uhr, Neu-Essen

»Schmeckt es Ihnen nicht?«, fragte Bahar besorgt.

Lorenz sah zu seiner Frau. Carolina stocherte mit leerem Gesichtsausdruck in einer gekochten Aubergine herum. Als sie merkte, dass alle sie ansahen, schaltete sie sofort. »Doch, doch, es ist fantastisch, Frau Al-Zahidi«, sagte sie. »Mir ist nur etwas unwohl …«

»Daran hätte ich denken sollen«, rief Bahar. »Die libanesische Küche ist sehr speziell. All die Gewürze, das Olivenöl … Möchten Sie vielleicht etwas anderes, etwas Leichteres?«

Carolina sah ihre Gastgeberin dankbar an. »Wenn es wirklich nichts ausmacht … vielleicht einen Salat?«

»Das sollte kein Problem sein, ich werde in die Küche gehen und schauen, was sich machen lässt.«

Carolina schaute verdutzt. »Haben Sie dafür kein Personal?«

»Für Freunde bin ich gern selbst das Personal.« Bahar lächelte, stand auf und strich ihrem Mann im Vorbeigehen liebevoll über die Schulter. Dann verschwand sie in Richtung Küche.

Lorenz war froh, dass Bahar nicht beleidigt war. Er sah zu Carolina und rollte die Augen, doch sie zuckte nur die Achseln. Lorenz hatte sich sehr über die Einladung gefreut, besonders über den expliziten Wunsch von Bahar, er möge Carolina mitbringen. Es war eine Ehre, für die seine Frau allerdings nicht besonders viel übrigzuhaben schien.

Am Abend zuvor hatte er Abed mit dem Quadro auf der Knappenhalde südlich von Neu-Essen abgesetzt, wo ihn zwei seiner Männer in Empfang genommen und schleunigst durchs Südtor in Sicherheit gebracht hatten. Lorenz war nach Hause geflogen und hatte Carolina erzählt, dass sie in Neu-Essen eingeladen seien. Seine Frau hatte zuerst herumgequengelt, sich aber schließlich gefügt. Wenn dieser Al-Zahidi fortan zu ihrem Leben gehörte, würde sie eben damit klarkommen. Sie waren ein Team, in der Hinsicht konnte er sich auf Carolina verlassen. Aber insgeheim hätte er sich eine andere Reaktion erhofft, eine, die nicht nur auf Berechnung und Strategie beruhte. Er war selbst immer so gewesen, aber da mischte sich gerade etwas anderes in sein Wesen. Facetten, von deren Existenz er bis zu seiner Begegnung mit den Al-Zahidis nichts gewusst hatte. Er fühlte sich, als ob versteckte Teile seiner Persönlichkeit die offizielle Erlaubnis hatten hervorzutreten. Nicht nur stromlinienförmig und angepasst und glatt, sondern bunt und laut und vielfältig. Ging es dabei am Ende gar um die Vielfalt des Herzens?

Er betrachtete seine Frau, die sich nun Mühe gab, Konversation zu machen. Carolina, das musste Lorenz anerkennen, konnte sich mit jedem unterhalten. Es war eine Fähigkeit, die sie in endlosen Stunden auf Partys, Empfängen und Charity-Galas entwickelt hatte.

»Wer, glauben Sie denn, hat den Innenminister entführt?«, fragte sie Abed. Hackner war seit zehn Tagen verschwunden, und noch immer gab es weder ein Bekennervideo noch ein Lebenszeichen von ihm. Mutmaßungen über den Verbleib des Ministers gehörten zum liebsten Zeitvertreib der Deutschen in diesen Tagen. Keine Dinnergesellschaft, bei der die Frage nicht erörtert wurde. Auch Carolina beschäftigte sich damit und pflegte seit ein paar Tagen die Angstfantasie, dass Linksextremisten als Nächstes Frauen wie sie auf dem Weg zu einem ihrer Ladys-Lunches kidnappen könnten.

Abed hob bloß die Schultern. »Ich hoffe, dass sich die Sache bald aufklärt«, sagte er. »In unser aller Interesse. Wir stecken mitten in den Verhandlungen über eine mögliche Erweiterung von Neu-Essen. Wir sind zu viele Menschen, wir brauchen dringend mehr Platz. Ohne den Innenminister können wir aber nicht weitermachen. Wir stecken fest, und das ist eine sehr schwierige Situation für uns.«

»Das ist ja wirklich unangenehm«, sagte Carolina mitfühlend.

Auch Lorenz hatte aufmerksam zugehört. Das musste er bei Gelegenheit Professor Schmidt stecken. Er hatte dem Alten immer noch nicht verziehen, Abed der Entführung verdächtigt zu haben. Und obwohl er diese Theorie schon vorher für absurd gehalten hatte, hatte ihn das Wochenende in der Hütte restlos davon überzeugt, dass Abed nur ein Ziel hatte: Sein geliebtes Al Amal auf zukunftsträchtige Beine zu stellen. Und dazu brauchte er das Wohlwollen der Regierung.

»Gibt es hier in Neu-Essen auch Benefiz-Veranstaltungen?«, wechselte Carolina das Thema.

»Nicht in der Art wie bei Ihnen«, erklärte Abdelkarim. »Aber wir sammeln auf Hochzeiten, während des Ramadan und zu hohen Feiertagen für Bedürftige. Und …«, er drehte sich halb zu Lorenz, »… jeder, der für mich tätig ist, gibt ein Zehntel all seiner Einkünfte für die Gemeinde. Al Amal wurde von uns errichtet, und die einzelnen Bürger sorgen dafür, dass sie läuft.«

Lorenz räusperte sich. Das war ein gutes Stichwort. »Wenn es erlaubt ist«, sagte er mit einer kleinen Verbeugung in Richtung seines Gastgebers, »würde ich gerne fragen, was es mit den Gerüchten auf sich hat, dass Neu-Essen in finanziellen Schwierigkeiten steckt. In der momentan aufgeheizten Situation ist das sicher schwierig …«

Abdelkarim sah ihn eine Weile schweigend an. Lorenz fragte sich bereits, ob er zu weit gegangen war, doch da begann sein Freund zu sprechen. »Es ist nicht so schlimm, wie es aussieht«, sagte er. »Aber wir brauchen eben viele Mittel …« Er sah Lorenz prüfend an, dann gab er sich einen Ruck und fuhr fort: »Wir brauchen viele Mittel, um unsere Sicherheitskräfte und Arsenale aufzustocken. Es gibt keine akute Bedrohung. Aber ich vertraue auf meinen Instinkt. Etwas stimmt nicht, die Fronten verhärten sich, die Motive werden undurchsichtig. Ich möchte vorbereitet sein, wenn die deutsche Regierung irgendwelche Maßnahmen ergreift, die gegen uns gerichtet sind.«

»Sprichst du von Aufrüstung?«, hakte Lorenz nach.

Abed legte den Kopf etwas schief, als ob er seine Worte gut abwägen müsste. »Jeder Mann über sechzehn und unter sechzig ist automatisch Mitglied der Armee von Al Amal. Draußen nennen wir es nicht so, aber jeder hier weiß Bescheid. Zwanzigtausend bewaffnete Männer hören auf mein Kommando als ihr Oberbefehlshaber. Die administrative Leitung hat mein Sohn.«

Lorenz nickte, Abed hatte ihm das bereits erzählt, aber es war keine Antwort auf seine Frage. Doch bevor er nachhaken konnte, unterbrach Abed ihr Gespräch. Lorenz drehte sich um und sah, wie Jamal Al-Zahidi mit finsterem Gesichtsausdruck hereinkam. Der Clan-Chef stand auf, um seinen Sohn zu begrüßen, und Lorenz machte es ihm nach. Carolina, ganz die Düsseldorfer Dame, zu der sie erzogen worden war, blieb sitzen. Jamal begrüßte seinen Vater mit einem zweifachen Wangenkuss und berührte mit der Stirn dessen Rechte. »Lass nur, Jamal, du sollst nicht …«, begann Abed, aber Jamal war schon weitergezogen, schüttelte Lorenz annähernd freundlich die Hand und zog weiter zu Carolina, der er zu Lorenz' grenzenloser Überraschung einen formvollendeten Handkuss aufdrückte. Sie kicherte erfreut.

Jamal setzte sich zu ihnen an den Tisch. Sogleich eilte ein Diener herbei und brachte Teller, Glas und Serviette. Doch der junge Al-Zahidi hatte offenbar keinen Hunger. »Worum geht es denn gerade?«, fragte er interessiert.

»Um unsere Armee«, sagte Abed ruhig.

Jamal riss die Augen auf. »Das erzählst du einem Alman?«

Lorenz verhielt sich still, während Abed seinem Sohn einen warnenden Blick zuwarf. »Lorenz muss uns verstehen, wenn er seine Arbeit gut machen will«, sagte er in entschiedenem Ton.

Jamal griff nach einem Fladenbrot und schoss einen vernichtenden Blick in Richtung Lorenz. Carolina rückte unruhig auf ihrem Stuhl hin und her. Doch Lorenz blieb ganz ruhig. Er kannte diese Art Imponiergehabe von seinen Mandanten.

Ungerührt nahm er sich eine Olive. Dann wandte er sich an Abed. »Wo waren wir stehen geblieben? Ach ja, die Kosten für die Aufrüstung der Armee. Gibt es deshalb mehr Straftaten draußen als sonst?« Abed sah ihn gedankenvoll an, nickte dann und hob an etwas zu sagen, doch Lorenz kam ihm zuvor. »Aber das ist ja eine Abwärtsspirale«, wandte er ein. »Ihr habt Sorge, dass der Konflikt mit der Regierung eskaliert, rüstet auf, dazu braucht ihr Geld, das ihr euch von draußen beschafft, was wiederum das Risiko ernsthafter Repressalien, womöglich sogar eines Gegenschlags, nur noch erhöht. Das ist doch hirnrissig.«

Abed nahm es ihm nicht weiter übel. »Ich habe es dir schon einmal gesagt. Nicht jedes Verbrechen da draußen wird von mir gestattet. Es gibt leider immer wieder Leute, die diese Situation ausnutzen und in die eigene Tasche wirtschaften …«

»Und wenn einer von denen erwischt wird, hilfst du ihm dann?«, fragte Lorenz trocken.

Abed nickte. »Ja.«

Lorenz hob in gespielter Verzweiflung die Hände. »Kennst du den Begriff Nibelungentreue?«, fragte er. Abed schüttelte den Kopf.

Bahar war gerade wieder hereingekommen und stellte Carolina mit einem freundlichen Nicken einen Teller mit Blattsalaten, Tomaten und Kräutern hin. Sie lächelte nachsichtig. »Die Nibelungen haben die Treue nicht erfunden, Lorenz.«

»Na, dann von mir aus die Treue … des Falken?«

Sie nickte lächelnd, und auch Abdelkarim entspannte sich wieder. An Bahar war eine UNO-Generalsekretärin verloren gegangen, dachte Lorenz.

»Es herrschte doch einige Jahre Ruhe«, fing er noch mal an. »Warum gefährdet ihr dieses Projekt, dein Lebenswerk, unnötig? Warum verfolgst du es nicht mit umso entschlossenerem Durchsetzungswillen und unterbindest diese … störenden Kräfte?«

Abed nahm einen Schluck Wasser. »Das will ich ja, aber …« Er zögerte. »Ich kann nicht sagen, dass ich keine Kontrolle über das Geschehen habe«, sagte er dann. »Aber es passieren tatsächlich Dinge, die ich mir nicht erklären kann. Es ist, als ob mehrere Kräfte an unserer Stadt rütteln. Ich bin dabei herauszufinden, was hier passiert. Aber ich brauche noch Zeit.«

»Willst du damit sagen, dass es noch mehr Leute gibt, die das Projekt der Halal-Städte scheitern sehen wollen?«, fragte Lorenz ungläubig.

»Tatsächlich wollen wir Al Amal ausweiten und noch eine weitere Autonome Zone errichten«, sagte Abdelkarim. »Am liebsten hier in der Nähe oder zumindest im Westen. Aber die Verhandlungspartner des Innenministeriums wollen uns nur Gebiete im Osten abtreten.«

Lorenz schüttelte den Kopf über die Regierung. Weite Landstriche im Osten der Bundesrepublik waren richtiggehend entvölkert. Indem sie dort neue Halal-Städte bewilligten, konnten sie den Raum nutzen und zugleich die Muslime in den Osten verräumen. »Aber das ist besser als nichts«, sagte er laut. »Als Muslim in Deutschland zu leben ist hart genug. Ich glaube, denen ist es egal, ob ihre Autonome Zone in Gelsenkirchen liegt oder in Frankfurt an der Oder.«

Erstmals nickte Jamal anerkennend zu seinen Worten. Sein Vater aber wiegte bedenklich den Kopf. »Diese Zonen liegen sehr weit verstreut. Das macht sinnvolle Zusammenschlüsse sehr viel schwieriger, ebenso die gesamte Organisation und Infrastruktur, vom Finanziellen ganz zu schweigen. Das ist natürlich der Zweck der Übung. Und es besteht die Gefahr, dass diese Zonen irgendwann nicht mehr von uns selbst, sondern von außen kontrolliert werden. Es wäre wie eine eingebaute Schwäche im System, eine Art Sollbruchstelle.«

Damit hatte er natürlich recht. Eine Enklave, die von allen Seiten umzingelt wurde, war wahlweise ein Fels in der Brandung – oder ein riesiges Gefängnis. Lorenz' Blick fiel auf die Narbe in Abeds Gesicht. »Das Kainsmal«, wie einer der Idioten von der Zero-Tolerance-Partei neulich unwidersprochen gesagt hatte. Abed hatte recht. Halal-Städte hin oder her, Muslime blieben Angehörige einer Religion unter Generalverdacht.

»Ich möchte helfen«, erklärte Lorenz nun, und Abed sah ihn fragend an. »Ich möchte helfen, dass die Autonomen Zonen in Ruhe fortbestehen können. Dass noch weitere dazukommen, wenn ihr euch das wünscht. Besser wäre ja, diese ganze Trennung der Gesellschaft wieder aufzuheben. Aber ich verstehe, wenn ihr den Glauben an eine Wiedervereinigung verloren habt.«

»Multikulti ist gescheitert«, sagte Abed. »Und wir haben selbst dazu beigetragen.«

»Das hast jetzt du gesagt.«

»Aber es stimmt«, beharrte Abed. »Die Frage ist, was die Alternative gewesen wäre. Hätten wir weiter als geduldete Bürger ohne Bleiberecht dahinvegetieren sollen, ohne die Möglichkeit zu arbeiten? Und hätten alle Muslime im Land weiter für die Extremisten in Nahost den Kopf hinhalten sollen?« Abed hatte sich in Fahrt geredet. »Nein, Lorenz, egal, wie wir es gemacht hätten, wir wären so oder so …«, er drehte sich zu Jamal, »… wie sagst du immer? Gefickt gewesen.«

»Abed! Min fadlak, bitte!« Das war Bahar.

Abed schluckte, beruhigte sich etwas. »Das wären wir aber«, betonte er. »Da konnten wir genauso gut kriminell werden.«

Seine Frau erhob sich nun. »Ich fürchte, ihr müsst diese Diskussion ein andermal fortführen«, sagte sie bestimmt. »Carolina langweilt sich zu Tode, und euer Umgangston beginnt nachzulassen.«

Lorenz schaute zu seiner Frau, die mit halb geschlossenen Augen in ihrem Salat herumstocherte. Sie bemerkte seinen Blick und sagte schmerzlich lächelnd: »Es tut mir leid, ich bin sehr müde … Würde es dir etwas ausmachen, wenn ich schon mal vorfliege?«

»Oh, das tut mir leid«, rief Bahar. »Ich hatte gehofft, dass Sie beide heute Nacht unsere Gäste …« Carolina sah sie so entsetzt an, dass Bahar mitten im Satz abbrach.

Lorenz ärgerte sich über Carolinas Rücksichtslosigkeit, beschloss aber, die Situation – und Carolina – zu retten. »Das ist sehr nett, liebe

Bahar«, sagte er. »Aber Carolina erwartet morgen früh Besuch von ihren Eltern und möchte noch ein paar Dinge vorbereiten.«

Seine Frau sah ihn dankbar an. »Ja, es tut mir so leid. Aber gerne ... äh, ein anderes Mal ...« Dann kam ihr offensichtlich eine Idee: »Lorenz, bleib du doch hier. Ich mache das mit meinen Eltern allein, und du kommst entspannt zu Mittag nach?«

Lorenz lächelte und nickte. »Ich streite immer mit Carolinas Mutter«, erklärte er seinen Gastgebern. »Ihr kommt es ganz recht, wenn sie sich morgen nicht mit mir herumärgern muss. Ich werde gerne bleiben. Ich möchte so gerne noch mehr über deine Pläne erfahren, Abed.«

Carolina lächelte erleichtert. »Natürlich. So ist es doch wunderbar.« Sie wandte sich an Bahar. »Vielen Dank für Ihr Verständnis. Wir holen das nach, versprochen.«

»Ich bringe dich hinaus«, bot Lorenz an, stand auf und rückte den Stuhl seiner Frau nach hinten. Carolina erhob sich elegant, verabschiedete sich einigermaßen herzlich von Abed und Bahar, raffte ihre Kelly Bag an die Brust und stöckelte erleichtert hinter ihrem Mann her in Richtung Ausgang.

»Sei mir nicht böse, aber ich finde, ich habe mich jetzt genug bemüht. Hier übernachten ... sorry, nein, das geht zu weit«, sagte sie und schob entschlossen ihr Kinn vor. Dann wandte sie sich erleichtert zu dem silbernen Jaguar, der gerade vorfuhr, um sie zum Quadrokopter zu bringen.

Bevor sie abfuhr, fiel ihm noch etwas ein. »Könntest du bitte arrangieren, dass der Pilot mich morgen von der Knappenhalde abholt?« Sie nickte, drückte ihm einen Kuss auf die Wange und verschwand in der Limousine. Lorenz sah zu, wie der Wagen gemächlich den Weg hinunterrollte und nach rechts abbog. Dann ging er wieder hinein, vorbei an den Wachposten, durch den Innenhof, die Stufen hinauf in die menschenleere Halle. Als er sich der Tür zum Salon näherte, hörte er dort laute Stimmen. Hatte das Benehmen seiner Frau offenbar doch für Unmut gesorgt? Er schlich näher, in der Hoffnung, etwas von der Unterhaltung aufzuschnappen. Dann würde er mit Carolina besprechen, wie sie den Fauxpas wiedergutmachen konnten.

»Wenn wir das nicht bald durchziehen, kriegen wir nicht nur mit den Almans Ärger, sondern besonders mit Bassam«, sagte Jamal gerade verärgert.

»Wir haben noch genug Zeit.« Das war Abed.

»Die haben wir nicht«, drängte Jamal. »Du immer mit deinen Verhandlungen. Es gibt einen Plan und eine Abmachung. Und jetzt hältst du alles auf.«

»Khalas – genug«, sagte Abed. Er klang sehr gereizt. Die beiden Männer stritten nun auf Arabisch weiter.

Was lief da zwischen Vater und Sohn? Er hätte gern mehr erfahren, wollte aber das Vertrauen seines Freundes nicht missbrauchen. Leise schlich er zurück in die Mitte der Halle, dann trat er fester auf und rief: »Bin wieder da«, lange bevor er den Salon erreichte. Die Stimmen drinnen verstummten sofort. Lorenz stieß die Tür mit Schwung auf, betrat den Raum und sagte: »Noch einmal herzliche Grüße von Carolina, sie bedankt sich sehr für die Gastfreundschaft.«

Er grinste alle an, und Bahar lächelte erleichtert zurück. Dann schoss sie ihrem Sohn einen warnenden Blick zu und bot Lorenz noch eine Tasse Tee an. Dankbar nahm er das kleine Glas mit der dampfenden dunkelroten Flüssigkeit zwischen beide Hände und wärmte sich daran. Er liebte diesen Geruch von frischem Tschai. Er schloss kurz die Augen und atmete den Pfefferminzgeruch ein. Aus den Augenwinkeln sah er, dass Abed verhalten gähnte.

»Mein Freund, bitte geh schlafen«, sagte Lorenz. »Du hast dich in der Hütte sicher nicht so gut ausgeruht, das Feldbett ist gewöhnungsbedürftig.«

Auch Jamal schaltete sich ein. »Ja, geht doch schlafen, Vater und Mutter«, wandte er sich an seine Eltern. »Ich unterhalte mich noch mit Lorenz. Du siehst ziemlich wach aus.«

Überrascht nickte Lorenz. »Das würde mich sehr freuen«, sagte er. »Wirklich, ihr müsst nicht wegen mir wach bleiben. Ich würde gern euren Sohn besser kennenlernen.«

Bahar und Abed lächelten und verabschiedeten sich nach einigem Hin und Her. Lorenz hatte den Eindruck, dass sie froh waren, etwas Zeit für sich zu haben. Wie ihre Ehe trotz all der Belastungen hielt, war ihm immer noch ein Rätsel. Er konnte nur ahnen, dass die beiden eine Liebe verband, die weitaus größer war, als er sie jemals erlebt hatte.

»So, Lorenz«, sagte Jamal und lud den Gast ein, zu einer Sitzgruppe zu wechseln. »Ich hoffe, du fühlst dich wohl hier bei uns.«

»Mehr, als ich gedacht hätte«, gab Lorenz offen zu. »Ich mag euren Lebensstil, den Zusammenhalt.« Er betonte das letzte Wort, doch Jamal zuckte mit keiner Wimper.

»Wir haben gelernt, dass unser Leben jeden Tag vorbei sein kann«, sagte der junge Al-Zahidi. »Wir versuchen jeden Moment in vollen Zügen zu leben.«

Lorenz nickte. Dann sah er Jamal ernst an. »Ich möchte euch wirklich helfen«, sagte er eindringlich. »Nicht nur als Strafverteidiger. Ich möchte euch helfen, eure Visionen zu verwirklichen. Abeds Traum ...« Er brach ab. Seine Gefühle hatten ihn übermannt. Ohne es zu wollen, hatte er begonnen, sich mit der Sache der Muslime zu identifizieren, Abeds Vision zu seiner eigenen zu machen, zumindest zu einer Sache, der er sich verschreiben wollte. Er würde aufpassen müssen, seine Auftritte vor Gericht durften nicht den Anstrich der Parteilichkeit zeigen. Aber er konnte sich nicht helfen – die Situation seiner neuen Freunde musste verbessert werden. Und er, Lorenz, wollte daran mitwirken.

Jamal hatte ihn genau beobachtet. »Ich möchte mich bei dir entschuldigen, Lorenz«, sagte er dann. »Ich war anfangs nicht sicher, ob man einem Alman-Popstar trauen kann.«

Die beiden Männer grinsten einander vorsichtig an. Das erste Eis schien gebrochen.

»Was tun wir jetzt mit dem angebrochenen Abend?«, fragte Lorenz und schlug die Beine übereinander. »Ich würde wahnsinnig gerne noch spazieren gehen. Ich liebe Al Amal bei Nacht …«

»Dann mach doch«, sagte Jamal.

Lorenz sah ihn verblüfft an. »Ohne Abed? Würdest du…?«

»Nein«, sagte Jamal und begann nun betont zu gähnen. »Ich bin ehrlich gesagt auch zu müde zum Rausgehen. Aber man kennt dich inzwischen, jeder weiß, dass du der Gast meines Vaters bist. Geh raus, sieh dir die Stadt an. Ohne Fremdenführer.« Er nickte Lorenz aufmunternd zu.

Lorenz hatte in letzter Zeit nicht viele Momente für sich gehabt. Die Aussicht auf einen Spaziergang durch die lebendige Halal-Stadt war verlockend. »Meinst du wirklich, das geht in Ordnung?«

»Natürlich«, sagte Jamal lässig und grinste dann. »Und wenn es Ärger gibt, rufen sie ohnehin zuerst mich an.«

Lorenz war in knapp zehn Minuten an der Stelle, wo er das letzte Mal mit Abed und Bahar aus dem Jeep gestiegen war. Je näher er kam, desto lauter wurde es, die Lichter in den Fenstern wurden bunter, die Menschenmenge größer. Es war wie bei seinem ersten Besuch. Der Lärm, die Leute, die vollgeräumten Geschäfte, der Duft der Garküchen. Es waren sogar noch mehr Menschen unterwegs als neulich, es war ja auch erst kurz nach zehn Uhr abends. Lorenz war froh, dass Jamal ihn ermuntert hatte, den Spaziergang durch die Halal-Stadt zu wagen. Der junge Al-Zahidi hatte ihn sogar noch zum Eingangstor der Villa begleitet, mit den Wachen auf Arabisch gesprochen und Lorenz ein paar fremdartige, silberne Münzen mitgegeben. »Bei uns gibt es noch Bargeld«, hatte er gelacht. »Damit kannst du dir Baklava kaufen. Und bring mir was mit!«

Jetzt stand Lorenz auf der Straße, wo noch ein altes Schild mit der Aufschrift »Centroallee« angebracht war, und bestaunte die kleinen runden Scheibchen, die glänzend und leicht in seiner Hand lagen.

Seit der Abschaffung des Bargelds hatte er nur noch seine Karte verwendet. Er konnte sich schon gar nicht mehr an die Zeit erinnern, in der er mit Scheinen und Münzen hantiert hatte. Wie schnell man sich an manche Dinge gewöhnt, dachte er und wendete eine der Münzen in seiner Hand. Arabische Schriftzeichen waren darauf eingeprägt. Auf der anderen Seite – Lorenz musste lächeln – ein Falke. Es musste schön sein, einen eigenen Staat im Staat zu gründen, da konnte man sogar sein eigenes Geld prägen.

Unschlüssig sah er die Straße rauf und runter und überlegte, in welche Richtung er zuerst gehen sollte. Ein paar Passanten nickten ihm freundlich zu, eine Gruppe Kinder lief um ihn herum und sang: »Lawrence of Almania«. Ein Vater scheuchte sie weg und entschuldigte sich höflich. Jamal hatte recht gehabt: Die Leute dachten sich nichts dabei, dass hier dieser deutsche Anwalt herumlief. Wenn er es tat, dann sicher nur mit der Erlaubnis der Al-Zahidis.

Lorenz wandte sich in Richtung des ehemaligen Einkaufszentrums. Bei einem Stand blieb er stehen und kaufte für Jamal eine Schachtel Baklava. Der Händler sagte etwas auf Arabisch, und als Lorenz ihn hilflos ansah, hielt er zwei Finger in die Luft. Lorenz gab ihm zwei der kleinen Silbermünzen, und der Händler verbeugte sich lächelnd. »Schokran – danke.« Lorenz erinnerte sich an »Afwan – bitte«, dann winkte er dem Händler zum Abschied zu und schlenderte weiter.

Diese fremdartige, lebendige, wunderbare Stadt! Er fühlte sich wieder wie damals als Vierzehnjähriger, als er mit seiner Mutter in einer der arabisch geprägten Straßen Frankfurts unterwegs gewesen war, die später verschwunden waren. Neu-Essen war wie eine lebendig gewordene Erinnerung, ein Märchen, nur für ihn. Ringsum war Deutschland. Das hier war Clan-Land. Ein Land, das ihn akzeptierte. Lorenz fühlte sich inmitten dieser Fremden wohler als in seinem eigenen Haus. Ihm war so leicht ums Herz wie seit Jahren nicht mehr. Er ließ sich treiben, kam zum ehemaligen Einkaufszentrum, wo die Moschee, eine Schule und der Basar untergebracht waren. Fast wäre er hineingegangen, doch dann bemerkte er, wie Menschen einzeln und in Gruppen zielstrebig in Richtung Gerichtsgebäude eilten. Ihre Gesichter waren ernst, sie sprachen leise und eindringlich. Es waren ausschließlich Männer, fiel ihm jetzt auf, die meisten älter, nur wenige Jugendliche waren unter ihnen. Die Passanten wichen den dahineilenden, streng wirkenden Gestalten aus, eine Familie mit kleinen Kindern flüchtete richtiggehend bei ihrem Anblick. Lorenz beschloss, sich den Männern anzuschließen. Er verschmolz mit der Menge, ließ sich bereitwillig mittreiben und wurde auf den Platz vor der Halle gespült, wo bereits Hunderte standen und aufgeregt durcheinander sprachen. Das Gerichtsgebäude lag im Dunkeln, doch davor zeichneten sich die Umrisse eines schwarzen Rechtecks ab, und dahinter ragte etwas in die Höhe. Neugierig drängelte sich Lorenz näher heran. Niemand beachtete ihn. Eine seltsame Erregung lag in der Luft, als ob gleich etwas Sensationelles passieren würde. Lorenz hörte Arabisch, Türkisch, Fetzen anderer, ihm unbekannter Sprachen. Er stand nun etwa zehn Meter vor dem schwarzen Rechteck und erkannte, dass es eine Tribüne war. Das lange Ding, das dahinter hoch aufragte, war – ein Kran?

Er kam jedoch nicht dazu, sich zu wundern, denn plötzlich ging eine Bewegung durch die Menge. Von links drängte eine Gruppe nach vorne. Lorenz war größer als viele der Männer ringsum, und so konnte er das Geschehen gut übersehen. Die Scheinwerfer gingen an, die Menge stieß Rufe und Schreie aus, doch Lorenz blieben die Worte im Hals stecken. Ein Lichtkegel war auf die Mitte des Kranaufbaus gerichtet. Dort hing in Mannshöhe eine Schlinge an einem Seil, das nach oben hin im Dunkel verschwand.

Mit klopfendem Herzen drängte sich Lorenz dorthin, wo er die Bewegung in der Menge wahrgenommen hatte. Lorenz erkannte den Friedensrichter Doktor Sherif. Die anderen waren wohl ebenfalls Friedensrichter. Dann folgte ein Trupp Sicherheitsleute, die einen Teenager in ihrer Mitte mehr schleppten als führten. Der Junge war nicht älter als siebzehn oder achtzehn, er konnte kaum gehen. Er sah übel zugerichtet aus, sein linkes Auge war zugeschwollen, er hatte blutige Lippen, aber es war sein Blick, der Lorenz bis ins Mark erschütterte: Unendliche Trauer lag in seinen Augen, die die Menge abzusuchen schienen, als hielte er Ausschau nach jemandem.

Die Umstehenden begannen »Allahu-akbar« zu skandieren und rhythmisch die Fäuste zu recken. Lorenz drängte sich weiter nach vorne durch, stand jetzt fast direkt vor der Bühne. Rechts davor war eine zweite Gruppe nach vorne gerückt. Ein etwa fünfzigjähriger Mann und eine Frau, vielleicht Anfang vierzig, wurden an den Bühnenrand geschubst, einer der Friedensrichter ging zu ihnen und sprach in getragener Stimme auf sie ein. Die Frau klammerte sich weinend an den Mann, und als der Junge sie sah, fing er zu schreien an. »Mama, Mama!« Die Verzweiflung in seiner Stimme schnitt Lorenz ins Herz. »Schau mich an. Ich bin dein Sohn!« Die Frau weinte stumm und verbarg ihr Gesicht im Arm ihres Mannes.

Das waren also die Eltern des Jungen, dachte Lorenz. Aber warum sahen sie ihren Sohn nicht an? Was hatte er angestellt, dass hier ein Galgen aufgebaut war? Warum waren sie nicht in der Halle versammelt und handelten in Ruhe eine gütliche Einigung aus, wie er es neulich beobachtet hatte? Lorenz wandte sich um und beschloss, einen älteren Herrn neben sich anzusprechen, der nicht mit der Menge mitschrie. »Entschuldigung, sprechen Sie Deutsch?«, versuchte Lorenz die »Allahu-akbar«-Rufe zu übertönen. Der Alte nickte vorsichtig. »Was ist hier los?«, rief Lorenz.

Der zeigte auf den Jungen. »Er muss sterben«, sagte er, und Lorenz musste sich ganz nah zu ihm hinbeugen, um ihn zu verstehen. »Er hat … wie sagt man … Liebe mit andere Mann …«

Lorenz kam es vor, als hätte jemand einen Eimer voll Eiswasser über ihm ausgeleert. »Er ist schwul?«, fragte er ungläubig.

Der Alte nickte. »Ja, schwul. So sagt man.« Er zeigte in Richtung Bühne. »Da vorne Vater, Mutter. Sie haben angezeigt. Jetzt Zeuge.«

Ungläubig sah Lorenz nach vorne zu dem Paar. Der Junge schrie wieder nach seiner Mutter, und endlich hob die Frau den Kopf vom Arm ihres wie versteinert wirkenden Mannes und blickte scheu zu ihrem Sohn. »Mama, warum? Ich bin doch dein Sohn«, schrie er und streckte die Arme nach ihr aus, während ihn zwei Wachleute zurückhielten. Durch die Mutter schien ein Ruck zu gehen, und sie machte Anstalten, zu ihrem Sohn zu laufen. Doch ihr Mann hielt sie zurück, zwei Männer aus dem Publikum sprangen ihm bei. Sie versuchte sich freizukämpfen. »Mahmouuuud«, gellte ihr Schrei durch die Menge. »Mama, ich liebe dich, Mama«, schrie ihr Sohn zurück, ihre ausgestreckten Hände berührten sich leicht, als die Wachleute den Jungen an seiner schreienden Mutter vorbei auf die Tribüne zerrten. Zwei Männer fesselten seine Hände auf den Rücken, legten ihm die Schlinge um den Hals und richteten ihn im blassen Licht des Scheinwerferlichts auf, das verletzte, tränenüberströmte Gesicht der Menge zugewandt, die nun umso lauter brüllte: »Allahu-akbar! Allahu-akbar! ALLAHU-AKBAR!«

Doktor Sherif trat ernst hinzu und richtete ein paar Worte an die Eltern, die unten geblieben waren. Der Vater nickte, zitternd und blass, die Mutter war zu Boden gesunken und schrie weiter nach ihrem Sohn.

Die Menge begann sich um Lorenz zu drehen. Die Schreie hallten in seinem Kopf wider, für einen Moment verlor er das Gleichgewicht. Der alte Mann legte ihm die Hand auf den Arm. »Ruh – geh weg!«, sagte er eindringlich und machte eine Handbewegung, als wolle er ihn verscheuchen. Einige Männer mit dichten, langen Bärten hatten Lorenz bemerkt und begannen zu murren. Immer mehr Leute drehten sich zu ihm um. »Alman«, verstand er und bemerkte mit wachsender Angst, wie sich immer mehr Zeigefinger auf ihn richteten. »Ruh!«, sagte der Alte wieder und stieß ihn an. Lorenz gehorchte wortlos, drehte sich um und stürzte durch die Menge davon.

Er blickte sich nicht um, um zu sehen, ob ihn jemand verfolgte. Hinter sich hörte er, wie Doktor Sherif einen Sermon in ein Mikrofon sprach, seine Stimme hallte, von zahllosen Lautsprechern verstärkt, über den Platz, tanzte förmlich auf den »Allahu-akbar«-Rufen der Menge. »Bismillahi ar-rahman ar-rahim …« Lorenz meinte, die Worte wiederzuerkennen. Die erste Sure aus dem Koran, die der Doktor bei der Verhandlung neulich vorgelesen hatte.

Er stürzte weiter vorwärts durch die sich ausdünnende Menschenmenge, da ertönte hinter ihm ein vielstimmiger Schrei, und er konnte nicht anders – er blieb stehen, drehte sich um und sah, wie ein menschlicher Körper wie von Zauberhand in die Höhe schwebte. Es wirkte wie eine Erscheinung, aber Lorenz begriff, dass der Kran hinter der Bühne zum Einsatz gekommen war und das Seil mit der Schlinge hochzog, hoch und höher, und der Körper daran zuckte, er zuckte und zuckte … bis er still dahing und der Wind den Jungen sanft hin und her schwang, als wolle er ihn in den Schlaf wiegen.

Lorenz drehte sich wieder um und hetzte in Richtung Osten, vorbei am ehemaligen Einkaufszentrum, die Straße hinunter, die er gekommen war, bis er in der Nähe des Süßigkeitenstandes zum Stehen kam, sich an einen Laternenpfahl lehnte und nach Luft schnappte. Seine Lungen brannten, er atmete schwer. Er schloss die Augen, doch sofort stieg das Bild des geprügelten Jungen wieder in ihm auf, der die Hände nach seiner Mutter ausstreckte. Lorenz beugte sich über den Bordstein und erbrach sich mitten auf die Straße.

Sofort eilten ein paar Menschen herbei. »Schufi, schusar – was ist los, was ist passiert?«, rief der Verkäufer des Baklava-Standes und reichte ihm eine Wasserflasche. Zwei junge Mädchen lösten sich aus einer Gruppe und kamen näher. »Was ist los, ist er krank?« Sie sprachen Deutsch. Eines der Mädchen erkannte ihn. »Herr van Bergen. Brauchen Sie Hilfe?« Er schüttelte nur stumm den Kopf und zeigte in die Richtung, von wo man aus der Entfernung noch die Menge skandieren hörte. »Was ist dort los?«, fragte ein Passant, der stehen geblieben war.

Lorenz keuchte immer noch, er rang um Worte, brachte schließlich heraus: »Sie haben einen Jungen … aufgehängt.«

Einige der Umstehenden schrien erschrocken auf. »Welchen Jungen?«, fragte das Mädchen, das ihn angesprochen hatte. »Was war mit ihm?«

»Ein Teenager«, brachte Lorenz mühsam heraus. »Mahmoud, glaube ich.« Er bekam kaum Luft. »Sie sagten, er sei schwul …«

Das Mädchen begann zu schreien. »Sie haben Mahmoud getötet!« Die anderen aus ihrer Gruppe kamen angerannt. »Sie haben Mahmoud aufgehängt!«, schrie das Mädchen wieder, und nun begannen auch die anderen durcheinander zu rufen. Die Erwachsenen sahen einander verstört an und begannen verhalten zu diskutieren.

Ein Mann ging zu dem Mädchen. »Aischa, beruhige dich …«

»Papa!«, schrie sie. »Sie haben Mahmoud umgebracht!« Der Mann wurde blass und zog seine Tochter an sich. Sie schluchzte haltlos in seinen Mantel. »Papa, ich will weg! Ich will nicht hierbleiben, lass uns zurückgehen …«

»Zurück wohin, Aischa?«, fragte ihr Vater eindringlich und hielt seine Tochter fest.

Auch die anderen Mädchen umarmten einander mit tränenüberströmten Gesichtern. Sie mussten diesen Mahmoud gekannt und gewusst haben, dass er verhaftet worden war.

Lorenz vergaß für einen Moment sein eigenes Entsetzen. Sein Blick kreuzte sich mit dem des Baklava-Verkäufers. »Schlimme Zeiten«, sagte der auf Deutsch und wies mit dem Kinn in Richtung Westen. »Alle verrückt.« Dann sah er auf Lorenz' Hände. »Wo Baklava?«

Lorenz hob die Hände. »Verloren.« Er musste die Schachtel irgendwo fallen gelassen haben.

Der Mann ging zu seinem Stand und kam wenige Augenblicke später mit einer Papiertüte zurück. »Geschenk.«

Automatisch nahm Lorenz die Tüte, nickte schlapp und ging davon. Nur keine weitere Aufmerksamkeit erregen, beschwor er sich selbst. Er richtete sich auf, atmete durch und beschleunigte seine Schritte. Er bog nach Nordwesten ab, fand die Straße zu Abeds Anwesen, erreichte die Villa, doch dort stand niemand. Als er versuchte, das Eingangstor zu öffnen, gab es ächzend nach. Auch der Hof war leer, keine Wachposten vor der Tür. Er ging ins Haus und wandte sich nach links, wo ihm Bahar am Nachmittag das Gästezimmer gezeigt hatte. Die Tür war angelehnt. Erleichtert ging er hinein, im Schlafzimmer brannte ein Nachttischlämpchen. Lorenz warf die Tüte mit Baklava auf einen Lehnstuhl und setzte sich auf das Fußende des breiten Betts. Was zur Hölle hatte er da erlebt?

Er vergrub das Gesicht in beiden Händen und saß eine Weile nur still da, während trockene Schluchzer seinen Körper beutelten. Ihn hatte eine große Enttäuschung erfasst, eine Verzweiflung, die ihn richtiggehend durchrüttelte. Sein Freund Abed hatte ihn belogen. Es war nicht alles so wunderbar, wie er ihn hatte glauben machen wollen. Er hatte ihm nur die richtigen Ausschnitte gezeigt. Hinter den freundlichen Gesichtern der Friedensrichter lauerte ein mittelalterliches System, vor dem sogar die eigenen Leute Angst hatten. Lorenz dachte an die erschrockenen Gesichter der Passanten vor den Marktständen, an die weinenden Mädchen … Nichts passierte in Al Amal ohne Abeds Duldung, ohne seine Zustimmung, ohne seinen Befehl. Er hatte Lorenz getäuscht. Wie hatte er sich nur so von Abed einwickeln lassen können? Warum hatte er nie etwas hinterfragt? Hatte sein Instinkt ihn so im Stich gelassen?

Lorenz stand auf, um sein Gesicht zu waschen, als sein Blick auf das Kopfende seines Bettes fiel. Und auf den weißen Umschlag, der dort lag. Ohne nachzudenken, griff Lorenz danach, riss ihn auf und hielt eine Chipkarte in der Hand. Darauf klebte ein Post-it mit einem handschriftlichen Vermerk. Er kniff die Augen zusammen, um die Worte zu entziffern. »Das Verhörzimmer ist nicht leer«, stand da, und Lorenz musste eine Weile nachdenken, bis er begriff, was gemeint war.

Es half nichts. Eine halbe Stunde hatte Lorenz mit sich gehadert, überlegt, ob er einfach abfahren sollte. Schließlich hatte er einen Entschluss gefasst: Er würde bleiben und herausfinden, was zur Hölle hier gespielt wurde.

Er starrte auf die Chipkarte in seiner Hand. Es musste sich um eine Zugangskarte für die Kellerräume des Gerichtsgebäudes handeln, wo auch die Gefängniszellen waren. Er spielte in Gedanken den Moment noch einmal durch, als er um die Ecke gesehen und gefragt hatte, was sich hinter der Metalltür am Ende des Gangs verbarg. »Nur ein Verhörzimmer«, hatte Jamal gesagt, bevor Abed ihn wegführte. Wenn die Botschaft stimmte, war dort etwas in dem Raum, worauf jemand Lorenz aufmerksam machen wollte.

Ob er es wagen konnte, wieder dorthin zu gehen? An den Ort, wo die Hinrichtung stattgefunden hatte? Es war über eine Stunde vergangen. Vielleicht hatte sich die Menge bereits zerstreut. Er würde vorsichtig sein müssen.

»Lass es sein, Lorenz«, warnte ihn eine Stimme in seinem Kopf. *»Fahr nach Hause, lebe dein Leben, und übernimm einfach nie wieder einen Fall aus Neu-Essen.«* Doch er konnte nicht anders, er wollte wissen, was das zu bedeuten hatte. Wer hatte ihm den Umschlag hingelegt? Und warum jetzt? Wenn die Karte ein Fake war, wäre das Schlimmste, was passieren würde, dass er nicht hineinkam. Und wenn er sich damit tatsächlich Zutritt zum Gerichtsgebäude und das darunter liegende Gefängnis verschaffen konnte, war das offensichtlich gewollt. Eine lausige Argumentation, das wusste er selbst, aber sie beruhigte ihn. Und seine Neugierde siegte.

Lorenz schlich zur Eingangstür. Immer noch kein Wachposten. Lorenz hätte geschworen, dass Abeds Haus Tag und Nacht bewacht wurde. Sein Gastgeber hatte offenbar großes Vertrauen zu seinen Leuten. Na ja, dachte Lorenz sarkastisch, er ist ja auch nicht schwul.

Diese Verlogenheit. Ein Mörder wird in allen Ehren freigekauft, aber wehe, ein Junge küsst einen anderen Jungen. Was für Arschlöcher. Lorenz redete sich selbst in Rage, und erst, als er in den belebten Teil der Stadt kam, erwachte er aus seinen Gedanken. Diesmal nahm er kleine Seitengässchen. Es war schon spät, nur noch wenige Menschen waren unterwegs. Als er sich dem Gerichtsgebäude näherte, sah er, dass dort tatsächlich niemand mehr war. Die Menge hatte sich zerstreut, nur der Tribünenaufbau stand noch da, dahinter der Kran. Lorenz wagte kaum, den Blick zu heben, tat es dann doch und sah in etwa dreißig Metern Höhe einen dunklen Schatten.

Lorenz' Herz hämmerte. Der arme Junge. Geflohen vor der Diskriminierung durch Deutsche, ermordet von seinen eigenen Leuten. Und jetzt ließ man ihn hier einfach so hängen. Lorenz wischte den Gedanken beiseite. Er musste sich konzentrieren. Er schlich zur Rückseite der Halle, es war der einzige Weg hinein, den er kannte. Die Tür sprang tatsächlich auf. Jemand hatte arrangiert, dass er hier reinkam. Nur warum, das konnte er sich nicht erklären. Er hoffte nur, dass es keine Falle war. Aber was für eine Falle sollte das auch sein? Wollte man ihn einsperren, hätten sie das längst tun können.

Den Fahrstuhl wagte Lorenz nicht zu nehmen. Daneben führte ein Treppenabgang in die Tiefe. Lorenz schlich die Stufen hinunter und erreichte den Raum mit der Gittertür am Ausgang des Aufzugs. An der Wand brannten grünliche Notlichter, die den Raum spärlich erhellten. Plötzlich fielen ihm die Wachen ein. Was würde er denen erzählen? Er horchte durch das Gitter in den Gang. Nichts. Es war niemand da.

Wie kam er hier durch? Er sah sich um und entdeckte auf der rechten Seite das kleine Kästchen mit dem Schlitz. Er steckte die Karte hinein, und – klick! – die Gittertür ging auf. Die Chipkarte musste eine Art Generalschlüssel sein. Er schlich durch den Gang, kam an die nächste Tür – klick! – und war auch hier hindurch. Nirgendwo ein Wachposten. Anscheinend waren die Wachen bewusst abgezogen worden, vielleicht zur Hinrichtung, die Häftlinge in den Zellen konnten ja ohnehin nicht raus. Aber, überlegte er, es bestand jederzeit die Gefahr, dass sie wiederkommen konnten. Er musste sich beeilen.

Er schlich den Gang hinunter, vorbei an den Zellentüren, hinter denen sich nichts regte. Er spähte um die Ecke. Der Gang war leer, am Ende lag die Metalltür, hinter der sich angeblich das Verhörzimmer verbarg. Mit zitternden Fingern steckte Lorenz die Karte in den Schlitz. Eine Sekunde tat sich gar nichts, dann ging die Tür lautlos auf.

Lorenz schlich hinein. Er stand in einem dunklen Raum, der ebenso wie der Gefängnisgang von einem grünlichen Notlicht schwach erhellt wurde. In dem Raum war nicht viel zu sehen. Eine Art Podium mit einem Mikrofon und etwas, das wie ein tragbares Mischpult aussah, ein paar Stühle, die an der Breitseite des Raums entlang aufgestellt waren. Eine seltsame Anordnung. Vorsichtig schlich Lorenz näher. An der linken Seite bemerkte er einen Knopf, der im Dunkel sanft leuchtete. Er drückte ihn vorsichtig, und die Wand schien sich zu teilen. Erst nach einigen Sekunden begriff er, dass sich zwei Schiebewände nach links und rechts aufschoben und den Blick auf einen weiteren Raum freigaben. Lorenz trat näher und spürte plötzlich einen heftigen Schlag.

Er war gegen eine dicke Glasscheibe geprallt, die die beiden Räume voneinander trennte. Mit klopfendem Herzen blieb Lorenz stehen und rieb sich die Stirn. Auch der zweite Raum war dunkel und wurde durch ein spärliches grünes Notlicht schwach erhellt. Mit aller Kraft spähte er durch die Glasscheibe, erkannte schließlich eine blecherne Schüssel am Boden, die dunklen Umrisse eines Feldbetts und darauf eine zusammengekrümmte Gestalt. Ein Mensch. Er lebte, Lorenz konnte sehen, wie sich der Brustkorb hob und senkte.

Das Notlicht ließ das Gesicht der Gestalt grünlich leuchten. Und noch bevor sein Gehirn ihm die Information bestätigte, wusste Lorenz, wer es war.

Der entführte Bundesinnenminister Hermann Hackner lag wie ein Stein da und schlief, die Hände auf den Rücken gefesselt. Seine Hosen waren nass, fleckig und verbeult, und Lorenz begriff, dass der

Mann wohl in seinen eigenen Exkrementen lag. Die Glasscheibe, durch die er blickte, musste auf der anderen Seite verspiegelt sein.

Lorenz wartete darauf, dass ihm ein Entsetzensschrei entfuhr. Doch stattdessen breitete sich eine tiefe Trauer in ihm aus. Abed, was hast du getan?, dachte er. Wer bist du? Was bist du? Sein Bild von Abdelkarim Al-Zahidi zersplitterte in tausend Scherben, die sich in sein Herz gruben. Lorenz hatte eigentlich eine gute Menschenkenntnis. Die hatte ihn aber offenbar schmählich im Stich gelassen. Und wofür? Für die Illusion, noch einmal ein Junge zu sein und die Düfte von damals aufzusaugen? Teil von einer Vision zu sein, von etwas, das größer war als er? Für ein Fantasiebild von einem freien, ungezähmten Lorenz, der er wohl nie sein würde?

Eine Minute lang überlegte er, Hackner aus seinem Verlies zu befreien. Doch er fand keine Tür, keinen Knopf, keinen Zugang zu dem Raum hinter der Glaswand. Er musste hier raus, bevor die Wachen zurückkehrten, und dann überlegen, was zu tun war. Er wandte sich zum Gehen, dann fiel ihm noch ein, die Wände zurückfahren zu lassen, sodass der Raum wieder aussah wie zuvor.

Er schlich hinaus. Immer noch war niemand zu sehen. Er blieb trotzdem vorsichtig, zog die Metalltür sachte hinter sich zu, spürte, wie sie einrastete, war mit wenigen Sätzen an der Ecke und sah vorsichtig in den nächsten Gang. Leer. Er hastete weiter, durch die erste Gittertür – die Chipkarte funktionierte noch immer einwandfrei –, durch die nächste, vorbei am Fahrstuhl, die Treppe hinauf, bis er schwer atmend oben ankam.

Er überlegte gerade, in welcher Richtung der Ausgang lag, als er Stimmen hörte. Hals über Kopf stürzte er in die entgegengesetzte Richtung, fand einen Treppenabsatz, der zu einer Doppeltür führte, warf sich ohne nachzudenken dagegen – und stand im Freien. Von drinnen hörte er Rufe, mehrere Stimmen, die etwas auf Arabisch schrien. Ohne nachzudenken, rannte er davon, über den Platz, die menschenleere Promenade entlang, auf die andere Straßenseite, die

Gässchen hindurch, bis er wieder auf der Straße stand, die zu Abeds Villa führte.

Er kam sich vor wie in einem wiederkehrenden Albtraum. Noch einmal schlich Lorenz die Straße entlang auf das Haus seines Gastgebers zu. Immer noch stand dort kein Wachposten. Es war inzwischen ein Uhr nachts, Lorenz war mit den Nerven am Ende. Er wollte nur noch weg und gab sich keine Mühe mehr, leise zu sein. Er ging in sein Zimmer, begann wie in Trance seine Sachen zusammenzusuchen. Dann nahm er seine Tasche und verließ den Raum, die Tür ließ er sperrangelweit offen.

In der Halle fuhr er durch ein Geräusch zusammen. »Lorenz?« Es war Bahar in einem seidenen, bunten Morgenmantel. Sie trug einen Turban und hatte einen erschrockenen Gesichtsausdruck. »Ist alles in Ordnung? Fühlst du dich nicht gut?« Ihre Sorge wirkte aufrichtig.

Lorenz versuchte sich zusammenzureißen, doch er konnte nicht verhindern, dass seine Stimme zitterte. »N-nein, alles in Ordnung. Oder nein … n-nicht in Ordnung. Ich muss leider los. Carolina …« Er suchte nach einer Ausrede. »Es geht ihr nicht gut. Ich sollte zu ihr. Ihre Eltern …« Seine Stimme versagte ihm den Dienst.

Bahar nickte verständnisvoll. »Das tut mir sehr leid. Fahr nur. Abed schläft. Ich sage ihm morgen früh Bescheid, ja? Wir bringen dich sofort zu deinem Quadrokopter.« Sie sah sich um. »Wo sind denn die Wachen?« Lorenz hob hilflos die Schultern. Bahar überlegte einen Moment. Dann verschwand sie hinter einer Tür und kehrte innerhalb einer Minute mit einem verschlafenen Diener im Schlepptau zurück.

»Das ist Achmed, er wird dich zur Knappenhalde bringen. Weiß dein Pilot, wo er dich holen soll?«

Lorenz nickte. Wie gut, dass der Quadro dort bereitstand. Der Diener gähnte herzzerreißend, verbeugte sich vor Lorenz und ging voraus.

»Bitte grüß Carolina herzlich«, sagte Bahar mit ihrer warmen Stimme. »Ich finde sie wirklich sehr nett.« Bahar, die Diplomatin. Trotz der angespannten Situation war Lorenz ihr dankbar.

»Bitte sag Abed, dass es mir leidtut. Wir holen das nach. Und entschuldige, dass ich dich um deinen Schlaf bringe.«

Bahar schüttelte den Kopf. »Ich muss jetzt ohnehin nachsehen, wo die Wachen geblieben sind. Ich werde Abed Grüße von dir bestellen. Er wollte mit dir den Falken auf dem Gasometer fliegen lassen. Das nächste Mal.« Sie sah ihn freundlich an. »Familie ist wichtig, Lorenz. Geh zu deiner Frau.«

Er nickte, und einer spontanen Eingebung folgend, umarmte er Bahar. Sie ließ es überrascht geschehen, sah ihn dann ernst an. »Lorenz, ist wirklich alles in Ordnung?«

Er schaffte es nicht, ihr in die Augen zu sehen. »Alles okay, ich, äh … ich bin nur müde und genervt. Aber wie du sagst: Familie.«

Sie nickte und winkte ihm vom Eingang aus zu, als er den Hof durchquerte, dem Bediensteten nach, der zu einem Garagentor trat. Er holte sein Handy aus der Reisetasche und rief seinen Piloten an. Der hob ab, verschlafen, aber bereit. »Wir sind in spätestens einer Viertelstunde da. Bitte machen Sie den Quadro startklar, wir müssen sofort aufbrechen.«

Langsam rollten sie den Weg entlang bis zur Straße. Lorenz legte seine Reisetasche neben sich auf den Rücksitz und bemühte sich, nicht ungeduldig mit den Fingern auf den Sitz zu trommeln. Sein Chauffeur gähnte wieder, dann bogen sie rechts ab, und nach wenigen Minuten waren sie schon am Südtor. An der Sicherheitsschleuse wurden sie langsamer und fuhren im Schritttempo auf den Grenzposten zu, der neugierig in den Wagen spähte. »Guten Abend, Herr van Bergen«, sagte er leutselig, stolz, dass er den Alman erkannt hatte. Lorenz lächelte gequält. Gott, mach, dass er kein Autogramm will, betete er.

Doch der Sicherheitsmann blieb auf Abstand. Er hob gerade die Hand, um sie durchzuwinken, als ein zweiter Soldat aus dem Glashäuschen trat. »Moment noch«, sagte er, und Lorenz spürte, wie sich sein Magen zusammenkrampfte. Der zweite Soldat hielt ein Handy ans Ohr, nickte mit grimmiger Miene und sagte: »Ja, er ist hier.«

War das das Ende? Der Soldat wandte sich an Lorenz, der unkontrolliert zu zittern begann. »Herr van Bergen? Wir haben einen Anruf aus der Villa von Abdelkarim Al-Zahidi.« Lorenz nickte, er spürte, wie die Farbe aus seinem Gesicht wich. »Sie haben Ihren zweiten Anzug vergessen.«

Lorenz atmete vorsichtig durch. »Ach ja, der Anzug … äh, bitte sagen Sie, dass ich ihn das nächste Mal mitnehme.«

»Alles klar«, sagte der Soldat, nickte und klopfte auf das Wagendach. Dann rollten sie durch die Grenze auf die andere Seite.

Lorenz ließ sich in seinem Sitz zurückfallen. Was für eine Nacht. Er spürte, wie die Erleichterung durch seinen Körper flutete. Er hatte es geschafft. Er konnte schon das Geräusch des startenden Quadro hören, nur noch ein Stück den Hügel hinauf und …

»Ya Allah!«, rief der Chauffeur aus, als der Wagen automatisch scharf bremste. Lorenz wurde nach vorne geschleudert. Hinter der Kurve hatte sich ein Wagen quer auf die Fahrbahn gestellt, ein Blaulicht auf dem Dach kreiste langsam und warf abwechselnd Licht und Schatten auf die Gesichter mehrerer Männer in Trenchcoats, die aussahen, als wären sie einem altertümlichen Comicstrip entstiegen. Hinter dem Wagen standen mehrere dunkle Fahrzeuge und blockierten die Straße.

Einer der Männer löste sich von der Gruppe und kam auf den Wagen zu, öffnete die hintere Tür. »Guten Abend, Herr van Bergen«, sagte er. »Entschuldigen Sie die späte Störung …«

Lorenz war kurz davor, die Nerven zu verlieren. »Was zur Hölle soll das?«, schnauzte er den Mann an. Dann erkannte er ihn.

»Es tut mir leid«, sagte Kurt Reichmann, der Mann vom Staatsschutz. »Ihre Fahrt ist hier zu Ende. Sie müssen mitkommen, wir haben noch ein paar Fragen an Sie.«

Kapitel 12

Dienstag, 25. Oktober 2044, 3.35 Uhr, Köln

»Kaffee?«, fragte Kurt Reichmann. Lorenz nickte stumm. Ermattet saß er vor einem nüchternen Schreibtisch auf einem unbequemen Stuhl und beobachtete, wie seine Beine nervös zuckten, als forderten sie, dass es in dem Tempo der vergangenen Stunden weiterging – rennen, immer weiterrennen … Er zwang seine Beine stillzuhalten. Versuchte sich an seine Übungen zum Stressabbau zu erinnern, einen Punkt an der Wand zu fixieren. Aber es half alles nichts. Zum ersten Mal in seinem Leben war Lorenz van Bergen mit seinen Kräften am Ende.

Erst etwas über eine Stunde war vergangen, seit die Trenchcoat-Typen ihn angewiesen hatten, dem Piloten Bescheid zu geben, allein loszufliegen. »Und keine weiteren Angaben.« Der Pilot hatte keinen Verdacht geschöpft, er war es gewöhnt, Befehle zu befolgen, ohne nachzufragen. Dann hatten sie Lorenz in ein Dienstauto verfrachtet, einer der Männer hatte sich nach vorne gesetzt und den Befehl »Zentrale« gegeben. Dann waren sie nach Köln gefahren.

Lorenz kannte die Zentrale des Staatsschutzes aus den Nachrichten – ein grauer, klobiger Bau, nur aus der Vogelperspektive war zu erkennen, dass das Gebäude sich wie eine wendige Schlange über den Boden zu schlängeln schien. Wie deutsch, schoss es ihm durch den Kopf, doch selbst dieser kurze, ironische Gedanke verursachte ihm beinahe körperliche Schmerzen. Sein Kopf fühlte sich an, als würde er jeden Moment explodieren. Kein Wunder, waren doch ständig neue Informationen hineingedrängt, ohne dass er Zeit gehabt hatte, diese zu ordnen, geschweige denn zu verarbeiten. Stattdessen verstopften Bilder, Erinnerungen und Fragen sein Gehirn, sodass er keinen klaren Gedanken fassen konnte. Alle paar Sekunden flackerte ein anderes Bild auf. Der Junge am Galgen. Die verstörten Passanten. Die schreienden Mädchen. Bahar mit ihrer unschuldigen Sorge. Und der Innenminister im Kerker von Al Amal… Mein Gott, Abed, was hast du getan?

Er musste seinen Kopf klarkriegen. Vor Müdigkeit sah er bereits alles doppelt. Doch als Reichmann ihm eine klobige Tasse mit schwarzem Kaffee hinstellte und ihm gegenüber mit großer Geste Platz nahm, wurde Lorenz klar, dass das noch lange nicht vorbei sein würde. Diese Nacht war ein nicht enden wollender Albtraum.

Er spürte, dass der Mann vom Staatsschutz ihn eingehend betrachtete, doch es interessierte ihn nicht. Mit gesenktem Kopf saß er da, die Ellbogen auf die Tischplatte gestützt. Am liebsten hätte er den Kopf auf die Arme gelegt und die Augen zugemacht, nur ein paar Minuten …

»Nicht einschlafen, Herr van Bergen«, sagte Reichmann scharf, und Lorenz fuhr hoch. »Wir werden uns jetzt unterhalten«, sagte er, wieder freundlicher. »Je schneller und klarer Sie meine Fragen beantworten, desto früher kommen Sie nach Hause. Es liegt an Ihnen, wie lange dieses Gespräch dauert.« Er nickte ihm zu und gab einem bärtigen Mann, der hinter Lorenz stand, mit dem Kinn ein Zeichen, sich mit an den Schreibtisch zu setzen. Lorenz nahm ihn nur aus den Augenwinkeln wahr. Diese Typen vom Staatsschutz sahen für ihn alle gleich aus, farblos, verwechselbar, uninteressant. Das war ihre Stärke – man vergaß ihre Gesichter sofort.

Er betrachtete die Tasse, die vor ihm stand. »Für Stabilität kann man sich entscheiden«, stand in weißen Lettern auf blauem Grund, daneben ein Kästchen mit einem roten Kreuz. Dieser Wahlslogan hatte die Zero-Tolerance-Partei seinerzeit in die Regierung gebracht. Die Tasse zeigte starke Gebrauchsspuren, ein Riss zog sich über die gesamte Länge, doch das Ding hielt. Wie viele arme Hunde sich wohl bereits an diese Tasse geklammert hatten, während sie in einem dieser Büros saßen? Lorenz leerte die Tasse in einem Zug zur Hälfte.

Reichmann nickte zufrieden. »Wollen wir?« Er schlug eine Akte auf, dann lehnte er sich vor und faltete die Hände auf dem Schreibtisch. »Wann haben Sie Abdelkarim Al-Zahidi zum letzten Mal gesehen?«

»Das geht Sie nichts an«, antwortete Lorenz.

»Nicht frech werden, Herr van Bergen. Wir sind hier nicht bei der *Justice Union*.«

»Herr Al-Zahidi ist mein Mandant«, sagte Lorenz mit Nachdruck. »Ich unterliege der anwaltlichen Schweigepflicht.« Das stimmte genau genommen zwar nicht, aber das war Lorenz egal. Er würde mit diesen Leuten erst sprechen, wenn er wusste, was hier gespielt wurde.

Reichmann beobachtete ihn einen Augenblick. Dann blätterte er in seiner Akte. »Ist Ihnen bei Ihren Besuchen in Neu-Essen aufgefallen, von welcher Art die Bewaffnung der Milizen dort ist?«

Lorenz zuckte die Achseln. »Sagen Sie's mir.«

»Haben Sie Geschütze gesehen? Panzer?«

Lorenz lachte kurz auf. »Was haben Sie denn für eine Vorstellung?«

»Ich kann mir so einiges vorstellen, Herr van Bergen.« Reichmann stand auf, kam hinter dem Schreibtisch hervor und setzte sich auf die Kante. »Herr van Bergen, glauben Sie mir, das ist keine Fantasterei. Es gibt Hinweise darauf, dass die Autonome Zone Neu-Essen militärisch aufrüstet – und zwar entgegen des Abkommens von 2037, das die Gründer verpflichtet, ihre Enklaven als entmilitarisierte Zonen zu führen. Wir wollen wissen, warum sie aufrüsten. Und wie.«

Lorenz dachte nach. Abed hatte ihm selbst gesagt, dass sie sich bewaffneten. Er war aber nicht mehr dazu gekommen, genauer nachzufragen, was dahintersteckte. »Ich kann Ihnen nicht weiterhelfen«, sagte er. »Sie müssen sich schon selbst darum kümmern. Haben Sie keine Spione in Neu-Essen?«

»Natürlich, was glauben Sie? Einer sitzt gerade neben Ihnen.«

Lorenz zuckte zusammen. Dann drehte er sich zu dem bärtigen Mann und starrte ihn einen Moment ratlos an. Er kam ihm nicht bekannt vor.

Der Mann lächelte dünn. »Keine Sorge, ich wäre sehr beunruhigt, wenn Sie mich erkannt hätten.«

»Was machen Sie dort?«, fragte Lorenz. Der andere schüttelte nur lächelnd den Kopf.

Lorenz ließ die Schultern sinken. Natürlich gab es in Neu-Essen Spione. Wie naiv war er gewesen, zu glauben, die Regierung würde eine muslimische Enklave dulden, ohne sich selbst davon zu überzeugen, was dort vor sich ging? »Wie viele von euch sind da drin?«, fragte er.

»Das verraten wir nicht«, sagte Kurt Reichmann.

»Wenn Sie Männer in Al Amal haben, dann müssen Sie Ihre Frage doch selbst beantworten können. Wozu sonst Spione dort haben?« Lorenz bemühte sich gar nicht erst, einen kooperativen Eindruck vorzutäuschen.

»Wäre es so einfach, würden Sie ja jetzt nicht hier sitzen, oder?« Reichmanns Stimme bekam einen schneidenden Ton, er entspannte sich jedoch gleich wieder. Ganz der Profi. »Nun, in die engeren Kreise vorzustoßen ist so gut wie unmöglich, Al-Zahidi umgibt sich nur mit Verwandten und engen, bewährten Freunden. Aber wir haben genügend V-Männer vor Ort, um zu wissen, dass dort etwas im Gange ist.«

Lorenz beschloss, nun selbst Fragen zu stellen. »Warum sollten die Al-Zahidis ihre Halal-Stadt hochrüsten?«, fragte er. »Das macht doch nur Probleme.«

»Halal-Stadt? Sie sind schon integriert da drüben, wie ich merke.« Reichmann kehrte hinter seinen Schreibtisch zurück und setzte sich. »Die kriminelle Aktivität aus Neu-Essen ist stärker als je zuvor. Offensichtlich brauchen die Al-Zahidis Geld. Aber wofür? Wir glauben, für Waffen. Offenbar rechnet Abdelkarim Al-Zahidi damit, dass die Tage seiner Enklave gezählt sind, und möchte sich nicht kampflos ergeben, sollte dieser Fall eintreten. Warum glaubt er das? Neu-Essen ist erst ein paar Jahre alt. Welche Informationen hat er, die ihn so nervös werden lassen? Oder …«, er beugte sich vor, »… hat sich Al-Zahidi angreifbar gemacht? Weil er eine Straftat verübt hat, die es der deutschen Regierung unmöglich macht, weiter tatenlos zuzusehen, wie sich dieser Clan wie eine Spinne mitten in Deutschland ihr Netz baut?«

»Vorsicht mit Tiervergleichen, Herr Reichmann«, schoss Lorenz ihn an und vergaß in seiner Empörung zu fragen, was die Andeutung sollte. »Eine Spinne im Netz? So hat man im Dritten Reich die Juden dargestellt.«

»Zu Unrecht, zu Unrecht«, rief Reichmann und hob abwehrend beide Hände. »Diese Libanesen dagegen ...«

»... wurden geradezu in die Kriminalität gezwungen«, schnaubte Lorenz. »Sie hatten überhaupt keine Möglichkeit, sich eine normale Existenz aufzubauen. Das wurde ihnen jahrzehntelang verweigert!«

»Aber Herr van Bergen. Warum sind dann Millionen von Muslimen gar nicht kriminell und ganz harmlose Zeitgenossen, wenn sie angeblich gar nicht anders können?«

»Und warum haben Sie dann die Chippflicht für alle Muslime eingeführt, wenn die meisten doch so harmlos und ganz normale Leute sind?«, schoss Lorenz zurück

Kurt Reichmann senkte kurz den Kopf. Lorenz sah triumphierend zu. Ihn konnte dieser Typ nicht beeindrucken. Er wusste, was hier gespielt wurde. Die ZTP war jetzt schon seit zwei Jahrzehnten dran, das Bild des bösartigen, jede Ordnung untergrabenden Muselmanen zu untermauern, sodass dieses Bild längst zur allgemeinen Meinung erwachsen war. Kaum jemand hinterfragte mehr die Erzählung vom grundsätzlich demokratiefeindlichen Muslim, der stets nur darauf hinarbeitete, die westliche Welt zu stürzen und ein rückwärtsgewandtes Kalifat zu errichten. Dass Millionen von Menschen vor derartigen Regimen geflohen waren, interessierte die Öffentlichkeit kaum noch. Ein paar schwarze Schafe – und Abdelkarim Al-Zahidi zählte dazu, das musste sich Lorenz deutlicher denn je eingestehen – hatten für die Rechtspopulisten als Brandbeschleuniger gewirkt, um eine ganze Religionsgemeinschaft zum Sündenbock zu stempeln. Neulich hatte

Carolina, die einfache Seele, die Clan-Kriminalität sogar für die Erhöhung der Luxussteuer verantwortlich gemacht. In dem Moment hatte Lorenz ausgesprochen, was er schon länger dachte: »Hundert Jahre nach dem Holocaust hat Deutschland seine neuen Juden gefunden.« Carolina hatte zwei Tage lang kein Wort mehr mit ihm gewechselt.

»Herr van Bergen, brauchen Sie noch einen Kaffee?« Kurt Reichmann schnippte mit den Fingern vor Lorenz' Gesicht herum. »Die Regierung ist gefordert, hart durchzugreifen. Und wir dürfen nicht vergessen, dass wir hier eine Notsituation haben mit der Entführung des Bundesinnenministers.«

»Also ist es jetzt offiziell eine Entführung?«

»Nein, aber wir wissen es.«

»Und, wer war's?«

»Wir haben Grund zur Annahme, dass Hermann Hackner in Neu-Essen gefangen gehalten wird.«

Lorenz spürte, wie sich sein Magen zusammenzog. »Warum ausgerechnet dort?«, krächzte er und hoffte, dass seine Reaktion als Verblüffung durchging.

»Die Rekonstruktion der Entführung«, erklärte Reichmann, »lässt darauf schließen, dass er von Mitgliedern des Al-Zahidi-Clans entführt und in die Autonome Zone Neu-Essen gebracht wurde.«

»Ebenso lässt sich bestimmt rekonstruieren, dass ihn irgendwelche linke Fanaten haben«, unterbrach ihn Lorenz.

Reichmann schüttelte den Kopf. »Fehlanzeige. Wir haben sie alle durchleuchtet, sie schwören, nichts damit zu tun zu haben.«

»Und das glauben Sie so einfach?«

»Ich nicht, aber unser Lügendetektor. Und ein paar freundliche Druckmittel.«

Zeit schinden, Lorenz. Er schnaubte betont verächtlich. »Sagt Ihnen der Begriff Rechtsstaat überhaupt noch etwas?«

»Der Rechtsstaat ist etwas für friedliche Zeiten«, entgegnete Reichmann und lehnte sich wieder vertraulich vor. »Und wir haben

Krieg. Nicht erst seit heute, und es gibt auch keine klare Front, aber es ist trotzdem ein Krieg. Ein Krieg zwischen Systemen und nicht zuletzt ein Krieg um unsere Zivilisation.«

»Sie klingen wie ein Wahlwerbespot der ZTP«, spottete Lorenz. »Jetzt weiß ich wenigstens, wie Sie Ihren Job hier bekommen haben.«

»Nun, nicht jeder hat ein hübsches Gesicht, das ihm alle Türen öffnet«, schoss der andere zurück.

Sie funkelten einander eine Weile an. Schließlich lehnte sich Lorenz zurück. Der Kaffee hatte seine Wirkung getan. Er war wieder hellwach. »Also gut, erzählen Sie doch mal. Warum sollte mein Mandant ausgerechnet den Innenminister gefangen halten?«

»Um Deutschland zu erpressen, was sonst?«, sagte Reichmann. »Sie wollen, so vermuten wir jedenfalls, die Rücknahme des Drogenfreigabegesetzes für Berlin verhindern. Mit den Konzessionen für die Drugshops machen die Al-Zahidis und ihre Sippe ja einen Großteil ihres Geldes.«

Dasselbe hatte Professor Schmidt gesagt. Schlauer, alter Mann.

»Die Lenin-lebt-Partei hat ebenso viel Interesse daran, dass das Drogenfreigabegesetz bleibt«, wandte Lorenz ein. »Und auch die Regierung. Die verdienen doch genauso an der Drogenschwemme. Vielleicht ist es die ZTP selbst, die sich ihres Ministers entledigen will?«

Reichmann sah ihn plötzlich scharf an.

Lorenz lehnte sich interessiert vor. »Habe ich recht?«

Doch binnen weniger Sekunden trug dessen Gesicht wieder einen verschlossenen Ausdruck. Er nahm eine kleine Fernbedienung zur Hand und drückte einen Knopf, worauf ein altmodischer Projektor ansprang und Fotos an die Wand warf: Lorenz mit Abed beim Spaziergang durch Neu-Essen. Lorenz mit Abed vor dem Gerichtsgebäude. Lorenz mit Abed auf dem Dach des Gasometers. Lorenz mit Abed – er musste schlucken – am Lagerfeuer im Spreewald. Hatten sie ihn die ganze Zeit observiert und nur auf einen guten Moment gewartet, ihn abzufangen?

»Herr van Bergen, im Namen der deutschen Regierung fordere ich Sie auf, uns alles zu berichten, was Sie über die Pläne von Abdelkarim Al-Zahidi wissen«, sagte Kurt Reichmann in geschäftsmäßigem Ton. »Sie sind angehalten zu kooperieren. Andernfalls werden wir Maßnahmen ergreifen, Ihre Laufbahn als Verteidiger der Herzen …«, er atmete durch, »… zu unterbrechen, um es höflich auszudrücken.« Seine Stimme hatte einen höhnischen Unterton bekommen. »Haben Sie mich verstanden, Herr van Bergen?«

Lorenz betrachtete schweigend die Bilder. Wie glücklich er da aussah, wie entspannt. Die Stunden mit Abed hatten sein Weltbild verändert. Er hatte sogar begonnen, die Grundlage für seinen Erfolg zu hinterfragen, das neue deutsche Justizsystem. Abdelkarim Al-Zahidi, der Clan-Chef, der Errichter der Halal-Stadt – er hatte seine eigene Sache verraten. Wie hatte er Lorenz nur glauben machen können, dass ein derart ausgebuffter Krimineller hehre Absichten verfolgte? Abed hatte mit ihm gespielt wie – ja, wie ein Falke mit einer Maus. Und er? Von wegen Jaguar … Lorenz kam sich vor wie ein dummer Junge, vorgeführt und bloßgestellt.

Er konnte sich nicht erinnern, sich jemals so elend gefühlt zu haben. Höchstens als Siebenjähriger, als ein Freund seines Vaters den Hund der van Bergens überfahren hatte, war Lorenz so verzweifelt gewesen. Am liebsten hätte er geheult wie damals. Die Enttäuschung schmerzte ihn so, als ob ein Stück aus seinem Herzen gerissen worden wäre und dahinter nur schwarze Finsternis gähnte. Doch während er in das Dunkel seines Selbst starrte, meinte Lorenz mit einem Mal, einen kleinen Funken tief in seinem Inneren zu erkennen. Der Funke glühte auf und verschwand wieder, leuchtete erneut auf, wurde heller und heller und stieg langsam aus der Schwärze auf, ihm entgegen. Dieses Licht gab ihm die Kraft, sich in seinem Stuhl aufzurichten, wie von selbst hob sich sein Kinn und richtete sein Blick sich wieder nach außen, auf das nüchterne Büro und die beiden Männer, die ihn erwartungsvoll anstarrten. In seiner schwärzesten Stunde hatte Lorenz van Bergen seine Würde entdeckt.

Er würde Abed nicht verraten. Lorenz war enttäuscht, ja, aber er war zuallererst Strafverteidiger. Und als solcher hatte er die Klappe zu halten. Abed würde bald einen Anwalt brauchen. Und selbst, wenn der Clan-Chef seine Freundschaft nur vorgetäuscht hatte – er, Lorenz, hatte das nicht getan. Er würde Abed nicht verraten, und er würde seine Würde nicht verraten. Und ebenso wenig würde er sich vor den Karren der zwielichtigen Machenschaften der ZTP spannen lassen.

»Nun?«, fragte Kurt Reichmann ungeduldig. »Die Aussicht auf das Ende Ihrer glänzenden Karriere sollte doch Ihren Gedankenprozess beschleunigen, nicht?«

Lorenz sah den Mann an. Sollte er ihn anlügen, ihm versprechen, dass er alles tun würde, was der Staatsschutz von ihm verlangte? Nichts da, wer weiß, was die noch über ihn verbreiteten. Er würde den Dingen selbst auf den Grund gehen, mit Abed sprechen. Eine Erklärung verlangen. Und er würde ihn beschwören, Hermann Hackner gehen zu lassen. Ihn vom richtigen Weg überzeugen. Er musste es zumindest versuchen.

»Es tut mir leid«, sagte er ruhig. »Ich habe es Ihnen schon gesagt. Ich kann Ihnen nicht helfen. Als Strafverteidiger bin ich zur Verschwiegenheit verpflichtet, was meinen Mandanten betrifft.« Reichmann machte den Mund auf, um etwas zu sagen, aber Lorenz redete einfach weiter. »Ich habe aber auch so keine relevanten Informationen für Sie. Von einer Aufrüstung, die übrigens auch gar nichts mit meinem Mandanten zu tun haben müsste, habe ich in Neu-Essen nichts bemerkt.« Das war nicht gelogen.

»Seien Sie nicht verrückt, van Bergen«, polterte Reichmann los, und der bärtige Spion schüttelte ungläubig den Kopf. »Sie werden doch die Sicherheit der Bundesrepublik nicht Ihrem dämlichen Anwaltsethos opfern wollen? Oder noch schlimmer, diesem verbrecherischen Muselmann?«

Lorenz betrachtete ihn kühl. »Für die Sicherheit der Bundesrepublik sind immer noch Sie zuständig«, sagte er kühl. »Und was das ›dämliche Anwaltsethos‹ betrifft …«, er betonte den Ausdruck ironisch, »… so darf ich Sie als willigen Gehilfen unserer geschätzten Regierungspartei belehren: Ethos, Prinzipien, Grundrechte – *das* sind die Säulen unseres Staates. Nicht der kürzeste Weg zu Macht und Geld. Aber ich fürchte, das werden Sie und Ihre Genossen nie verstehen. Ich könnte genauso gut gegen eine Wand reden.«

Kurt Reichmann kniff die Augen zusammen und sah ihn grimmig an, wechselte dann zu einem süffisanten Grinsen. »Sie reden, als ob Sie eine Wahl hätten, als ob Sie einfach selbst entscheiden könnten, auf welcher Seite Sie stehen. Täuschen Sie sich nicht, mein Lieber. Wir haben Sie in der Hand. Und wir haben ein ständiges Auge auf Sie. Vielleicht hätten Sie sich das besser überlegen sollen mit dem Trackingchip, den Sie sich implantieren haben lassen. Wir haben hier Spezialisten, die sich noch in jede Software gehackt haben. Wir verfolgen Sie auf Schritt und Tritt, und im einfachsten Fall werden *Sie* uns zu Hermann Hackner führen. Und das bedeutet nicht nur einen Knick in Ihrer Karriere. Das muss ich Ihnen als Anwalt …« Er machte eine Pause, die Lorenz fast die Luft nahm. »… sicherlich nicht erklären.«

Lorenz wurde es eiskalt. Daher hatten sie also gewusst, dass er mit Abed im Spreewald war. Und deswegen hatten sie ihn auch genau jetzt, mitten in der Nacht, abpassen können. Er war so naiv. Sie hatten ihn in der Hand. Wenn Sie Hackner nicht finden oder Abed auf einem Silbertablett serviert bekommen würden, wäre er selbst dran. Sie würden ihn sich einfach holen.

Lorenz war jetzt wie auf Autopilot. Er stand auf und wandte sich um. Dann ging er einfach zur Tür, machte sie auf, trat hinaus und zwang sich, einen Schritt vor den anderen zu setzen, in dieselbe Richtung, aus der sie vorhin gekommen waren. Er erwartete, dass sich ihm Reichmanns Leute in den Weg stellen würden. Doch niemand hielt ihn auf.

Kapitel 13

Freitag, 28. Oktober 2044, 19.00 Uhr, Bad Homburg

Lorenz überprüfte im Spiegel sein Erscheinungsbild. Er sah gut aus. Der dunkle Anzug unterstrich seine künstliche Bräune, die blauen Augen wirkten wieder lebendig nach ein paar Nächten Schlaf.

Er nahm sein Handy zur Hand. Immer noch keine Nachricht von Abed. »Anruf Abdelkarim Al-Zahidi«, sagte Lorenz, und das Gerät stellte die Verbindung her. Niemand antwortete, auch die Mobilbox sprang nicht an. Es läutete einfach immer weiter. Nach einer Minute gab Lorenz auf. Er legte das Handy auf den Tisch zurück, dann nahm er es noch einmal zur Hand und sagte: »Nachricht an Abdelkarim Al-Zahidi.« Das Handy sprang auf den Messenger. »Hallo, Abed«, sagte Lorenz, und auf dem Display erschien das Diktierte. »Ich versuche dich seit Tagen zu erreichen. Ich muss dich dringend sprechen. Es ist wichtig, hörst du? Ruf mich an, sobald du diese Nachricht siehst.« Dann sagte er noch: »Senden« und lehnte sich zurück. Er war immer noch zerschmettert angesichts dessen, was er über seinen Freund erfahren hatte. Er musste ihn so schnell wie möglich sprechen. Ihm klarmachen, wie irrsinnig das war, was er gerade durchzog, zumindest, wenn er nach wie vor an seiner Vision festhielt. Denn abgesehen von seinem eigenen Leben riskierte er die Zukunft von Al Amal, wenn er den Innenminister weiter gefangen hielt. Abed würde hoffentlich auf ihn hören.

Je mehr Lorenz über das Geschehene nachgedacht hatte die letzten Tage, desto mehr hatte ihn noch ein anderer Gedanke beschäftigt: Es mussten noch weitere Kräfte am Werk sein. Der scharfe Blick, den ihm der Mann vom Staatsschutz zugeworfen hatte, als er – eigentlich als reine Provokation gemeint – gemutmaßt hatte, die Regierung selbst könnte hinter der Entführung ihres Bundesinnenministers stecken. Was hatte das zu bedeuten?

Umso entschlossener war er, die ganze Wahrheit über die Hackner-Entführung aufzudecken. Denn, das war ihm bei Tageslicht klar geworden, Abed konnte Hermann Hackner nicht auf eigene Faust entführt haben. Er musste Unterstützung gehabt haben – etwa aus Hackners eigenen Reihen? Verschwörungen und Intrigen von Politikern gegen andere Politiker gab es jeden Tag. Und in diesen verrückten Zeiten überraschte Lorenz gar nichts mehr. Nein, er würde ein für alle Mal herausfinden, was hier gespielt wurde. Er würde Abed treffen müssen. Aber er musste irgendwie auch an Informationen von der Regierung kommen. Und wo bekam man die besten Informationen her? »Auf einer Party«, hatte Carolina immer gesagt. Und sie hatte recht. Zumindest war es für ihn der einzige Weg. Fast bereute er es, dass er immer auf Abstand zur Politik gegangen war und seine Netzwerkfühler nie in diese Richtung ausgestreckt hatte. Aber es wäre etwas gewesen, das sein Vater getan hätte. Allein deswegen hatte er es verabscheut.

»Eine Party? So kurzfristig?«, hatte seine Frau verständnislos gefragt, als er ihr seinen Plan mitteilte. »Jahrelang willst du keine Fremden im Haus, und jetzt soll ich innerhalb von drei Tagen eine Party organisieren?«

»Ich kann dir nicht alles erzählen«, hatte er gesagt. »Aber ich muss eine ganze Reihe Leute erreichen, es ist wichtig. Bitte tu mir den Gefallen. Ich brauche alles, was Rang und Namen hat. Besonders aus der Politik. Und vergiss die Oberen von *Streamnet 24/7* nicht.« Carolinas Augen hatten zu glänzen begonnen. Davon hatte sie lange geträumt – die Mächtigen und Wichtigen in ihrem bescheidenen Heim! »Sag, wir hätten uns spontan dazu entschieden, weil ich an diesem Freitag endlich mal keine Show habe, und da wollte ich mal alle einladen, die mich immer unterstützt haben, blablabla … Dir fällt schon was ein. Schaffst du das?«

Carolina hatte nur geschnaubt. »Natürlich schaffe ich das.« Sie hatte ihn herausfordernd angefunkelt, er hatte offenbar ihren Ehrgeiz geweckt. »Also gut«, hatte sie schließlich gesagt und ihren Pferdeschwanz zurückgeworfen. »Aber ich will immer noch eine Erklärung für das alles.«

Noch nie war Lorenz so froh, keinen Auftritt in der *Justice Union* zu haben. So konnte er sich auf seine Nachforschungen konzentrieren. Die Party würde klappen, da konnte er sich auf Carolina verlassen. Sie hatte dafür gesorgt, dass es die Überraschungsparty der Saison wurde und jeder, der etwas auf sich hielt, zusagte. »Ein spontaner Einfall, wie originell!«, flöteten sie und strichen alles andere für Freitag aus ihrem Kalender. Mächtige Menschen waren so einfach zu manipulieren, dachte Lorenz, schnappte sich ein Champagnerglas und gestattete sich eine kleine Runde durch den Garten, bevor die Gäste kamen. Sein Handy behielt er in der Hand, falls Abed sich wider Erwarten doch noch meldete.

Die Hausdame ließ ihren prüfenden Blick über das Wohnzimmer der van Bergens schweifen. Sie hatte am Nachmittag die Aufstellung der Stehtische überwacht und höchstselbst die kleinen Blumenarrangements zurechtgezupft. Jetzt beobachtete sie die Kellnerinnen, die Tabletts mit Fingerfood und Champagner durch die Grüppchen schleusten und auf dem Rückweg achtlos beiseite gestellte leere Gläser von empfindlichen Holzflächen nahmen. Die Hausdame zückte ihren Lappen und wischte diskret einen Champagnerrand vom Barocksekretär ihrer Chefin.

Carolina stand inmitten ihrer Gäste, warf den Kopf zurück und lachte gekonnt über die Späße des Senderchefs von *Streamnet 24/7*. Sie sah umwerfend aus in ihrem schwarzen, langen Kleid, das die linke Schulter freiließ. Immer wieder tastete ihre linke Hand nach der diamantbesetzten Spange auf der anderen Schulter – ihr einziger Schmuck neben dem Ehering und so viel wert wie die gesamte Wohnzimmereinrichtung.

Sie bemerkte den Blick der Hausdame, entschuldigte sich süß lächelnd bei ihren Gästen und kam auf sie zu. »Stefanie, haben Sie meinen Mann gesehen?«, fragte sie leise.

Die Hausdame nickte. »Er hat drei Herren ins Kaminzimmer gebeten«, sagte sie leise. »Ich sollte dort Whiskygläser bereitstellen.«

Carolina nickte ebenfalls. »Okay, darauf hat er schon den ganzen Abend gewartet. Na gut, lassen wir ihn eine Weile in Ruhe. Wie steht es mit dem Champagner?«

»Ich gehe gleich noch einmal nachsehen, Frau van Bergen«, sagte die Hausdame und steuerte in Richtung Vorratsraum. Dort lagerte Lorenz' kostbare Champagnersammlung, die keinesfalls angerührt werden durfte – ein paar Blanc de Blancs von Krug, bemalte Flaschen von Perrier-Jouët, ganze Jahresproduktionen kleiner, exquisiter Häuser. Die Gäste bekamen Roederer Cristal Brut. Teuer, aber nichts Besonderes. Sie zählte nach – es war genug da – und ging zurück in den Salon, wo sie ihrer Chefin beruhigend zunickte.

Carolina lächelte und wandte sich wieder dem Senderchef zu. In Gedanken war sie jedoch bei ihrem Mann. Lorenz machte ihr Sorgen. Seit er ständig mit diesen Libanesen in Neu-Essen zusammensteckte, hatte er sich verändert, innerhalb kürzester Zeit war er ein anderer geworden. Sie erkannte ihn zeitweise nicht wieder, und das machte ihr Angst. Bisher waren sie das perfekte Paar gewesen, ein echtes Power-Couple mit klarer Rollenverteilung, das seine Siege teilte. Sie hatte stets gedacht, dass sie dasselbe Ziel vor Augen hatten: Geld, Bedeutung, Einfluss. Carolina liebte es, die Königin der Lunch-Treffen zu sein. Die anderen Ehefrauen, selbst die hochnäsigen Gänse aus Düsseldorf, behandelten sie mit Hochachtung, sie galt als die perfekte Verbindung von Herkunft, Geld und Macht. Carolina war die Barbie unter den Frauen – makellos und übernatürlich.

Doch jetzt war ihr perfektes Leben ins Wanken geraten. Erst vor zwei Tagen hatte eine Freundin sich liebreich erkundigt, ob es bei ihnen zu Hause nun heimlich Döner zum Dinner gäbe, wo doch ihr Mann jetzt mit den Al-Zahidis so gut befreundet sei. Carolina hatte den Angriff abgeschmettert, nein, hatte sie erklärt, das sei doch viel zu gewöhnlich, sie habe dem Ministerpräsidenten als Gag veganes Lamm am Spieß serviert, worauf dessen Frau sie überschwänglich gelobt habe für ihren originellen Einfall … Doch das hämische Grinsen der anderen Frauen am Tisch war ihr nicht entgangen. Lorenz' Freundschaft zu Abdelkarim hatte ihrem Status geschadet. Sie musste etwas unternehmen.

Immerhin waren an diesem Abend alle gekommen, auch die Ladys vom Lunch. Und als sie gesehen hatten, wer sich im Salon der van Bergens tummelte, waren sie zuckersüß gewesen und wollten nur zu gern der Frau des Ministerpräsidenten vorgestellt werden. Die hatte ihren Mann für die Party entschuldigen müssen, er habe leider zu tun, aber für die Lunch-Ladys war die Ehefrau ohnehin wichtiger. Carolinas Zirkel spielte nach eigenen Regeln, die denen der Spitzenpolitik an Komplexität aber in nichts nachstanden.

Die Villa der van Bergens war auf Repräsentation angelegt. Carolina hatte es so beschlossen und Lorenz nichts dagegen. Er hatte die Villa anfangs zwar verkaufen wollen, um ganz nach Frankfurt zu ziehen. Doch Carolina hatte ihn überreden können, an seinem Elternhaus festzuhalten. Seit sie vom angrenzenden Golfclub Land dazugekauft und zwei Landschaftsarchitekten engagiert hatten, war sie endlich mit dem Grundstück zufrieden. Dreizehntausend Quadratmeter Luxus in einer Welt, in der – neben Wasser – Raum immer mehr zum höchsten Gut wurde. Zufrieden ließ Carolina ihren Blick durch die Terrassentür und über die steinerne Brüstung hinweg auf den englischen Rasen gleiten, der vom Licht der überall im Garten versteckten Scheinwerfer erhellt wurde. Sie liebte es, reich zu sein. Ihre Eltern waren anfangs skeptisch gewesen, ob der gut aussehende Schwiegersohn genug verdienen würde. Doch Carolina hatte nie daran gezweifelt. Und Lorenz hatte sie nicht enttäuscht.

Lorenz. Sie sollte wohl nach ihm sehen. Carolina entschuldigte sich, ging in die Bibliothek, wo eine diskrete Tapetentür halb offen stand. Dahinter führte eine gewundene Treppe nach unten in Lorenz' »Geheimsalon«, wie sie das Kaminzimmer scherzhaft nannte. Hierher bat er nur besondere Gäste. Ob sie es wagen konnte hinunterzuschauen?

Doch da kam ihr Mann ihr auch schon entgegen. Er wirkte nervös, hob abwehrend beide Hände und sagte: »Nicht jetzt, es läuft gerade gut. Weißt du, wo der Zigarrenschneider ist?«

Carolina schluckte die Kränkung hinunter und öffnete ein silbernes Kästchen auf einem der Beistelltische. Dankbar nahm Lorenz den Zigarrenschneider, ging wortlos davon und zog die Tapetentür hinter sich zu.

Carolina hörte, wie er die Treppen hinuntereilte. Ein paar Sekunden stand sie einfach nur da. In ihrem Kopf war Leere. So ging das nicht weiter, dachte sie schließlich. Gleich morgen würde sie mit Lorenz reden und ihm klarmachen, dass auch sie Rechte hatte. Und Prioritäten. Die Aussicht auf ein klärendes Gespräch hob ihre Laune etwas. Ihre Schultern strafften sich, sie setzte ein zuvorkommendes Lächeln auf und ging zurück zu ihren Gästen.

Das Kaminzimmer war Lorenz' ganzer Stolz. Er hatte dafür den Keller ausbauen und die Treppe von der Bibliothek hinunter installieren lassen. Es war seine kleine Spielerei, mehr Scherz als geheimer Rückzugsort. Es erinnerte ihn an die Abenteuerromane, die er als Kind gelesen hatte. Da hatte es stets geheime Gänge, unterirdische Tunnel und versteckte Höhlen gegeben. Sein Kaminzimmer war die Erwachsenenversion davon, eine mit edlen Teppichen ausgelegte, vertäfelte Luxussuite mit ausladenden Sofas, einem Billardtisch, einer Bar und – prominent an die Stirnseite gesetzt – einem riesigen Kamin, in dem ein kleines Feuer brannte.

Drei Herren in dunklen Anzügen blickten sich bewundernd um. Der Älteste hielt eine Zigarre in der Hand. Lorenz eilte zu ihm und sagte: »So, lieber Herr Schmitt, hier bitte.« Der andere nahm dankend den Zigarrenschneider und setzte sich damit auf eines der Sofas. Lorenz stellte ihm einen riesigen Ascher hin, dann wandte er sich an die beiden anderen. »Meine Herren, ich werde Ihnen jetzt etwas servieren, an das Sie lange denken werden.« Er ging zur Bar, nahm eine Flasche und zeigte den beiden Herren, die neugierig näher getreten waren, das Etikett. »Ein 2024er Takiyomi. Der ist was ganz Besonderes«, sagte er, mehr zu sich selbst als zu den Herren, und strich mit der flachen Hand einmal liebevoll über die ungeöffnete Flasche. Dann sah er einen nach dem anderen an. »Gut nachgereift. Wahrscheinlich die letzte Flasche, die es auf der Welt noch gibt. Ein Schluck?« Er drehte sich um und nahm vier schwere, geschliffene Whiskygläser von einem Bord.

»Herr van Bergen, ich muss schon sagen, Ihre Gastfreundschaft ist einzigartig«, sagte der Mann mit der Zigarre bewundernd und stand nun ebenfalls auf. »Und dieser Whisky ist wohl kein Zufall. 2024 war ein gutes Jahr für unsere Partei. Damals hat unsere Bewegung so richtig an Fahrt aufgenommen. Hermann Hackner als Zugpferd bei den Landtagswahlen in Sachsen. Ein Jahr später der erste echte Sieg bei der Bundestagswahl. Tja, und hier stehen wir nun.« Er zwinkerte Lorenz zu, der vertraulich zurückzwinkerte. Sie lachten alle vier.

Es lief gut, dachte Lorenz und schenkte jedem zwei Fingerbreit ein. Carolina hatte auf seine Bitte hin alle Granden der Zero-Tolerance-Partei eingeladen. Sogar im Büro des Bundeskanzlers hatte sie höchstpersönlich eine Einladung abgegeben – sie kannte die Sekretärin. Gekommen waren schließlich drei, und sie hatten geschmeichelt gekichert wie Schuljungen, als Lorenz sie einzeln nach unten gebeten hatte, »für eine Party auf der Party«, wie er mit vielsagendem Blick versprochen hatte.

Er hob sein Glas und sagte: »Wir blicken also auf eine glorreiche Vergangenheit zurück. Aber trinken wir darauf, dass sich die Zukunft ebenso erfolgreich gestaltet.«

»Auf die Zukunft!«

Andächtig fächerten die Männer mit den Händen Luft über ihre Gläser, um das Bouquet des Whiskys zu erfassen. Dann tranken sie den ersten Schluck. Lorenz betrachtete den seligen Ausdruck, der auf den Gesichtern seiner Gäste erschien, und betete insgeheim, dass sein Plan aufging.

Der Mann mit der Zigarre war der Finanzminister, der ausgerechnet Helmut Schmitt hieß. Seine Eltern hatten es wohl lustig gefunden, ihn nach einem legendären SPD-Vorsitzenden des 20. Jahrhunderts zu benennen. Schmitt war etwas über sechzig, ein strebsamer, schlanker Buchhaltertyp mit korrekt gescheiteltem, grauem Haar, das im Nacken ausrasiert war und ihn um einiges jünger erscheinen ließ.

Sein Gegenstück war Christopher Landecke, der Generalsekretär der Partei, ein feister, übergewichtiger Mann mit rosiger Haut, der besonders für seine verbalen Ausfälle bekannt war. In den vergangenen Jahren hatte er einige der Wahlslogans seiner Partei erfunden. »Heimatliebe statt Libanesendiebe« war besonders erfolgreich gewesen, dicht gefolgt von »Deutscher Charme gegen den Islam«, illustriert mit einer drallen Blondine, die sich gerade eine Burka vom Leib reißt und darunter einen Minirock entblößt. Landecke galt auch als Kopf hinter der aktuellen Anti-Clan-Kampagne der Regierung.

»Er ist wirklich fantastisch. So intensiv. Wahre Kunst!«, sagte jetzt der Dritte.

Lorenz wandte sich ihm zu. »Die Gerüchte sind also wahr, Sie sind wirklich ein Feingeist, Herr Boderdingen.«

Der andere lächelte dünn. »Anders wäre diese Welt auch kaum auszuhalten.«

Ferdinand Boderdingen war der Vorsitzende der Zero-Tolerance-Partei. Einer der mächtigsten Männer in Deutschland, vielleicht sogar der mächtigste. Er hatte den Bundeskanzler bestimmt, eine Randfigur der ZTP, der nach seiner Pfeife tanzte. Boderdingen war noch jung, gerade mal 37 Jahre alt, aber mit einem Zirkel treu ergebener Freunde hatte er es innerhalb weniger Jahre geschafft, die Macht in der Partei an sich zu reißen.

Lorenz wusste, dass Boderdingen in seiner Jugend in rechtsextremen Kreisen unterwegs gewesen war. In den wilden Jahren 2024 bis 2026 war er sogar in einige Anschläge verwickelt gewesen, man hatte ihm jedoch nie eine einschlägige Tat nachweisen können. Für eine Vorstrafe wegen Beteiligung an einer Schlägerei hatte es dennoch gereicht. Mit neunzehn hatte er schließlich öffentlichkeitswirksam der Gewalt abgeschworen, seine »Jugendsünden«, wie er es nannte, habe er abgebüßt, und nun wolle er echte Politik machen. Die Zero-Tolerance-Partei hatte ihn mit offenen Armen aufgenommen. Er hatte sich schnell auf Bundesebene hochgearbeitet, und unter seiner Führung hatte die Partei 2037 die absolute Mehrheit errungen. Er beschwor nun nicht mehr die »Reinheit eines biodeutschen Volkes« wie davor, sondern propagierte ein »kulturreines Deutschland«. Seinen Thesen gab er gern den Anstrich akademischer Legitimation. Er hatte Literatur- und Kulturwissenschaften studiert und summa cum laude über die »Eingänge frührömischer Kriegsführung in die Literatur des 1. Jahrhunderts« promoviert. Auch das Römische Reich, wurde er nicht müde zu betonen, sei nicht zuletzt aufgrund zu vieler »Kulturfremder« zu Bruch gegangen. Boderdingen hatte schnell Karriere gemacht, besonders ältere Frauen liebten ihn, er war der Schwiegersohn der Nation. Kritik, er habe seinen Rassismus bloß neu eingekleidet, wischte er beiseite. Wer die westlichen kulturellen Werte und ganz besonders die spezifisch deutschen Werte vertrat, sagte er, der durfte seinetwegen Deutscher sein und im Land leben.

Mit einer Ausnahme: Wer muslimischen Glaubens war, so propagierte Boderdingen von Beginn an, der konnte bereits aus religiösen Gründen niemals die Demokratie unterstützen und war somit als natürlicher, unbelehrbarer Volksfeind anzusehen. Damit hatte er die bereits seit Jahren schwelenden Verschwörungsmythen an die Oberfläche geholt, krude Stammtischthesen zur offiziellen Regierungslinie erklärt –

und eine Lawine losgetreten, die sich bereits seit Jahren hinter der Fassade einer weltoffenen, konservativen Staatsführung angestaut hatte.

Mit Grausen dachte Lorenz an die Straßenschlachten zurück, die immer mehr eskaliert waren, die Schweineköpfe vor den Moscheen, die Frauen, denen die Kopftücher entrissen und die Haare geschoren worden waren, an die Rachefeldzüge der Libanesen-Clans und die Proteste der Antifa, die zu Gewaltorgien ausgeartet waren. Es war der reinste Bürgerkrieg gewesen, der die Gesellschaftsordnung des Landes bleibend veränderte. Und Ferdinand Boderdingen hatte betont sorgenvoll in die Kameras geblickt und »doch um etwas mehr Disziplin« gebeten.

Jetzt stand er breitbeinig da, drehte das Whiskyglas in seinen Händen und beobachtete Lorenz. »Sie sind so nachdenklich, Herr van Bergen.« Lorenz beeilte sich, ein harmloses Lächeln aufzusetzen, doch Boderdingen sprach direkt weiter: »Ich bin auch nachdenklich. Ich frage mich, warum Sie uns eingeladen haben.«

»Ach?«, machte Lorenz, während sich in ihm alles anspannte.

»Nun«, fuhr Boderdingen fort, »Sie sind bekannt dafür, sich nicht öffentlich mit Politikern zu zeigen. Was hat Ihren Meinungswandel bewirkt?«

»Herr Boderdingen«, sagte Lorenz noch breiter lächelnd. »Sie und Ihre Freunde sind hier in meinem privaten Kaminzimmer. Es gibt keinen Ort der Welt, der weiter von der Öffentlichkeit entfernt ist als mein bescheidener Keller.«

»Ich mag Ihren Keller, van Bergen. Er ist so sauber. So aufgeräumt. Es würde mich wundern, wenn wir hier unten eine Leiche finden würden.«

»Suchen Sie ruhig, aber verschütten Sie dabei bitte den kostbaren Whisky nicht«, gab er sich betont jovial.

»Im Ernst, van Bergen. Ich sehe schon die Titelzeile vor mir: ›Staranwalt gibt Party mit Politikern der Zero-Tolerance-Partei‹. Warum machen Sie das?«

»Falls es Ihnen nicht aufgefallen ist, ich habe auch Gäste aus dem entgegengesetzten politischen Spektrum eingeladen und ...«

»... und ich sehe keinen von denen hier unten. Hier sind nur wir und Sie – und der exzellente, japanische Whisky. Das ist doch sicher kein Zufall.«

Dieser Boderdingen war ein eiskalter Kopf, ein knallhart berechnender Analytiker. Man konnte ihn nicht so leicht täuschen. Und es stimmte: Bis zu diesem Abend hatte Lorenz es tunlichst vermieden, sich mit Politikern zu zeigen. Er war Teil des Showbusiness und somit eine Person des öffentlichen Lebens. Jede politische Vereinnahmung hätte ihm Schaden zugefügt, weil er damit Zuschauer, die ja auch Wähler waren – und vor allem Zuschauer*innen*, Frauen waren seine wichtigsten Fans –, vor den Kopf gestoßen hätte. Seine Umfragewerte waren sein Kapital. Er verteidigte Mandanten aus allen Ecken des politischen Spektrums. Boderdingen hatte recht: Diese Party war eine Premiere. Und Lorenz hatte seine Gründe.

»Sie sind ein guter Beobachter«, sagte er und hob sein Whiskyglas in Richtung des Parteivorsitzenden. »Ich habe mich bislang immer aus politischen Themen herausgehalten. Wissen Sie, ich bin nur ein einfacher Anwalt.« Die drei anderen lächelten höflich. »Ich habe von diesen komplexen Dingen keine Ahnung. Aber auch ich mache mir viele Gedanken, besonders über die Entwicklungen der vergangenen Wochen und Monate. Und ich dachte, vielleicht würde es meinen Horizont erweitern, wenn ich Gespräche mit den Experten führe. Entsprechend bin ich froh, dass Sie drei meiner Einladung gefolgt sind.«

»Wenn der größte Fernsehstar des Landes einlädt, dann müssen wir diesem Ruf doch folgen«, sagte der Finanzminister Schmitt, der seinen Whisky geleert und endlich die Zigarre entzündet hatte. Er stieß dicke Rauchwolken aus und sah van Bergen freundlich an. Er fühlte sich offensichtlich sehr wohl. Gut so, jetzt noch die beiden anderen. Christopher Landecke stopfte zwei Kanapees gleichzeitig in seinen großen Mund und war überraschend still. Boderdingen war eindeutig das Alphatier der Gruppe.

»Dann erzählen Sie mal, van Bergen, was liegt Ihnen am Herzen?«, fragte er nun gönnerhaft.

»Der Frieden, meine Herren. Ich sorge mich um den Frieden in unserem Land.«

»Tatsächlich?«

Van Bergen schaute in Boderdingens jugendlich wirkendes Gesicht. Bis auf einen Schmiss unterhalb des rechten Auges wirkte die Haut des Politikers rein und glatt. Er hatte noch nicht eine einzige Falte in seinem Gesicht. Seine Haare waren perfekt getrimmt und zurückgegelt, der Anzug saß wie angegossen. Ferdinand Boderdingen war kein gut aussehender Mann. Aber er hatte ein einnehmendes Wesen.

»Ich dachte immer, der Frieden wäre der Tod für Ihr Geschäft?«, fragte er nun lauernd.

»Verbrechen wird es immer geben«, sagte Lorenz wegwerfend. »Ich mache mir keine Sorgen um mein Brot.« Er hielt einen Moment inne, wägte ab, wie er es formulieren sollte. »Aber wenn das Land in einen Krieg rutscht, dann haben die Leute anderes zu tun, als meine Show zu sehen«, schloss er, und seine Offenheit rang den Gästen ein anerkennendes Lächeln ab.

»Niemand will Krieg, Herr van Bergen«, sagte Generalsekretär Landecke. Lorenz schenkte ihm Whisky nach. »Zumindest will kein Deutscher Krieg.«

Lorenz hob den Kopf. »Ich habe also recht, und es liegt etwas in der Luft?«

Ferdinand Boderdingen räusperte sich. »Sie zielen sicherlich auf den wachsenden Konflikt mit der Autonomen Zone Neu-Essen ab, ja?« Auch er hielt nun sein leeres Glas hoch. Lorenz schenkte nach. »Die meisten Bürger sind besorgt«, fuhr Boderdingen fort. »Und wir natürlich auch. Fast jede Woche kommt es zu Auseinandersetzungen. Angestiftet zu einhundert Prozent von den Muslimen.«

Lorenz nickte scheinbar verständig. »Ich frage mich nur, wie man die Situation deeskalieren könnte.«

»Wieso fragen Sie das uns?«, schoss Landecke dazwischen. »Sie sind doch regelmäßig in Neu-Essen unterwegs. Man erzählt sich, dass Sie ein fantastisches Verhältnis zu Abdelkarim Al-Zahidi haben, dem Oberschwein, der mit seinen Muselmännern unseren treuen deutschen Mitbürgern den Schlaf raubt.«

Lorenz öffnete den Mund, um etwas zu entgegnen, doch Boderdingen war schneller. »Ich verstehe, dass Sie als Verteidiger ein Vertrauensverhältnis zu Ihren Mandanten pflegen und natürlich qua Ihrer Position ihre Interessen vertreten«, sagte er charmant. »Und ganz so derb wie mein Kollege hier würde ich mich nicht ausdrücken«, fuhr er fort, »aber ganz unrecht hat er sicher nicht. Wenn Sie deeskalieren wollen, dann sprechen Sie mit Abdelkarim Al-Zahidi. Wir haben sicherlich kein Interesse an einem Konflikt. Wir reagieren nur. Aber wenn wir weiter provoziert werden, müssen wir uns wohl wehren.«

»Was genau meinen Sie damit?«, fragte Lorenz unschuldig.

Boderdingen setzte sein Glas auf ein Beistelltischchen und hakte die Finger in seine Anzughose wie ein Cowboy. »Nun, wir sind hier ja unter uns«, sagte er. »Deshalb will ich Ihnen etwas verraten.« Die anderen beiden sahen beunruhigt auf ihren Chef. Der ignorierte die Blicke und sagte an Lorenz gewandt: »Wir haben Nachricht davon, dass unser lieber Hermann Hackner möglicherweise in Neu-Essen gefangen gehalten wird.«

Lorenz schluckte. »Wie kommen Sie denn darauf?«

»Staatsschutz«, sagte Boderdingen und fixierte ihn mit einem eigentümlichen Blick. »Wir stehen natürlich in engem Austausch mit den Beamten dort zum Stand der Ermittlungen.«

Er weiß Bescheid, durchfuhr es Lorenz. Natürlich. Beinahe hätte er sich selbst mit der Hand vor die Stirn geschlagen. Natürlich war Boderdingen informiert. Der Bericht vom Verhör musste gleich am nächsten Tag auf seinem Schreibtisch gelandet sein. Er war bestimmt auch deshalb zur Party gekommen, um zu sehen, welche Agenda der Verteidiger von Al-Zahidis Mann fürs Grobe verfolgte – vielleicht sogar nur deshalb. Und Lorenz in seiner Eitelkeit hatte gar nicht daran gedacht, dass außer ihm auch andere ein Ziel verfolgten. Eitelkeit macht blind, dachte Lorenz, und Arroganz raubt einem die klare Sicht. Krieg dich auf der Stelle wieder ein, ermahnte er sich selbst, sonst würde ihm das Gespräch hier noch völlig entgleiten.

Boderdingen goss sich noch einen Schluck von dem Jahrgangswhisky nach. »Sie sind so blass, Herr van Bergen. Geht es Ihnen nicht gut? Vielleicht sollten Sie sich ebenfalls noch nachschenken?« Demonstrativ langsam trank Boderdingen das Glas in einem Zug aus und zwinkerte seinem Gastgeber zu. »Wirklich exzellent. Die Japaner können was. Was sagen Sie denn nun zu unseren sensationellen Informationen?«

Lorenz beschloss, alles auf eine Karte zu setzen. »Ich höre sehr viele Anschuldigungen gegen Abdelkarim Al-Zahidi«, sagte er. »Wenn man den Gerüchten Glauben schenkt, rollen durch Neu-Essen bereits die Panzer. Aber glauben Sie mir, ich habe in Neu-Essen keinen einzigen Panzer gesehen.« Die drei Männer beobachteten ihn aufmerksam. Er atmete durch. Jetzt oder nie. »Ich vertrete Herrn Al-Zahidis Interessen, aber in meiner Eigenschaft als Anwalt habe ich Sie nicht hierhergebeten. Ich möchte mich als Vermittler anbieten«, sagte Lorenz langsam, bewusst vage, denn noch hatte er kein Mandat von Abed erhalten. »Was, wenn ich ein Treffen arrangieren würde? Sie setzen sich alle gemeinsam an einen Tisch, und jeder sagt, was ihm am Herzen liegt. Dann einigen Sie sich auf eine friedliche Lösung. Konflikt abgewendet.« Er sah erwartungsvoll von einem zum anderen. »Ich glaube, Herr Al-Zahidi würde einem solchen Treffen zustimmen, wenn ich ihn darum bitte.«

Insgeheim war sich Lorenz nicht sicher. Seit Tagen versuchte er Abed zu erreichen. Doch der hatte weder zurückgerufen noch irgendein Lebenszeichen von sich gegeben. Etwas stimmte nicht. Und er war auch nicht sicher, ob die ZTP ihrerseits überhaupt an einer Beilegung des Konflikts interessiert war – zu schwer wog die Vermutung, die Partei könnte selbst etwas mit Hackners Entführung zu tun haben. Aber für Lorenz war es der einzige Weg, sich selbst ins Spiel und gleichzeitig aus der Schusslinie zu bringen – und vielleicht herauszufinden, was hinter der ganzen Sache steckte. »Vielleicht können Sie ein Abkommen treffen?«

Die drei Herren starrten ihn stumm an. Landecke brach schließlich das Schweigen. »Mit der Muselsau an einen Tisch?«, platzte es aus ihm heraus. »Ja, sind Sie denn wahnsinnig?!« Sein Kopf war hochrot. Er wirkte aufrichtig empört über den Vorschlag. Auch der alte Schmitt schüttelte nur den Kopf.

»Herr van Bergen«, sagte Boderdingen dann, »das ist ein ehrenwertes Unterfangen von Ihnen. Wir wissen das zu schätzen.« Er warf den anderen einen warnenden Blick zu, worauf beide richtiggehend zu schrumpfen schienen. Boderdingen war wirklich das Alphatier. Ein Wolf in der Höhle des Jaguars, und beide schlichen umeinander herum. »Aber die Kollegen haben recht«, fuhr Boderdingen fort. »Es gibt keinen Grund, sich mit den Al-Zahidis zusammenzusetzen. Wir haben den Bau der Autonomen Zonen unterstützt, weil wir hofften, auf diese Weise Deutschland wieder … nun, sagen wir, kulturell sauber zu kriegen. Es gab klare Abmachungen. Statt verlässliche Partner haben wir uns allerdings zwei Zecken in den Pelz gesetzt, die unserem Land das Blut aussaugen. Es ist nicht unsere Aufgabe zu verhandeln. Es ist die Aufgabe der Al-Zahidis, sich an die Regeln zu halten.«

»Und wenn nicht?«

»Wir sind Neu-Essen militärisch überlegen, egal wie sehr man dort versucht, sich zu rüsten. Wenn wir weiter provoziert werden, werden wir das Problem lösen. Auf die eine oder die andere Art.«

Lorenz war noch nicht bereit aufzugeben, es war Zeit für den Dolchstoß. »Es gibt eine ganz andere Theorie zum Verschwinden des Bundesinnenministers«, sagte er langsam.

»So, welche denn?«, fragte Boderdingen gelangweilt.

»Nun, ich habe gehört, dass die Entführer des Innenministers möglicherweise Hilfe aus der Zero-Tolerance-Partei selbst bekamen«, schoss Lorenz ins Blaue hinein und beobachtete Boderdingens Reaktion. Der Parteivorsitzende rührte sich nicht, doch seine Pupillen verengten sich, wurden kälter, und er blickte Lorenz fest in die Augen.

Der rotgesichtige Finanzminister schnaufte empört auf. »Das kommt sicher von den Linken!« Und der alte Generalsekretär schüttelte nur betrübt den Kopf.

Boderdingen übernahm die Geste. »Bedauerlich«, sagte er. »Aber hier tauchen jeden Tag neue Verschwörungstheorien auf. Unser Portier in der Parteizentrale kam neulich ganz aufgeregt aus seinem Glashäuschen und schrie, sein Nachbar habe ihm erzählt, dass die RAF 2.0 Hackner geschnappt habe. Und ob diese Terroristen nun etwa wieder losschlügen wie damals in den Dreißigern.«

Lorenz lächelte höflich und zuckte betont hilflos die Achseln. »Ich hoffe doch sehr, dass unsere Kriminalpolizei fähig ist, das Rätsel zu lösen. Die Unsicherheit im Land ist schlecht für meine Quote.«

Er wusste, mehr würde er aus diesen drei Typen heute nicht mehr herausbekommen. »Noch einen Schluck?«

»Nein, danke«, sagte Boderdingen. Die anderen beiden sahen bedauernd auf die Whiskyflasche, sagten aber nichts.

»Wir sollten langsam aufbrechen«, erklärte der Generalsekretär und wandte sich in Richtung Treppenaufgang. »Es ist spät, und die anderen Gäste wollen ja auch noch etwas von Ihnen haben.« Als Lorenz Anstalten machte, die Herren hinaufzubegleiten, beeilte er sich noch zu sagen: »Bitte bleiben Sie. Wir gehen, und Sie kommen in ein paar Minuten nach.« Er zwinkerte ihm zu.

Lorenz war nicht begeistert, in seinem eigenen Haus Anweisungen zu erhalten, aber es würde in der Tat nicht gut aussehen, wenn er plötzlich traut vereint mit der Spitze der ZTP bei den Gästen auftauchte. Und so schüttelte Lorenz freundlich die Hände der Herren.

Boderdingens Rechte umfasste seine Hand wie ein Schraubstock und drückte gerade so weit zu, dass es noch nicht schmerzte. »Haben Sie herzlichen Dank für die Einladung«, sagte er, und Lorenz lächelte breit. Boderdingens Händedruck war beinahe eine Drohung und verriet ihm mehr als das bisherige Gespräch. Der Mann war vor ihm auf der Hut.

Helmut Schmitt hielt ihm bloß die Hand hin und machte sich nicht einmal die Mühe, sie zum Händedruck zu schließen. »War ein gutes Gespräch«, sagte er, nickte und folgte seinem Chef zur Treppe.

»Ich danke Ihnen, dass Sie die Zeit gefunden haben zu kommen«, sagte Lorenz. »Wir sollten das wiederholen.«

Landecke nahm den Teller mit den restlichen Kanapees, klopfte Lorenz jovial auf den Rücken und ging den beiden anderen hinterher.

Lorenz wartete ein paar Minuten. Dann nahm auch er die Treppe ins Obergeschoss, schloss die Tapetentür ab und verließ die Bibliothek über die Terrasse. Er passierte zwei Kellnerinnen, die dort standen und bei seinem Anblick hastig ihre Zigaretten ausdrückten – »Aber ich bitte Sie, wir sind doch nicht im Straflager« –, und betrat vom Küchentrakt kommend den Wohnsalon. Es war kurz vor elf Uhr, die Gästeschar war bereits merklich ausgedünnt. Nur noch ein paar Grüppchen standen oder saßen im Salon verstreut. In der Mitte hielt Carolina Hof und spielte für den Senderchef und seine Entourage die Alleinunterhalterin. Als sie Lorenz kommen sah, warf sie ihm einen kurzen, aber umso wütenderen Blick zu. Er lächelte gequält und begann ein wenig Small Talk mit den letzten Gästen zu führen. Aus den Augenwinkeln sah er, dass die Hausdame zu Carolina trat und ihr etwas zuflüsterte.

»Lorenz, darf ich dich kurz entführen?«, fragte seine Frau daraufhin. Sie traten beiseite, und Stefanie reichte ihm eine verzierte Schachtel, auf der ein Umschlag klebte.

»Das wurde gerade von einem Botendienst geliefert«, sagte sie. »Kein Absender. Aber der Umschlag ist an Sie adressiert.«

Lorenz öffnete die Schachtel. Darin lagen ein paar Stücke Baklava. Dann erst sah er sich den Umschlag genauer an. »Lorenz van Bergen persönlich« stand darauf. Er erkannte die Handschrift sofort. Es war dieselbe wie vom Post-it, der auf der Chipkarte geklebt hatte. »Entschuldigen Sie mich bitte«, sagte er in die Runde und ging zurück in die Bibliothek. Dort schloss er die Tür hinter sich. Er riss den Umschlag auf und zog ein Blatt Papier heraus. Wieder ein handschriftlicher Vermerk:

Geduld ist, wenn dein Herz brennt, aber dein Mund schweigt.
51°31'38.9"N
6°57'35.3"E
Heute um Mitternacht.

Lorenz las die Nachricht zweimal. Konnte es sein …? Hastig zog er sein Handy aus der Hosentasche und sagte: »Koordinaten.« Dann las er die Zahlen auf dem Blatt vor. »51 Grad, 31 Minuten, 38,9 Sekunden Nord. Sechs Grad, 57 Minuten, 35,3 Sekunden Ost.« Binnen einer Sekunde leuchtete auf dem Display eine Landkarte auf. Ein roter Punkt markierte eine Stelle in einem grünen Feld. »Zoom Zielort«, sagte Lorenz, auf der Karte erschien jetzt ein Weg, der im Zickzack auf den roten Punkt zuführte. Und darüber, in zartgrüner Schrift, nur ein Wort: »Tetraeder«. Lorenz zoomte weiter ran. Tatsächlich, die Zahlen waren die Koordinaten des Tetraeders in Bottrop, den er vom Dach des Gasometers aus gesehen hatte.

Erleichtert ließ Lorenz den Zettel sinken und steckte das Handy ein. Sein geheimnisvoller Informant hatte sich zu erkennen gegeben und wollte ihn sehen. Er schaute auf die Uhr: Es war kurz nach elf. Wenn er sofort losflog, würde er gerade rechtzeitig dort ankommen.

Noch einmal nahm er sein Handy aus der Tasche. »Tamara, bitte sieh zu, dass mich der Quadro so schnell wie möglich abholt. Ich muss los.«

»Du fliehst vor deiner eigenen Party?«, fragte Tamara, die wohl gerade irgendwo zwischen den Gästen wandelte. Sie wechselte aber sofort den Tonfall. »Aye, aye, der Quadro steht ohnehin im Garten, falls irgendwelche VIP-Gäste nach Hause gebracht werden müssten. Ich sage dem Piloten Bescheid. Soll ich Carolina …?«

»Nein, das mache ich selbst«, unterbrach er sie. Er trat aus der Bibliothek und sah sich um. Carolina stand in der Nähe, und ihr Gesicht spiegelte jetzt weniger Wut als vielmehr Verzweiflung. Ein paar Gäste sahen neugierig herüber, als Lorenz mit wenigen Schritten zu seiner Frau eilte. »Carolina, ein Mandant ist in Schwierigkeiten. Ich muss leider sofort los.«

Seine Frau zog ihre linke Augenbraue hoch, schaltete aber sofort. »Ein Mandant in Schwierigkeiten? Das ist ja schlimm«, flötete sie so laut, dass es jeder im Raum hören konnte.

»Dann sieh zu, dass du fortkommst«, rief der Senderchef dazwischen. »Bei der nächsten Show wirst du das Geheimnis ja hoffentlich lüften, nicht?« Er wandte sich zu den übrigen Gästen, die lachten und klatschten. Lorenz van Bergen, bei Nacht und Nebel in Action für die *Justice Union* – das würden sie ihren Freunden erzählen.

Lorenz nickte, schüttelte leutselig ein paar Hände, lächelte entschuldigend und rief seiner Frau noch zu: »Macht doch inzwischen meine persönlichen Champagnervorräte auf, ja?«

Carolina quietschte gespielt aufgeregt. »Oh, meine Lieben, das wird ein Erlebnis. Die Sammlung meines Mannes ist legendär!« Sie bugsierte die freudig schnatternde Gästeschar in Richtung Speisezimmer und nickte der Hausdame zu. Die winkte zwei Kellnerinnen heran und eilte Richtung Vorratsraum.

Lorenz bewegte sich lächelnd rückwärts zur Terrassentür, drehte sich dann um und hastete dann zu seinem Golfcart, in dem Tamara schon bereit saß. »Du bist die Beste«, keuchte Lorenz und ließ sich auf den Sitz neben seiner Assistentin fallen. Sie fuhr los und bretterte über den kurz geschnittenen Rasen in den hinteren Bereich des Gartens.

Gebückt rannte Lorenz zum Quadrokopter, der mit sich drehenden Rotoren wartete. Lorenz schnallte sich an, setzte die Kopfhörer auf und rief: »Zum Tetraeder in Bottrop.«

Sie hoben ab, und Lorenz sah noch einmal zurück zu der erleuchteten Terrasse, hinter den Fenstern bewegten sich kleine Gestalten, die Flaschen schwenkten und offenbar zu tanzen begonnen hatten. Carolina wusste, wie man Gäste bei Laune hielt.

Noch einmal zog Lorenz die erhaltene Nachricht aus der Tasche. Es musste Bahar gewesen sein, die ihm das Päckchen geschickt hatte. Und es musste Bahar gewesen sein, die ihm die Chipkarte für das Gefängnis in Neu-Essen hingelegt hatte. Aber warum? Es sah Bahar nicht ähnlich, etwas ohne das Wissen ihres Mannes zu unternehmen. Vielleicht machte sie sich ebenso Sorgen um Al Amal wie Lorenz? Und bat ihn heimlich um Hilfe? Nun, es hatte keinen Sinn, darüber zu spekulieren. Er würde sie gleich selbst fragen können.

Endlich war er mit der ganzen Sache nicht mehr allein. Er spürte eine große Erleichterung. Bahar war eine kluge Frau, und sie liebte ihren Mann. Sie würde niemals etwas tun, was Abed ernsthaft schadete. Wenn alles gut ging, würde Lorenz mit ihrer Hilfe nicht nur eine Eskalation des Konflikts zwischen Deutschland und der Autonomen Zone Neu-Essen verhindern können. Vielleicht würde er auch endlich erfahren, was sein Freund eigentlich vorhatte. Und warum er sich seit Tagen totstellte.

Ruhig flog der Quadro in Richtung Nordwesten. Es war eine sternklare Nacht. Der Herbst hatte endlich Einzug gehalten, und Lorenz war froh über den frischen Wind, der in den vergangenen Tagen aufgekommen war. In der Ferne sah er die Lichtpunkte einer Stadt, wahrscheinlich Limburg an der Lahn. Nur noch wenige Minuten, dann würden sie zur Linken nur noch ein Meer aus Lichtern sehen, von Bonn bis Dortmund waren alle Städte längst zu einem Koloss verwachsen, der den chinesischen Megacitys um nichts nachstand.

Nein, es *war* wahrscheinlich bereits eine chinesische Megacity, korrigierte sich Lorenz und dachte an Mister Quin, der nach Frankfurt nun schon halb Düsseldorf aufgekauft hatte. Was der wohl zu all dem sagen würde?

Lorenz sah auf das Ruhrgebiet herab. Die Straßen zogen sich wie Adern hindurch, darauf waren unzählige Autos als kleine Lichter zu erkennen, die sich in einer bestimmten Ordnung fortzubewegen schienen. Wenn man tiefer flog und aus den sich bewegenden Lichtern wieder Autos wurden, die ihre Insassen ausspuckten, mit Gesichtern und eigenen Geschichten, zerfiel die scheinbare Ordnung wieder in individuelle Einheiten. Dann begann das Chaos. Nur von hier oben aus der Vogelperspektive wirkte es so, als folgte alles einem höheren Plan. Kein Wunder, dass die meisten Weltreligionen ihre Götter im Himmel verorteten. Der Blick auf die Welt war von oben ein anderer.

Wollte Bahar sich deshalb auf dem Tetraeder treffen? Nein, sie wollte sichergehen, dass er wusste, wer dort auf ihn wartete. Er erinnerte sich an ihre Unterhaltung auf dem Dach des Gasometers. »Geduld ist, wenn dein Herz brennt, aber dein Mund schweigt«, hatte sie gesagt. Diese Weisheit hatte ihm in den vergangenen Tagen geholfen. Doch nun rätselte er, warum sie ihn zu diesem Geheimtreffen bat. Sie musste einige Hebel in Bewegung gesetzt haben, allein um ihm die Nachricht zukommen zu lassen. Außerdem ging sie ein nicht unerhebliches Risiko ein, Al Amal zu verlassen, zumal sie schon seit Jahren nicht mehr draußen war. Warum das alles? Warum begab sie sich bewusst in Gefahr?

»Achtung, wir gehen jetzt runter«, erklang die Stimme des Piloten in seinem Ohr. Rot leuchtete das riesige chinesische Schriftzeichen durch die Nacht. Es war an die Konstruktion des Tetraeders angebracht wie ein Preisschild. Es sollte wohl Kunst sein. Lorenz fragte sich, was das Zeichen bedeutete. Er konnte kein Chinesisch, was heutzutage in manchen Zirkeln schon als ungebildet galt. Ihm war das egal, ihn störte die neue Wirtschaftsmacht im Land, und er würde so lange wie möglich Widerstand leisten, und wenn nur mittels kleiner Trotzreaktionen.

Die Spitze des Tetraeders mit der Aussichtsplattform lag im Dunkeln. Die früher zu den Wahrzeichen des Ruhrgebiets zählende Konstruktion erschien Lorenz wie ein Relikt aus einer anderen Zeit – halb verrottet und hinter einer chinesischen Installation verräumt. Ein symbolträchtiger Ort, zugleich der sicherste, an den man sich begeben konnte, wenn man keine anderen Menschen treffen wollte. Der Quadrokopter setzte zur Landung am Fuß des Hügels an.

»Warten Sie bitte hier«, rief van Bergen seinem Piloten zu, riss sich das Headset herunter, schnallte sich ab und sprang aus der Maschine. »Ich weiß noch nicht genau, wie lange es dauern wird.«

Verdammt, es war wirklich kalt. In der Eile hatte er vergessen, eine Jacke mitzunehmen. Fröstelnd lief er den Weg zum Tetraeder hinauf. Dort angekommen, sah er angestrengt zur Aussichtsplattform empor. Er meinte, einen schwarzen Schatten zu erkennen. Bahar war also schon da. Hastig stieg er die Stufen hinauf. Von unten hörte er, wie die Rotoren des Quadro ausliefen. Die folgende Stille wurde nur vom Wind unterbrochen, der ihm um die Ohren pfiff.

Als er oben ankam, öffnete er den Mund, um Bahar zu begrüßen, doch die Gestalt, die sich zu ihm umdrehte, war nicht Abeds Frau. Ein schwarz gekleideter junger Mann sah ihm kühl entgegen. Was sollte das denn jetzt? Die Aussicht auf das Treffen mit Bahar hatte ihm neue Kraft gegeben. Er hatte sich endlich Antworten erhofft. Stattdessen stand er nun vor einem Fremden, und nur noch mehr Fragen taten sich auf. Der Mann konnte höchstens Anfang zwanzig sein. Er war groß gewachsen, größer als Lorenz. Sein kurz geschnittenes, schwarzes Haar umrahmte ein blasses Gesicht mit großen Augen, die ihn kühl musterten. »Guten Abend«, sagte Lorenz probehalber. Der andere nickte nur. Lorenz sah sich um. Außer seinem Quadro war weit und breit kein Fahrzeug zu sehen. Also war der Junge nicht gekommen, um ihn zu einem anderen Treffpunkt zu bringen. Lorenz ließ die Arme sinken. »Also gut, bringen wir es hinter uns. Wer sind Sie, und was wollen Sie von mir?«

Der junge Mann sagte nichts.

»Wie sind Sie hierhergekommen?«, versuchte Lorenz es noch einmal.

Keine Antwort.

»Wer schickt Sie?«

Schweigen.

Lorenz verlor die Geduld. »Hören Sie zu, ich habe ein Haus voller Gäste zurückgelassen, um hierherzukommen. Entweder Sie reden jetzt mit mir, oder ich gehe.« Der andere lächelte spöttisch. Lorenz schüttelte den Kopf, drehte sich um und schickte sich an, die Stufen hinunterzusteigen.

»Sie stellen hier nicht die Fragen«, sagte der Fremde nun lässig. Lorenz drehte sich um, der andere hielt den Kopf etwas schief. »Antworten bekommen Sie trotzdem«, fügte er hinzu. Er griff in die Innentasche seiner schwarzen Lederjacke und hielt Lorenz einen kleinen Gegenstand entgegen.

Vorsichtig kam Lorenz näher. Das Ding sah aus wie einer dieser altmodischen Datensticks. Darauf konnte man ein paar Gigabyte laden, niemand verwendete solche Dinger mehr.

»Schickt Bahar Sie?«, fragte er nun doch. Der junge Mann lächelte nur dünn. »War's das?« Als er auch auf diese Frage keine Antwort erhielt, gab Lorenz auf. Er drehte sich um, steckte den Datenstick in seine Hosentasche und kletterte den Tetraeder wieder hinunter. Er ließ sich doch nicht verarschen. Als er unten ankam, sah er noch einmal hoch zur Aussichtsplattform. Der schwarze Schatten stand immer noch dort, unbeweglich wie eine Statue.

Kopfschüttelnd lief Lorenz den Hügel hinunter zu seinem Quadrokopter, den der Pilot gerade wieder startete.

Kapitel 14

Samstag, 29. Oktober 2044, 9.30 Uhr, Frankfurt am Main

»Lorenz, hörst du mir überhaupt zu?« Tamara sprach langsam und eindringlich, wie mit einem Demenzkranken.

Er saß an seinem Schreibtisch, doch sein Geist war ganz woanders. Tamaras Stimme holte ihn zurück in die Wirklichkeit. »Sorry … Was hast du gerade gesagt?«

Seine Assistentin sah ihn verblüfft an. Doch sie fing sich rasch. »Also gut. Noch mal von vorn. Am Mittwoch kommen die internationalen Sendervertreter, um den Deal für die *Justice Union* zu finalisieren.« Sie strahlte. »Sogar die Amerikaner schicken jemanden. Und alle wollen dich sehen, das haben sie zur Bedingung für ihr Kommen gemacht. Es passiert wirklich. Du wirst ein Weltstar!«

Lorenz nickte teilnahmslos. Einige Staaten hatten bereits Interesse an der deutschen Justizreform angemeldet. Allein die dadurch mögliche Finanzierung der umweltfreundlichen Recycling-Republik war attraktiv. Damit verknüpft war jedoch die Notwendigkeit eines Systems, das einen stetigen Strom an rechtlosen Arbeitern gewährleistete. Die *Justice Union* war in diesem Zusammenhang viel mehr als Unterhaltung. Sie war der sichtbare Teil einer komplexen Maschinerie, die einen ganzen Staat am Laufen und die Bevölkerung stillhielt. Biobrot und Spiele. Kein Wunder, dass vor allem jene Länder Interesse an der *Justice Union* hatten, in denen Menschenrechte ohnehin wenig galten. Und natürlich ließ sich für alle Beteiligten viel Geld damit machen. Lorenz hatte einen Wirtschaftsexperten gebeten, auszurechnen, welchen Wert sein Gesicht für das internationale *Justice Union*-Netz besaß. Herausgekommen war eine Zahl mit acht Nullen – vor dem Komma.

Und jetzt saß Lorenz da und wirkte völlig desinteressiert. Tamara verstand ihren Chef nicht. Was war nur los mit ihm?

Lorenz hob den Kopf und sah sie aus rot geränderten Augen an. »Tamara, das sind wunderbare Nachrichten«, sagte er. »Aber das alles muss warten. Ich habe eine wichtige Sache zu klären.« Sie nickte und wandte sich zum Gehen. Da fiel Lorenz noch etwas ein. »Bitte gib meiner Frau Bescheid, dass ich wahrscheinlich erst morgen Abend nach Hause komme. Und kannst du einen Kaffee für mich auftreiben? Die Maschine ist kaputt.«

»Alles klar.« Tamara ging raus Richtung Kanzleiküche. Gleich würde sie auf dem Boden die zerschellte Espressomaschine entdecken und sich fragen, was zur Hölle hier passiert war.

Lorenz war vom Tetraeder direkt in seine Kanzlei geflogen. Dort konnte er in Ruhe das Material vom Datenstick sichten, den ihm der Fremde gegeben hatte. Er war in sein Büro gegangen, hatte den virtuellen Desktop aktiviert und festgestellt, dass kein Anschluss passte. Kein Wunder, das Ding war mindestens fünfzehn Jahre alt. Doch seine Kanzlei war für derartige Situationen gerüstet. Mandanten brachten ihre Informationen in jeder Form, die ganz Alten sogar noch auf Papier. Im Sekretariat hatte Lorenz die nötigen Verbindungsteile gefunden, fluchend alles neu zusammengesteckt – und endlich waren die Daten vom Stick über seinem Schreibtisch erschienen.

Er hatte die ganze Nacht kein Auge zubekommen. Ruhelos war er durch die Räume seiner Kanzlei gestreift, hatte laut mit sich selbst geredet, die Fäuste geballt, unsichtbare Gegenspieler angebrüllt. Irgendwann hatte er versucht, sich einen Espresso zu machen, war gescheitert, hatte seine angestaute Wut an der Kaffeemaschine ausgelassen und das Gerät mit aller Kraft durch den Raum geschleudert. Das Adrenalin pumpte durch Lorenz' Adern, an Schlaf war nicht zu denken. Er war mit einer Decke auf die Terrasse gegangen, hatte das im Boden integrierte Heizfeld aktiviert, sich in einen der Liegestühle gelegt und war einfach nur so dagelegen, bis die Sonne als milchig roter Ball hinter dem Regierungsviertel aufgestiegen war.

Und jetzt war auch noch Tamara aufgetaucht, war eigens persönlich gekommen, um ihm die großartigen Nachrichten zu überbringen, und es war ihm scheißegal.

Lorenz setzte sich und ließ die Daten noch einmal wie geisterhafte Schemen über dem Konferenztisch erscheinen. Es waren private Chatverläufe. E-Mails. Transkriptionen aufgezeichneter Telefongespräche. Fotografien entstellter Säuglinge, offenbar irgendwo in Afrika, matte Gestalten in Rot-Kreuz-Lagern, verzweifelte Ärzte. Bilder eines Sees vor einer grünen Vulkanlandschaft, der Name »Lake Albert« wurde eingeblendet, ein Weißer erklärte etwas auf Englisch. Verwackelte Videoaufnahmen von Containern, die ins Wasser gekippt wurden. Verödete Uferstreifen, die aussahen wie Mondlandschaften. Chinesische Männer in Schutzanzügen und Helmen, die auf die Schäden wiesen. Es war eine gewaltige Materialsammlung von Unterlagen, und alles drehte sich um den Albertsee an der Grenze von Uganda und der ehemaligen Demokratischen Republik Kongo.

Lorenz hatte eine Weile gebraucht, um zu erfassen, worum es überhaupt ging. Bis er den Ordner »High Standard Inc.« geöffnet und plötzlich verstanden hatte, dass er hier die Fortsetzung der Geschichte vor sich sah, die Abed ihm am Lagerfeuer im Spreewald erzählt hatte. Die Sache mit den E-Autobatterien. Lorenz ärgerte sich, dass er an jenem Abend vor der Hütte nicht mehr ganz nüchtern gewesen war, dass er sich nicht mehr an alles erinnern konnte, was sein Freund ihm gesagt hatte. Er wusste nur noch, dass es um die gefährlichen Batterien der ersten Generation massentauglicher E-Autos ging, die Abed erfolgreich entsorgt hatte.

Noch einmal sah Lorenz den Ordner »High Standard Inc.« durch. Der Aufstieg von HSI und auch die ersten Anzeichen der Krise des Unternehmens spielten sich damals während seines Jurastudiums ab. Er erinnerte sich sogar daran, dass das Thema in einigen Seminaren von seinen Professoren tagesaktuell debattiert worden war. Er hatte nur nicht geschaltet, als Abed ihm von seinem Geschäft erzählt hatte. Jetzt begriff er: Abed war an HSI beteiligt gewesen, aber nie in Erscheinung getreten. Das Gesicht von HSI war ein Professor namens Jonathan Lorsau gewesen, ein telegener Typ mit gewinnendem Lächeln. Fast wie er selbst.

Lorenz dachte zurück an die Zeit ab Ende der Zwanzigerjahre, als es einen radikalen, europaweiten Umschwung in der Klimapolitik gegeben hatte. Die Generation Greta, wie man die jugendlichen Umweltdemonstranten der Zehnerjahre nach einer ihrer Ikonen, der Schwedin Greta Thunberg, benannt hatte, war nun erwachsen und stellte die Wählerschaft. Die rechtsgerichtete Zero-Tolerance-Partei, die inzwischen in den Bundestag eingezogen war und eine ernst zu nehmende Größe in der politischen Landschaft stellte, musste etwas unternehmen, um ihren Einflussbereich auszubauen. Nur gegen Einwanderer und Clans vorzugehen reichte nicht mehr. Sie mussten auch die Welt retten wollen.

Mit ihrer Umweltpolitik wurde die Zero-Tolerance-Partei plötzlich salonfähig – zur rechten Zeit. Nachdem die alten Volksparteien endgültig das Vertrauen in der Bevölkerung verloren hatten und auch die Ökopartei sich nach internen Querelen in eine sozial-progressive und eine konservativ-liberale Gruppierung aufgespalten hatte, kam der unaufhaltbare Aufschwung von links und rechts, die zwar jeweils ihren Flanken treu blieben, gleichzeitig aber mit Themen wie Umwelt-, Klima- und Sozialpolitik massiv aus der Mitte schöpften. Durchaus auch gemeinsam: Nachdem die ZTP 2025 als Juniorpartner der Konservativen in ihre erste Regierung gezogen war, waren sie 2029 bereits Seniorpartner – in einer Koalition ausgerechnet mit der linksgerichteten Lenin-lebt-Partei, die zu ihrer Verteidigung erklärte, die Zero-Tolerance-Partei so besser kontrollieren zu können. Und, wie die Koalitionspartner in einer gemeinsamen Erklärung behaupteten, um die Rettung der Umwelt frei von ideologischen Kämpfen anzugehen. Ein Schulterschluss, der Vertrauen weckte und die Wählerschaft überzeugte. Auch wenn er nur ein gekonnter Schachzug von rechts war.

Die Politik der kleinen Schritte war den Bürgern ohnehin nicht mehr zu vermitteln. Also setzte man auf größere, auf radikalere Programme. Einer dieser Schritte war die Förderung des Baus von E-Autos. Bald danach kam das Verbot von Verbrennungsmotoren. Neuzulassungen gab es nur noch für Elektro- oder wasserstoffbasierte Autos. Man durfte sein altes Auto zwar noch bis zu zehn Jahre weiterfahren, ab diesem Zeitpunkt wurden dann aber massive Abgaben fällig, die sich ein Normalbürger kaum leisten konnte. Der Rest Europas sah erst verblüfft zu und folgte dann dem deutschen Vorbild.

Das Land erlebte einen grünen Wirtschaftsaufschwung, der weltweit gelobt wurde. Der Preis dafür – die schrittweise Entwicklung von Demokratie und Föderalismus zum Kontrollstaat mit Zentrum Bundeshauptstadt – war den Menschen nicht mehr wichtig. Sie hatten sich längst an die Eingriffe in ihre Privatsphäre vonseiten der Gesetzgeber und der Internetriesen gewöhnt. »In China geht es den Leuten schließlich auch gut«, war die Devise.

Die Bundesregierung versüßte den Bürgern die Entwicklung, indem sie jede Menge Geld in die Hand nahm, um den Ausbau einer geeigneten Infrastruktur von Elektroautos zu subventionieren. Neben dem breitflächigen Ausbau von Ladestationen gab es auch eine Prämie für Neukäufe, sodass die Autos erschwinglich wurden.

Da war nur ein Problem: Es gab noch immer keine Lösung für die Entsorgung der Batterien. Diese konnten nicht beliebig oft aufgeladen werden, und nach einem bestimmten Ladezyklus musste man sie ersetzen. Nur: Wohin mit dem gefährlichen Elektroschrott? Eine klassische Entsorgung wäre zu riskant gewesen, immerhin drohten auch ausgemusterte, alte Batterien noch zu explodieren. Bis »High Standard Inc.« ins Spiel kam und der mysteriöse Professor Jonathan Lorsau, der behauptete, eine Technik entwickelt zu haben, mit der man die Batterien durch ein spezielles Verfahren völlig entladen und anschließend recyceln konnte.

Das hatte Abed ihm erzählt. Und auch, dass er der Mann im Hintergrund war. Dass er sich mithilfe des begeisterten Umweltministeriums das Monopol auf die Entsorgung dieser Batterien gesichert hatte. Und mit den Milliardengewinnen aus dem Exklusivauftrag der Bundesrepublik Deutschland die zweite Autonome Zone finanziert hatte. Al Amal, die Hoffnungsvolle. Doch Abed hatte ein wichtiges Detail ausgelassen: Das ominöse Recyclingverfahren hatte es nie gegeben.

Auf dem Datenstick war die Fortsetzung der scheinbaren Erfolgsstory dokumentiert. Eines der Dokumente war eine einfache Anfrage der ugandischen Umweltbehörde an die deutsche Regierung aus dem Jahr 2035. Uganda, inzwischen eine aufstrebende Wirtschaftsmacht von Chinas Gnaden, teilte sich den Albertsee mit der ehemaligen Demokratischen Republik Kongo, die in mehrere Regionen zerfallen war. Die Parteien führten einen unerbittlichen Krieg um die Vorherrschaft im rohstoffreichen Land. Auf der kongolesischen Seite des Sees herrschte Krieg. Und nicht nur das: Im Albertsee war es auf ugandischer Seite zu einem großen Fischsterben gekommen. Die Gesundheitsbehörde zeigte sich beunruhigt über den Anstieg von Krebserkrankungen, Leukämie und kränklichen, deformierten Säuglingen, die in der Region geboren wurden. Das Wasser des Sees färbte sich, die Uferlandschaften verdorrten.

Durch Nachforschungen der chinesischen Konsortien, die Uganda de facto regierten, wurde vermutet, dass die Ursache für das Sterben auf der kongolesischen Seite des Sees zu finden sein musste. Doch der dort herrschende Krieg sollte auf keinen Fall auf Uganda überspringen. Und so nahm man den Schaden hin, riegelte das westliche Seeufer ab und wandte sich der Entwicklung des restlichen Landes zu.

Lorenz starrte auf eine verwackelte Videoaufnahme, die zeigte, wie ein Container auf einem Floß auf den See hinausgezogen und darin versenkt wurde. Dann klickte er auf ein weiteres Video, das Schlüsselteil der Datensammlung. Ein Weißer, offensichtlich Amerikaner, stand vor einer niedrigen Betonmauer, hinter der Wasser zu erkennen war. »Hier, an den Ufern des Albertsees in Uganda, hat der Tod Einzug gehalten«, sagte er auf Englisch. »Menschen sterben an Krebs, die Kinder erkranken an Leukämie, die Fische im See sind längst verschwunden, Tiere, die hierher zum Trinken kommen, verenden innerhalb weniger Tage.« Er wandte sich um und zeigte auf den See hinaus. »Gerade mal gute vierzig Meilen hinter mir herrscht Krieg. Die ehemalige Demokratische Republik Kongo ist seit Jahrzehnten ein einziges Schlachtfeld, die Konflikte haben sich in den vergangenen Jahren verschärft. Warlords haben das ehemalige Staatsgebiet unter sich aufgeteilt und ihre eigenen Diktaturen errichtet. Einer dieser Diktatoren, General Jean-Baptiste Mobutu aus dem Clan eines ehemaligen Präsidenten, hat den gesamten Nordwesten des Landes erobert. Und er hat offenbar eine Methode gefunden, Devisen in sein Herrschaftsgebiet zu holen. Ein Unternehmen aus Deutschland, so wird hier unter der Hand erzählt, hat auf der kongolesischen Seite des Sees eine Deponie errichtet. Um welches Unternehmen es sich handelt und was dort entsorgt wird, ist Gegenstand meiner Recherchen. Es ist derzeit so gut wie unmöglich, zu dieser Deponie zu gelangen. Auf ugandischer Seite ist der Zugang zum See abgeriegelt.« Er wies auf die Betonmauer hinter ihm, die sich offenbar entlang des gesamten Seeufers zog. »Das Betreten des Areals ist strengstens verboten, auf der anderen Seeseite haben die Soldaten des Generals Mobutu Schießbefehl. Ich bin überzeugt, dass die Deponie direkt mit dem Tod allen Lebens hier im Albertsee und mit dem Leid Tausender Menschen zusammenhängt.« Der Mann sah eindringlich in die Kamera. »Mein Name ist Winston Granger, ich bin Reporter der *New York Times*, und ich werde dem Geheimnis dieses Umweltskandals auf die Spur kommen.«

Lorenz lehnte sich in seinem Stuhl zurück. Er hatte dieses Video nun bereits zum vierten Mal angesehen und war jedes Mal aufs Neue fassungslos. Ihm war klar, um welches Unternehmen es sich handelte.

Um die »High Standard Inc.«, das Unternehmen, das Deutschland von seinem E-Autobatterien-Problem befreit hatte. Doch statt das viel gepriesene Entsorgungs- und Recyclingverfahren anzuwenden, das Abed und dieser Professor der Regierung versprochen hatten, wurden die Batterien einfach nach Afrika verschifft und dort versenkt.

Die Bundesrepublik Deutschland hatte sich als Vorreiternation in Sachen mobile Wende inszeniert und ihren Müll einfach ins nächstbeste arme Land gekippt. Mit den Milliarden aus diesem Deal hatte Abed seine hehre Vision verwirklicht. Lorenz schnaubte. Die Stadt war auf dem Blut anderer gebaut, so wie die Deutschen ihre Umweltfreundlichkeit auf dem Elend rechtloser Strafgefangener gebaut hatten. Jeder war ein Player. Und jeder hatte nur seine eigenen Pläne vor Augen. Auch jetzt noch. Hatte Abed nicht freimütig zugegeben, dass die ganzen Überfälle und illegalen Machenschaften dazu dienten, seine Enklave besser zu schützen, bis er seine eigentliche neue Vision verwirklichen konnte? Mittel zum Zweck, ohne Rücksicht auf Verluste.

Lorenz wischte die Dokumente einzeln weg, die monotone Tätigkeit verschaffte ihm einen kurzen Moment der Ruhe. Beim letzten Ordner stutzte er. »Invasion« stand darauf. Den hatte er bislang übersehen. Müde zog er den Ordner auf, in der Erwartung, Kriegspläne für Uganda und den Kongo zu finden.

Doch was er sah, entsetzte ihn noch mehr als der Umweltskandal aus Abeds Hand. Ungläubig klickte er durch die Sammlung von E-Mails, die sich über dem Tisch öffnete. Innenministerium. Bundeswehr. Bundeskanzleramt. Angehängt waren diverse Dokumente. »Dringende Anfrage«, »Invasionsplan«, »Beschluss«. Das letzte Dokument öffnete er. Ungläubig las Lorenz, was da stand, einmal, zweimal, dreimal. Dann griff er nach seinem Handy. Diesmal ging Abed tatsächlich ran.

»Lorenz, wir müssen sprechen …«, begann er, doch Lorenz unterbrach ihn.

»Und wie wir das müssen, Abed. Und zwar jetzt sofort. Ich komme zu dir.«

»Ich kann dich erst heute Abend treffen«, sagte Abed nun mit fester Stimme. »Um sieben?«

Lorenz' Nerven lagen endgültig blank. »In Ordnung. Aber irgendwo, wo uns niemand belauscht.«

»Ich schicke einen Wagen, der dich abholt. Wir treffen uns beim Baklava-Stand in der Stadt. Erinnerst du dich?«

»Ja, klar.«

»Also dann bis heute Abend, Lorenz. Ich freue mich.«

Das werden wir noch sehen, dachte Lorenz und legte auf. Scheiß auf Höflichkeit. Er wollte jetzt alles wissen.

Zwischenschnitt

Sie geben mir gerade mal so viel zu essen, dass ich nicht verhungere. Aufrichten unmöglich. Ich habe kaum Kraft. Meine Handgelenke – taub von den Fesseln. Gestank. Lange halte ich nicht mehr durch.

Ein Knacken an der Tür. Sie kommen. Heb den Kopf und dreh ihn, nur ein bisschen, das schaffst du …

Die Drecksbande jetzt tatsächlich zu sehen ist fast schlimmer, als im Ungewissen zu sein. »Ihr verdammten Schweine. Ich wusste es.«

»Schön stillhalten, Hackner.«

»Wo ist euer Boss? Wo ist Abed? Er soll mir gefälligst in die Augen sehen … ihr feigen Schweine …«

Arme ziehen mich hoch. Ich stehe, schwanke, sie halten mich aufrecht. Jetzt nur keine Schwäche zeigen.

»Wo ist er, verdammt? Was habt ihr mit mir vor?«

»Halt's Maul.«

Durch die Tür. »Ich will ihn sehen!« Ich kreische wie ein altes Weib. »Er soll sich zeigen …« Ein Schlag explodiert an meiner Schläfe. Ich kippe um, falle, sie halten mich auf, schleppen mich weiter. Wohin? Ich kann nicht mehr gehen, meine Beine schleifen. O Gott, lass das vorübergehen …

Beten? Hilft vielleicht. Vater unser im Himmel, geheiligt werde dein Name … dein Wille geschehe … Wie geht der Scheiß weiter? Schon zu lange her. Irgendwas mit Schuld. Vergib uns unsere Schuld, wie auch wir … Vergeben?

Niemals. Er hat mir auch nicht vergeben. Das Schwein.

Kapitel 15

Samstag, 29. Oktober 2044, 19.00 Uhr, Neu-Essen

Der vertraute Lärm und die Gerüche hüllten Lorenz für einen Moment ein. Verkäufer priesen ihre Waren an, Kinder liefen lachend durch die Menge, während ihre Eltern Freunden und Bekannten Grüße zuriefen. Es war so, wie Lorenz es lieben gelernt hatte, ein Abend in Al Amal ... Doch diesmal ließ er sich nicht auf das fröhliche Getümmel ein.

Die Hände in den Manteltaschen, ging er auf den Baklava-Stand zu. Dort stand bereits Abdelkarim und unterhielt sich mit dem Verkäufer. Neben ihm stand sein Sohn Jamal in einer schwarzen Lederjacke. Warum hatte er ihn mitgebracht? Ein Stück weiter hatte Abdul Zeyman, der Knochenbrecher, Aufstellung genommen. Offenbar war er diesmal als Bodyguard dabei. Lorenz knöpfte seinen Mantel zu, es war kalt und bereits dunkel. Langsam ging er auf seinen Freund zu und wünschte sich, nie anzukommen. Ihm graute vor dem Gespräch, aber er wollte es endlich hinter sich bringen.

»Lorenz, wie schön, dass du da bist«, sagte Abed, als wäre nichts gewesen, und umarmte Lorenz nach arabischer Sitte. Lorenz ließ es geschehen und murmelte: »Wo können wir ungestört reden?« Jamal schüttelte Lorenz einigermaßen freundlich die Hand, sagte aber nichts. Der Knochenbrecher nickte nur. Abed rief dem Baklava-Verkäufer einen Abschiedsgruß zu, der Lorenz erkannte und ihm einen mitfühlenden Blick zuwarf. Der alte Mann hatte wohl noch den verschwitzten Alman vor Augen, der auf die Straße gekotzt hatte. Lorenz nickte dem Verkäufer zu und folgte den anderen, die auf das ehemalige Einkaufszentrum zusteuerten. Dort waren neben der Schule und Büros weitere Restaurants und Läden untergebracht. Zu ihrer Rechten ging der Basar weg. Lorenz war noch nicht dort gewesen. Doch die Lust danach war ihm ohnehin vergangen. Wehmütig folgte er seinen Gastgebern. Er trauerte um die beinahe kindliche Freude, mit der er noch vor wenigen Tagen das Treiben genossen hatte. Das war vorbei.

Vor einem Grillrestaurant mit einer türkischen Fahne in der Auslage blieben sie stehen. Der Knochenbrecher ging voran. Drinnen saßen Familien an großen Tischen, auf denen riesige Platten mit gegrillten Fleischstücken abgeladen wurden, weitere Platten mit Reis und Salat, Körbe mit Fladenbrot. Der Laden war voll. Es wurde laut gelacht oder leidenschaftlich debattiert, der Lärm übertönte die türkische Popmusik, die schüchtern aus zwei Lautsprechern dudelte. Über einem großen Holzkohleofen lagen mehrere Spieße auf einem Rostblech, die von einem übergewichtigen Mann mit Schnauzbart und einer weißen Schürze gewendet wurden. Er sah auf und begrüßte Abed überschwänglich, worauf sich auch einige Gäste umdrehten, ihrem Oberhaupt zunickten und winkten. Einige riefen »İyi akşamlar – Guten Abend!« Abed grüßte freundlich in alle Richtungen.

Jamal betrachtete mit spöttischem Grinsen die Szene. »Es ist eines der wenigen türkischen Lokale hier«, erklärte er Lorenz. »Nicht viele Türken sind uns nach Al Amal gefolgt. Dafür leben hier umso mehr Kurden.« Lorenz war überrascht. Die türkische war die größte muslimische Minderheit in Deutschland. Dass ausgerechnet sie hier nicht leben wollten, wunderte ihn. Aber Lorenz musste sich eingestehen, dass er noch längst nicht alle Dynamiken rund um Al Amal begriffen hatte. Auch die Hinrichtung des Jungen neulich war ihm immer noch ein Rätsel. Neben all den Ereignissen war diese Geschichte verblasst.

Ein älterer Herr mit Schnurrbart, zurückgekämmtem grauschwarzem Haar und grauem Anzug eilte ihnen entgegen, begrüßte Abed wie einen verlorenen Sohn und umarmte Jamal, der es sich scheinbar widerstrebend gefallen ließ, obwohl er die Aufmerksamkeit sichtlich genoss. Dann schüttelte der Mann auch dem Knochenbrecher und

Lorenz ausgiebig die Hände und lotste die Gruppe in eine kleine, überdachte Loge, die er offenbar für besondere Gäste bereithielt. Sie saßen erhöht, konnten das Treiben beobachten, zugleich waren sie etwas vom Lärm geschützt. Der Mann im grauen Anzug stellte sich Lorenz als Ali Albayrak vor. »Aber bitte sagen Ali, hier alles ganz unkompliziert, ja? Freut mich sehr, Herr Bergenmann.« Lorenz nickte angespannt. Wie zur Hölle sollte er in diesem Familienrestaurant über das sprechen, was er in der Nacht zuvor herausgefunden hatte?

Endlich ließ der Restaurantbesitzer sie allein. Lorenz sah seinen Freund an, der seinem Blick nicht auswich. »Wo warst du die ganze Woche?«, begann Lorenz. »Ich habe versucht dich zu erreichen.«

Abed nickte. »Es tut mir leid«, sagte er. »Ich habe hier einige Baustellen. Es gibt …«, er zögerte einen Moment, »… ein paar Probleme.«

»Das glaube ich«, versetzte Lorenz bitterer, als er beabsichtigt hatte. Er räusperte sich. »Ich kenne eines deiner größten Probleme, und damit hast du jetzt eines mehr.« Er sah Jamal an, der scheinbar unbeteiligt in die Gegend starrte. Der Knochenbrecher hatte vor der Loge Aufstellung genommen und beobachtete die Gäste. »Das hier ist ein vertrauliches Gespräch, bist du sicher, dass …?« Er wies mit dem Kinn auf Abeds Sohn.

Der Clan-Chef schüttelte den Kopf. »Jamal hat mein vollstes Vertrauen. Du kannst frei sprechen.«

»Also gut«, sagte Lorenz. Er hatte sich gefangen. Nun war er nicht mehr der enttäuschte Freund, sondern der Rechtsanwalt. »Ich weiß, dass ihr Hermann Hackner hier in Neu-Essen gefangen haltet.« Abed blieb stumm und rührte sich nicht. Jamal neben ihm starrte auf die Tischplatte. »Ich habe ihn selbst gesehen«, fuhr Lorenz fort. »Jemand hat mir Zutritt zum Gefängnis verschafft. Und da lag er … Abed, du lässt den Mann gefesselt in seiner eigenen Scheiße liegen?«

Abed sagte noch immer nichts, und auch Jamal hielt seinen Kopf weiter auf die Tischplatte gerichtet, schielte aber vorsichtig in Richtung seines Vaters. Nun beugte Abed sich etwas vor. »Wer hat dir Zugang zum Gefängnis verschafft?«, fragte er mit gepresster Stimme.

Lorenz schüttelte ungläubig den Kopf. »Das ist deine einzige Sorge? Ich habe keine Ahnung! Aber das ist auch egal. Ich weiß Bescheid, Abed. Und als dein Freund, so unsere Freundschaft nicht gespielt war, fehlen mir die Worte. Und als Freund rate ich dir dringend: Beende das. Lass Hackner frei, bevor dir hier alles um die Ohren fliegt!« Er lehnte sich nun ebenfalls vor und sagte eindringlich: »Der Staatsschutz überwacht euch, und die deutsche Regierung plant in Neu-Essen einzumarschieren. Die brauchen nur einen Vorwand. Willst du zusehen, wie dein Lebenswerk in Schutt und Asche gelegt wird, für die paar Drogenmillionen, die dir wegen Hackner durch die Lappen gehen würden? Musst du ihn einsperren und foltern, nur weil er dieses dämliche Drogenfreigabegesetz zurücknehmen will, das ohnehin ein Riesenfehler war?«

Abed lehnte sich in seinem Sitz zurück und spielte mit seiner Gabel. »Es ist etwas komplizierter«, sagte er dann.

»Gar nichts ist kompliziert«, fuhr ihn Lorenz an, bemerkte, dass er laut wurde, und senkte seine Stimme wieder auf Tischlautstärke. »Hast du Hackner entführen lassen, ja oder nein?«, fragte er.

Abed nickte. »Ja, ich habe den Auftrag dafür gegeben.«

»Und jetzt? Gibt es den Plan, ihn zu ermorden, ja oder nein?«, fragte Lorenz weiter.

Wieder nickte Abed. »Ja, es gibt einen solchen Plan.« Er sah seinem Freund gerade in die Augen und schwieg einen Moment. »Aber es ist nicht mein Plan, und ich habe nicht vor, Hackner zu töten.«

Ungläubig zuckte Lorenz zurück. »Was dann?«

Abed seufzte. »Es gibt Menschen, die ihn umbringen wollen. Das Drogengeschäft ist eine wichtige Säule der Clan-Geschäfte, nicht nur für Neu-Essen, sondern vor allem für Neu-Berlin. Hermann Hackners Plan, das Drogenfreigabegesetz zurückzunehmen, gefährdet diese Geschäfte.« Der Clan-Chef faltete beide Hände über der Tischplatte. »Und natürlich weiß ich, dass die Bundesregierung Neu-Essen – wie sagt ihr Deutschen so schön? – auf dem Kieker hat. Weit mehr als

Neu-Berlin. Die Enklave dort ist größer und funktioniert im Großen und Ganzen wie ein richtiger Stadtstaat. Neu-Essen aber ist zu klein, um auf lange Sicht zu überleben. Wir müssen unser Gebiet vergrößern. Hackner zu töten würde das unmöglich machen. Also versuche ich einen Weg zu finden, das zu umgehen. Ich habe die vergangene Woche damit verbracht, über weitere Gebietsabtritte zu verhandeln. Ich habe sogar angeboten, sämtliche Kosten, inklusive der Umsiedlung der Bevölkerung, zu übernehmen. Bisher umsonst.«

Lorenz hörte aufmerksam zu. Abdelkarim saß in der Klemme. Von allen Seiten rückten die gegnerischen Kräfte auf seine Halal-Stadt zu, allerdings hatte er mit seinen Raubzügen seinen Feinden auch einen Grund dafür gegeben.

»Wer will Hackner töten?«, fragte er Abed.

Der schüttelte den Kopf. »Das kann ich dir nicht sagen. Es gibt … alte Schwüre, die ich nicht einfach brechen kann. Nicht einmal dir gegenüber, mein Freund.« Er sah Lorenz gerade in die Augen. »Ich habe es dir schon einmal erklärt. Wenn ich dir etwas nicht sage, dann, weil ich nicht anders kann.«

»Ihr mit eurem verdammten Ehrenkodex. Ihr killt, ohne mit der Wimper zu zucken, irgendwelche armen Gesellen, aber wehe, jemand verrät das Rezept für euer Familienreisgericht.«

»Du hast immer noch deinen Humor, das beruhigt mich.«

»Du solltest alles andere als beruhigt sein. Ich habe den Plan für die Invasion gesehen. Die wollen hier mit ganzen Kohorten einziehen.«

»Wir werden ihnen einen gebührenden Empfang bereiten.«

»Abed, bist du wahnsinnig?«

»Ich werde weiterhin auf die Macht der Diplomatie setzen. Aber ich kann umso selbstbewusster auftreten, je besser wir auf die Alternative vorbereitet sind.«

»Ich glaube dir kein Wort. Du lügst, wenn du den Mund aufmachst. Genauso wie in der Hütte, als du von deiner großartigen Recycling-Firma für die Autobatterien geredet hast …« Lorenz war tief frustriert, und man hörte es ihm an. Er atmete durch. »Du hast diese hochgiftigen Batterien gar nicht entsorgt. Ihr habt sie einfach in diesen See in Uganda geschüttet.«

»Kongo«, korrigierte Abed. »Es war auf der Seite des Kongo. Und woher weißt du das?«

»Wen kümmert das?«, zischte Lorenz ihn an. »Ihr seid Massenmörder, wer weiß, wie viele Tausende von Menschen ihr mit dieser Aktion auf dem Gewissen habt. Und alles nur, um hier ein Utopia aufzubauen, das ohnehin nicht hält ...« Dann fiel ihm plötzlich etwas ein. »Warum ist dieser Skandal eigentlich nie rausgekommen? Da gab es einen Reporter von der *New York Times*, der euch auf den Fersen war.«

Jetzt seufzte Abed. »Das ist eine traurige Geschichte«, sagte er.

»Lass mich raten, die du mir leider nicht erzählen kannst«, fauchte Lorenz.

Abed wiegte den Kopf hin und her. »Wenn ich es dir erzähle, ziehe ich dich mit hinein.«

»Ich bin dein Freund. Du kannst mir alles erzählen, wenn du nur willst.«

Abed und Jamal wechselten einen Blick. Dann richtete sich der Clan-Chef auf und starrte eine Weile ins Nichts. »Was ich dir sagen kann«, begann er schließlich, »wird dein Bild von allem verändern. Ich habe dir erzählt, dass ich damals den Professor gekauft habe, der behauptet hat, ein Verfahren zur ordentlichen Zerlegung und Entsorgung der E-Autobatterien entwickelt zu haben.« Lorenz nickte. »Nun, wir sind damals zum Umweltminister gegangen. Er war mir noch etwas schuldig, von vor langer, langer Zeit. Ich konnte ihn überzeugen, uns als Exklusivpartner für die Batterieentsorgung vorzuschlagen. Gegen einen Anteil natürlich. Es hat geklappt.« Abed lehnte sich so weit vor, dass sein Gesicht ganz nahe an Lorenz' war. »Und jetzt rate mal, wer dieser Umweltminister war.« Lorenz überlegte kurz. Dann fiel bei ihm der Groschen.

»Nein.«

»Doch.«

Abed lehnte sich wieder zurück. »Es war Hackner. Ich habe ihm zu verdanken, dass ich meine Vision von einer eigenen Stadt verwirklichen konnte. Als es hieß, man wolle ihn ermorden, habe ich ihn entführen lassen, um ihn zu schützen. Natürlich in erster Linie, um Al Amal zu schützen und einen Krieg gegen uns zu verhindern. Aber es war auch eine Art nachträgliches Erfolgshonorar für unseren Deal damals. Ich bin ein Ehrenmann …«

Lorenz machte den Mund auf, um etwas zu erwidern, doch Abed kam ihm zuvor. »Nein, Lorenz, kein Sarkasmus mehr. Ich folge bestimmten Regeln, die ihr Außenstehenden nicht versteht. Ich konnte nicht einfach zusehen, wie man den Mann erschießt, dem ich diese Stadt hier verdanke.«

»Wie nobel von dir. Dafür liegt er jetzt in seiner eigenen Scheiße in einem Kellerloch.«

»Ein bisschen Strafe muss sein. Meine Familie musste wegen ihm viel Leid erdulden.«

»Ach ja?«

»Ja. Das ist aber eine andere Geschichte.«

Lorenz schüttelte den Kopf. »Wichtig ist jetzt erst mal, dass du Hackner aus Neu-Essen rausschaffst und freilässt. Soll er sich doch selbst um seinen Personenschutz kümmern.«

Abed wiegte den Kopf. »Vielleicht hast du sogar recht, aber …«

Neben ihm begann Jamal unruhig hin und her zu rücken. »Darf ich etwas fragen?«, wandte er sich an Lorenz. »Wie akut ist die Gefahr einer Invasion wirklich?«

Der hob hilflos beide Hände. »Ich bin kein Militärexperte. Aber von dem, was ich gesehen habe, bereitet sich die deutsche Bundeswehr darauf vor, innerhalb weniger Wochen zuschlagen zu können.«

Jamal nickte langsam und ließ sich auf seinen Sitz zurücksinken. Dann drehte er sich zu seinem Vater. »Ich sollte die Sicherheitsleute zusammenrufen. Wir müssen einen Krisenplan entwickeln.«

Abed nickte nur, klopfte seinem Sohn auf den Rücken. »Mach das, mein Sohn, ich komme später dazu.«

Jamal stand auf, nickte Lorenz kurz zu und strebte eilig zum Ausgang. Lorenz sah ihm anerkennend hinterher. In dem Jungen steckte offenbar mehr, als er gedacht hatte. Keine zwanzig und bereits ein Mann. Wahrscheinlich musste man in Al Amal einfach früh erwachsen werden.

Für eine Weile starrten Lorenz und Abed einander schweigend an. Lorenz schluckte. »Abed, du musst handeln, bevor uns hier alles um die Ohren fliegt.«

Der saß eine Weile nur da, schließlich nickte er: »Ich werde diese Sache zu Ende bringen. Noch an diesem Wochenende. Ich verspreche es. Danke, dass du zu mir gekommen bist.« Er sah auf die Uhr. »Ich muss jetzt ein paar Gespräche führen. Ich melde mich bei dir.«

»In Ordnung. Aber Abed, ich muss bald die ganze Geschichte hören. Als dein Freund …« Er hielt einen Moment inne. »Sind wir noch Freunde?«

Abed hielt seinem Blick stand, erhob sich und legte beide Hände auf Lorenz' Schultern. »Das sind wir, Lorenz.«

Die Art, in der Abed ihn ansah, beruhigte ihn. Auch warum er so handelte, wie er es tat, hatte eine Begründung bekommen, die nicht nach Betrüger und Kriegstreiber klang, im Gegenteil. Was auch immer hinter all dem steckte, vielleicht würde sich doch noch alles einrenken. Nein, ganz sicher würde es das. Sie gingen zurück zum Wagen, der Lorenz zum Quadroport nach Oberhausen bringen würde, und Lorenz umarmte den Freund zur Verabschiedung herzlicher als vorhin. Dann stieg er ein, winkte seinem Freund zu und sah noch einmal auf das bunte Treiben von Al Amal, während sie gemächlich anrollten und aufs Nordtor zusteuerten. Einmal noch drehte er sich um. Abed stand da und sah ihm nach.

»Wohin, Herr van Bergen?«, fragte der Pilot. Lorenz schloss kurz die Augen. Ihm schwamm der Kopf. Wohin wollte er? Dann fasste er einen

Entschluss. »Nach Hause bitte.« Der Pilot nickte und gab dem Autopilot den Befehl »Villa Bad Homburg«. Der Quadro hob sich elegant über die Stadt, beschrieb einen Bogen, unten konnte Lorenz die Autobahn erkennen und rechts davon die Lichter von Neu-Essen. Der arabische Schriftzug auf dem Gasometer leuchtete weithin durch die Nacht.

Eine Weile flogen sie schweigend. Lorenz erwartete die große Erschöpfung, doch die trat nicht ein. Er war erleichtert, dass sein Gespräch mit Abed so gut verlaufen war, dass er ihm noch immer vertrauen konnte. Er schien seine Warnung ernst zu nehmen.

»Ist es okay, wenn ich die Nachrichten sehe?«, fragte er den Piloten, der freundlich nickte. Lorenz schaltete sein Headset auf »TV«, klickte den Monitor vor sich an und sagte *Streamnet 24/7* in sein Mikro. Das ihm vertraute Nachrichtenstudio kam ins Bild, doch die Sendung, die da lief, wirkte merkwürdig. Verwackelte Bilder und ein Sprecher, der aufgeregt irgendetwas sagte, nein, er schrie geradezu hysterisch. Lorenz begriff nicht, worum es ging, starrte verwundert auf das verkleinerte Live-Bild in der rechten oberen Ecke, das wenige Sekunden später größer wurde und schließlich den ganzen Bildschirm einnahm, während die Stimme des Nachrichtensprechers aus dem Off sich überschlug. Es war eine Live-Übertragung auf YouTube zu sehen, ein Countdown lief am unteren Bildrand, zeigte »0:00:45«, die Sekunden zählten runter: 44, 43, 42 …

Im Licht eines einsamen Scheinwerferkegels war eine am ganzen Körper schlotternde Gestalt zu sehen. Ein dicklicher, groß gewachsener Mann in einem zerknitterten, verdreckten Anzug. Er stand vor einem metallenen Aufbau, ringsum sah man die dunklen Umrisse von Bäumen. Lorenz strengte seine Augen an, das Metallgerüst im Hintergrund kam ihm bekannt vor. Es war der Aussichtsturm auf der Knappenhalde außerhalb von Neu-Essen. Um den Hals des Mannes lag eine Schlinge, die Hände waren auf den Rücken gefesselt, zwei schwarz gekleidete Männer mit ebenso schwarzen Sturmhauben hielten ihn links und rechts fest. Es war ein grauenerregendes Déjà-vu. Genauso hatte der Junge in Neu-Essen ausgesehen, bevor sie ihn …

Die Kamera zoomte näher heran, das Gesicht des Mannes war deutlich zu sehen – oder zumindest das, was davon übrig war. Doch trotz der geplatzten Oberlippe, der schwarz verschwollenen Augen und der klaffenden Risswunde auf seiner Wange erkannte Lorenz den Mann sofort. Die Kamera zeigte nun wieder das ganze Bild. Hermann Hackner konnte kaum stehen, in seinem Schritt war ein dunkler Fleck zu sehen, der immer größer wurde.

Eine verzerrte Stimme erklang. »Hermann Hackner, wir verurteilen Sie wegen Ihrer zahllosen Verbrechen zum Tode. Sprechen Sie Ihr letztes Gebet.«

Fassungslos sah Lorenz zu, wie der Innenminister in haltloses Schluchzen ausbrach, schließlich stammelte er: »Es … tut mir … leid …« Seine Beine gaben nach, die beiden Männer zogen ihn wieder hoch. Dann ertönte ein vielstimmiges »Allahu-akbar!« Der Scheinwerfer folgte dem Körper, der sich wie von Geisterhand in die Lüfte erhob, zuckend und strampelnd, während der Nachrichtensprecher völlig die Fassung verlor: »Sie ermorden ihn«, schrie er. »Sie hängen ihn auf, das ist alles echt, meine Damen und Herren! Was wie ein schlechter Scherz im Internet begonnen hat, ist in Wirklichkeit die Hinrichtung des verschwundenen Bundesinnenministers … Er wird immer weiter in die Höhe gezogen, o mein Gott, warum hilft ihm denn niemand? Er stirbt … O mein Gott … Es ist schrecklich, ich weiß nicht … Wohin geht die Menschheit? Mord … ein feiger Mord …«

Lorenz riss sich den Kopfhörer herunter. Der Pilot schrie ihm etwas zu, doch er hörte nichts mehr. Seine Ohren erfüllte ein Rauschen, er spürte seinen Herzschlag nicht mehr, und eine eisige Kälte breitete sich von den Füßen nach oben steigend in ihm aus. Er bekam noch mit, wie der Quadro abrupt zum Sinkflug ansetzte und mit einem Rumpeln im Garten seiner Villa aufsetzte. Der Pilot stieg aus, rannte auf die andere Seite und öffnete die Tür.

»Es … geht schon …«, stotterte Lorenz, schaffte es irgendwie aus dem Quadro, erkannte die Lichter seiner Villa. »Lassen Sie mich …«, ächzte er. Dann rannte er ins Dunkel des Gartens hinaus, bis ans Ende, wo ihn niemand schreien hören konnte.

Kapitel 16

Montag, 31. Oktober 2044, 17.30 Uhr, Wiesbaden

Die hübsche altmodische Villa stand in einem altmodischen Garten mit Kieswegen. Lorenz drückte die Messingklingel neben dem Gartentor und betete, dass der Hausherr da war. »Ja bitte?«, kam es krächzend und grummelnd aus einer veralteten Gegensprechanlage.

»Lorenz van Bergen«, sagte er. »Ich brauche Ihre Hilfe.« Statt einer Antwort wurde der Summer betätigt. Lorenz drückte das Gartentor auf und eilte über den Kiesweg auf die Villa zu. In ihm brannte eine Frage, auf die er keine Antwort wusste, die jedoch entscheidend war für sein weiteres Vorgehen.

Sie hatten Abed außerhalb von Neu-Essen geschnappt, auf halbem Weg zwischen Südtor und der Knappenhalde, wo Hermann Hackner ermordet worden war. Abdul Zeyman hatte es Lorenz erzählt, als er am nächsten Tag aufgelöst angerufen hatte. Abed sei nach einer anonymen Anzeige verhaftet und in Untersuchungshaft genommen worden. Er sei des Mordes an Hermann Hackner dringend verdächtig. »Glaubst du mir, stimmt nicht!«, hatte der Knochenbrecher verzweifelt ins Telefon geschrien.

»Wer soll es denn gewesen sein?«, hatte Lorenz zurückgebrüllt. »Ihr lügt doch alle wie gedruckt!«

Trotzdem war er zur Justizarena Dortmund gefahren, wo Abed in einer Zelle saß und explizit nach ihm gefragt hatte. Abed bestand darauf, Hackner nicht ermordet oder den Befehl dazu gegeben zu haben. Er sei zur Knappenhalde gefahren, um das Schlimmste zu verhindern, nachdem er selbst erst durch die Live-Übertragung davon erfahren hatte.

»Ich glaube dir kein Wort«, hatte Lorenz gesagt, verzweifelt und außer sich über diesen neuerlichen Verrat.

Doch Abed war ruhig und standhaft geblieben. Er habe mit Hackners Tod nichts zu tun. Aber er könne nicht sagen, wer es war. »Es ist, als ob ich nicht mehr Herr meiner eigenen Stadt bin«, hatte Abed gesagt. »Es gehen Dinge vor sich, die ich nicht erklären kann.«

»Was sagt Jamal?«

»Er weiß von nichts.«

»Und du glaubst ihm? Als Befehlshaber über eure Einsatzkräfte?«

»Er ist mein Sohn, und ich glaube ihm. Er war genau so erschüttert wie ich. Und er ist dabei, seine Leute zu durchleuchten, ob irgendjemand etwas damit zu tun hat.«

Lorenz hatte sich Bedenkzeit ausgebeten und die Justizarena in heller Aufregung verlassen. Wie konnte er Abed verteidigen, wenn er nicht an seine Unschuld glaubte? Wenn er ihn für einen Verräter hielt? Und warum beschäftigte ihn diese Frage plötzlich, wo er doch schon so viele verteidigt hatte, die er für schuldig gehalten hat? Weil Abed dein Freund ist, hatte sich eine Stimme in seinem Kopf gemeldet. Und weil die Möglichkeit, dass er den Mord begangen hat, dich persönlich kränkt. Konnte – nein: *durfte* er Abed dann überhaupt verteidigen? *Wollte* er es?

Lorenz war stundenlang durch die Gegend gefahren. Zum ersten Mal in seiner Laufbahn brauchte er Rat. Aber mit wem sollte er über seinen inneren Zwiespalt sprechen? Niemand würde ihn verstehen. »*Wirklich niemand?*«, hatte sich die Stimme in seinem Kopf wieder gemeldet. Natürlich. Warum hatte er nicht gleich daran gedacht?

Professor Schmidt wirkte alles andere als überrascht, den jungen Anwalt zu sehen. »Kommen Sie rein, mein Junge«, sagte er nur und machte die Haustür weit auf. Lorenz trat ein, stand einen Moment verloren im Vorzimmer herum, drehte sich dann zu dem alten Herrn um und schüttelte ihm verlegen die Hand. »Entschuldigen Sie bitte den Überfall«, sagte er und spürte mit einem Mal seine Erschöpfung. »Ich wusste nicht, an wen ich mich sonst wenden soll.«

Professor Schmidt nickte nur und wies mit einer Hand auf eine Doppeltür. Lorenz trat ein und fand sich in einem Arbeitszimmer wieder, das aus einem Gemälde von Carl Spitzweg hätte stammen können. Ein mächtiger Schreibtisch stand vor großen Fenstern, die von dicken roten Samtvorhängen eingerahmt waren. Bücherregale zogen sich über alle Wände und bis zur Decke hinauf. Eine Rollleiter stand herum, mit der man die dicken Bände ganz oben erreichen konnte. Außerdem stapelten sich Bücher auf jeder ebenen Fläche im Raum. Lorenz staunte. In seiner Kanzlei gab es nur noch Holo-Akten, digitale Archive und E-Books. Der Professor ging zu einer kleinen Sitzecke mit geschwungenen Lehnstühlen, räumte ein paar Papiere weg und gebot Lorenz sich zu setzen. Dann ging er, ohne zu fragen, zu einem Kabinett, nahm eine Flasche Cognac und zwei Gläser heraus. Er schenkte jedem zwei Fingerbreit ein, setzte sich zu Lorenz und hob das Glas. »Soll ich fragen, oder wollen Sie loslegen?«

Langsam nahm Lorenz einen Schluck von dem Cognac, schmeckte ihm nach. Dann sah er den Professor an. »Ich bin etwas neben der Spur«, gestand er. »Vielleicht stellen Sie besser die Fragen.«

Der Alte nickte. Er lehnte sich in seinem Stuhl zurück, legte die Fingerspitzen seiner Hände zusammen und betrachtete Lorenz einen Augenblick. Dann sagte er: »Sie haben etwas über einen Ihrer Mandanten herausgefunden, das Sie so verstört, dass Sie überlegen, das Mandat niederzulegen oder von vornherein abzulehnen.«

Lorenz war baff. »Wie wissen Sie …?«

Doch der Professor schüttelte nur den Kopf. »Ich bin schon sehr lange auf dieser Erde und habe den Ausdruck in Ihrem Gesicht schon öfter gesehen. Unter anderem im Spiegel.«

Lorenz horchte auf. »Was haben Sie getan?«

»Die richtigen Fragen gestellt, mein Junge.« Der Professor beugte sich vor. »Bevor Sie mir mehr erzählen, lassen Sie mich Ihnen versichern, dass ich mich als Ihr Rechtsanwalt sehe. Alles, was Sie sagen, fällt unter die anwaltliche Schweigepflicht.«

Lorenz lehnte sich dankbar ein wenig zurück. Er hatte Vertrauen zu dem alten Mann, aber es tat gut, es noch einmal zu hören. Stockend, dann immer flüssiger begann er zu erzählen. Von seinem inneren Wandel, der Freundschaft zu Abed, dessen Plänen für eine legale Zukunft, und wie er schließlich herausgefunden hatte, dass Abdelkarim Al-Zahidi nicht nur eines der größten Umweltverbrechen der vergangenen Jahrzehnte begangen hatte, sondern im Begriff war, sein ganzes Lebenswerk zu riskieren. »Er hat Hermann Hackner entführt und wahrscheinlich auch ermordet«, sagte er und schwieg einen Moment.

Der Professor rückte seine Brille gerade. »Das mit der Entführung habe ich Ihnen doch schon auf Ihrer Wolkenkratzer-Terrasse gesagt.«

Lorenz nickte bekümmert. »Ich soll ihn verteidigen.«

Professor Schmidt nahm langsam und andächtig einen Schluck Cognac, stellte das Glas ab, legte wieder die Fingerspitzen aneinander und drückte seinen Mund gegen seine Zeigefinger. »Es gilt, drei Dinge zu klären«, sagte er. »Erstens, Ihr Mandant hat Ihnen womöglich nicht die Wahrheit gesagt, und das ärgert Sie. Dabei wissen Sie so gut wie ich, dass so etwas jeden Tag vorkommt. Mandanten lügen ihre Anwälte ständig an. Abdelkarim Al-Zahidi hat Ihnen verraten, was er für richtig hielt. Sie wissen nicht, was er alles zurückhält, und das kränkt Sie persönlich. Und damit kommen wir zu Punkt zwei.« Er sah Lorenz über den Rand seiner Nickelbrille prüfend an. »Sie sind mit Abdelkarim Al-Zahidi persönlich verbunden. Freunde verteidigt man nicht.«

Lorenz machte den Mund auf, um etwas zu entgegnen, doch der Alte hob die Hand und sprach weiter. »Ist Abdelkarim Ihr Freund? Oder haben Sie sich da in etwas hineingesteigert? Diese Frage können Sie nur selbst beantworten, da kann ich Ihnen nicht helfen.« Er sah Lorenz eindringlich an. »Wenn Sie es schaffen, Ihr Mandat von Ihren Emotionen zu trennen, wenn Sie professionell bleiben, dann können und sollten Sie Ihrem Mandanten beistehen. Wenn Sie ihn aber im Geiste als Ihren Freund und Bruder ansehen, also Mandat und Privatsphäre nicht trennen können, dann müssen Sie das Mandat ablehnen.« Der Professor atmete tief durch. »Wenn Sie sich für die Verteidigung entscheiden, führt kein Weg daran vorbei, dass Sie reinen Tisch machen. Strafverteidiger und Mandant müssen sich alles sagen können – aber …« Er hob mahnend den Zeigefinger, es wirkte beinahe oberlehrerhaft, doch Lorenz nahm es ihm nicht übel. »… aber bleiben Sie professionell dabei«, beendete der Professor seine Rede. »Können Sie das?«

Lorenz ließ die Frage in seinem Kopf widerhallen. Natürlich konnte er das. Er war Strafverteidiger, einer der härtesten Hunde im Geschäft. Er war der Jaguar.

Er sah den Professor an. »Sie sprachen von drei Punkten.«

Der Alte lächelte. »Nur ein ganz kleiner. Schuster, bleib bei deinem Leisten.« Lorenz zuckte verständnislos mit den Schultern. »Wenn Sie das Mandat annehmen, werden Sie schon sehr bald in politische Ränke geraten«, erklärte der Professor. »Mein Rat: Konzentrieren Sie sich auf Ihre Arbeit als Anwalt. Versuchen Sie nicht, auch noch Politiker und Diplomat zu sein.«

Lorenz nickte schuldbewusst. Schuster, bleib bei deinem Leisten. Abed hatte keine großen Chancen. Wenn ihn jemand freikriegen konnte, dann war er das. Lorenz. Er horchte in sich hinein und spürte etwas, das er in all der Aufregung vergessen hatte. Ehrgeiz. Es juckte ihn, den Fall anzunehmen. Aber würde er kühl abwägen und kalkulieren können, den Mandanten von seinem Freund Abed trennen können?

Natürlich konnte er das! Lorenz spürte, wie sein Selbstvertrauen zurückkehrte. Wie hatte er je an sich zweifeln können?

Lorenz war in diesem Moment allerdings nicht bewusst, dass er gerade von einem emotionalen Extrem ins andere kippte. Sein Größenwahn nahm wieder überhand, doch er merkte nur, wie es ihm von Sekunde zu Sekunde besser ging. Es war, als durchströmte ihn plötzlich eine Energie, die ihm bloß abhandengekommen war. Mit einem

Mal wurde er ungeduldig. Das Arbeitszimmer des Alten wirkte plötzlich bedrückend. Er musste raus.

Lorenz stand auf. »Ich danke Ihnen. Sie haben mir sehr geholfen.«

Der Professor erhob sich ebenfalls, legte ihm die Hand auf die Schulter und sagte: »Ich habe es schon ein paarmal gesagt, und ich sage es jetzt wieder: Sie waren einer der talentiertesten Studenten, die ich je hatte. Ich bin sicher, eines Tages werden Sie die Erwartungen erfüllen, die ich damals in Sie gesetzt habe.«

Das stach, doch Lorenz schluckte die Kränkung hinunter.

Der Alte begleitete ihn zur Tür. Sie schüttelten einander die Hände. »Lassen Sie von sich hören«, bat der Professor, und Lorenz nickte. Als er in seinem Jaguar davonfuhr, sah er, dass der Professor immer noch in der Haustür stand und ihm nachsah.

Kapitel 17

Freitag, 16. Dezember 2044, 15.30 Uhr, Berlin

»… und wie Sie sehen können, haben wir hier die modernste Technik verbaut«, plauderte der Sendungsproduzent und zählte eifrig auf: »Fünfundzwanzig vollflexible Kameras, die wahrscheinlich modernste Lichtanlage Europas, ein vollintegriertes High-Quality-Deep-Bass-Soundsystem – alles auf dem aktuellsten Stand, das Beste, was man für Geld kriegen kann.«

Lorenz stand inmitten einer Gruppe von ausländischen Gästen, deren persönliche Übersetzer in einem fort in ihr Ohr tuschelten. Lorenz hatte Tamara mitgebracht, die es sichtlich genoss, inmitten all der VIPs zu stehen, und ihn immer wieder anstupste, wenn es Zeit war, weiterzugehen. In Gedanken war er weit weg. Nach dem Theater hier würde er Abed treffen, der irgendwo im Untergeschoss in einer Zelle wartete. Lorenz hatte ihn mehrmals in der Untersuchungshaft in Dortmund besuchen können, ansonsten hatte er die Prozessvorbereitung von seiner Kanzlei aus gemacht und war zudem nach Al Amal gefahren, um mit verschiedenen Leuten zu reden. Der Knochenbrecher hatte alles für ihn eingefädelt.

Vor drei Tagen hatten sie Abed schließlich in eine Zelle unter dem Berliner Justizpalast verlegt. Dort würde Lorenz ihn nachher zum letzten Mal vor dem Prozess sehen. Dann war Showtime. Es sollte die bislang größte und quotenträchtigste *Justice Union* werden. Dafür war nur die Justizarena in Berlin geeignet, denn es war die größte, modernste Arena Deutschlands.

Der Produzent war ein kleiner, untersetzter Mann in einem zu engen Anzug, der wie ein Gummiball durch die Arena hüpfte und mal hierhin, mal dorthin zeigte. Er hatte es sich nicht nehmen lassen, seinen internationalen Gästen und dem Star der Show eine persönliche Führung durch die Berliner Justizarena zu geben. Elf Senderchefs und Justizminister waren seit Tagen in der Stadt, um das System »beim Arbeiten zu sehen«, wie der deutsche Justizminister jovial erklärt hatte. Emil Jensen, ein baumlanger Friese mit weißblondem Haar und einem runden Gesicht, das ihm ein harmloses Aussehen verlieh. Doch Jensen war nicht zu unterschätzen. Von Stunde null an Mitglied der Zero-Tolerance-Partei, hatte er sämtliche inneren Querelen überstanden und als Minister schließlich die Justizreform zur Volksabstimmung gebracht. Jetzt spazierte er neben seinen ausländischen Gästen dahin wie ein Zoobesitzer, war bester Laune und lachte viel und laut.

Die Verhandlungen über den Verkauf der Rechte an der *Justice Union* und dem damit verbundenen Justizsystem waren in die heiße Phase eingetreten. Es ging um Milliarden. Lorenz hatte die Führung notgedrungen mitgemacht. Sie alle hatten natürlich den Star der Show sehen wollen, der Justizminister hatte ihn als »Lorenz the Jaguar« vorgestellt, und alle hatten gebrüllt vor Lachen.

»Wie finden Sie das, van Bergen?«, rief Jensen jetzt launig über die Köpfe der Leute hinweg.

»Nicht schlecht«, sagte Lorenz brav und sah sich scheinbar beeindruckt um. Er ließ seinen Blick über den Zuschauerraum gleiten. Die Ränge der riesigen Arena waren im Stil eines alten Amphitheaters aufsteigend angeordnet.

»Hier passen fünfzigtausend Zuschauer rein«, verkündete der Produzent stolz. »Die Karten waren innerhalb von Minuten weg. Die Leute veranstalten Live-Watch-Partys, die Abozahlen sind noch einmal gewachsen, wir dachten nicht, dass das noch möglich ist. Es sieht so aus, als erreichten wir an diesem Wochenende bis zu fünfzig Prozent der Deutschen. Ist das nicht der Wahnsinn?« Erwartungsvoll sah er in die Runde. Die Justizminister murmelten anerkennend.

»Wahnsinn«, bekräftigte Tamara enthusiastisch, und als der Produzent sich umdrehte, stieß sie Lorenz in die Rippen und rollte auffordernd die Augen.

»Eine große Leistung«, sagte Lorenz automatisch, lächelte kurz und verfiel wieder ins Grübeln.

Zum ersten Mal in der Geschichte der *Justice Union* wurde ein Prozess an drei aufeinander folgenden Abenden gebracht. Normalerweise gebot die Quote, innerhalb von maximal zwei Stunden zu einem Urteil zu kommen. Die Aufmerksamkeitsspanne der Menschen war inzwischen auf ein Rekordtief gesunken, das Angebot, das um diese Aufmerksamkeit buhlte, jedoch so riesig, dass man es sich nicht erlauben konnte, durch unnötige Verzögerungen Zuschauer und damit Einnahmen aufs Spiel zu setzen. Doch der Prozess gegen Abdelkarim Al-Zahidi war ein Jahrhundertereignis, das seit Wochen medial eingeläutet wurde. Ein Prozess, der weit mehr war als das, es ging um etwas Größeres, Grundsätzlicheres, um nichts Geringeres als die Zukunft unserer Nation – so zumindest lautete der Werbeslogan. Also hatte man entschieden, das Spektakel aufzuteilen, und die Zuschauer waren mitgegangen. Allein dieses Wochenende versprach Lorenz aus seinem Sendervertrag einen Kontoeingang in Millionenhöhe.

Es hätte der Höhepunkt seiner Karriere sein können. Doch für ihn war es nur die Fortsetzung eines seit Wochen andauernden Albtraums. Wie eine aufgezogene Puppe folgte er den anderen, die sich nun an einem Panoramafenster versammelten, das den Blick auf ein weitverzweigtes Netz aus qualmenden Schornsteinen und riesigen Hallen freigab. Auf breiten, beleuchteten Bahnen karrten riesige Lastwagen Berge von Müll in die verschiedenen Anlagen.

»Kaum zu glauben, dass das hier mal ein Flughafen war«, sagte der Gouverneur von Kalifornien auf Englisch. Der Produzent klärte ihn darüber auf, dass der Flughafen BER ohnehin vom Pech verfolgt worden war. »Erst jahrelang nicht fertig geworden und schließlich von der Konkurrenz aus Neu-Berlin ausgebootet.« Alle lachten. »Die meisten Airlines starten heute vom Abou-Tahrir-Flughafen südwestlich von Potsdam, gleich neben der Autonomen Zone Neu-Berlin. Allen voran China Airways, die mittlerweile ja fast 95 Prozent sämtlicher Fluglinien zu ihrer Luftflotte zählen. Als sie ihre Maschinen dank unschlagbarer Konditionen von Abou Tahrir vom BER abgezogen haben, war das Spiel entschieden: Dem BER blieb schlicht nicht mehr genug Flugverkehr übrig, um rentabel zu bleiben. Uns freut das natürlich«, fuhr der Produzent fort und breitete die Arme aus, »denn so haben wir endlich Justizpalast und R&R-Zentrum auf einem Gelände.«

Das »Recycling- und Resozialisierungszentrum Berlin« bestand im Wesentlichen aus Recycling-, Klär- und Verbrennungsanlagen und einem Lager für die Unterbringung der Strafgefangenen, die das Personal für die Anlagen stellten. Mit der Justizreform von 2039 waren alle Gefängnisse abgeschafft und stattdessen Straflager mit angeschlossenen Recyclingstationen eingeführt worden, die der größten Anlage vor den Toren Berlins auf dem ehemaligen Flughafengelände zuarbeiteten. 112 000 Verurteilte aus ganz Deutschland trennten hier Abfall, wuschen Leergut, schaufelten Müll in die Verbrennungsanlagen, die Berlin-Brandenburg mit Heißwasser versorgten. Das Lager platzte aus allen Nähten, in den Baracken waren zeitweise je ein Dutzend Gefangene auf zwanzig Quadratmetern in Mehrstockbetten untergebracht worden. Regelmäßig waren Krankheiten ausgebrochen, die ganze Blocks erfasst hatten. Das hatte wiederum die ursprünglichen Pläne von *Streamnet 24/7* unmöglich gemacht, täglich Live-Übertragungen aus den Anlagen, von den Plätzen und aus den Baracken zu senden. Man hatte den Sendeplan geändert, und nachdem inzwischen die ärgsten hygienischen Mängel beseitigt waren, gab es grünes Licht: Ab diesem Wochenende würde es täglich einen Zusammenschnitt der aufsehenerregendsten Momente, Schlägereien, Ekel-Aufgaben oder persönlichen Katastrophen der Häftlinge geben. Die Zuschauer sollten künftig darüber abstimmen, wer wegen guter Führung vorzeitig entlassen wurde, oder welche Sonderaufgaben besonders unsympathische Strafgefangene zu erledigen hatten. Aber auch über Peitschenhiebe sollte abgestimmt werden oder über Dunkelhaft, aus der per Infrarotkamera gezeigt wurde, wie die Gefangenen langsam durchdrehten.

Deutschland inszenierte sich so als transparente Umweltschutznation, man zeigte hartes Vorgehen gegen Straftäter, was in jedem Fall gut ankam, und die Bürger bekamen beste Unterhaltung und ein Gefühl der Mitbestimmung, und das täglich – das Ganze versprach, ein voller Erfolg zu werden.

Wer tatsächlich freikam, wurde natürlich im Regieraum entschieden: Die Sendungen der Pilotfolgen wurden so zusammengeschnitten, dass bestimmte Gefangene besonders unsympathisch oder sympathisch rüberkamen, ungeachtet ihres tatsächlichen Verhaltens. Man hatte sich dieses Prinzip aus den Castingshows der Zehnerjahre abgeschaut, und es sah vielversprechend aus. An diesem Wochenende war also Premiere, entsprechend gewaltig wurde die Werbetrommel dafür gerührt. Auch der Prozess gegen Abed würde durchsetzt sein von Einblicken in die neue 24/7-Lagershow, die man – in Anlehnung an die *Justice Union* – einfach *Justice Camp* getauft hatte.

Dass man das Arbeitslager ausgerechnet »Recycling- und Resozialisierungszentrum« genannt hatte, war ein Witz für sich. Auf tatsächliche Resozialisierung, also den Versuch, straffällig gewordene Menschen wieder in die Gesellschaft einzugliedern, wie man es jahrzehntelang unter dem alten System angestrebt hatte, mit einem ganzen Apparat an Therapeuten, Psychologen und Sozialarbeitern, unzähligen Programmen und Pilotprojekten, setzte die Regierungspartei nicht. Ein Gefängnis in diesem Sinne kostete nur Geld. Und nach Auffassung der ZTP waren viel zu viele Steuergelder verschwendet worden für einen Streichelzoo mit Kuschelkurs, ohne dass die Gesellschaft dafür etwas zurückbekam. Man betrachtete das Unterfangen als ökonomischen Unsinn. Die Strafgefangenen hingegen zum Arbeitseinsatz einzusetzen sparte der Republik nicht nur Milliarden, besser noch, das Ganze diente dem Wohle der Gemeinschaft. Und, so wurde der Justizminister nicht müde, auch jetzt vor seinen Gästen zu betonen: »Wer resozialisierbar ist, der schafft das, indem er hart arbeitet und sich bewährt. Ob ihm das gelingt – darüber entscheiden die Bürger. Sie können einem Strafgefangenen sogar die Freiheit schenken.«

Der Rundgang war beendet, die ausländischen Gäste durften sich bis zum Beginn der Show nun noch ein wenig ausruhen und frisch machen. Lorenz saß bereits auf Nadeln. Es war nach fünf, er musste dringend zu Abed. Während Emil Jensen seine ausländischen Kollegen fortbrachte, fuhr der Senderproduzent Lorenz mit einem Indoor-Golfwagen zum Backstagebereich. Dabei plauderte er in einem fort, während Lorenz in regelmäßigen Abständen nickte. »Sie werden sehen, hier ist es seit Ihrer letzten Verteidigung weit luxuriöser geworden«, zwitscherte der Produzent und stieß die Doppeltür zu Lorenz' Garderobe auf, die ein goldenes Schild mit seinem Namen trug. »Ich hoffe, alles ist zu Ihrer Zufriedenheit. Wir haben den Raum ganz nach Ihren Vorstellungen eingerichtet.« Dann verabschiedete er sich wortreich und fuhr pfeifend davon.

Lorenz betrat die Garderobe. Alles war so, wie Tamara es bestellt hatte, nur noch größer und noch teurer. Dunkle Designermöbel in klarer Linienführung, weißer, weicher Teppichboden, ein eigenes Badezimmer mit Regendusche. Doch Lorenz war in Gedanken bei Abed.

»Lorenz?« Er blickte auf und sah Tamara durch die Tür kommen. »Muss ich mir Sorgen machen?«

Er schüttelte den Kopf. »Ich bin nur konzentriert. Für mich steht heute einfach viel auf dem Spiel.«

»Natürlich.« Sie zögerte, ließ dann aber ab. Tamara hatte ihn in den vergangenen Wochen perfekt unterstützt. Zum ersten Mal sah er dunkle Ringe unter ihren Augen. Sie würden alle froh sein, wenn dieser Prozess vorbei war. Aber auf Tamara war immer Verlass. Ganz anders als auf Carolina, die ihm bereits mehrere Szenen gemacht hatte.

Die vergangene Woche hatte Lorenz in der Kanzlei übernachtet. Er hatte die explosive Stimmung zu Hause nicht mehr ausgehalten. Seine Frau würde auch nicht zur Show nach Berlin kommen. Vielleicht war ihre Ehe kurz vor dem Aus … Aber darum konnte er sich jetzt nicht kümmern.

»Ich geh mal nachsehen, ob die Visagistin bereit ist«, sagte Tamara. »Und dort hängt dein Show-Anzug.« Sie wies auf einen Haken an der Wand, nickte noch einmal und ging hinaus.

Lorenz ging vorsichtig ein paar Schritte über den weißen Teppich. Seine Schuhe hinterließen keine Spuren, nicht einmal Abdrücke – der Flor richtete sich sofort wieder auf. Wahrscheinlich so ein neumodisches Technologie-Zeugs, dachte er, ließ sich in einen Stuhl fallen und atmete tief durch. Der Stress der vergangenen Wochen drückte ihn förmlich nieder. Er hatte eine hartnäckige Migräne entwickelt. Nur noch dieses Wochenende, sagte er sich selbst, dann hast du es geschafft. Hoffentlich.

Sie hatten verabredet, dass Abed die Entführung Hackners nicht gestehen würde. Soweit Lorenz wusste, hatte die Staatsanwaltschaft nichts Konkretes in der Hand. Es gab nur ein mögliches Motiv: Hackners Vorsatz, das Drogenfreigabegesetz zu kippen. Doch dieses Motiv konnte man auch anderen unterschieben. Die »Allahu-akbar!«-Rufe während der Hinrichtung und die räumliche Nähe des Tatorts zu Neu-Essen deuteten in Richtung Halal-Stadt, das war richtig. Doch, so würde Lorenz argumentieren, dort lebten knapp hunderttausend Menschen. Es sei irrwitzig, einem beliebigen Einzelnen, dazu ausgerechnet dem Gründer der Autonomen Zone, ein derartiges Verbrechen unterschieben zu wollen. Gerade er würde sich damit doch nur selbst beschädigen.

Lorenz würde in seiner Verteidigung das Bild einer von Rassismus und Vorverurteilung getragenen Anklage entwerfen. Er würde darauf pochen, dass die Staatsanwaltschaft Beweise für Abeds Schuld vorzulegen hatte und nicht er Beweise für seine Unschuld. In dubio pro reo. Eine dünne Strategie, das war ihm völlig bewusst. Aber er würde seinen Charme spielen lassen. Und beten, dass alles gut ging.

Das Erste, was Lorenz wahrnahm, als er durch die Zellentür trat, war ein widerwärtiger Gestank, der ihm für einen Moment den Atem nahm. Er sah sich in der Zelle um – drei mal zwei Meter Elend. Kein Fenster. Eine fleckige Matratze am Boden, ein Eimer als Toilette.

»Wie lange bist du schon in diesem Loch?«, fragte Lorenz, nachdem er seine Sprache wiedergefunden und sich ein Taschentuch vor Mund und Nase gepresst hatte. Er kam sich fehl am Platz vor in seinem Showanzug. Er würde höllisch aufpassen müssen, sein Outfit nicht zu verdrecken. Er sah sich noch einmal um. Es gab ohnehin keine Sitzgelegenheit.

Abdelkarim Al-Zahidi lag auf dem Rücken auf der dünnen Matratze. Er hatte seine Hände über dem Bauch gefaltet und glich einem Yogi. Er wirkte, als ginge ihn das alles nichts an – der Dreck in der Zelle, der Justizpalast, der Prozess. »Seit sie mich von Dortmund überstellt haben«, antwortete er, ohne den Blick von der rissigen Betondecke zu nehmen. »Drei Tage.«

»Was? Warum informierst du mich nicht? Ich hätte …«

Abed winkte ab. »Lorenz, beruhige dich.« Dann richtete er sich auf, drehte sich zu seinem Verteidiger und verknotete seine Beine in aller Ruhe zum Yogisitz.

Lorenz sah ungläubig zu. »Hast du Beruhigungsmittel genommen?«

Abed lächelte. »Nein, mein Beruhigungsmittel bist du.«

»Noch haben wir nicht gewonnen.« Lorenz betrachtete seinen Mandanten. »Sind deine Kleider wenigstens sauber?«

Abed nickte. »Wurden vorhin gebracht.«

Lorenz sah seinen Freund eine Weile stumm an, dann fragte er: »Gibt es Neuigkeiten?«

Abed wusste, was er andeutete. »Immer noch nichts. Eine Wand des Schweigens. Alle beteuern, vom Mord gehört zu haben, aber keiner will dabei gewesen sein.« Lorenz schnaubte, aber Abeds Mundwinkel verzogen sich zu einem kleinen Lächeln. »Es ist Kismet. Gott hat unser Leben bereits geschrieben, mein Schicksal liegt nicht in meiner Hand.«

»Richtig, es liegt in meiner«, knurrte Lorenz.

Abeds Lächeln wurde breiter. »Mein Freund, der Jaguar.«

Einige Minuten lang schwiegen sie. »Ich habe noch so viele Fragen«, sagte Lorenz dann.

»Frag, mein Freund«, sagte Abed gleichmütig. »Jetzt oder nie.«

Lorenz seufzte. Wo ansetzen? Am besten am Anfang. »Dieser Reporter von der *New York Times*, der euch damals im Kongo auffliegen lassen wollte«, begann er. »Der wurde mit einer Überdosis in einem Bordell gefunden. Hattest du etwas damit zu tun?«

Abed sah ihn einen Moment starr an. Dann nickte er. »Er kam zu Hermann Hackner, legte seine Beweise auf den Tisch und forderte Informationen. Im Gegenzug wollte er Hackners Namen außen vor lassen.« Er seufzte. »Aber Hackner wusste natürlich, dass er trotzdem erledigt sein würde, sobald die Geschichte rauskam. Also ist er zum Schein auf das Angebot eingegangen und hat mich heimlich informiert. Abdul war gerade in Berlin, also schickte ich ihn hin. Hackner hat dem Reporter irgendwas in den Kaffee getan. Als Abdul dazukam, lag er ohnmächtig am Boden. Abdul hat ihn in eines unserer Bordelle geschafft, sie haben ihm Drogen gespritzt und zum Sterben in eines der Zimmer gelegt. Eine der Nutten haben sie gezwungen auszusagen, dass der Reporter sich vor ihren Augen einen Schuss gesetzt habe.«

Lorenz hörte angespannt zu. Es war nicht das erste Mal in seiner Laufbahn, dass er eine derart irrwitzige Geschichte zu hören bekam. Dennoch schmerzte es ihn, Abed so reden zu hören. »Und so ist die Fortsetzung der Reportage über Neu-Essen gestorben«, vollendete er Abeds Erzählung.

Der Clan-Chef nickte. »Der Mann hatte eine CD und einen Datenstick bei sich, darauf war das ganze Material. Wir haben jemanden in Uganda sein Hotelzimmer durchsuchen lassen. Nichts. Wenn er die

Informationen noch irgendwo anders hatte, dann nur in seiner Cloud, geschützt durch ein Passwort. Die *New York Times* hat jedenfalls nichts gebracht. Das bedeutet, sie haben nichts.«

»Was wäre geschehen, wenn die Sache rausgekommen wäre?«, fragte sich Lorenz laut.

»Die Deutschen hätten wahrscheinlich die Verträge rückwirkend für nichtig erklärt«, sagte Abed. »Sie hätten das ganze Geld zurückgefordert und womöglich die Erlaubnis zur Errichtung der Autonomen Zone Neu-Essen zurückgenommen. Sie hätten alles zerstört. Ich musste es tun.« Abed zog die Beine etwas an und stand dann mühelos aus dem Schneidersitz auf. »Sollte ich heute verurteilt werden, dann werde ich vielleicht nicht rechtmäßig für den Mord an Hackner bestraft. Aber für einige andere Dinge schon.«

Lorenz schnaubte empört. »Ein Akt höherer Gerechtigkeit? Das entspricht nicht dem Strafgesetz.«

»Lorenz, Lorenz, irgendwann wirst auch du begreifen, dass es Mächte gibt, die höher stehen als Menschengesetze.«

»Sag bloß, du glaubst wirklich an einen Gott?«

»Natürlich. Ich weiß nur nicht, wie er aussieht. Wie ein Jaguar vielleicht.« Er grinste den Freund an.

Lorenz grinste zurück. »Dann eher noch ein Falke.«

Abeds Blick bekam etwas Wehmütiges. »Wie geht es Bahar?«, fragte er leise.

Lorenz hob die Schultern. »Das frage ich mich auch. Sie lassen mich nicht zu ihr.«

Beunruhigt hob Abed den Kopf. »Warum nicht?«

»Dein Sohn hat es verboten. Und ich weiß nicht, wie ich sie sonst erreichen soll. Er sagt, sie habe kein Handy. Stimmt das?«

Abed begann in der kleinen Zelle hin und her zu gehen. »Sie wollte keines«, sagte er, »meinte, sie wolle frei sein von all dem technischen Kram. In Al Amal ging das auch, da war sie ständig von Dienstboten umgeben.« Er fasste Lorenz bei beiden Schultern und drückte schmerzlich fest zu. »Du musst sie treffen«, sagte er eindringlich. »Falls es … schiefgeht, hörst du?«

Lorenz nickte. Es verstörte ihn, dass Abed überhaupt die Möglichkeit ins Auge fasste, verurteilt zu werden. »Du wirst sie wiedersehen«, sagte er mit fester Stimme. »Dein Verteidiger ist ein Jaguar. Wir machen das schon.«

Abed ließ ihn los und ging wieder hin und her. Er wirkte nun selbst wie ein gefangenes Raubtier.

Lorenz ahnte, dass Abed noch mehr Geheimnisse in sich trug. »Willst du mir wirklich nicht sagen, wer den Plan hatte, Hackner umzubringen?«, fragte er.

Abed blieb stehen, dachte nach, schüttelte dann den Kopf. »Nein. Es würde uns auch nicht weiterhelfen.«

»Rede endlich mit mir, Mann, diese Geheimniskrämerei geht mir so dermaßen gegen den Strich, Abed!« Lorenz schrie jetzt fast.

Doch der schüttelte nur weiter den Kopf. »Ein anderes Mal.«

»Was, wenn es kein anderes Mal gibt?«

»Ich dachte, mein Verteidiger ist der Jaguar?«

Lorenz gab auf. »Okay. Lass uns noch mal alles durchgehen.«

Abed kam auf ihn zu und breitete die Arme aus. »Falls wir keine Gelegenheit mehr haben, uns in Ruhe zu verabschieden«, erklärte er.

Lorenz schluckte. In der Arena würden sie so tun, als kannten sie sich kaum. Eine unangenehme Vorahnung stieg in ihm auf. Diese Show würde ihm alles abverlangen. Unwillig schüttelte er das Gefühl ab. Dann umarmte er seinen Freund.

Van Bergen kniff die Augen zu. Die Scheinwerfer waren viel zu hell eingestellt, das Licht blendete ihn und ließ ihn unvorteilhaft erscheinen, die Musik und das tobende Publikum rauschte schmerzhaft in seinen Ohren. Er gab dem Regieassistenten unter dem Richtertisch Zeichen, doch der schien nicht zu verstehen, nickte nur lächelnd herüber und machte Daumen hoch.

»Meine Damen und Herren«, erklang die Stimme des Moderators. »Willkommen zu einer besonderen Ausgabe, willkommen zu einer wahrhaft historischen Ausgabe der … *Justiiiice Uuuniooon* …«

Die fünfzigtausend Menschen in der Arena stimmten ein ohrenbetäubendes Gebrüll an, als Jonas Bergnier gemeinsam mit Linda Blum eine Art Showtreppe herunterkam, die eigens für den Jahrhundertprozess gebaut worden war. Lorenz war schon jetzt genervt. Er und Abed hatten zu lauten Buhrufen und blechernem Tschingderassabum aus den Boxen quer durch die Arena einlaufen müssen. Danach war »Saskiaaaaa Seyloooooff!« hereingekommen, hatte beide Arme in die Luft geworfen und sich vom Applaus des Publikums förmlich zu ihrem Platz tragen lassen. Sie musste zwischenzeitlich Schauspielstunden genommen haben, sie wirkte mehr wie ein Popstar als die professionelle Staatsanwältin, die er kennengelernt hatte.

Jetzt stand Seyloff zum Einzug der Moderatoren auf und fixierte Abdelkarim mit einem grimmigen Blick, den sie wohl ebenfalls einstudiert hatte, so vermutete Lorenz. In ihrem knallroten, eng anliegenden Anzug sah sie aus wie eine Superheldin. Sie war leider wirklich attraktiv, konstatierte Lorenz, das würde ihr im Plädoyer helfen. Das fängt ja gut an, dachte er, neigte betont kühl das Haupt in Richtung der Staatsanwältin und wandte seine Aufmerksamkeit dem Moderatorenduo zu, das in der Mitte der Arena Aufstellung genommen hatte.

»An diesem Wochenende verhandeln wir nicht bloß einen der spektakulärsten Kriminalfälle der vergangenen Jahrzehnte«, rief Linda Blum, an diesem Abend eine Erscheinung in bodenlangem, fließendem Goldlamé. »Es geht um unser Land und unsere Gesellschaft. Wie wollen wir leben? In Angst – oder in Freiheit?«

Jonas Bergnier, schon wieder in einem knallroten, knallengen Anzug, der ihn wie eine schlechte Kopie der Staatsanwältin wirken ließ, nickte angestrengt. »Die schreckliche Ermordung unseres Bundesinnenministers Hermann Hackner und die Live-Übertragung im Internet waren eine Kriegserklärung«, sagte er mit ernstem Gesichtsausdruck.

»Heute verlangt das deutsche Volk Genugtuung. Aber noch mehr als das verlangt es … Gerechtigkeeeiiit!« Er zog das Wort dramatisch in die Länge, während die Musik gefährlich anschwoll und einige Zuschauer von den Sitzen sprangen und wie wild klatschten und trampelten.

»Es gibt auch einen Angeklagten«, sagte nun Linda Blum. »Und er steht heute vor Gericht. Es ist kein Geringerer als der Chef des Al-Zahidi-Clans, der gefürchtete, der berüchtigte … Abdelkarim Al-Zahiiidiii!« Ihre Stimme überschlug sich, doch das machte nichts, denn bei der Nennung des Namens Al-Zahidi schrie und brüllte das Publikum, als tobe eine Herde Bisons durch die Arena. Ein greller Scheinwerfer traf Abed, der kurz die Augen zusammenkniff, es jedoch fertigbrachte, ruhig stehen zu bleiben. Dann verfärbte sich der Scheinwerfer blutrot, Abed wirkte wie eine Spukgestalt, und lang gezogene Buhrufe ertönten. Lorenz drehte sich zum Regieassistenten und tippte sich mit dem Finger an die Stirn. Der blutrote Scheinwerfer war nicht abgesprochen. Der Regieassistent hob nur bedauernd die Schultern und wandte sich ab.

»Und neben ihm steht sein Verteidiger«, setzte Jonas Bergnier ein. »Wir kennen ihn alle. Er hat eine schwierige, vielleicht die schwierigste Aufgabe seiner Karriere vor sich. Der Einzige, der Wahre, der Jaguar … Loreeenz … Van Bergeeen!«

Die Musik schwoll wieder an, und Lorenz richtete sich hoch auf und schaute betont konzentriert und entschlossen ins Publikum. Im grellen Kegel des Scheinwerferlichts konnte er nichts erkennen, doch das ohrenbetäubende Lärmen der Zuschauer war ein gutes Zeichen. Hackner hin, Clan-Chef her, er hatte immer noch Massen an Fans da draußen, und auf ihre Unterstützung würde er zählen.

Linda Blum und Jonas Bergnier waren inzwischen auf ihre Plätze gegangen und bedeuteten nun allen, sich zu setzen. Es wurde wieder leise im Saal.

»Erstmals in der Geschichte der *Justice Union* werden wir einen Prozess über drei Abende erleben«, erklärte Linda Blum. »Heute Abend werden wir den Fall aufrollen. Wir werden das Mordopfer und den mutmaßlichen Täter kennenlernen und die möglichen Hintergründe diskutieren.« Sie wandte sich an Bergnier und setzte einen geheimnisvollen Blick auf, den sie dann funkelnd zurück in die Kamera richtete. »Aber Sie werden trotzdem schon eine Gelegenheit bekommen, abzustimmen, denn … heute Abend erleben wir die Premiere der Erweiterung unseres *Justice*-Programms!«

»Ganz recht, Linda«, übernahm ihr Kollege das Wort. »Ab heute Abend können Abonnenten von *Streamnet 24/7* im Zusammenschnitt verfolgen, was sich im R&R-Zentrum bei Berlin abspielt. Das lang ersehnte *Justice Camp* …«, auf den Leinwänden wurden Aufnahmen aus dem R&R-Zentrum eingeblendet, »lässt Sie ab heute hautnah miterleben, wie verurteilte Strafgefangene ihre Verbrechen büßen, indem sie unser Deutschland sauber halten. Und nicht nur das. Sie, verehrte Zuschauerinnen und Zuschauer, werden von nun an entscheiden, was im R&R-Zentrum passiert. Und wie das funktioniert, das sehen Sie jetzt.«

Auf den Leinwänden lief ein Clip ab, der das System des *Justice Camps* erläuterte. Applaus brandete auf. Die Idee gefiel dem Publikum offensichtlich, es grölte und jubelte.

»Sie haben jetzt noch die Gelegenheit, ein Abo abzuschließen«, rief Linda Blum strahlend, »oder ein Tagesticket zu erwerben. Alle Infos dazu finden Sie auf streamnet24/7.de.« Dann wurde sie wieder ernst und hielt einen Moment inne, bevor sie weitersprach: »Und jetzt zurück zur heutigen *Justice Union*, der Show des Jahres: zur ersten Runde im Verfahren Bundesrepublik Deutschland gegen Abdelkarim Al-Zahidi.«

Der erste Prozesstag war schneller vorbeigegangen, als Lorenz gedacht hatte. Die Show bestand im Grunde aus anmoderierten Kurzdokus über Hermann Hackner und Abed. Danach wurden Gäste in der VIP-Area interviewt, wie sie zum Fall Hackner und zur Anklage standen.

Zu seinem Befremden sah Lorenz, wie ausgerechnet der Unternehmer Christian DuPont, sein eigener Mandant, ernst ins Mikro sprach: »Natürlich wollen wir die Wahrheit. Wenn Abdelkarim Al-Zahidi unschuldig ist, dann möchte ich das wissen. Aber wenn er schuldig ist, dann fordere ich seine Bestrafung. So wie alle hier im Saal.« Tosender Applaus.

Danach erschien das finstere Gesicht von Abdul Zeyman auf den Leinwänden. Er saß mit verschränkten Händen in der VIP-Area und fixierte die sich ihm nähernde Reporterin mit einem stechenden Blick. »Und hier haben wir Abdul Zeyman, genannt ›der Knochenbrecher‹.« Sie sprach den Namen wie »Seemann« aus. »Sein Verteidiger Lorenz van Bergen hat vor ein paar Wochen überraschend einen Freispruch für ihn erwirkt. Herr Seemann, glauben Sie, wird Ihr Verteidiger das gleiche Wunder für Ihren Chef Abdelkarim Al-Zahidi erwirken?« Der Knochenbrecher sah sie an, als wolle er sie erwürgen. »Braucht er kein Wunder«, sagte er dann. »Abdelkarim Al-Zahidi, er ist unschuldig. Die Wahrheit wird herauskommen. Ich weiß.« Er hob mahnend den Zeigefinger. Ein paar Leute im Publikum lachten. »Danke, Abdul Seemann, für diese Stellungnahme«, sagte die Reporterin.

Nach einer Pause gab es wieder Werbung für das *Justice Camp*, die Vorstellung ausgewählter Strafgefangener – fast ausschließlich Libanesen, Türken und Nigerianer –, und schließlich ein Filmchen über die Autonome Zone Neu-Essen. Man sah Abed 2038, mit Maschinenpistole auf den Mauern der Halal-Stadt posierend. Dann Aufnahmen, angeblich aus der Stadt selbst: Trauben von Frauen in schwarzen Gewändern, die nur Sehschlitze frei ließen. Wie absurd, dachte Lorenz, von der Sorte hatte er in der Stadt vielleicht eine Handvoll gesehen. Dann ein Einspieler, der von außerhalb der Mauer aus gemacht worden sein musste. Lorenz stockte der Atem: ein Kran, an dem eine Gestalt hing.

»Diese Aufnahme wird zum ersten Mal in der Öffentlichkeit gezeigt«, erklang dazu die Stimme von Linda Blum. »Es ist Recherchematerial des Staatsschutzes, erschreckende Bilder von Hinrichtungen und Grausamkeiten in der muslimischen Enklave.«

Lorenz sah Abed von der Seite an. Die Hinrichtung des Jungen in Neu-Essen lag ihm immer noch im Magen. Doch sie hatten nie darüber gesprochen. Anderes war wichtiger gewesen.

Im Publikum ertönten Rufe des Entsetzens, die ersten Frauen begannen zu weinen. Die Staatsanwaltschaft musste wirklich verzweifelt sein ob ihrer dünnen Beweislage, dass sie auf derartige Bilder setzte. Und niemand hatte ihn vorgewarnt.

Lorenz schüttelte grimmig den Kopf, suchte im Publikum das Gesicht des Senderchefs und stach mit steinernem Gesichtsausdruck seinen Zeigefinger in dessen Richtung. Er würde sich den Mann nach der Show vorknöpfen. Der Senderchef verstand, lächelte gequält, zuckte hilflos die Achseln und applaudierte dann heftig Linda Blum. Lorenz wusste sofort, wo er ihn später finden würde: in Lindas Garderobe – *an* Lindas Garderobe. Genervt wandte er sich wieder den Moderatoren zu und wartete darauf, dass dieser Tag zu Ende ging.

Der zweite Abend des Prozesses begann, wie Lorenz erwartet hatte. Saskia Seyloff nutzte ihr Eröffnungsplädoyer, um das Bild eines Menschen zu zeichnen, der Recht und Gesetz verachtete und eine Gefahr für die deutsche Gesellschaftsordnung darstellte.

»Abdelkarim Al-Zahidi ist eine der prägendsten Figuren der modernen deutschen Geschichte«, sagte sie gerade. »Er ist der Mann, der das Land geteilt hat. Der wieder Mauern innerhalb von Deutschland errichtet hat. Der eine Parallelgesellschaft in einer Parallelstadt aufgebaut hat. Für manche mag er ein Revolutionär sein. Ein Vordenker. Gar ein Messias.« Sie pausierte und blickte die Zuschauer herausfordernd an. »Für alle anderen ist er ein Verbrecher. Und ein eiskalter Mörder. Meine Damen. Meine Herren. Wir sind hier versammelt, um Gerechtigkeit zu sprechen. Aber es geht nicht nur um Gerechtigkeit für eines der Opfer von Abdelkarim Al-Zahidi. Nicht nur um den ermordeten Bundesinnenminister, um Hermann Hackner. Nein, es geht um Gerechtigkeit für alle Menschen, Männer und Frauen, deren Leben dieser Mann …«, sie zeigte mit dramatischer Geste auf Abed, »… zerstört hat. Es geht um nichts weniger als um Gerechtigkeit für Deutschland.«

Kunstpause. Schweigen im Saal. Sie ist gut, sie ist wirklich gut, dachte Lorenz. Aber noch war er nicht beunruhigt. Sie arbeitete seiner Verteidigung mit jedem Wort in die Hände.

»Der Mann, der hier vor Ihnen sitzt«, fuhr Saskia Seyloff fort, »hat sich sehr vieler Verbrechen schuldig gemacht. Er hat Waffen geschmuggelt. Er hat mit seinen Brüdern den Verfall der ehemaligen Bundeshauptstadt befeuert. Er hat Raubüberfälle angeordnet und Schutzgeld erpresst. Er hat Morde befohlen. Er ist der deutschen Gerichtsbarkeit wieder und wieder durch die Hände geschlüpft. Aber nun hat er den deutschen Innenminister entführt, gefoltert und öffentlich hinrichten lassen. Dafür steht er jetzt, endlich, vor Gericht. Wir werden Ihnen heute und morgen erläutern, warum Abdelkarim Al-Zahidi diese schreckliche Tat begangen hat. Wir werden keinen Zweifel aufkommen lassen, dass er des Verbrechens, dessen er angeklagt wurde, schuldig ist. Dafür können wir ihn verurteilen. Wir haben die Möglichkeit, diesen Mann, diesen Clan-Chef, diesen Mörder ein für alle Mal zur Rechenschaft zu ziehen – für seine Verbrechen, für die zahllosen, namenlosen Opfer, die er zu verantworten hat.« Sie richtete sich hoch auf und ließ ihren Blick durch die Arena schweifen. »Das hier ist nicht Clan-Land«, sagte sie. »Das hier ist immer noch Deutschland! Und diesmal wird das deutsche Volk Abdelkarim Al-Zahidi zur Rechenschaft ziehen!«

Applaus im Publikum. »Deutschland, Deutschland!«, riefen ein paar in der Arena verteilte Gruppen. Lorenz rückte unruhig auf seinem Sitz hin und her. Die Seyloff sprach, als sei sie persönlich betroffen. Sie musste tagelang vor dem Spiegel geübt haben, ihre Performance war perfekt. Lorenz hatte noch nie den Fehler begangen, sie zu unterschätzen. Aber heute rang sie ihm gruselnde Bewunderung ab. Dass auch sie auf die Wortschöpfung »Clan-Land« gekommen war, verblüffte ihn. Sie waren sich offenbar ähnlicher, als ihm lieb war.

Wie eine Welle rollte die Begeisterung durch die Arena. »Deutschland, Deutschland, DEUTSCHLAND!«, skandierten immer mehr Zuschauer. Lorenz sah Abdelkarim an, der mit versteinerter Miene neben ihm saß. Hoffentlich kam diese Frau zum Ende. Tatsächlich nickte die Staatsanwältin und setzte sich.

Die Moderatorin Linda Blum ergriff das Wort. »Das war das Eröffnungsplädoyer der Staatsanwaltschaft, vertreten durch Saskia Seyloff. Wir sind gespannt, was die Verteidigung dem entgegenzusetzen hat. Das Wort hat jetzt ... Loreeeenz van Bergeeeen!«

Ein Tusch beendete ihre Ankündigung, verhallte jedoch in der Weite der Arena. Dünner Applaus regnete zu ihm herab. Lorenz ließ seinen Blick über die Ränge gleiten. Euch hol ich mir schon noch zurück, dachte er. Die lahme Reaktion des Publikums stachelte seinen Ehrgeiz an. Er war der Jaguar, er würde bestimmen, wann die Jagd zu Ende war.

Lorenz erhob sich langsam und würdevoll. »Ms und Mr Judge, meine Damen, meine Herren. Das war eine wirklich mitreißende Eröffnungsrede meiner Kollegin.« Er machte eine ironische Verbeugung in Richtung der Staatsanwältin, die verächtlich die Lippen schürzte. »Wir erleben heute den unrühmlichen Höhepunkt einer Geschichte, die lange vor dem Verschwinden des bedauerlicherweise verstorbenen Bundesinnenministers begonnen hat.« Er blickte sich um. Die Menschen hörten zu. Gut so. »Es ist eine Geschichte von Ausgrenzung, von Diskriminierung und Verlogenheit. Eine Geschichte, zu deren Beginn ein paar Tausend verzweifelte Flüchtlinge aus dem Libanon standen, die in Deutschland eine neue Heimat zu finden gehofft hatten und die kategorisch und systematisch ausgegrenzt, herabgewürdigt und entehrt wurden.«

Es war totenstill in der Arena. Lorenz war davon für eine Sekunde irritiert, doch er fing sich schnell. »Abdelkarim Al-Zahidi ...«, er zeigte auf seinen Mandanten, der reglos neben ihm saß, »wollte nichts Besonderes vom Leben. Er wollte einfach nur einen Job, eine Familie, eine Existenz. Doch das Versagen der Behörden, der Landesregierungen, des Bildungssystems, das Unvermögen eines der reichsten Länder der Welt, Flüchtlinge zu integrieren und als vollwertige Bürger willkommen zu heißen, all das arbeitete gegen ihn. Meine Damen und Herren, Abdelkarim Al-Zahidi hatte von Anfang an keine Chance, in Deutschland ein anständiges Leben zu führen.«

Lorenz war nun in Fahrt gekommen. Ein paar Zuschauerinnen hingen an seinen Lippen. Das war gut. Bald sollten es mehr sein. »Zigtausende Flüchtlinge aus dem Libanon erhielten keine Staatsbürgerschaft, nicht einmal einen ordentlichen Aufenthaltstitel. Sie durften nicht arbeiten. Was glauben Sie, wohin man Menschen auf diese Art treibt? Sicher nicht ins Kloster.« Vereinzelte Lacher waren zu hören. »Nein, auf diese Art treibt man Menschen in die Kriminalität. Abdelkarim Al-Zahidi wehrte sich lange genug gegen diesen Sog. Er versuchte ein anständiges Leben zu führen. Doch ein Gespenst machte ihm einen Strich durch diese Rechnung. Das Gespenst des Rassismus.«

Selbst die Moderatorin Linda Blum saß nun mit offenem Mund da und hörte gebannt zu. »Adelkarim Al-Zahidi musste erleben, wie sein ehrbarer Onkel wie ein Verbrecher behandelt wurde, nur weil der damalige Landesinnenminister Hackner vorführen wollte, wie hart er gegen die Clan-Kriminalität vorgeht. Doch statt die wirklichen Verbrecher zu jagen, vergriff er sich an deren schuldlosen Verwandten. Eine ehrbare Familie wurde in Sippenhaft genommen und zum kriminellen Clan gestempelt, wurde zum Opfer einer widerlichen Imagekampagne, die nur eins zum Ziel hat: die Bürger der Bundesrepublik zu manipulieren, um die eigene politische Agenda durchzusetzen!«

Erster etwas lauterer Applaus brandete auf. Lorenz hatte offenbar auf die richtige Strategie gesetzt, an das Unrechtsbewusstsein der

Menschen gegen die Übergriffigkeit der Staatsmacht zu appellieren. Niemand wollte sich verarschen lassen, schon gar nicht von der Regierung. Abed hatte Lorenz in der Vorbereitung für den Prozess seine Geschichte erzählt, mit der Lorenz sein Eröffnungsplädoyer bestückt hatte. Zunächst hatte er Sorge gehabt, weil daraus ein Motiv für Abed hätte entstehen können, sich an Hackner zu rächen. Aber Lorenz setzte auf Risiko und Emotionen.

Auf den Leinwänden erschienen jetzt Archivfotos des ausgebrannten Lokals von Abeds Onkel. Bilder von dessen Begräbnis, inmitten der Menge ein junges Gesicht mit einer schrecklichen Brandwunde und alten Augen. Abed als junger Mann. Dann wurden Zeitungsmeldungen über Überfälle auf Shishabars und libanesische Restaurants eingeblendet. Schweineköpfe vor Moscheetüren, weinende Frauen, denen man die Tücher vom Kopf gerissen und die Haare mit Gewalt geschoren hatte. Die grauenhaften Jahre der Anschläge auf Muslime, der Gegenanschläge und Straßenschlachten in einer ohnehin wilden Zeit der politisch motivierten Kämpfe aller Lager wurden auf den Leinwänden wieder lebendig. Die Älteren im Publikum nickten wissend.

»Abdelkarim Al-Zahidi wurde jedes Vertrauen in den Rechtsstaat bereits in jungen Jahren ausgetrieben«, rief Lorenz. »Und so entwickelte er eine Vision. Den Traum von einer eigenen, einer echten Parallelgesellschaft, in der Muslime frei leben können, ohne diskriminiert und verfolgt zu werden.« Fotos von Neu-Berlin wurden eingeblendet. »Der Erste, der diese Vision verwirklichte, war Bassam Abou Tahrir, der Onkel seiner Mutter. Doch Abdelkarim Al-Zahidi wollte eine Autonome Zone in seiner Heimat errichten, im Ruhrgebiet, und diesen Traum hat er sich und vielen anderen schließlich erfüllt.«

Diesmal zeigte Lorenz Bilder von den Baustellen für die Wolkenkratzer in Neu-Essen, von lachenden Menschen, die zusammenhalfen und Stein auf Stein schichteten oder Betonwände aufrichteten. Und Abed mitten unter ihnen, lächelnd, helfend …

»Sie werden erleben, wie die Staatsanwaltschaft versuchen wird, aus Vermutungen und Unterstellungen Beweise zu konstruieren. Wie sie alle Vorurteile und negativen Schlagzeilen, die es je über die Al-Zahidi-Familie gegeben hat, benutzen wird, um Sie, meine geschätzte Damen und Herren, zu beeinflussen, zu manipulieren, zu benutzen … und aus Ihnen die Opfer einer Kampagne zu machen, die nur ein Ziel hat: einen Mörder für Bundesinnenminister Hackner zu stempeln, ohne auch nur einen einzigen Beweis zu haben!« In den Reihen der Zuschauer sah er verstörte und verwirrte Gesichter. Gut so, Lorenz, weiter so, feuerte er sich innerlich an. »Sie werden Behauptungen serviert bekommen, die Sie glauben machen sollen, dass es Abdelkarim Al-Zahidi war.« Er streckte den Arm aus und zeigte auf Saskia Seyloff, die starr dasaß und mit keiner Wimper zuckte. »Sie werden erleben, dass sich die Staatsanwältin Saskia Seyloff zum willigen Instrument einer rassistischen Ordnung machen ließ, die nichts anderes im Sinn hat, als meinen Mandanten zum Mörder zu stempeln und damit zum Sündenbock für alles, was in diesem Land seit jeher in der Integration von Migranten schiefgelaufen ist.« Er holte tief Luft. »Aber eines werden Sie nicht erleben: auch nur einen einzigen, stichfesten Beweis.«

Lorenz setzte sich. Stille. Dann begannen die ersten Menschen zu klatschen, andere fielen ein, schließlich klatschte und trampelte der ganze Saal, lauter und lauter, bis sogar einzelne Bravorufe zu hören waren. Es war kein Sturm, aber es war ein Fundament, auf dem er seine Verteidigung weiter aufbauen konnte.

Saskia Seyloff hatte tatsächlich nur Argumente zu bieten, die Lorenz' Plädoyer bestätigten. Kühl und professionell präsentierte sie den Plan des Innenministers, das Drogenfreigabegesetz zurückzunehmen, und erklärte, wie viel Geld damit den Clans durch die Lappen gehen würde. Dann zeigte sie Aufnahmen der Überwachungskameras aus der Tiefgarage des Innenministeriums in Frankfurt. Man sah vier Männer die Limousine des Ministers vorfahren. »Das Bild ist etwas grobkörnig«, sagte sie. »Aber sehen Sie genau hin. Alle Männer haben schwarze Haare. Das lässt auf eine südländische Herkunft schließen. Von Deutschen wurde Hermann Hackner also nicht entführt. Von wem aber dann?«

Auf den Leinwänden erschienen Satellitenaufnahmen von Neu-Essen und der Hinrichtungsstätte auf der Knappenhalde südlich der Enklave. Seyloff wies auf die Nähe zur Halal-Stadt hin. »Nichts leichter, als Hermann Hackner auf ihrem Hoheitsgebiet gefangen zu halten, wo ihn die deutschen Strafverfolgungsbehörden nicht suchen durften, und dann innerhalb von Minuten zur Hinrichtungsstätte zu bringen«, sagte sie. »Allein die geografischen Details lassen den Schluss zu, dass die Entführung und Ermordung des Ministers genau hier ...«, sie zeigte mit ihrem Laserpointer auf eine von Linien eingerahmte Ansammlung von Gebäuden, »... in Neu-Essen geplant wurde. Dem Rückzugsort der kriminellsten Verbindung in der Geschichte der Republik. Es liegt auf der Hand, dass die Hinrichtung in der Nähe des Ortes durchgeführt wurde, wo Hermann Hackner gefangen gehalten worden ist.«

Auf den Leinwänden erschien die Aufzeichnung des schrecklichen Live-Videos von Hackners Ermordung. »Allahu-akbar!«, riefen unsichtbare Männer immer wieder.

»Allahu-akbar – Gott ist größer«, wiederholte Saskia Seyloff. »Nun, wer ruft so etwas? Eines kann ich Ihnen sagen: In der Nähe der Knappenhalde gibt es einen Pfadfinderverband – und die Autonome Zone Neu-Essen. Jetzt raten Sie mal. Die Pfadfinder rufen bei ihren Zusammenkünften jedenfalls nicht ›Allahu-akbar‹.« Gelächter im Publikum.

Lorenz gönnte der Staatsanwältin ihre kleine Pointe. Er zerlegte ihre Argumente dennoch in wenigen Sätzen. »Wäre ich ein Entführer«, sagte er, »dann würde ich mein Opfer dort erledigen, wo der Verdacht schnell auf andere gelenkt wird.« Er sah Seyloff herausfordernd an. »Ich würde versuchen, jene als schuldig dastehen zu lassen, die ohnehin immer gleich als Erste eines jeden Verbrechens verdächtigt werden, das in Deutschland begangen wird. Und ich würde darauf setzen, dass die Staatsanwaltschaft ebenso durchdrungen ist von Vorurteilen, Rassismus und Hass, dass sie gar nicht erst überlegt, ob die sich präsentierende Beweislage nicht zu perfekt ist, um wahr zu sein. Die Entführer hatten schwarze Haare? Was ist das für eine irrwitzige Argumentation, Frau Kollegin? Soll das etwa ein Beweis sein? Wollen Sie uns alle für dumm verkaufen?«

Er wusste, dass er die Staatsanwältin getroffen hatte, denn sie sprang nun auf und rief: »Sie unterstellen mir, Rassistin zu sein und Beweise zu fingieren? Das nehmen Sie zurück, Herr Kollege!«

»Nein, im Gegenteil. Ich unterstelle Ihnen, gar keine Beweise zu haben!«, rief Lorenz provokant, und im Publikum entstand Unruhe. Die Menschen begannen verhalten zu diskutieren, Empörung war in den Gesichtern zu lesen. Gut so, dachte Lorenz. Er würde jedes Argument der Staatsanwältin verbrämen, sodass die Wohlmeinenden unter den Zuschauern, die es zum Glück noch in größeren Mengen gab, schon allein aus Gewissensgründen Seyloffs Ausführungen ablehnen mussten. Seine Fans würden ebenfalls für ihn voten. Vielleicht klappte es ja mit der Mehrheit der Stimmen. Er sah aus den Augenwinkeln zu Saskia Seyloff hinüber. Sie hatte sich wieder beruhigt, wirkte fast entspannt. Bei der brüchigen Anklage wäre ich nicht so entspannt, dachte er. Vertraute sie wirklich so sehr auf die bloßen Vorurteile der Menschen, dass sie glaubte, mit dieser Ansammlung von dünnen Vermutungen einen Schuldspruch erwirken zu können? Mitläufer mochte es im System viele geben, aber überzeugte Rassisten, die sich auf das gefundene Fressen stürzten, ohne dass echte Beweise vorlagen – nein, das würde nicht für eine Verurteilung reichen. Das hoffte Lorenz zumindest.

Wenige Minuten nach dem Ende der Show kam die erste Hochrechnung durch: Nach dem zweiten Prozesstag hielten 87 Prozent der Zuschauer Abdelkarim Al-Zahidi für unschuldig. Lorenz sank in seiner Garderobe erleichtert in einen Lehnstuhl zurück und schloss die Augen.

Ihm war seit langer Zeit endlich leicht zumute. Morgen würde es viel Geschwafel geben, ansonsten nur die Abschlussplädoyers. Wenn alles gut ging, würden sie übermorgen in Abeds Villa auf den Freispruch anstoßen. Konzentration, Lorenz, mahnte er sich selbst. Noch war es nicht vorbei.

Der dritte und letzte Prozesstag war bisher so verlaufen, wie Lorenz es vorausgesehen hatte. Saskia Seyloff hatte noch ein paar Zeugen aufgerufen, die erzählten, wie schlecht sie vom Al-Zahidi-Clan behandelt worden waren. Ein Politikwissenschaftler erklärte, dass die Al-Zahidis durch die Rücknahme des Drogenfreigabegesetzes am meisten zu verlieren hatten. Aber genaue Angaben zum Fall Hackner konnte keiner machen.

Und jetzt war es so weit. Lorenz atmete durch, straffte die Schultern und erhob sich zu seinem Abschlussplädoyer. Erst in der letzten Werbeunterbrechung hatte der Regieassistent ihm mitgeteilt, dass man kurzfristig die Reihenfolge geändert habe und dass statt ihm nun die Staatsanwaltschaft das letzte Wort haben würde. Sein Plädoyer würde vorgezogen. Er hatte protestiert, da das überhaupt nicht der Prozessordnung entsprach, aber der Regieassistent hatte, wie immer, nur die Schultern gezuckt. Und der Senderchef war nirgends zu sehen. Lorenz musste sich beherrschen, um nicht irgendjemanden anzubrüllen. Aber auch das hätte wohl nichts genutzt.

»Ich fasse zusammen«, sagte Lorenz nun also zu Beginn seines Abschlussplädoyers. »Die Staatsanwaltschaft hat viele Anschuldigungen vorgebracht, manche davon so an den Haaren herbeigezogen, dass es einer Beleidung des Publikums gleichkommt. Aber keinen Beweis. Wir haben viele Klischees gehört und gesehen. Aber keinen Beweis. Die Kollegin Seyloff hat viele Behauptungen auf den Tisch gebracht. Aber …« Er deutete wie ein Popsänger ins Publikum, aus dem ein Chor brüllte. »… KEINEN BEWEIS!« Die Menge applaudierte. »Das deutsche Justizsystem ist von einem Grundsatz getragen«, fuhr Lorenz fort. »Nicht der Angeklagte hat seine Unschuld zu beweisen. Sondern die Anklage hat diesen Beweis zu erbringen. Aber ist das geschehen? Nein! Stattdessen wurden rassistische Stereotype ausgespuckt, Vorurteile bedient und dem Publikum reine Vermutungen als vermeintliche Fakten präsentiert. In den Zwanzigerjahren nannte man so etwas ›Fake News‹. Und die Staatsanwaltschaft vertraut darauf, dass Sie, ehrenwertes Publikum, auf diese Fake News reinfallen! Dass Sie sich einlullen und blenden lassen. Aber damit lassen wir sie nicht durchkommen! Deswegen beantrage ich … einen Freispruch erster Klasse für Abdelkarim Al-Zahidi!«

Dramatische Musik setzte ein, und das Publikum brach in Applaus aus, zwar nicht ohrenbetäubend, aber begeistert genug, dass Lorenz in die vorderste Reihe spähte, wo Abeds Sohn Jamal mit finsterem Gesichtsausdruck saß. Und neben ihm … war tatsächlich Bahar. Blass, offensichtlich niedergeschlagen, aber gerade auf ihrem Sitz. Sie sahen einander in die Augen. Es war das erste Mal, dass Lorenz die Frau seines Freundes wiedersah. Er lächelte ihr aufmunternd zu. Sie nickte ernst, schien sich in diesem Zirkus nicht wohlzufühlen. Aber sie war da. Auch Abed hatte seine Frau im Zuschauerraum entdeckt, die beiden hatten einander wortlos zugenickt, mehr nicht. Lorenz staunte einmal mehr über die Ehe der beiden.

Er wurde aus seinen Gedanken gerissen, denn Saskia Seyloff war aufgestanden. An diesem Abend trug sie einen schwarzen, weiten Hosenanzug aus Seide, der Ausschnitt war tiefer als sonst, auf ihrem Dekolleté leuchtete ein von Diamanten umrahmtes Herz an einer Kette. Es sah aus wie der Schmuck eines jungen Mädchens, die Kette passte nicht so recht zu dem fast frivolen Anzug, der in weichen Wellen herabfiel und den schlanken Körper der Staatsanwältin umspielte.

Lorenz trug wie immer seinen silbergrauen Anzug mit dem aufgestickten Emblem, dem Jaguar unter den Initialen LvB. Kontinuität, hatte seine Schauspieltrainerin ihm eingeschärft, war wichtiger als alles andere. Die Zuschauer mussten wissen, was sie bekamen – Lorenz van Bergen, wie sie ihn liebten, unverändert, jedes Mal wieder, wie einen Schuss von ihrer Lieblingsdroge. So gut Selyoff sich auch geschlagen hatte, sie würde die Arena einmal mehr als Verliererin verlassen, dessen war er sich inzwischen sicher.

Die Musik wurde leiser, und Jonas Bergnier, der Moderator im roten Anzug, räusperte sich laut und vernehmlich. »Das war das Abschlussplädoyer der Verteidigung. Am Wort ist nun noch einmal die Staatsanwältin Saskia Seyloff!«

Höflicher Applaus, sogar ein paar »Bravo!«-Rufe wurden laut. Auch Seyloff hatte ihre Fans, und an diesem Wochenende waren es noch mehr geworden. Lorenz lehnte sich in seinem Sitz zurück und setzte eine konzentrierte Miene auf. Er musste bis zum Schluss in der Rolle bleiben. Er sah auf seine Uhr. Sie waren früh dran, eigentlich zu früh. Gut, dann konnte der Sender noch neue Bilder aus dem R&R-Zentrum bringen, um die Zeit bis zur Abstimmung zu überbrücken. Konzentration, Lorenz, mahnte er sich selbst. Noch ist die Show nicht vorbei.

Saskia Seyloff ließ ihren Blick über das Publikum schweifen, wie sie es schon einige Male getan hatte. »Meine Damen, meine Herren«, begann sie, »ich kann Ihnen leider noch kein Abschlussplädoyer liefern.« Nanu? Was sollte das jetzt heißen? Lorenz lehnte sich neugierig vor. Die Staatsanwältin ließ ihre Worte verhallen. Dann sagte sie: »Stattdessen möchte ich Beweise präsentieren, die für diesen Prozess essenziell sind. Beweise, die ein für alle Mal klarmachen, wer für den Mord an Hermann Hackner verantwortlich ist!«

Das klang nicht gut. Lorenz stand auf, wedelte mit den Armen und rief: »Welche Beweise, Frau Kollegin? Sie hatten tagelang Zeit, diese sogenannten Beweise zu präsentieren. Wir sind hier bei den Abschlussplädoyers …«

Seyloff lächelte liebreizend. »Nun, wie soll ich es sagen … Ach ja, ich muss nur Ihre eigenen Worte bemühen. Wir haben in letzter Minute neue Beweise auf den Tisch bekommen, die ein neues, entscheidendes Licht auf die Dinge werfen! Eines vorweg: Es wird Ihnen, meine Damen und Herren, die Schuhe ausziehen. Und Sie werden den Glauben an so manches in dieser Welt verlieren.«

Neben ihm rückte Abed auf seinem Stuhl hin und her. Was sollte diese Ankündigung?

»Mr Judge, Ms Judge«, wandte sich Lorenz an Linda Blum und Jonas Bergnier. »So geht das nicht. Uns wurden diese Beweise nicht vorgelegt …«

Bergnier schüttelte bedauernd den Kopf. »Diese Situation hatten wir schon so oft, werter Verteidiger. Diesmal ist es die Staatsanwaltschaft, die in letzter Minute mit überraschenden Erkenntnissen aufwartet. Um der Gerechtigkeit willen, werden wir diese nun auch anhören. Gerade Sie hatten nach Beweisen verlangt – diese anzuhören sind wir dem Publikum nun auch schuldig.«

Applaus brandete auf, und Lorenz sank auf seinen Sitz zurück. Er wusste, dass er die Präsentation dieser ominösen Beweise nicht verhindern konnte. Zu oft hatte er selbst diese Nummer gebracht, zuletzt beim Knochenbrecherprozess, gegen Saskia Seyloff. Sie hatte offenbar dazugelernt.

»Frau Staatsanwältin, bitte, wir sind gespannt«; sagte nun Linda Blum.

Saskia Seyloff holte tief Luft. »Meine Damen und Herren, wir haben gehört, wie die Verteidigung jeden Verdacht, ihr Mandant habe etwas mit der Ermordung von Hermann Hackner zu tun, beiseite gewischt hat. Was Sie gleich sehen werden, ist ein Privatvideo, das uns zugespielt wurde und das Sie eines Besseren belehren wird.«

Lorenz und Abed wechselten beunruhigte Blicke. Wovon sprach die Seyloff da?

In der Arena wurde es dunkel, dramatische Musik setzte leise ein. Auf den Leinwänden erschien ein verwackeltes Video, das wie heimlich aufgenommen wirkte. Zuerst erkannte man lediglich eine Art Lounge. Goldene Tische und Stühle. Panoramafenster, hinter denen ein riesiges Flugzeug der China Airways gemächlich vorbeirollte.

Dann kamen Männer ins Bild. Korrekt aussehende Herren in Anzügen, deren Gesichter jedoch verpixelt waren. Dann ein älterer Mann in einem weißen Gewand, der Lorenz bekannt vorkam. Das Gesicht kannte er doch … das war Bassam Abou Tahrir, der Clan-Chef von Neu-Berlin, die graue Eminenz der Libanesen-Clans. Und neben ihm Abed, im Kreis einiger arabisch aussehender Männer.

Lorenz starrte wie hypnotisiert auf die Leinwand. Die Aufnahme war unruhig, zwischendurch wurde es schwarz, doch der Ton lief laut und deutlich. »Es ist also entschieden«, sagte Bassam Abou Tahrir, und die Anwesenden nickten. Der Alte wandte sich an Abed. »Abdelkarim, du bist für mich wie ein Sohn. Ich vertraue darauf, dass du das Problem für uns lösen wirst.« Abed nickte, und der Alte fragte ihn: »Was wirst du tun?«

Abed räusperte sich. »Wir werden Hackner aus dem Verkehr ziehen. Überlass das uns.«

»Ich vertraue dir«, sagte Abou Tahrir. »Aber achte darauf, dass alles richtig läuft. Unsere Zukunft hängt von deinem Erfolg ab.«

An dieser Stelle fror das Video ein. Die Lichter gingen wieder an. Saskia Seyloff, die sich inzwischen gesetzt hatte, erhob sich von Neuem. »Was Sie hier gesehen und gehört haben, ist eine Verabredung der Clan-Chefs von Neu-Berlin und Neu-Essen, in der es darum geht, Hackner – wie sagte es der Angeklagte so schön? – ›aus dem Verkehr zu ziehen‹. Was mag das wohl bedeutet haben?«

Lorenz saß wie gelähmt auf seinem Sitz. Was zur Hölle war das für ein Video? Und warum kannte er dieses Material nicht? Er drehte sich zum Regieassistenten um, doch der kehrte ihm den Rücken zu. Also wandte er sich an Abed, der wie erstarrt dasaß. Er war weiß wie eine Wand, seine Augen wirkten, als hätte er gerade erlebt, wie sein schlimmster Albtraum wahr wurde. »Abed, was ist das für ein Video?«, zischte Lorenz ihm zu. Doch sein Freund sagte kein Wort. Abed stierte nur ins Leere, er wirkte, als würde er im Zeitraffer von innen verdorren wie ein Baum. Sein Anblick erschreckte Lorenz.

Für einen Moment wusste er nicht, was er tun sollte. Doch er fing sich, stand auf und sagte: »Was auch immer das für ein Video sein soll, es sagt genau gar nichts aus.« Seine Angst verlieh seinen Worten Flügel. Lorenz van Bergen war noch nie auf den Mund gefallen, doch jetzt redete er vollautomatisch, als hätte er sich stundenlang vorbereitet. »Wir hörten, wie Abed sagte, er wolle Hackner ›aus dem Verkehr ziehen‹. Aber jemanden aus dem Verkehr ziehen zu wollen kann genauso gut bedeuten, ihn geschäftlich auszubooten. Kein einziges Mal hören wir hier etwas von einem Mordkomplott. Einmal mehr interpretieren Sie, Frau Kollegin …«, er verbeugte sich betont höhnisch vor der Staatsanwältin, die so gelassen dasaß, als hätte sie schon gewonnen, »… das Gehörte so, wie es Ihre Vorurteile gegen meinen Mandanten Ihnen diktieren.«

Seyloff sah ihn gespielt gelangweilt an. »Wollen Sie den Zuschauern damit sagen, dass Sie Ihren Mandanten immer noch für unschuldig halten?«

»Selbstverständlich halte ich ihn für unschuldig!«, polterte Lorenz los. »Und Ihr kryptisches Video, bei dem die Hälfte der Anwesenden verpixelt ist, ändert daran gar nichts.«

Auf Saskia Seyloffs Gesicht breitete sich ein katzenhaftes Lächeln aus. »Aber, aber, Herr Kollege«, sagte sie nun und taxierte ihn mit einem gönnerhaften Blick. »Wollen Sie nicht endlich mit der Wahrheit herausrücken?« Dann wechselte ihr Ton, zurück zur kühlen, geschäftsmäßigen Staatsanwältin, als die er sie kennengelernt hatte. »Wollen Sie dem Publikum nicht endlich verraten, dass Sie nicht nur ganz und gar nicht von der Unschuld Ihres Mandanten überzeugt sind, sondern vielmehr genau wissen, was er getan hat?«

Lorenz fuhr verblüfft zurück. »Was …?«, setzte er an, doch Seyloff ließ ihn nicht zu Wort kommen. »Sie wussten von dem Plan Ihres Mandanten, Hermann Hackner zu ermorden. Er hat es Ihnen selbst gesagt.« Sie hob den Arm, und nun erschien auf den Leinwänden ein weiteres Video.

Lorenz brauchte ein paar Sekunden, um zu begreifen, was da gezeigt wurde. Ein Tisch, drei Männer, man sah sie von schräg oben, als sei von der Zimmerdecke aus gefilmt worden. Im Hintergrund hörte man Stimmengewirr und abgehackte Rhythmen eines türkischen Popsongs. Einer der Männer lehnte sich vor und sagte eindringlich: »Die deutsche Regierung plant in Neu-Essen einzumarschieren. Die brauchen nur einen Vorwand. Willst du zusehen, wie dein Lebenswerk in Schutt und Asche gelegt wird, für die paar Drogenmillionen, die dir wegen Hackner durch die Lappen gehen würden?«

Mit Entsetzen erkannte Lorenz sich selbst. Die Aufnahme stammte aus dem Grillrestaurant in Neu-Essen. Ihm gegenüber sah man Abed, von hinten zwar, aber unverkennbar, und neben ihm Jamal. Lorenz sah ins Publikum. Bahar saß wie eine Statue da und starrte auf die Leinwand. Ihr Mund bewegte sich, als sagte sie etwas. Neben ihr kauerte Jamal zusammengekrümmt auf seinem Stuhl, als habe er Magenkrämpfe. Auf der Leinwand hörte Lorenz sich selbst weitersprechen. »Musst du ihn einsperren und foltern, nur weil er dieses dämliche Drogenfreigabegesetz zurücknehmen will, das ohnehin ein Riesenfehler war?«

Jetzt sah man Abed sich zurücklehnen, wodurch sein Gesicht erkennbar wurde. »Es ist etwas komplizierter«, hörte man ihn sagen.

»Gar nichts ist kompliziert«, versetzte Lorenz. »Hast du Hackner entführen lassen, ja oder nein?«

Abed nickte. »Ja, ich habe den Auftrag dafür gegeben.«

»Und jetzt? Gibt es den Plan, ihn zu ermorden, ja oder nein?«, fragte Lorenz weiter.

Wieder nickte Abed. »Ja, es gibt einen solchen Plan.«

An dieser Stelle fror das Bild ein. In der Arena herrschte tödliche Stille. Die beiden Moderatoren saßen mit offenen Mündern da. Saskia Seyloff nahm einen Schluck Wasser. Lorenz meinte, in ein Loch zu fallen und immer weiter zu fallen, immer tiefer … Dann brach rund um ihn die Hölle los. Die Menschen sprangen auf, schleuderten Trinkbecher in Richtung der Leinwände und heulten vor Wut wie die Wölfe. »Mörder!«, schrien sie, »Dreckige Muselmänner!« und »Van Bergen steckt mit denen unter einer Decke!« Ein Transparent, auf dem stand »Lorenz, ich will ein Kind von dir!« flog in hohem Bogen über die Köpfe der Zuschauer hinweg und landete auf einem Treppenaufgang. Sicherheitsleute schwärmten aus und versuchten die aufgebrachte Menge zu beruhigen.

»Meine Damen und Herren, bitte nehmen Sie wieder Ihre Plätze ein«, erscholl eine Stimme aus den Lautsprechern. »Die Sendung geht weiter. Ich bitte um Ruhe!«

Lorenz stand noch immer unter Schock. Wer hatte ihr Gespräch in dem Restaurant aufgenommen? Es musste der türkische Inhaber gewesen sein, dieser Ali, der ihn so freundlich begrüßt hatte. Was zur Hölle lief hier für ein Spiel? Doch er hatte jetzt keine Zeit, sich mit solchen Fragen zu beschäftigen. Gleich drei Kameras waren auf ihn gerichtet. Denk nach, Lorenz, beschwor er sich, dann hob er die Hand. »Ich bitte ums Wort!«

Linda Blum erwachte als Erste aus ihrer Starre, sah, wie Lorenz etwas sagen wollte, und stieß ihren Co-Moderator an. »Meine Damen und Herren, was für eine spektakuläre Wende in diesem Fall«, piepste sie aufgeregt. »Der Verteidiger meldet sich zu Wort. Herr van Bergen, was haben Sie dazu zu sagen?«

Lorenz war aufgestanden. Durchhalten. Ruhig bleiben. »Ich erkenne auf diesem Video ein Gespräch wieder, das ich vor einigen Wochen in Neu-Essen mit meinem Mandanten geführt habe«, begann er, und sofort wurden Buhrufe und Pfiffe laut. »Aber«, rief er und hob die Hände, »dieses Video ist unvollständig. Es zeigt nicht, welche Wendung dieses Gespräch genommen hat. Mein Mandant«, er wies auf Abed, der wie eine Holzpuppe neben ihm saß und nichts von all dem Wahnsinn mitzubekommen schien, »mein Mandant hat erklärt, dass er eben nicht den Plan hatte, Hermann Hackner zu töten.«

Ihm gegenüber erhob sich nun auch Saskia Seyloff. »Der ehrenwerte Kollege kann uns vieles erzählen«, sagte sie. »Ich für meinen Teil habe jedoch genug gehört. Abdelkarim Al-Zahidi gesteht freimütig, dass er nicht nur Hermann Hackner entführt hat, sondern dass es den Plan gab, den Bundesinnenminister zu ermorden. Und ich glaube«, sie wandte sich ans Publikum, »auch die Zuschauer haben genug gehört.« Sofort erhob sich wieder ein Pfeifkonzert. Lorenz brauchte einen Einfall. Wer konnte bezeugen, dass Abed geschworen hatte, Hackner nicht ermorden zu wollen? Er sah sich um, und sein Blick fiel auf Jamal. Natürlich, Jamal – er war dabei gewesen.

»Mr Judge und Ms Judge«, rief er den Moderatoren zu. »Anlässlich dieses ungewöhnlichen prozessualen Vorgehens möchte ich nun meinerseits Beweise präsentieren. Ich möchte einen präsenten Zeugen aufrufen, der meine Version bestätigen kann, dass mein Mandant eben nicht vorhatte, Hermann Hackner zu töten.«

Buhrufe und Pfiffe aus dem Publikum, »Verräter!«, »Van Bergen, du Schwein!«

Die beiden Moderatoren steckten kurz die Köpfe zusammen. »In Ordnung, Sie dürfen den Zeugen aufrufen«, sagte Jonas Bergnier.

Lorenz drehte sich zum Publikum. »Ich rufe Jamal Al-Zahidi in den Zeugenstand.« Im Zuschauerraum wurde es unruhig. Unwillig stand Jamal auf, seine Mutter nahm seine Hand, doch er schüttelte sie ab und stapfte in Richtung Bühne. Lorenz blickte ihm beunruhigt entgegen, zugleich war er froh, dass Jamal gekommen war. Der junge Mann wirkte nervös und vermied es, seinen Vater anzusehen. Abed saß immer noch da wie ein Gespenst. Nur seine Augen folgten seinem Sohn, wie er in die Mitte der Arena trat und zögernd im Zeugenstand Platz nahm.

»Äh, Jamal Al-Zahidi«, sagte der Moderator Jonas Bergnier. »Sie haben wie jeder Zuschauer hier in der Arena Ihre Personalien beim Eintritt bekannt gegeben. Wir können also direkt loslegen. Herr van Bergen, Ihr Zeuge.«

Lorenz nickte und wandte sich an Jamal. »Jamal Al-Zahidi, Sie sind der einzige Sohn von Abdelkarim Al-Zahidi, korrekt?«

Jamal sah ihn hasserfüllt an und sagte nichts. Lorenz ließ sich nicht beirren. »Herr Al-Zahidi, Sie waren bei dem Gespräch dabei, von dem wir soeben einen Ausschnitt auf Video gesehen haben. Können Sie das dem Publikum noch einmal bestätigen?«

Jamal nickte.

»Bitte antworten Sie laut und deutlich«, erklang die mahnende Stimme von Linda Blum.

»Ja, ich war dabei«, sagte Jamal widerwillig.

»Erinnern Sie sich noch«, fuhr Lorenz fort, »was Ihr Vater gesagt hat, nachdem er bestätigte, dass es einen Plan gab, Hermann Hackner zu töten?«

Jamal senkte den Kopf und antwortete nicht.

»Herr Al-Zahidi, bitte antworten Sie«, sagte Linda Blum.

Jamal hob den Kopf ein Stück, setzte an etwas zu sagen, brach wieder ab, riss sich dann zusammen und sagte laut und deutlich: »Ich erinnere mich nicht.«

Lorenz meinte, einen Schlag auf den Kopf bekommen zu haben. »Wie bitte?«, krächzte er.

Jamal sank wieder in sich zusammen und schwieg.

Ungläubig drehte Lorenz sich zu seinem Mandanten um. »Abed«, zischte er, eine Hand über seinem Funkmikrofon. »Tu was.«

Sein Freund, immer noch blass, schien aus seiner Starre zu erwachen. Er drehte langsam den Kopf zu Lorenz, nickte müde und sagte: »Es ist vorbei, mein Freund. Es ist zu Ende.«

Ratlos sah Lorenz ihn an und ließ die Arme sinken. »Wovon redest du? Wach auf, mein Freund, und kämpfe mit mir!«, rief er und bemerkte zu spät, dass er seine Hand vom Mikro genommen hatte und seine Worte durch die Lautsprecher erklangen. »Mein Freund … mein Freund … mein Freund«, hallte es bis in die letzte Ecke der Arena. »Kämpfe mit mir … mir … mir …«

Die Leute stellten sich auf ihre Sitze, brüllten »Schiebung!«, »Nieder mit van Bergen!« und »Auf den Grill mit dem Schwein – und den Anwalt am besten gleich dazu!«

Mittendrin saß wie immer noch reglos wie eine Statue Bahar, die mit ihren Blicken mit ihrem Mann kommunizierte. Lorenz versuchte, Abeds Aufmerksamkeit zu erregen, doch der sah nur unverwandt seine Frau an, als wolle er sie hypnotisieren. Sie nickte und legte ihre Hand aufs Herz, und da entspannte sich Abed etwas.

»Abed, was …«, begann Lorenz, doch da stand auf der anderen Seite der Arena die Staatsanwältin auf und bat ums Wort.

»Meine Damen und Herren, wir wollen doch wieder etwas Ordnung hier in die Arena bringen.« Sie betrachtete mit kühlem Blick die aufgebrachte Menge, in der einige gerade zu Schlägereien angesetzt hatten. Tatsächlich hielten viele inne und sahen neugierig nach vorn. Saskia Seyloff nickte mütterlich. »So ist es gut«, sagte sie neckisch. »Wir sind hier ja nicht in Beirut.« Gelächter, die Leute beruhigten sich, klopften ihre Kleider ab und nahmen wieder Platz.

Seyloff richtete sich so hoch auf, wie sie konnte, und sagte laut: »Auch ich habe noch ein Plädoyer zu halten. Aber keine Angst, es ist nur ganz kurz. Genauer gesagt, sind es nur ein paar Sätze.« Sie machte eine Kunstpause. »Meine Damen und Herren«, sagte sie dann mit einer Kälte in ihrer Stimme, die Lorenz erschreckte. »Die Beweislage ist eindeutig. Der Verteidiger hat die Schuld seines Freundes, entschuldigen Sie, seines Mandanten natürlich«, kurzes entschuldigendes Lächeln ins Publikum, »bestätigt. Wir haben es gerade aus seinem eigenen Mund gehört. Und so beantrage ich im Namen der Angehörigen von Hermann Hackner, aber auch der zahllosen und oft namenlosen weiteren Opfer dieses Mannes ...«, sie machte eine letzte Kunstpause, »... die Todesstrafe für Abdelkarim Al-Zahidi!«

Lorenz versuchte etwas zu sagen, aber in der Arena herrschte ohrenbetäubender Lärm. Die Menschen schrien im Chor: »Auf den Grill! Auf den Grill! AUF DEN GRILL!« Lorenz versuchte dagegen anzuschreien, aber sein Rufen verhallte ungehört. Verzweifelt riss er sich das Mikrofon herunter, hielt es sich direkt vor den Mund und brüllte hinein – umsonst. Die Technik hatte ihm den Ton abgedreht.

»Meine Damen und Herren!«, rief nun Jonas Bergnier und hüpfte behände in die Mitte der Arena, wo er beide Arme hochriss. »Liebes Publikum, bitte beruhigen Sie sich! Wir kommen gleich zur Abstimmung. Sie alle kennen das Prozedere, dennoch werden wir aus rechtlichen Gründen noch einmal erklären, wie die Abstimmung abläuft.«

Während der Moderator die Bedingungen für das Publikumsvoting erläuterte, beobachtete Lorenz, wie Jamal aufstand und den nächstbesten Ausgang aus der Arena nahm. Fassungslos starrte Lorenz ihm nach. Dann drehte er sich zu Abed. »Rede mit mir, Mann«, drängte er ihn, während eine Kamera heranfuhr, um die Szene einzufangen. »Was ist mit dir los?« Er schüttelte Abed, doch der sah ihn nur müde an. In seinen Augen lag eine Trauer, wie sie Lorenz noch nie bei einem Menschen gesehen hatte.

»Lorenz, mein Freund«, sagte Abed matt, »lass es gut sein. Ich danke dir für alles …« Da kamen schon zwei Sicherheitsleute heran, packten Abed und führten ihn davon. Die Lichter gingen an, und aus den Lautsprechern erschallte die Titelmelodie der *Justice Union*. Lorenz hatte nicht mitbekommen, dass die Moderatoren ihre Erläuterungen beendet und eine Pause angekündigt hatten.

Verloren stand Lorenz da und überlegte, was er als Nächstes tun sollte. Da sah er, wie der Senderchef zu Linda Blum und Jonas Bergnier trat und auf sie einzureden begann.

Mit wenigen Schritten war Lorenz bei dem Grüppchen, griff sich den Senderchef beim Kragen und beutelte ihn wie einen Fetzen. »Warum dreht ihr mir das Mikro ab?«, schrie er. »Und was sollten die ganzen Tricks? Warum redet niemand mit mir? Ich bin an dieser Show beteiligt, verdammt, ich bin eine relevante Person!«

Der Senderchef sah ihn aus weit aufgerissenen Augen an und wehrte sich nicht. »Lass ihn los!«, kreischte Linda Blum und versuchte,

Lorenz’ Hände vom Anzug ihres Lovers zu winden. Ein Kamerateam eilte heran und hielt die Szene fest.

»Lorenz, beruhige dich!«, rief der Senderchef mit hoher Stimme und klopfte sich mit zitternden Händen den Anzug ab. »Es ist eine Show, bis jetzt läuft doch alles hervorragend. Wir haben Rekordquoten und …«

Lorenz drehte sich einfach um und ging. Es war alles ein abgekartetes Spiel, sie hatten ihn, ohne zu zögern, verraten und verkauft, für die Quote, für die Kohle, für … Er schüttelte den Kopf. Was hatte er erwartet? Diese Leute waren wie immer, und bis vor wenigen Wochen hätte er genauso gehandelt. Er ging in Richtung Büfett, wo bereits Tamara stand, die obligate Wasserflasche in der Hand. »Lorenz, was läuft hier?«, fragte sie beunruhigt.

Er hob in echter Verzweiflung beide Hände. »Ich weiß es nicht«, sagte er ehrlich. »Wohin haben sie Abed gebracht?«

Seine Assistentin zuckte die Achseln. »Weg. Vielleicht wieder in seine Zelle. Wir haben ja zwanzig Minuten Pause.«

Er sah sich um und bemerkte das Kamerateam, das ihm aus der Arena bis hierher gefolgt war. Neben dem Kameramann stand ein junger Reporter in Jeans und T-Shirt, das Mikro in seiner Hand zitterte. Dennoch wagte er sich vor, es war wohl die erste große Chance in seiner jungen Karriere. »He-Herr van Bergen, S-Sie hatten gerade einen Streit mit dem Ch-Chef von *Streamnet 24/7*«, begann er zögernd. »Wollen Sie unseren Zuschauern v-verraten, worum es dabei ging?«

Ungläubig starrte Lorenz den jungen Mann an, der unter seinem Blick förmlich zu schrumpfen schien, dabei aber das Mikrofon nicht losließ. »Ist das live?«, fragte Lorenz, einer plötzlichen Eingebung folgend.

Der Reporter nickte eifrig. »Ja, Sie sind live auf Sendung, Millionen Menschen sind gespannt, was …«

»Dann will ich den Millionen Zuschauern verraten, worum es ging«, sagte Lorenz gefährlich ruhig. »Ich wollte unseren hochverehrten Senderchef davon überzeugen, dass es moralisch falsch ist, seine Geliebte an anderen, weit talentierteren Kolleginnen vorbei zur

Moderatorin der *Justice Union* zu machen und sie zwischen den Shows in ihrer Garderobe zu ficken, statt zu seiner Frau und seinen Kindern nach Hause zu fahren.«

Der Reporter ließ vor Schreck fast das Mikrofon fallen, der Kameramann kippte seine Kamera nach vorne, doch es war zu spät – Lorenz' Worte waren in Millionen Haushalte übertragen worden.

Lorenz drehte sich um und ging in seine Garderobe. Dort kippte er einen Cognac hinunter und überlegte, ob er noch Zeit hatte, mit Abed zu sprechen. Doch da erklang bereits das Signal, dass alle auf ihre Plätze zurückkehren sollten. Er atmete durch, straffte sich, strich sich den Anzug glatt und ging zurück in die Arena.

Dramatische Musik schwoll an, die Scheinwerfer vollführten ein Lichterkonzert, und Jonas Bergnier breitete wieder einmal die Arme aus. »Das Volk hat entschieden!«, rief er. Linda Blum war weit und breit nicht zu sehen, Lorenz' Interview hatte wohl umgehend Wirkung gezeigt. Der Moderator schien auch nicht weiter traurig darüber zu sein, den Abschluss als One-Man-Show durchzuziehen. Im Gegenteil. Er gab gar nicht erst eine Erklärung ab, warum seine Co-Moderatorin verschwunden war, sondern übernahm einfach das Programm. »Wir haben ein Abstimmungsergebnis im Verfahren Bundesrepublik Deutschland gegen Abdelkarim Al-Zahidi.«

Das Publikum klatschte und stampfte, es lag eine nervöse Stimmung in der Luft. Lorenz stand neben Abed, der ganz ruhig schien. Im Publikum entdeckte er Bahar, blass, aufrecht, still. Den Platz, auf dem Jamal gesessen hatte, hatte nun der Knochenbrecher eingenommen, der Bahar vor den Handys neugieriger Zuschauer abschirmte.

Über die Leinwände lief ein Zusammenschnitt der Höhepunkte aus dem Prozess. Lorenz wandte den Blick ab, als im Publikum abwechselnd Schreie und Gelächter laut wurden. Dann erschien wieder der Moderator, er stand jetzt vor dem Thronsessel, auf dem er stets saß. Den zweiten Thron hatte man in der Pause offenbar diskret weggeräumt. »Meine Damen und Herren, wir wollen nun das Ergebnis der Abstimmung erfahren.« Eine Assistentin stöckelte herbei und übereichte ihm einen großen, von einem Siegel verschlossenen Umschlag. Das war neu. »Hier drin ist das Ergebnis, auf das wir alle gespannt warten«, sagte der Moderator und hielt den Umschlag hoch. »Wollen wir reinschauen?«

»Jaaaaaa!«, schrien die Zuschauer.

Die Musik schwoll an, die Lichter wurden gedimmt, und Jonas Bergnier brach das Siegel auf. Er zog ein Blatt Papier aus dem Umschlag und schien genau zu studieren, was darauf stand. Dann hob er den Blick. »Sie sind ja immer noch da.« Gelächter. Bergnier genoss seine Soloshow, ein alberner Hampelmann ohne jedes Gespür für Takt oder Dramatik, dachte Lorenz hasserfüllt. Wie hatte er jemals zu diesen Leuten gehören wollen?

»Das Volk hat entschieden«, sagte der Moderator noch einmal, begleitet von Trommelwirbel. »Und das Ergebnis ist eindeutig. Es ist sogar das eindeutigste Ergebnis in der Geschichte der *Justice Union.*« Die Leute klatschten, und der Moderator lächelte, als gelte der Applaus ihm. »Das Ergebnis lautet: 92 Prozent der Zuschauer halten Abdelkarim Al-Zahidi für …«, er machte eine Pause, alle in der Arena hielten den Atem an, »… schuldiiiig!«

Rund um Lorenz brach ein unfassbarer Tumult los. Die Leute schrien in heller Begeisterung, fielen einander strahlend um den Hals, applaudierten und trampelten wie verrückt. Lorenz stand wie erstarrt da, er fühlte sich, als verließe er seinen Körper und beobachte aus der Entfernung, wie die Staatsanwältin wie ein Racheengel dastand und ein Zeichen gab, worauf vier Männer auf ihn und Abed zukamen. Lorenz drehte sich zu Abed, sah ihn mit leeren Augen an. Doch der wirkte ganz ruhig, er trat einen Schritt auf Lorenz zu und nahm dessen Hände in seine: »Es ist in Ordnung, mein Freund. Es ist Kismet. Danke für alles und lebe wohl.« Im nächsten Augenblick packten ihn die vier Sicherheitsleute und zerrten ihn in die Mitte der Arena. Dort schwebte von der Decke eine Apparatur herab, die den elektrischen Stühlen des vorigen Jahrhunderts nachempfunden war, in der sich jedoch, wie Lorenz wusste, modernste Technik verbarg. Mit einem Knirschen kam der Apparat zum Stillstand, während sich rundherum weiße Wände herabsenkten. Was für eine Perversion, dachte Lorenz zum ersten Mal in seiner *Justice Union*-Karriere. Die Todesstrafe wurde vor aller Augen vollzogen, aber den direkten Anblick zumuten wollte man niemandem.

Saskia Seyloff drehte den Kopf und sah Lorenz direkt an. In ihren Augen lag kalter Triumph. Und Lorenz verstand: Sie hatte die Beweise absichtlich so lange zurückgehalten. Sie hatte den verhassten Strafverteidiger mit seinen eigenen Methoden geschlagen. Und nicht nur das: Sie hatte ihn, den großen Lorenz van Bergen, zum Kronzeugen wider Willen gegen seinen eigenen Mandanten gekürt. Er, Lorenz, hatte Abed in den Tod geschickt. Und seine Karriere gleich mit. Saskia Seyloff hatte gewonnen.

»Meine Damen und Herren«, meldete sich der Moderator. »Das Urteil wird, wie immer, sofort vollstreckt. Aus Gründen der Diskretion und zum Zeichen der Zivilisiertheit unseres Systems wird die Hinrichtung jedoch wie immer nicht direkt gezeigt.«

Hinter den weißen Wänden sah man nur verzerrte schwarze Schatten. Lorenz suchte verzweifelt einen Weg zurück in seinen Körper, fand ihn schließlich, während rund um ihn wieder der Lärm aufbrandete, als habe jemand abrupt den Ton wieder aufgedreht. Bahar … er musste zu ihr, musste ihr beistehen. Als Lorenz sich den Weg in ihre Richtung bahnte, ertönte ein vielstimmiger Schrei in der Arena. Feuerwerke explodierten, ein ohrenbetäubendes Brummen wurde über die Lautsprecher hinausgeschickt. Lorenz rannte weiter, sah noch, wie Bahar in Ohnmacht fiel und der Knochenbrecher sie aufhob und hinaustrug. Und dann stand er wieder neben sich und beobachtete, wie er selbst in Zeitlupe aus der Arena rannte, Bahar hinterher, und ihm ein Kamerateam auf den Fersen folgte. Dann wurde alles rundherum schwarz.

Kapitel 18

Samstag, 7. Januar 2045, 10.00 Uhr, Spreewald

Drei Wochen später …

Mit klammen Fingern legte Lorenz Holz nach. Aus halb geschlossenen Augen beobachtete er, wie die Flammen die Scheite umzüngelten, an ihnen leckten und das Holz schließlich anfraßen. Er schloss die Ofentür und ließ sich wieder in den Lehnstuhl sinken, den er nah ans Feuer gestellt hatte. Er wickelte sich in seine Decke und hörte eine Weile dem Bullern des Ofens zu. Es musste schon mitten am Vormittag sein. Er sollte etwas essen. Doch er hatte keinen Hunger. Wo war der Whisky? Fast verächtlich goss sich Lorenz ein Glas ein und kippte es hinunter. Dankbar fühlte er, wie der Alkohol seine Gedanken vernebelte. Nicht nachdenken. Nicht erinnern.

Ein wenig später quälte er sich wieder auf, trat vor die Hütte und blickte über den See, der still in der bleichen Januarsonne dalag. Die Bäume am Ufer ragten wie Scherenschnitte auf. Von innen ertönte Gebimmel. Jemand rief an, wahrscheinlich wieder Carolina. Oder der Sender. Zur Hölle mit ihnen allen.

Lorenz ging in die Hütte zurück, sah auf sein Handy – es war Tamara gewesen. Seine treue Assistentin. Als er sich ohne ein Wort aus dem Staub gemacht hatte, hatte sie ihn kurzerhand geortet, denn bereits zwei Tage nach seiner Ankunft in der Hütte war sie mit einer Tasche vor ihm gestanden, in die sie Kleider, Waschzeug und Dosenmahlzeiten gepackt hatte. Sogar einen kleinen batteriebetriebenen Wasserkocher hatte sie mitgebracht und den Verwalter gebeten, alle zwei Tage Brennholz und Whisky zu bringen. Dann war sie wieder abgefahren und hatte versprochen, sich nur zu melden, wenn es wirklich wichtig war. Er brachte nicht genug Kraft auf, zurückzurufen. Er würde ohnehin kein Wort über die Lippen bringen. Tamara würde warten müssen.

Die Erinnerungen brachen ohne Vorwarnung über ihn herein, leuchteten in seinem Kopf auf wie Blitze, zuckten durch seinen Körper, der sich wie unter Schmerzen wand. Abeds starres, bleiches Gesicht. Die weiße Wand mit den verzerrten Schatten dahinter. Bahar Al-Zahidi, blass und ohnmächtig. Der Knochenbrecher, der sie aus dem Justizpalast trug. Lorenz, der ihnen hinterherrannte. Drei bullige Security-Leute, die auf ihn zukamen, ihn packten. Lorenz, wie er erfolglos versuchte, sich aus deren Griff zu befreien und hilflos zusehen musste, wie Abdul Zeyman mit Bahar auf den Armen aus seinem Blickfeld verschwand. Ein neuer Blitz. Lorenz, der wie ein Wilder versuchte sich zu befreien und wie ein Wahnsinniger schrie. Das Kamerateam, das ihm nachgerannt war und die Szene live in die Arena übertrug, aus der man Lorenz' Stimme über die Lautsprecher dröhnen hörte: »Lasst mich, ihr Mörder! Ihr seid Dreck! Verrecken sollt ihr alle!« Die Security-Leute, die ihn daraufhin vor Schreck losließen. Tamara, die ihm nachgerannt sein musste und ihn schockiert anstarrte. Sein eigenes Keuchen, wie er hinausrannte zum Quadroport, wo sein treuer Pilot, der alles live verfolgt haben musste, schon die Maschine gestartet hatte. Die Lichter seiner Villa in Bad Homburg, das Garagentor, auf das er wie eine aufgezogene Spielpuppe zustakste, sich in seinen Jaguar setzte und nur noch ein Wort krächzte: »Spreewaldhütte.«

Es war das letzte Wort gewesen, das er für Wochen sprechen sollte. Lorenz war stumm geworden. Mit dem Verwalter, der pflichtbewusst jeden zweiten Tag vorbeischaute, Whisky und Brennholz nachschichtete, verständigte er sich durch Kopfnicken. Lorenz hatte keine Worte mehr. Seine wirksamste Waffe hatte versagt. Sein Freund Abed war tot. Er war so arrogant gewesen, zu glauben, er könnte Abed freibekommen, er könnte gegen das abgekartete Spiel – und das war es doch – bestehen. War es nicht genau das, was er nach dem Gespräch mit Reichmann hätte verstehen müssen? Dass er keine Chance hatte, egal was passiert? Doch er hatte es nicht sehen wollen. Und er hatte Abed nicht retten können. Nicht retten können. Nicht retten können …

Stunden-, tage-, wochenlang hämmerten diese Worte nun schon in seinem Kopf. Und immer öfter drängte sich eine zweite Stimme in seine Gedanken: »Kehren Sie um, Lorenz, bevor es zu spät ist.« Wie recht er doch gehabt hatte, der Professor. Warum nur hatte er nicht auf ihn gehört? Was war nur aus ihm geworden, dass er dachte, er könne über den Dingen stehen?

Und mit noch einer Sache hatte der Professor recht gehabt. Lorenz hätte das Mandat nie annehmen dürfen. »Sie sind mit Abdelkarim Al-Zahidi persönlich verbunden. Aber Freunde verteidigt man nicht.« Er war emotional in die Sache verstrickt gewesen. Und nicht nur das, er war davon überzeugt gewesen, er könne sich selbst in dieser Situation einschätzen. Dabei hatte er sich völlig von seinen Gefühlen beherrschen lassen – von gekränkter Eitelkeit, weil Abed ihm Informationen vorenthielt. Vielleicht sogar von Eifersucht, weil er mehr sein wollte für Abed als der freundschaftlich verbundene Anwalt. Wie hatte der Professor es ausgedrückt? »Ist Abdelkarim Ihr Freund? Oder haben Sie sich da in etwas hineingesteigert?« Der Alte hatte den Nagel auf den Kopf getroffen: Lorenz hatte in Abed den Bruder gesucht, den er sich immer gewünscht hatte. Nur deshalb hatte er Abed im Grillrestaurant eine Szene gemacht und der Staatsanwältin den möglicherweise entscheidenden Beweis für Abeds Schuld auf dem Silbertablett serviert.

Die Frage, wie die Seyloff an die Aufnahme herangekommen war, tauchte immer wieder im Whiskynebel auf, wurde jedoch ständig von Selbstvorwürfen überlagert, die Lorenz durch immer noch mehr Alkohol nährte. Seine ganze Welt lag in Trümmern. Und Abed – tot, verraten vom eigenen Sohn. Warum? Warum hatte Jamal Abed nicht entlastet? Warum hatte er seinen Vater ans Messer geliefert und Al Amal noch dazu? Warum hatte er der Regierung in die Hände gespielt? Sosehr Lorenz sich auch den Kopf zermarterte, er fand keine Erklärung. Das Denken fiel ihm schwer in dem Nebel aus Alkohol und Selbstmitleid, in dem er keinen Ausgang aus der selbstzerstörerischen Spirale fand. Er war nur noch ein Schatten seiner selbst, wobei er gar nicht mehr sagen konnte, ob er überhaupt wieder der Lorenz sein wollte, der er bis zu Abeds Prozess gewesen war. Ein Hampelmann, der für Geld die Augen verschloss vor einem kaputten, menschenverachtenden System. Einer, dem die Form wichtiger geworden war als der Inhalt.

Lorenz ertrug sich selbst kaum und andere gar nicht mehr. Er wollte niemanden sehen, nicht einmal Carolina. Seine Ehe war ein Witz. Sein ganzes Leben war ein Witz. Doch um ihn herum hatten alle stets applaudiert, hatten ihn bestärkt auf seinem Weg. Alle, bis auf den alten Professor. Lorenz sah ihn immer noch vor sich, wie er ihm von seiner Haustür aus nachgesehen hatte, traurig, enttäuscht von seinem einstigen Vorzeigestudenten. Lorenz hatte alles verraten, was der Professor ihn zu lehren versucht hatte. Und am Ende verloren.

Von draußen hörte er einen Geländewagen. Das musste der Verwalter sein. Doch der war am Morgen bereits da gewesen. Lorenz rührte sich nicht. Wenige Sekunden später klopfte es. »Herr van Bergen?« Der Verwalter öffnete vorsichtig die Tür. »Entschuldigen Sie die nochmalige Störung«, sagte er. Er war kalkweiß im Gesicht. »Aber sehen Sie hier die Nachrichten?« Lorenz schüttelte den Kopf. »Ihre Assistentin hat mich angerufen, ich soll es Ihnen sagen. Bitte schalten Sie ein«, sagte der Mann eindringlich. »Sie müssen das sehen, es geht um Ihre … Ihre Freunde da … in Neu-Essen … Die marschieren dort ein …«

Lorenz starrte den Mann blöde an.

»Schalten Sie ein, Herr van Bergen«, wiederholte der andere noch einmal, nickte ihm zu und ging wieder zu seinem Wagen.

Lorenz schloss die Tür. Er nahm sein Handy, setzte zu sprechen an, bekam nur ein Krächzen heraus, räusperte sich und versuchte es noch einmal. »*Stream…*«, krächzte er. »*Streamnet 24/7.*«

In der rechten oberen Ecke blinkte der Hinweis »Live aus Neu-Essen«. Lorenz erkannte das Südtor, die Kamera schwenkte über die Mauer, auf der bewaffnete Männer reglos verharrten. Aus dem Off ertönte eine sonore Stimme. »Es ist jetzt zwölf Uhr eins. Die Bundesregierung hat die Annexion der Autonomen Zone Neu-Essen für heute zwölf Uhr Mittag angekündigt und die interimistische Führung zur Evakuierung der Bevölkerung aufgefordert. Das ist bisher nicht geschehen. Die Bewohner von Neu-Essen verharren in ihren Häusern. Die Bundesregierung ließ soeben bekannt geben, dass die Annexion dennoch wie geplant durchgeführt wird.«

Ungläubig starrte Lorenz auf die Militärfahrzeuge, Truppen in Habachtstellung, zwei Panzer. Die wollten tatsächlich in Neu-Essen einmarschieren? Aber wenn sie das wirklich vorhatten, warum waren da nur ein paar Hundert Mann und zwei mickrige Panzer?

»Nach wochenlangen Diskussionen und Verhandlungen macht die Bundesregierung ihre Ankündigung wahr«, hob der Kommentator von Neuem an. Schnitt auf eine Aufnahme des Bundeskanzlers Achim Schacke, der mit der Faust aufs Pult schlug. »Die Ermordung des Bundesinnenministers Hermann Hackner durch den Clan-Chef Abdelkarim Al-Zahidi stellte die letzte Provokation dar«, wetterte er. »Wir müssen den Tatsachen ins Auge blicken. Wir haben einen Fehler gemacht, als wir der Gründung eigener Städte für die muslimische Bevölkerung zugestimmt haben. Diesen Fehler werden wir korrigieren. Wir werden das Experiment der Autonomen Zonen, dieser Brutstätten brutaler Gewalt, beenden – mit oder ohne Kooperation der Bewohner. Mit dem Reich der Al-Zahidis, mit Neu-Essen, fangen wir an.« Applaus, Blitzlichtgewitter. Schnitt zurück aufs Südtor von Neu-Essen, wo eine lange Reihe von Kamerateams und Fotografen aufgebaut war. Die Zerstörung eines Traums als Live-Spektakel.

Lorenz schüttelte den Kopf. In den paar Wochen seit seiner Flucht in den Spreewald hatte sich die Situation zugespitzt, die Regierung hatte mit Abeds Verurteilung nun den besten Grund, ihre Drohungen wahr zu machen. Lorenz lehnte das Handy gegen die halb leere Whiskyflasche auf dem Tisch und füllte den Wasserkocher. Es war Zeit, aufzuwachen.

Während er Instantkaffeepulver in eine Kanne rieseln ließ und wartete, dass das Wasser blubberte, hörte Lorenz weiter zu. »Das war offenbar das Signal«, sagte der Kommentator gerade. »Es ist wichtig zu bemerken, dass die Annexion von Neu-Essen eine rein formelle Angelegenheit werden dürfte. Die Autonome Zone gilt bis auf die Security-Mannschaften zur Bewachung der Tore als waffenfrei«, fuhr der Kommentator fort. »Das Militär ist mehr oder weniger eine symbolische Geste der Bundesregierung, um die Annexion offiziell zu begleiten. Ja, und tatsächlich nähert sich nun ein Militärfahrzeug dem Schlagbaum am Südtor …« Waffenfrei? Symbolische Geste? Lorenz wunderte sich, schließlich musste der Staatsschutz über die Aufrüstung doch bestens Bescheid wissen. Außerdem gab es regelrechte Invasionspläne, er hatte sie schließlich selbst gesehen. War die Regierung von ihrem Konfrontationskurs abgerückt? Oder wussten die Deutschen am Ende doch nicht so genau, über wie große Truppenstärken Al Amal tatsächlich verfügte – und zogen nun mit Sang und Klang in eine bis an die Zähne bewaffnete Clan-Stadt ein?

Jetzt sah man, wie einer der beiden Panzer gemächlich auf das Tor zurollte, den Schlagbaum wie ein Streichholz umknickte und durch die Mauern in die Autonome Zone hineinrollte. »Sie sehen, keine Reaktion aus Neu-Essen, die Männer verharren weiterhin auf den Mauern. Ja, meine Damen und Herren, damit dürfte die Annexion offiziell eingeläutet sein …«, leierte der Kommentator herunter, als begleite er eine Truppenparade.

Was für eine Schmierenkomödie, dachte Lorenz und goss kochendes Wasser in die Kanne. Und natürlich mussten sie die Medien einladen, die fleißig draufhielten. Eine weitere Demütigung für die Bewohner von Al Amal – und für alle, die gehofft hatten, in die dritte Autonome Zone ziehen zu dürfen, die Abed gründen wollte. Lorenz dachte an die Schlangen von Menschen, die auf Einlass nach Neu-Essen gewartet hatten. Was würde nun aus ihnen werden? Bei der Gesetzeslage waren sie zu einem Dasein als weitgehend Rechtlose verurteilt. Lorenz war sich sicher, dass die ZTP etwas im Schilde führte. Die Auflösung Neu-Essens würde nicht die einzige Maßnahme bleiben. Wahrscheinlich würden sie Neu-Berlin ebenfalls von der Landkarte streichen. Und dann? Sieben Millionen Menschen aus dem Land werfen?

Beunruhigt setzte sich Lorenz mit seiner Tasse an den Tisch. Vor seinen Augen zerplatzte Abeds Traum live im TV. Gut, dass er das nicht mehr miterleben muss, dachte Lorenz, während er zusah, wie eine Kolonne von Bundeswehrsoldaten sich durch das Südtor schob. Er fand es seltsam, dass nicht wenigstens ein paar Bewohner von Neu-Essen dagegen protestierten. Doch es war niemand zu sehen, wie ein Kameraschwenk zeigte. Selbst die Mauern, auf denen noch wenige Augenblicke zuvor Männer mit Maschinengewehren gestanden hatten, waren nun leer.

Da war doch etwas faul. Lorenz konnte nicht genau sagen, was ihn an den Bildern störte. Sein Gehirn war noch vernebelt von der wochenlangen Sauferei, doch sein Bauchgefühl sagte ihm, dass da etwas überhaupt nicht stimmte.

»Wir erleben hier das Ende eines Experiments des Guten Willens, für das die Bundesrepublik weltweit gleichermaßen gelobt und kritisiert wurde«, sagte der Kommentator aus dem Off. »Während die Bundeswehr die Straßen in der Autonomen Zone zu sichern beginnt, ist der interimistische Bundesinnenminister Ferdinand Boderdingen auf dem Weg hierher, um die Annexion Neu-Essens offiziell für durchgeführt zu erklären. Wie ich soeben von Kollegen erfahren habe, hätte Herr Boderdingen allerdings längst hier sein sollen, er wurde offenbar aufgehalten. Wir werden noch erfahren …«

Doch was der Kommentator noch erfahren wollte, war nicht mehr zu hören, denn plötzlich ertönte von innerhalb der Mauern ein dumpfer, ohrenbetäubender Knall. Mit wachsendem Entsetzen sah Lorenz zu, wie eine gelbe Rauchwolke aus dem Südtor quoll, die Formation der einziehenden Truppen sich auflöste und die Soldaten sich röchelnd an die Kehle griffen und binnen Sekunden wie tote Fliegen zu Boden fielen.

»O mein Gott!« Der Kommentator hatte seine Sprache wiedergefunden. »Aus der Autonomen Zone kommt etwas, das wie ... ja, das muss eine Art Gas sein, ein Kampfgas ... Die Soldaten fallen einfach um, das darf doch nicht wahr sein!« Der Mann brabbelte weiter, doch Lorenz hörte nichts mehr. Er sah nur mit offenem Mund zu, wie der zweite Panzer der Bundeswehr schwerfällig auf das Südtor zuhielt und eine Salve durchs Tor schoss. Von innerhalb Neu-Essens hörte man einen weiteren dumpfen Knall, Rauch stieg über den Mauern auf, wenige Sekunden später ein Zischen. Aus dem Tor kam eine Granate geflogen und jagte den Panzer vor den Augen der versammelten Weltpresse in die Luft.

Zwanzig Minuten später saß Lorenz immer noch wie angenagelt vor seinem Handy. Die Regierung hatte ihren Fehler schnell erkannt und Verstärkung angefordert, denn über Neu-Essen waren binnen Minuten Militärquadrokopter aufgetaucht. Sekunden später ein Blitzen aus der Richtung des Gasometers, und zwei der Quadros gingen in Flammen auf, hingen als Feuerbälle noch ein paar Sekunden am Himmel und krachten dann in die Tiefe. Trümmer bohrten sich vor den aufgepflanzten Kameras in den Boden. Zugleich erschienen auf den Mauern Männer in Atemschutzmasken und Schutzanzügen, die aus seltsamen Waffen mit dicken Rohren große Kugeln schossen. Noch mehr gelbe Wolken, Menschen, die nach Luft schnappend zu Boden gingen. Die lange Reihe der Medienvertreter verfiel in Panik, Reporter und Kameraleute stoben auseinander, manche von ihnen stolperten und krochen den Hügel zur Knappenhalde hinauf. Das Bild kippte, offenbar war eine der Live-Kameras des Senders umgefallen und zeigte nun in Großaufnahme das Gesicht eines am Boden liegenden Reporters, dessen aufgerissene Augen ins Leere starrten. Der Kommentator schrie irgendetwas, in völlige Hysterie verfallen, Lorenz verstand kein Wort, er schaltete in blankem Entsetzen das Handy aus und warf es quer durch die Hütte.

Seine Hände zitterten. Die Tasse lag zerbrochen am Boden. Panisch stand er mitten im Raum und versuchte einen klaren Gedanken zu fassen. Was sollte er tun? Konnte er überhaupt etwas tun? Denk nach, Lorenz, denk nach! Er raufte sich die Haare, sein Gehirn funktionierte immer noch nicht, wie es sollte. Scheiß Whisky. Lorenz spürte, wie ein Tobsuchtsanfall ihn erfasste. Er trat den Stuhl um, erblickte den tönernen Krug, den ihm Abed bei seinem Besuch geschenkt hatte. Von Bahar. »Scheiße!«, schrie er so laut er konnte, es klang, als brüllte ein Tier. Er nahm den Krug und schmiss ihn mit aller Kraft gegen die Wand. »Scheiße, elende Schei…«

Mitten in seinem Anfall brach er ab. Zwischen den tönernen Scherben lag etwas. Vorsichtig trat Lorenz näher, bückte sich schwerfällig und hob es auf. Eine schwarze Schachtel. Er hob den Deckel und zog einen Datenstick heraus. Schon wieder ein Datenstick? Was zur Hölle war das? Das Ding musste die ganze Zeit in dem Krug gesteckt haben. Hatte Bahar den Stick hineingetan?

Lorenz sah sich um. Er hatte kein Tablet dabei, aber das hätte auch gar keinen Anschluss dafür gehabt. Dann kam ihm eine Idee. Er rannte aus der Hütte zu seinem Jaguar, ließ das Computersystem starten und sah sich suchend im Cockpit um. Etwas versteckt in einer abgesenkten Öffnung waren Anschlüsse für verschiedene Datenträger. Er dankte Tamara im Stillen dafür, dass sie auf die Komplettausstattung beharrt hatte, obwohl sie komplett überflüssig schien. Er hatte sie dafür nur ausgelacht. Jetzt würde er sie dafür am liebsten küssen. Mit zitternden Händen steckte er den Stick ein. Das Display leuchtete auf. »Video abspielen?«, ertönte die sonore Stimme des Bordcomputers. »Ja, verdammt!«, schrie Lorenz mit sich überschlagender Stimme. Der Computer verstand ihn trotzdem. Auf dem Display erschienen verwackelte Bilder, die ihm bekannt vorkamen. Goldenes Mobiliar. Riesige Fenster, hinter denen Flugzeuge gemächlich hin und her rollten. Wo hatte er das schon mal gesehen? Ein Mann kam ins Bild. Bassam Abou Tahrir, der Clan-Chef aus Neu-Berlin. Hinter ihm Männer in grauen Anzügen. Und da verstand Lorenz, was er gerade sah – die Aufnahme, die Staatsanwältin Seyloff bei Abeds Prozess gezeigt hatte. Bassam Abou Tahrir in seinem weißen Gewand, die Herren in den Anzügen, diesmal unverpixelt. Lorenz entfuhr ein erschrockener Laut, als er Ferdinand Boderdingen erkannte, den Vorsitzenden der Zero-Tolerance-Partei, der in seiner Villa gewesen war. Und da saß Abdelkarim Al-Zahidi neben Abdul Zeyman, seinem Bodyguard und Vertrauten.

»Der beste Ort ist Nürnberg«, hörte man Ferdinand Boderdingen sagen. »Er hält dort am 14. Oktober eine Rede. In der Menschenmenge kann man sich unbemerkt anschleichen und auch wieder verschwinden.«

»Es ist also entschieden«, hörte man nun Bassam Abou Tahrir. »Abdelkarim, du bist für mich wie ein Sohn. Ich vertraue darauf, dass du das Problem für uns lösen wirst.« Abed nickte, und der Alte fragte ihn: »Was wirst du tun?«

Abed räusperte sich. »Wir werden Hackner aus dem Verkehr ziehen. Überlass das uns.«

»Ich vertraue dir«, sagte Abou Tahrir. »Aber achte darauf, dass alles richtig läuft. Unsere Zukunft hängt von deinem Erfolg ab.«

An dieser Stelle war das Video in der Justizarena abgebrochen. Doch diese Aufnahme lief weiter. Abed erhob sich und kam auf die Handykamera zu. Im Hintergrund sah man das Geschehen draußen, und nun begriff Lorenz, wo sich die Leute befanden. Auf dem Abou-Tahrir-Flughafen. Wahrscheinlich in irgendeiner VIP-Lounge. Das Bild wackelte, dann wurde es schwarz, doch der Ton lief weiter. Man hörte, wie sich die Männer verabschiedeten, es wurde ruhig, eine Weile hörte man nur Schritte. Dann Abeds Stimme: »Ihr habt gehört, was ich gesagt habe. Wir werden Hackner aus dem Verkehr ziehen. Wir werden ihn aber nicht töten, wie Boderdingen verlangt hat. Wir entführen ihn vor seiner Fahrt nach Nürnberg und verstecken ihn in unserem Gefängnis in Al Amal. Dort bleibt er, bis wir eine Lösung gefunden haben.« Eine zweite Stimme war zu hören, aber nur unverständliches Gemurmel. Dann sprach Abed weiter: »Nein. Den Innenminister umzubringen bedeutet Krieg. Das müssen wir unbedingt verhindern, sonst sind wir und Al Amal erledigt. Uns fällt schon etwas ein. Hast du verstanden?«

»Ja, Vater.«

Lorenz warf sich überrascht in seinem Sitz zurück und starrte das schwarze Display an. Dann spürte er, wie sich grenzenlose Enttäuschung in ihm ausbreitete. Es war Abeds Sohn Jamal.

Lorenz war nun völlig nüchtern. Sein Verstand funktionierte wieder. »Noch einmal von vorn«, sagte er laut, als wäre er in einer Teambesprechung. Das half ihm beim Nachdenken. »Das Video hat Jamal Al-Zahidi aufgenommen. Er ist also bei diesem Treffen am Flughafen in Neu-Berlin dabei gewesen. Er hat gehört, was sein Vater gesagt hat und dass er vorhatte, Hermann Hackner nicht zu töten. Frage eins: Warum hat Jamal Al-Zahidi seinen Vater in der Arena nicht entlastet?« Er überlegte kurz. »Frage zwei: Hat Jamal Al-Zahidi der Staatsanwaltschaft das bearbeitete Video geschickt? Und steckt er auch hinter dem Video aus dem Grill-Restaurant? Was uns zu Frage drei bringt: Was zur Hölle ist mit diesem kleinen Arschloch los, das seinen eigenen Vater verrät?«

Abed hatte die Wahrheit gesagt. Das ungeschnittene Video bewies es. Er hatte vorgehabt, den Innenminister vor dem geplanten Attentat zu bewahren. Einem Attentat, zu dem er von Abou Tahrir und von Hackners eigenem Parteichef angestiftet worden war.

Lorenz machte sich bittere Vorwürfe, Abed nicht geglaubt zu haben. Hätte er seinem Freund vertraut, hätte er Abed nicht in dem verdammten Grillrestaurant konfrontiert und ihn der Staatsanwältin auf dem Silbertablett serviert. Der türkische Inhaber musste mit Jamal unter einer Decke stecken. Aber warum opferte Jamal bereitwillig Al Amal und ließ seinen Vater hinrichten?

Nun verstand Lorenz auch, warum Abed in der Justizarena richtiggehend verfallen war. Ihm musste sofort klar geworden sein, dass es sein Sohn gewesen war, der das Video aufgenommen und dem Gericht zugespielt hatte. Sein Freund war weiß wie eine Wand.

Hier lief ein Spiel, das Lorenz nicht annähernd verstand. Und er selbst war zur Spielfigur geworden: Es war wohl Jamal gewesen, der ihm die Chipkarte zum Gefängnis von Al Amal ins Gästezimmer gelegt hatte. Er war für die Sicherheit verantwortlich, es musste ihm ein Leichtes gewesen sein, eine der Zugangskarten abzuzweigen und dafür zu sorgen, dass niemand unten war, wenn Lorenz auftauchte. Es musste auch Jamal gewesen sein, der ihn zum Tetraeder bestellt hatte, um ihm das belastende Material über seinen Vater zu übergeben. Er hatte wohl gehört, wie Bahar ihren Lieblingsspruch aufsagte – ja, richtig, erinnerte sich Lorenz nun, Jamal war während seines Gesprächs mit Bahar auf dem Gasometer hinter ihnen aufgetaucht. Er musste alles gehört und beschlossen haben, dass Lorenz auf eine Nachricht, die scheinbar von Bahar kam, sofort reagieren würde. Und Lorenz war wie ein Schuljunge drauf reingefallen. Und nicht nur das: Die Informationen hatten ihn gegen Abed aufgebracht und seinen Blick vernebelt. Wie dumm er gewesen war.

Schließlich musste es auch Jamal gewesen sein, der Hermann Hackner aus der Zelle geholt und auf der Knappenhalde gehängt hatte, gemeinsam mit seinen Getreuen. Lorenz erinnerte sich, wie Jamal bei der großen Konfrontation im Grillrestaurant plötzlich nervös geworden war und gemeint hatte, er müsse los, einen Krisenplan erstellen. Natürlich – Jamal hatte den Auftrag der Verschwörer vom Flughafen Neu-

Berlin ausgeführt, nachdem sein Vater betont hatte, dass er Hackner nicht töten würde. Und dann vor Millionen von Zuschauern und vor seiner eigenen Mutter behauptet, er könne sich nicht erinnern, wie sein Vater die entlastenden Worte gesprochen hatte. Er hatte seinen Vater mit voller Absicht in den Tod geschickt.

Und Jamal musste nun auch den Befehl gegeben haben, den deutschen Panzer in die Luft zu jagen. Jamal war der Verantwortliche fürs Waffenarsenal, mit Sicherheit gab er inzwischen in Neu-Essen den Ton an.

Alle Fragen zu Jamals Handeln ließen sich auf eine einzige Frage verdichten: Warum? Warum hatte er sich gegen seinen Vater verschworen, wenn er damit doch alles aufs Spiel setzte? Seine Familie, sein Zuhause, seine Freiheit, seine eigene Zukunft? Lorenz wusste um den Idealismus der Jugend. Jamal war nicht einmal zwanzig, noch ein Teenager. In diesem Alter waren Menschen normalerweise am idealistischsten, am klarsten in ihren Prinzipien. Später schliff sich alles ab, die Bequemlichkeit setzte ein und eine gewisse Ernüchterung. Jamal musste einen triftigen Grund gesehen haben, seinen eigenen Vater zu verraten.

Und wie genau war die Regierung in das Ganze involviert? Warum wollte der Vorsitzende der ZTP seinen eigenen Innenminister loswerden, wie das Video vom Flughafen zeigte? Dass Boderdingen Hackners Nachfolge als Innenminister angetreten hatte, konnte jedenfalls kein Zufall sein.

Einmal mehr bereute Lorenz, dass er keinen Kontakt zu Bahar Al-Zahidi hatte. Sie würde seine Fragen vielleicht beantworten können. Doch der Knochenbrecher hatte sie in höchster Eile aus der Arena geschafft. Warum diese Hast? Er ging noch einmal die Namen durch, die bei dem Treffen in Berlin dabei waren:

Bassam Abou Tahrir
Ferdinand Boderdingen
Abdelkarim Al-Zahidi

Jamal Al-Zahidi
Abdul Zeyman

Natürlich. Abdul Zeyman, der Knochenbrecher, war bei der Unterredung mit Bassam Abou Tahrir ebenfalls dabei gewesen. Und er war in der Justizarena im Publikum, als das geschnittene Video vorgeführt wurde. Er musste sofort begriffen haben, dass es von Jamal kam. Deshalb hatte er Bahar weggeschafft – er wollte sie vor ihrem eigenen Sohn schützen, der zum Verräter geworden war.

Aber warum hatte Abed nicht wenigstens versucht, zu erklären, was wirklich geschehen war? Wusste er um die Beweise auf dem Stick aus dem Krug? Und warum hatte er Lorenz diese nicht direkt gezeigt? Der seltsame Ehrbegriff seines Freundes war Lorenz stets unverständlich geblieben, aber er meinte eine Ahnung davon zu haben, was in Abed vorgegangen sein musste. Er musste geahnt haben, dass sein Leben vorbei war, und wollte Bahar nicht auch noch den Sohn wegnehmen. So musste es gewesen sein.

Trotzdem. In dieser Sache gab es zu viele Unbekannte. Und jetzt diese Farce von einer Invasion. Viel zu leicht bewaffnete Truppen, eine Regierung, die in ihrer Eitelkeit Hunderte von Männern achtlos in den Tod schickte – und beinahe den zweiten Innenminister innerhalb weniger Wochen.

Lorenz hielt inne. Was hatte der Nachrichtensprecher gesagt? »Der Innenminister verspätet sich.« Natürlich, Boderdingen musste gewusst haben, dass Neu-Essen schweres Kriegsgerät und Kampfgas besaß, er hatte Lorenz selbst gesagt, dass er vom Staatsschutz unterrichtet wird. Er musste den Moment der Annexion also bewusst verpasst haben. Hatte er dieses ganze Spektakel etwa absichtlich inszeniert? Steckten er und Jamal unter einer Decke – und wenn ja, was war ihr gemeinsames Ziel damit?

Die Sache stank zum Himmel. Ein paar Augenblicke starrte er einfach ins Nichts. Dann stieg er aus, ging zurück in die Hütte und begann, seine Sachen zusammenzusuchen.

Schluss mit dem Selbstmitleid. Als Erstes musste er Bahar finden. Sie musste den Datenstick in dem Krug versteckt haben. Aber warum das ganze heimliche Theater?

Lorenz nahm sein Handy: »Anruf Tamara.«

Sie war sofort dran. »Lorenz, verdammt, ich mache mir Sorgen. Hier ist die Hölle los …«, rief sie, doch er fuhr einfach dazwischen.

»Tamara, hat Bahar Al-Zahidi sich bei dir gemeldet?«, fragte er eindringlich, während er seine Jacke suchte.

»Nein, niemand, ich habe zwar versucht sie zu erreichen, weil ich dachte, du bist vielleicht bei ihr, aber ich habe nur die Nummer von Abdelkarim Al-Zahidi.«

»Hast du es dort versucht?«

»Ja. Sein Sohn war dran und hat mich abgewimmelt. Seitdem ist die Nummer tot.«

»Okay, ich steige jetzt ins Auto und komme, wir treffen uns in der Kanzlei. Ich habe neue Beweise. Abed hatte nie vor, Hackner zu ermorden.«

»Okay, ich warte hier. Und … Lorenz?«

»Was denn?«

»Der alte Schmidt ruft seit Tagen an. Er will mit dir reden.«

»Okay, ich melde mich bei ihm. Bis bald.«

Lorenz schloss die Hütte ab, schickte eine Nachricht an den Verwalter, dass er abgereist sei, und hechtete in seinen Wagen. Er nahm im Cockpit Platz, sagte »Kanzlei, Frankfurt« und trommelte ungeduldig mit den Fingern an die Scheibe, als der Wagen gemächlich wendete und den Feldweg entlangrumpelte. Dann rief er Professor Schmidt an.

»Mein Junge, geht es dir gut?«, fragte der Alte besorgt.

Lorenz bemerkte, dass der Professor ihn plötzlich duzte, und es tat ihm gut.

»Ich bin okay«, sagte er. »Ich bin auf dem Weg in die Kanzlei in Frankfurt. Es gibt neue Erkenntnisse im Fall Al-Zahidi. Hier ist eine

Riesensauerei im Gange, weit größer, als ich bisher geahnt habe.« Er umriss in wenigen Sätzen, was er herausgefunden hatte. »Ich bin mir sicher«, schloss er, »dass es innerhalb der Regierung eine Verschwörung gibt. Jamal Al-Zahidi ist Hackners wahrer Mörder, aber das ist nicht alles auf dem Mist der Clans gewachsen. Da steckt etwas Größeres dahinter. Nur warum und mit welchem Ziel ist mir schleierhaft.«

Der Professor hörte zu, und als Lorenz geendet hatte, sagte er nachdenklich: »Also habe ich mich geirrt, und Abdelkarim Al-Zahidi war unschuldig.«

»Ist mir auch passiert«, sagte Lorenz versöhnlich.

»Ich schlage vor«, fuhr der Professor fort, »dass wir ab nun gemeinsame Sache machen und Al-Zahidi rehabilitieren. Komm so schnell wie möglich zu mir nach Wiesbaden!«

»Unbedingt«, sagte Lorenz und fühlte sich plötzlich viel leichter. »Ich muss davor aber noch nach Neu-Essen, um mit Bahar Al-Zahidi zu sprechen. Danach komme ich sofort nach Wiesbaden.«

Er verabschiedete sich und fühlte sich wesentlich gestärkter. Er verehrte den Professor, das konnte er sich jetzt, nach diesen Tagen und Wochen, in denen sein Leben auf den Kopf gestellt worden war, endlich eingestehen. Die Meinung des alten Haudegens war ihm wichtig, und ihn nun an seiner Seite zu wissen beruhigte ihn trotz der angespannten Lage immens.

Er atmete tief durch. Dann legte er die Hand aufs Herz. »Abed, ich schwöre dir, ich werde die ganze Wahrheit herausfinden«, sagte er laut. Vielleicht hörte Abed ihn dort, wo er jetzt war. Sie hatten nie über ihre Vorstellungen über ein Leben nach dem Tod gesprochen. Sie hatten über so vieles nicht gesprochen. Ihre eben erst im Entstehen begriffen gewesene Freundschaft, zertrampelt in den Wirren der Geschehnisse. Er spürte einen Kloß im Hals. Wie gerne hätte er Tränen für seinen toten Freund vergossen. Doch einmal mehr stellte Lorenz fest, dass er über die Jahre verlernt hatte, wie man weint.

Kapitel 19

Sonntag, 8. Januar 2045, 11.00 Uhr, Neu-Essen

Jamal Al-Zahidi stand am Fenster eines der Hochhausapartments und sah auf die Straßen von Al Amal herunter, wo einige Bewohner sich hervorgewagt hatten und nun den Schutt wegräumten. Die Kämpfe hatten bis in die Abendstunden gedauert. Die Bundeswehr hatte Verstärkung angefordert, nach erbittertem Gegenfeuer von Jamals Leuten jedoch den Rückzug angetreten.

Die deutsche Regierung hatte offiziell um Waffenruhe gebeten, um eine noch größere Katastrophe zu verhindern. Schließlich sah die ganze Welt zu. Die Militärquadrokopter hatten sich zurückgezogen, aber vor den Mauern der Halal-Stadt wurden Truppen zusammengezogen, schweres Kriegsgerät stand dort bereit, keine Spielzeugpanzer wie am Vortag. Die Almans wollten verhandeln, wie Boderdingen es geplant hatte. Jamal wusste, dass sie nicht viel Zeit hatten. Aber die deutsche Regierung hatte den Ernst der Lage begriffen. Sie waren im Krieg. Auf dem Platz legten seine Männer Leichen deutscher Soldaten in Reih und Glied auf. Die Toten waren wertvoll für die Verhandlungen, die bald beginnen würden.

»Du hast deine Aufgabe gut gemacht«, sagte einer hinter ihm auf Deutsch. Jamal drehte sich um. Sein engster Kreis war mit ihm in den zwanzigsten Stock des heruntergekommenen Hochhauses gefahren, um den entstandenen Schaden von oben zu besehen. Junge Männer wie er, mit brennenden Augen und stolzen Gesichtern. Mitten unter ihnen der Mann, der gerade gesprochen hatte – Mitte vierzig, groß gewachsen, mit auffallend schwarzem Haar und graugrünen Augen in einem blassen Gesicht. Jamal nickte nur. Dann wandte er sich wieder zum Fenster. Draußen war es schon dämmrig, und für einen Moment schien alles friedlich und still.

»Bassam Abou Tahrir hat sich wie erwartet von dir losgesagt«, fuhr der Mann fort. Jamal nickte nur. Der Clan-Chef von Neu-Berlin würde nicht mit den Leuten arbeiten, die seinen Neffen Abdelkarim ans Messer geliefert hatten – obwohl sie Bassams Auftrag ausgeführt und den Plan wie besprochen zu Ende gebracht hatten. Eine derartige Rebellion von innen wurde nie gutgeheißen, nicht gegen die eigenen Oberhäupter. Abed hätte sich Bassam gegenüber verantworten müssen, aber das, was Jamal getan hatte, war mit dem Ehrenkodex der Clans nicht vereinbar.

Von jetzt an, das wusste er, hatte er einen weiteren, erbitterten Feind. Doch er musste die alten Ketten sprengen. Er gehörte nicht mehr zu Abdelkarim Al-Zahidi und auch nicht zu Bassam Abou Tahrir. Seine Leute, das waren jetzt Ali Albayrak, der türkische Inhaber des Grillrestaurants, der die ganze Zeit im Hintergrund die Fäden gezogen hatte, und die jungen Männer, die ihm ihre Gefolgschaft geschworen hatten.

Der große Mann mit dem blassen Gesicht, den er nur als »Kurt« kannte, betrachtete ihn aufmerksam. »Bist du bereit für die nächste Stufe?«, fragte er mit ernster Miene.

Wieder nickte Jamal. »Ich bin bereit.«

Der andere lächelte zufrieden. »Wir sind sehr stolz auf dich«, sagte er. »Gemeinsam werden wir Großes vollbringen.«

Ein seltsames Geräusch ließ sie alle zusammenzucken. Jamal drehte sich um. Natürlich, der Vogel. Er hatte den Falken aus der Villa bringen lassen. Er wollte mit allem abschließen, was an Abdelkarim Al-Zahidi erinnerte. Der Wärter trug den Falken auf seinem Arm und starrte Jamal mit furchtsamen Augen an. »Nimm die Haube ab«, sagte Jamal auf Arabisch. Der Mann gehorchte und zog dem Tier mit zitternden Fingern den Schutzhelm aus Leder ab. Jamal ging zum Fenster und musste ein paarmal ruckartig ziehen, bis es nachgab. Mit einer Kopfbewegung deutete er dem Wärter des Falken, näher zu kommen. »Raus mit ihm.«

Zögernd trat der Mann auf das Fenster zu, der Falke saß noch immer wie festgenagelt auf dem Arm seines Wärters und gab ein leises Kraken von sich. Jamal verlor die Geduld, er packte den Vogel und schmiss ihn einfach hinaus.

Für ein paar Sekunden sah es aus, als würde der Falke wie ein Stein zu Boden fallen. Doch dann fing er sich, breitete die Schwingen aus, tat ein paar schnelle Flügelschläge und erhob sich dann in die Lüfte. In einem weiten Bogen flog er über den Häusern von Al Amal dahin, als spähte er nach etwas. Schließlich stieß er einen klagenden Schrei aus, der die Menschen am Boden in ihrer Arbeit innehalten ließ. Man sah, wie sie in den Himmel zeigten, wo der Falke suchend seine Kreise zog und noch einmal einen Schrei ausstieß, der wie ein Klagelied über Al Amal erschallte.

»Wo ist deine Mutter?«, fragte der Mann, den sie Kurt nannten.

Jamal zuckte die Achseln. »Verschwunden. Meine Männer suchen sie.«

Kurt nickte. »Wir müssen sie finden.«

Jamal antwortete nicht. Er beobachtete, wie der Falke einen letzten Bogen über der Stadt beschrieb und seine Suche schließlich aufzugeben schien. Mit kräftigen Flügelschlägen bog er in Richtung Süden ab, wurde kleiner und kleiner, bis er nur noch als Punkt am Himmel zu erkennen war und schließlich in der Dämmerung verschwand.

Frankfurt am Main

»Und du bist sicher, dass das gut geht?«, fragte der Bundeskanzler.

Ferdinand Boderdingen saß auf dem Sofa und nickte beruhigend. »Ganz sicher, Achim«, sagte er.

Der Kanzler schüttelte den Kopf. »Ihr habt euch schon mal geirrt. Die Bewaffnung in Neu-Essen ...«

»Eine bedauerliche Fehleinschätzung«, sagte Boderdingen betont gelangweilt. »Das passiert uns kein zweites Mal.«

Eine Weile sagten sie nichts. Dann setzte sich der Kanzler seufzend an seinen Schreibtisch und fuhr sich mit der Hand übers Gesicht. »Ich wünschte, Hackner wäre hier. Der kannte diese Leute. Da könnte man mit denen ganz anders reden«, sagte er, woraufhin Ferdinand Boderdingen ein betont gekränktes Gesicht aufsetzte. »Ich bin natürlich froh«, beeilte Schacke sich zu sagen, »dass du den Posten interimistisch übernommen hast. Aber du bist unser Theoretiker, Ferdinand. Das Gehirn der Partei, der Ideologe. Die praktische Umsetzung hast du immer den Machern überlassen. Das ist etwas ganz anderes, glaub mir.«

Boderdingen musste sich bemühen, ließ sich aber nichts anmerken. Er stand auf und streckte sich. »Dieses Spiel gewinnt der mit den besten Nerven«, sagte er. »Und die besten Nerven habe immer noch ich.«

»Woher willst du das wissen?«, begehrte der Kanzler auf. »Diese Libanesen wirken auch nicht gerade wie verschreckte Küken.«

Ferdinand Boderdingen taxierte sein Gegenüber. Der Kanzler war nett, aber dämlich. Deshalb hatte er ihn ja auf seinen Platz gesetzt.

Boderdingen lächelte aufmunternd. »Wir kriegen das hin. Hat ja bisher auch alles geklappt«, sagte er und schlug dem Kanzler auf die Schulter. Dann sah er sich um. »Gibt's noch Kaffee?«

Knappenhalde

Lorenz stellte sich auf die Zehenspitzen und spähte nach Neu-Essen hinein. Er hatte erfolglos versucht nach Al Amal zu gelangen. Das Militär hatte alles abgeriegelt, ein Offizier hatte ihn angeschnauzt, er solle verschwinden. Schließlich war er von hinten herum auf die Knappenhalde geschlichen. Am Fuß des Aussichtsturms waren ebenfalls Bundeswehrsoldaten gestanden, die ihn erst vertreiben wollten. Dann hatte ihn einer erkannt.

Sie hatten ihm fünf Minuten gegeben. Nun stand Lorenz auf der Spitze des Aussichtsturms, wo Hackner hingerichtet worden war, und versuchte, etwas zu erkennen. Von hier aus waren keine Schäden zu sehen. Hochhäuser lagen ruhig im bleichen Vormittagslicht. Kaum zu glauben, dass hier noch vor einem Tag kriegsähnliche Zustände geherrscht hatten.

Vor den Mauern dagegen war Gewimmel: Bundeswehrsoldaten patrouillierten oder standen in Abteilungen herum. Alle paar Meter war ein schwerer Panzer oder ein Geschütz postiert. Man wollte offenbar Stärke demonstrieren. Die Blamage vom Vortag wog schwer.

Lorenz seufzte. Er wusste selbst nicht, warum er hierhergekommen war. Einmal mehr wünschte er, Abed an seiner Seite zu haben. Er musste dringend Bahar finden. Er ließ seinen Blick über die Hochhäuser von Al Amal schweifen. Er konnte sich nicht vorstellen, dass der Knochenbrecher sie hierher zurück gebracht hatte. Wo sie wohl stecken konnte?

Ein Geräusch riss ihn aus seinen Gedanken. Es kam aus einem der Bäume ringsum. Lorenz strengte seine Augen an. Da saß ein Vogel. Seltsam. Man hätte meinen können, dass nach dem Krach alle Wildtiere das Weite gesucht hätten. Lorenz lächelte wehmütig. Der Vogel hatte weißes Gefieder, er sah beinahe aus wie Abeds Falke. Der Vogel bewegte sich nicht, sondern starrte ihn unverwandt an. Konnte es sein …? Nein, unmöglich, dachte Lorenz. Seine Fantasie spielte ihm offenbar einen Streich. Oder?

Lorenz blickte sich vorsichtig um. Niemand da, der ihn auslachen konnte. Er fühlte sich klein, fast wie ein Kind, als er den Arm hob und zögernd ausstreckte, wie Abed es ihm in seiner Villa gezeigt hatte. Der Falke schien nur darauf gewartet zu haben. Er stieß sich ab, breitete die Schwingen aus, und ehe Lorenz verstand, was geschah, bohrten sich zwei Krallen schmerzhaft in seinen ungeschützten Arm. Doch er hielt stand. Der Jaguar und der Falke, wieder vereint. Mit einem Mal war Lorenz sicher, dass er herausfinden würde, was hier gespielt wurde. Er würde Bahar finden und den Namen seines Freundes Abed vom Mord an Hermann Hackner reinwaschen. Der Falke stieß einen leisen, krakenden Laut aus.

Vorsichtig kletterte Lorenz den Aussichtsturm hinunter, den Falken auf dem Arm, der ruhig sitzen blieb. Und während er mit der freien Hand sachte über das Gefieder des Falken strich und beruhigend auf ihn einsprach, spürte er mit einem Gefühl der Erleichterung, wie ihm die Tränen über die Wangen strömten.

Gesetz zur Eindämmung der Clan-Kriminalität in Deutschland (Anti-Clan-Gesetz 2037)

Bundesgesetzblatt, Jahrgang 2037, Teil 1, Nr. 59, ausgegeben zu Bonn am 16.04.2037

Der Bundestag hat das folgende Gesetz beschlossen:

§ 1: Als Clan-Mitglied im Sinne dieses Gesetzes wird jedes Mitglied einer Islamischen Gemeinde in Deutschland erfasst. Als islamisch gelten sunnitische, schiitische und alevitische Gemeinden.

§ 2: Für Clan-Mitglieder in Deutschland wird zum Zwecke der Identitätsprüfung und Identitätssicherung die Chippflicht eingeführt (auf Grundlage des Staatsfeindesüberwachungsgesetzes von 2033). Auf diesem Chip werden die muslimische Identität festgehalten sowie sämtliche Bewegungen der betreffenden Person erfasst. Die Erfassung und Verarbeitung der gesammelten Daten erfolgt ausschließlich im neu eingerichteten zentralen Clan-Kriminalitäts-Kontrollzentrum, das dem Staatsschutz untersteht. Die gesammelten Daten bleiben fünfzehn Jahre über den Tod der betreffenden Person hinaus gespeichert. Das allgemeine Persönlichkeitsrecht in der Ausprägung des Rechts auf informationelle Selbstbestimmung wird für Clan-Mitglieder nicht gewährleistet.

§ 3: Clan-Mitglieder unterliegen dem Verbot des Eigentums von Immobilien, bei beweglichen Sachen dem Eigentumserwerbsverbot mit Ausnahme von einem Kfz der Klasse Personenwagen pro Familie. Alle Clan-Mitglieder werden enteignet, bestehendes Eigentum fällt dem Staat zu, zehn Prozent des Wertes werden erstattet. Für Streitigkeiten über die wertmäßige Höhe der Entschädigung steht der Rechtsweg zu den ordentlichen Gerichten offen.

§ 4: Clan-Mitglieder sind von der Ausübung folgender Berufe und Berufsgruppen ausgeschlossen: Berufe im öffentlichen Dienst, insbesondere Polizei, Journalismus, Rechtswesen, Medizin. Durch dieses Gesetz wird die Berufsausübung für Clan-Mitglieder geregelt.

§ 5: Clan-Mitglieder sind vom Studium an deutschen Hochschulen ausgeschlossen. Durch dieses Gesetz wird die Bildungsfreiheit von Clan-Mitgliedern geregelt.

§ 6: Clan-Mitglieder dürfen sich zum Zwecke der Ausübung ihres Glaubens ausschließlich in behördlich konzessionierten, videoüberwachten Gebetsräumen versammeln. Ausdrücklich verboten sind die Errichtung und der Betrieb von Moscheen und Gebetsräumen in einer Größe von mehr als fünfzig Quadratmetern. Äußerliche Erkennungsmerkmale von Moscheen und Gebetsräumen sind verboten. Durch dieses Gesetz wird die Freiheit des Glaubens und die Freiheit des weltanschaulichen und religiösen Bekenntnisses für Clan-Mitglieder eingeschränkt.

§ 7: Versammlungen von mehr als vier muslimischen Personen im öffentlichen Raum sind verboten. Ausdrücklich verboten sind des Weiteren sogenannte Autokorsos. Als Autokorso gilt jede Ansammlung bzw. Aneinanderreihung von Kfz, ob stehend oder fahrend, bei der mehr als ein Fahrzeug beteiligt ist.

§ 8: Zu privaten Hochzeiten, Begräbnissen und anderen Familienfesten von Clan-Mitgliedern sind höchstens zwanzig Personen zugelassen. Die Termine müssen mit einer Frist von dreißig Tagen im Voraus behördlich gemeldet werden und werden polizeilich überwacht. Den Polizeibeamten ist zu jeder Zeit Zutritt zur Veranstaltung zu gewähren. Die Kosten für die polizeiliche Überwachung trägt der Anmelder der Veranstaltung. Diese sind im Voraus zu entrichten. Das Nähere regelt ein Gesetz.

§ 9: Die Verwendung und Verbreitung arabischer oder türkischer Schrift ist verboten. Ebenfalls verboten sind islamische, arabische, türkische oder orientalische Symbole und Kennzeichen. Zu den Symbolen und Kennzeichen im Sinne dieser Vorschrift gehören Fahnen, Abzeichen, Uniformstücke und Parolen. Den Symbolen und Kennzeichen stehen solche gleich, die ihnen zum Verwechseln ähnlich sehen.

§ 10: Abs. 1: Der Betrieb von Gaststätten in Form der Verabreichung von Getränken und zubereiteter Speisen arabischer, türkischer oder der Küche der sogenannten Maghreb-Staaten zum Verzehr an Ort und Stelle (Schankwirtschaft und Speisewirtschaft) ist untersagt.

Abs. 2: Clan-Mitgliedern ist es auch untersagt, als selbstständige Gewerbetreibende im Reisegewerbe von einer für die Dauer der Veranstaltung ortsfesten Betriebsstätte aus Getränke oder zubereitete Speisen im Sinne des ersten Absatzes zum Verzehr an Ort und Stelle zu verabreichen, wenn der Betrieb jedermann oder bestimmten Personenkreisen zugänglich ist.

§ 11: Die Umsiedlung von Clan-Mitgliedern in Autonome Zonen ist auf Grundlage des Abkommens zwischen der Bundesrepublik Deutschland und dem Verein Neu-Berlin (Vorsitzender Bassam Abou Tahrir) und dem Verein Neu-Essen (Vorsitzender Abdelkarim Al-Zahidi) zur Errichtung der Autonomen Zone Neu-Essen gestattet. Die Aufnahme in die Autonomen Zonen bedeutet den Verlust der deutschen Staatsbürgerschaft. Die Ausreise aus den Autonomen Zonen auf das Bundesgebiet ist nur in Ausnahmen möglich und durch eine gesonderte Verordnung geregelt. Die unter § 2 geregelte Chippflicht gilt auch innerhalb der Autonomen Zonen, mit der Einschränkung, dass die Trackingchips während der Verweildauer dort deaktiviert werden können. Beim Übertritt auf deutsches Staatsgebiet ist die umgehende Reaktivierung der Chips vorzunehmen. Die Freizügigkeit wird aufgehoben.

Timeline

2023	Zweite Flüchtlingswelle mit über einer Million Neuankömmlingen in Deutschland; Aufschwung der Zero-Tolerance-Partei (ZTP)
2024	ZTP erlangt bei den Landtagswahlen in Sachsen und Brandenburg erstmals die absolute Mehrheit
	»Aktion Scharf« in NRW, nach dem Motto: »Null Toleranz« – ziellose Aktionen gegen muslimische Einrichtungen zur Eindämmung vermeintlicher Clan-Kriminalität
	Hermann Hackner, Landesinnenminister von NRW, tritt von der Konservativen Volkspartei über zur Zero-Tolerance-Partei
	Vermehrt Auseinandersetzungen zwischen rechtsextremen, muslimischen und linken Gruppierungen; linksextreme Gruppen formieren sich zu breiter Untergrundbewegung gegen Einflussnahme der ZTP
2025	ZTP wird zweitstärkste Fraktion bei Bundestagswahl, Koalition mit der Konservativen Volkspartei als Seniorpartner
	Hermann Hackner wird Bundesumweltminister
2029	ZTP wird stärkste Fraktion bei Bundestagswahl, Koalition mit linker Lenin-lebt-Partei (LLP) als Juniorpartner
	Abschaffung von Hartz IV, Einführung des bedingungslosen Grundeinkommens

	Beschluss einer strikten Umwelt- und Klimaschutzpolitik mit dem erklärten Ziel, Vorreiternation im Umweltschutz zu werden
	Beschlüsse zur gezielten Förderung der E-Mobilität
	Erste Beschlüsse zu angestrebter Justizreform, u. a. schrittweise Reform des Jurastudiums; erste Reformen des Gerichtswesens: Entmachtung der Richter, stärkere Gewichtung von Laienrichtern und Schöffen; Beschluss erster Reformmaßnahmen im Strafvollzug
2030	Die letzte gedruckte Tageszeitung wird eingestellt, fortan nur noch ein gedrucktes Nachrichtenmedium, die Wochenzeitung *Neue Weltwoche*
2033	ZTP wird stärkste Fraktion bei Bundestagswahl mit Stimmenzuwachs, Fortsetzung der Koalition mit LLP als Juniorpartner
	Verabschiedung des Drogenfreigabegesetzes für Berlin
	Gründung der Neuen RAF, gezielte Anschläge auf Mitglieder der ZTP und auf politische Einrichtungen
2034	Gründung der Autonomen Zone Neu-Berlin durch Bassam Abou Tahrir, finanziert durch Einnahmen aus dem legalen Drogenhandel
2035	Einführung neuer E-Autotechnologie: umweltfreundliche Autos im Selbstfahrbetrieb mit neuer Batterietechnik
	Verbot der Herstellung und des Verkaufs kraftstoffbetriebener Fahrzeuge
2036	Bassam Abou Tahrir eröffnet neuen Berliner Flughafen nahe Potsdam
2037	ZTP erlangt absolute Mehrheit bei Bundestagswahl und wird alleinregierende Fraktion
	Hermann Hackner wird Bundesinnenminister

	Verabschiedung des Anti-Clan-Gesetzes, einer Reihe von Erlassen, die die Freiheit muslimischer Bürger in Deutschland stark beschneidet, u. a. Chippflicht sowie Ausschluss von bestimmten, »systemrelevanten« Berufsgruppen
	Gründung der Autonomen Zone Neu-Essen durch Abdelkarim Al-Zahidi
	Errichtung erster Recycling- und Resozialisierungszentren im Zuge der Strafvollzugsreform
	Zensur des Internets nach chinesischem Vorbild; Verbote und Einschränkungen diverser Social-Media-Plattformen
	Beschluss zur Verlegung des Hauptstadtsitzes von Berlin nach Frankfurt am Main; chinesische Investoren erhalten Zuschlag für die Errichtung eines neuen Regierungsviertels
	Beschluss zur Abschaffung des Bargelds
2039	Justizreformgesetz tritt in Kraft, u. a. neue Gerichtsbarkeit und Urteilssprechung durch das »Volk«, Einführung der Todesstrafe, Abschaffung des bisherigen Justizstrafvollzugs und Inbetriebnahme von Recycling- und Resozialisierungszentren
2040	Frankfurt wird offiziell Bundeshauptstadt
	Insolvenz des Berliner Flughafens BER; Umwandlung in größtes R&R-Zentrum Deutschlands
	Premiere der *Justice Union* auf *Streamnet24/7*
	Verbot personengesteuerter Kraftfahrzeuge
2041	ZTP bleibt alleinregierende Fraktion mit absoluter Mehrheit und weiterem Stimmenzuwachs bei Bundestagswahl

	Verbot von Tierhaltung und Fleischkonsum; Änderung von Artikel eins, Absatz eins des Grundgesetzes: »Die Würde des Menschen sowie die Würde des Tieres sind unantastbar.«
2044	Bundesinnenminister Hackner kündigt Ende des Drogenfreigabegesetzes an
	Oktober: Entführung des Bundesinnenministers Hackner
	Premiere des *Justice Camps* auf *Streamnet24/7*

Anmerkungen und Danksagung

Zahlreiche Ereignisse in diesem Buch beruhen auf wahren Erlebnissen aus meiner Laufbahn als Strafverteidiger.

Orte, Namen und Zusammenhänge wurden verändert oder im Ablauf verfremdet, um meine Mandanten zu schützen. Soweit erforderlich, wurde ich für die Erstellung dieses Buches von meiner anwaltlichen Verschwiegenheitsverpflichtung entbunden. Sollten in dem Buch Namen eine Ähnlichkeit zu tatsächlich existierenden Personen haben, ist das reiner Zufall.

Ich danke ausgewählten Mitgliedern der Familien Rammo, Al Zein, Miri, Ali-Khan, Mahmoud, El-Kurdi und Omeirat dafür, dass sie mir in Interviews, bei Lokalterminen, Ortsbegehungen und Recherchen einen Blick in ihre Welt gestattet haben.

Bei der Erstellung des Manuskripts haben mich meine Assistentin Janine, weiters Ingrid, Dennis, Sylvia und Irene in zahlreichen Diskussionen unterstützt. Die arababischen Begriffe und Ausdrücke hat Dolmetscher Claude Haddad aus Wien überprüft. Mein ganz besonderer Dank gilt Monika, Dirk, Katharina und Aruna.

Burkhard Benecken, im Herbst 2020

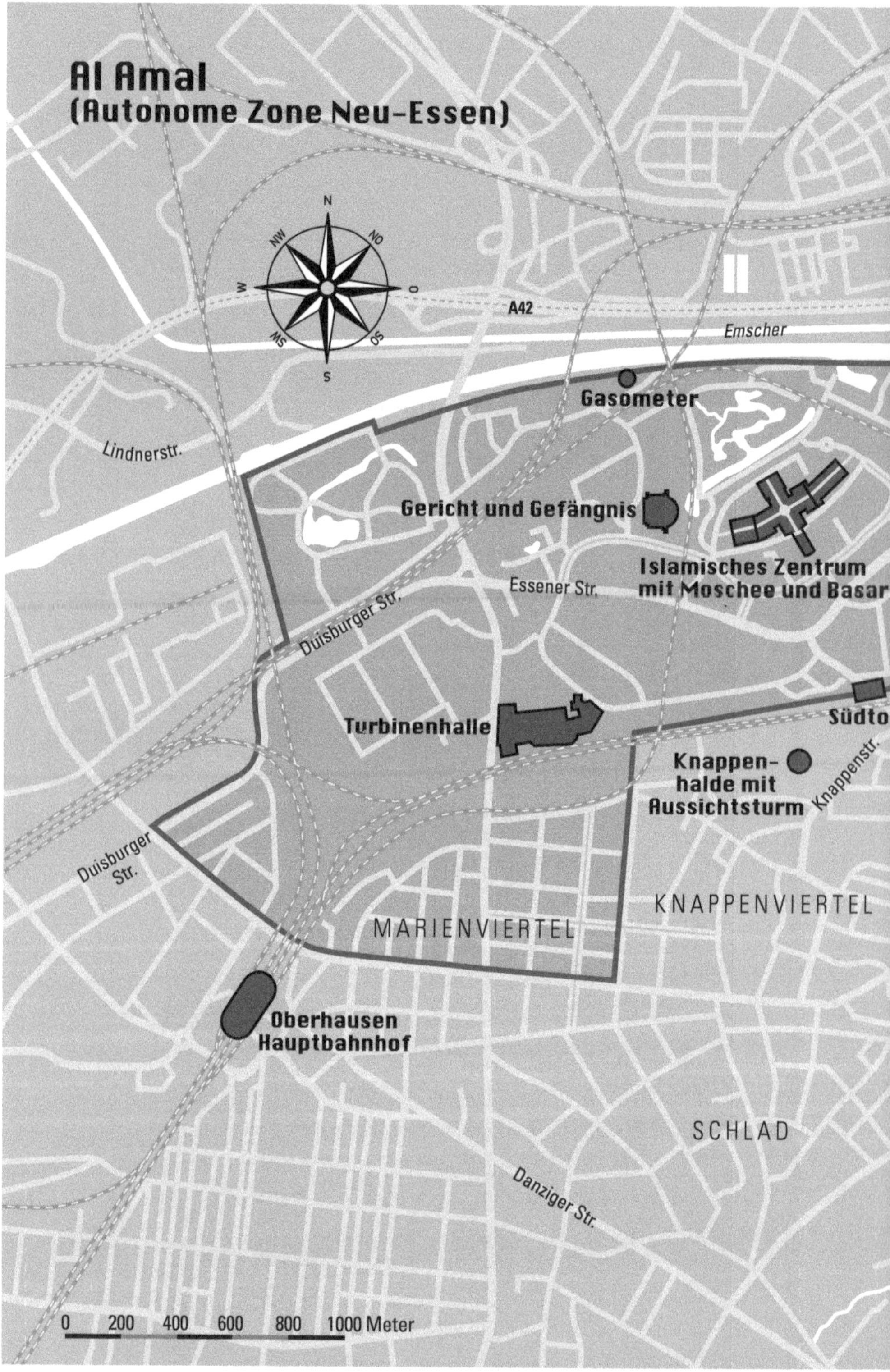
Al Amal
(Autonome Zone Neu-Essen)
N
NO
O
SO
S
SW
W
NW
A42
Emscher
Gasometer
Lindnerstr.
Gericht und Gefängnis
Islamisches Zentrum
mit Moschee und Basar
Essener Str.
Duisburger Str.
Turbinenhalle
Südto
Knappen-
halde mit
Aussichtsturm
Knappenstr.
Duisburger
Str.
KNAPPENVIERTEL
MARIENVIERTEL
Oberhausen
Hauptbahnhof
SCHLAD
Danziger Str.
0 200 400 600 800 1000 Meter